"十二五"国家重点图书出版规划项目

中国社会科学院创新工程学术出版资助项目

总主编：金 碚

经济管理学科前沿研究报告系列丛书

THE FRONTIER RESEARCH
REPORT ON DISCIPLINE OF
HUMAN RESOURCE MANAGEMENT

吴冬梅 刘椰辰 主编

人力资源管理学学科前沿研究报告

经济管理出版社
ECONOMY & MANAGEMENT PUBLISHING HOUSE

图书在版编目（CIP）数据

人力资源管理学学科前沿研究报告（2012）/吴冬梅，刘椰辰主编 . —北京：经济管理出版社，2017.4
ISBN 978 - 7 - 5096 - 5057 - 8

Ⅰ.①人… Ⅱ.①吴… ②刘… Ⅲ.①人力资源管理—研究报告—世界—2012 Ⅳ.①F241

中国版本图书馆 CIP 数据核字（2017）第 073411 号

组稿编辑：张　艳
责任编辑：赵喜勤
责任印制：黄章平
责任校对：董杉珊

出版发行：经济管理出版社
　　　　　（北京市海淀区北蜂窝 8 号中雅大厦 A 座 11 层　100038）
网　　址：www.E - mp.com.cn
电　　话：（010）51915602
印　　刷：北京银祥印刷有限公司
经　　销：新华书店
开　　本：787mm×1092mm/16
印　　张：25
字　　数：562 千字
版　　次：2017 年 7 月第 1 版　2017 年 7 月第 1 次印刷
书　　号：ISBN 978 - 7 - 5096 - 5057 - 9
定　　价：89.00 元

·版权所有　翻印必究·
凡购本社图书，如有印装错误，由本社读者服务部负责调换。
联系地址：北京阜外月坛北小街 2 号
电话：（010）68022974　邮编：100836

《经济管理学科前沿研究报告》专家委员会

主　任： 李京文

副主任： 金　碚　黄群慧　黄速建　吕本富

专家委员会委员（按姓氏笔划排序）：

方开泰	毛程连	王方华	王立彦	王重鸣	王　健	王浦劬	包　政
史　丹	左美云	石　勘	刘　怡	刘戒骄	刘　勇	刘伟强	刘秉链
刘金全	刘曼红	刘湘丽	吕　政	吕　铁	吕本富	孙玉栋	孙建敏
朱　玲	朱立言	何　瑛	宋　常	张　晓	张文杰	张世贤	张占斌
张玉利	张屹山	张晓山	张康之	李　平	李　周	李　晓	李子奈
李小北	李仁君	李兆前	李京文	李国平	李春瑜	李海峥	李海舰
李维安	李　群	杜莹芬	杨　杜	杨开忠	杨世伟	杨冠琼	杨春河
杨瑞龙	汪　平	汪同三	沈志渔	沈满洪	肖慈方	芮明杰	辛　暖
陈　耀	陈传明	陈国权	陈国清	陈　宪	周小虎	周文斌	周治忍
周晓明	林国强	罗仲伟	郑海航	金　碚	洪银兴	胡乃武	荆林波
贺　强	赵顺龙	赵景华	赵曙明	项保华	夏杰长	席酉民	徐二明
徐向艺	徐宏玲	徐晋涛	涂　平	秦荣生	袁　卫	郭国庆	高　闯
符国群	黄泰岩	黄速建	黄群慧	曾湘泉	程　伟	董纪昌	董克用
韩文科	赖德胜	雷　达	廖元和	蔡　昉	潘家华	薛　澜	魏一明
魏后凯							

《经济管理学科前沿研究报告》编辑委员会

总主编： 金 碚

副总主编： 徐二明　高　闯　赵景华

编辑委员会委员（按姓氏笔划排序）：

万相昱　于亢亢　王　钦　王伟光　王京安　王国成　王默凡　史　丹
史小红　叶明确　刘　飞　刘文革　刘戒骄　刘兴国　刘建丽　刘　颖
孙久文　孙若梅　朱　彤　朱　晶　许月明　何　瑛　吴冬梅　宋　华
张世贤　张永军　张延群　李　枫　李小北　李俊峰　李禹桥　杨世伟
杨志勇　杨明辉　杨冠琼　杨春河　杨德林　沈志渔　肖　霞　陈宋生
陈　宪　周小虎　周应恒　周晓明　罗少东　金　准　贺　俊　赵占波
赵顺龙　赵景华　钟甫宁　唐　鑛　徐二明　殷　凤　高　闯　康　鹏
操建华

序　言

为了落实中国社会科学院哲学社会科学创新工程的实施，加快建设哲学社会科学创新体系，实现中国社会科学院成为马克思主义的坚强阵地、党中央国务院的思想库和智囊团、哲学社会科学的最高殿堂的定位要求，提升中国社会科学院在国际、国内哲学社会科学领域的话语权和影响力，加快中国社会科学院哲学社会科学学科建设，推进哲学社会科学的繁荣发展具有重大意义。

旨在准确把握经济和管理学科前沿发展状况，评估各学科发展近况，及时跟踪国内外学科发展的最新动态，准确把握学科前沿，引领学科发展方向，积极推进学科建设，特组织中国社会科学院和全国重点大学的专家学者研究撰写《经济管理学科前沿研究报告》。本系列报告的研究和出版得到了国家新闻出版广电总局的支持和肯定，特将本系列报告丛书列为"十二五"国家重点图书出版项目。

《经济管理学科前沿研究报告》包括经济学和管理学两大学科。经济学包括能源经济学、旅游经济学、服务经济学、农业经济学、国际经济合作、世界经济、资源与环境经济学、区域经济学、财政学、金融学、产业经济学、国际贸易学、劳动经济学、数量经济学、统计学。管理学包括工商管理学科、公共管理学科、管理科学与工程三个学科。工商管理学科包括管理学、创新管理、战略管理、技术管理与技术创新、公司治理、会计与审计、财务管理、市场营销、人力资源管理、组织行为学、企业信息管理、物流供应链管理、创业与中小企业管理等学科及研究方向；公共管理学科包括公共行政学、公共政策学、政府绩效管理学、公共部门战略管理学、城市管理学、危机管理学、公共部门经济学、电子政务学、社会保障学、政治学、公共政策与政府管理等学科及研究方向；管理科学与工程包括工程管理、电子商务、管理心理与行为、管理系统工程、信息系统与管理、数据科学、智能制造与运营等学科及研究方向。

《经济管理学科前沿研究报告》依托中国社会科学院独特的学术地位和超前的研究优势，撰写出具有一流水准的哲学社会科学前沿报告，致力于体现以下特点：

（1）前沿性。本系列报告能体现国内外学科发展的最新前沿动态，包括各学术领域内的最新理论观点和方法、热点问题及重大理论创新。

（2）系统性。本系列报告囊括学科发展的所有范畴和领域。一方面，学科覆盖具有全面性，包括本年度不同学科的科研成果、理论发展、科研队伍的建设，以及某学科发展过程中具有的优势和存在的问题；另一方面，就各学科而言，还将涉及该学科下的各个二级学科，既包括学科的传统范畴，也包括新兴领域。

(3) 权威性。本系列报告由各个学科内长期从事理论研究的专家、学者主编和组织本领域内一流的专家、学者进行撰写，无疑将是各学科内的权威学术研究。

(4) 文献性。本系列报告不仅系统总结和评价了每年各个学科的发展历程，还提炼了各学科学术发展进程中的重大问题、重大事件及重要学术成果，因此具有工具书式的资料性，为哲学社会科学研究的进一步发展奠定了新的基础。

《经济管理学科前沿研究报告》全面体现了经济、管理学科及研究方向本年度国内外的发展状况、最新动态、重要理论观点、前沿问题、热点问题等。该系列报告包括经济学、管理学一级学科和二级学科以及一些重要的研究方向，其中经济学科及研究方向15个，管理学科及研究方向45个。该系列丛书按年度撰写出版60部学科前沿报告，成为系统研究的年度连续出版物。这项工作虽然是学术研究的一项基础工作，但意义十分重大。要想做好这项工作，需要大量的组织、协调、研究工作，更需要专家学者付出大量的时间和艰苦的努力，在此，特向参与本研究的院内外专家、学者和参与出版工作的同仁表示由衷的敬意和感谢。相信在大家的齐心努力下，会进一步推动中国对经济学和管理学学科建设的研究，同时，也希望本系列报告的连续出版能提升我国经济和管理学科的研究水平。

金 碚

2014年5月

前　言

经过半年多的努力，《人力资源管理学学科前沿研究报告（2012）》终于与读者见面了。作为《经济管理学学科前沿研究报告（2012）》系列丛书的人力资源管理分析报告，本书对国内外人力资源管理领域的研究成果进行了汇集和综述，包括学术论文、学术专著、学术会议、重大事件、文献索引等内容。本报告具有以下特点：

1. 前沿性

本报告展现了国内外人力资源管理学学科发展的最新前沿动态，包括本学术领域的最新理论观点与方法以及热点问题、重大理论创新等成果。

2. 系统性

本报告囊括了国内外人力资源管理学学科发展的所有情况。一方面，报告内容涉及人力资源管理学学科下的主要分支学科，既包括学科的传统研究范畴，也包括新兴研究领域，还包括人力资源行业自身的发展状况；另一方面，本报告的内容形式涉及学术论文、学术专著、学术会议、重大事件、文献索引等众多方面。

3. 资料性

本报告不仅系统地总结和评价了人力资源管理学学科的发展历程，还提炼出了国内外人力资源管理学术会议、重大事件以及相关的重要学术成果，因此具有工具书式的资料性，为后人进行人力资源管理学术研究提供了基础性研究史料。

4. 适应性

本书具有广泛的适应性。首先，作为一本学术报告，本书主要适合人力资源管理领域的学者，包括教师、研究人员、博士研究生、硕士研究生——作为学术研究参考。其次，因为人力资源管理学学科的实践性很强，本书所总结的许多研究成果也适合企事业机关等部门人力资源管理工作者作为参考。

本书编写分工如下：第一章由吴冬梅负责，第二章由齐丹青、许爽负责，第三章由刘丽丽、刘梆辰负责，第四章由齐丹青、刘丽丽负责，第五章由齐丹青、许爽负责，最后由吴冬梅、刘梆辰负责编撰全书。

吴冬梅

2016 年 12 月 12 日

目　录

第一章　人力资源管理学学科2012年国内外研究综述 ………… 001
　　第一节　2012年国内外微观人力资源管理研究综述 ………… 001
　　第二节　2012年国内外宏观人力资源管理研究综述 ………… 009
　　第三节　皮书成果 ………………………………………………… 015

第二章　人力资源管理学学科2012年期刊论文精选 ……………… 017
　　第一节　中文期刊论文精选 ……………………………………… 017
　　第二节　英文期刊论文精选 ……………………………………… 260

第三章　人力资源管理学学科2012年出版图书精选 ……………… 277
　　第一节　中文图书精选 …………………………………………… 277
　　第二节　英文图书精选 …………………………………………… 298

第四章　人力资源管理学学科2012年大事记 ……………………… 331
　　第一节　人力资源管理学学科国内会议 ………………………… 331
　　第二节　人力资源管理学学科国内重大事件 …………………… 344
　　第三节　人力资源管理学学科国际会议 ………………………… 353

第五章　人力资源管理学学科2012年文献索引 …………………… 359
　　第一节　中文期刊索引 …………………………………………… 359
　　第二节　英文期刊索引 …………………………………………… 377

后　记 ……………………………………………………………………… 387

第一章 人力资源管理学学科 2012年国内外研究综述

对任何一门学科进行研究综述,首先要解决的问题是学科的理论体系问题。自1954年德鲁克提出"人力资源"的概念,半个多世纪以来人力资源管理理论取得了长足的发展,也出现了许多不同的理论分类方法或理论体系建构方法。但在众多的人力资源管理理论分类方法中,得到公认的是 Mohoney 和 Desktop 的分类方法[1]。Mohoney 和 Desktop 将人力资源管理研究划分为微观和宏观两个研究领域,宏观人力资源管理研究是整体导向型的,关注的是整体人力资源管理实践对组织绩效的影响;而微观人力资源管理研究是功能导向型的,关注的是单一人力资源管理功能(如培训、薪酬等)对组织绩效的影响。本章对2012年国内外人力资源管理的研究综述就基本上以 Mohoney 和 Desktop 的理论分类为依据。此外,2012年是皮书研究较多的一年,本章也反映了主要白皮书和蓝皮书的研究成果。

第一节 2012年国内外微观人力资源管理研究综述

微观人力资源管理研究是功能导向型的,关注的是单一人力资源管理功能(如人才的选、育、用、留某一职能)对组织绩效的影响。在我国,又被称为最佳人力资源实践研究。下面我们分功能模块对2012年国内外微观人力资源管理领域有代表性的学术研究成果进行简要介绍和综述。

一、胜任力素质理论

全球著名人力资源专家戴维·尤里奇、乔恩·杨格、韦恩·布罗克班克和迈克·尤里奇发表论文《HR专业人员的胜任力》[2],文章提出了在长期经济衰退和组织债务危机的情

---

[1] 吴冬梅,王默凡. 人力资源管理学学科前沿研究报告(2010年)[M]. 北京:经济管理出版社,2013.
[2] 戴维·尤里奇,乔恩·杨格,韦恩·布罗克班克,迈克·尤里奇. HR专业人员的胜任力[J]. 人力资源管理,2012(8/9).

况下，人力资源专业人士所需要的一组新的胜任力。本研究的主要观点是，高水平的人力资源专业人士从外部进行思考和行动。这就意味着，人力资源必须把外部业务发展趋势和利益相关者的期望转化为内部行动。本文认为，高效的人力资源专业人士对他们所承诺要做的事情必须十分积极，有很强的个人信用和可依赖性。

安德烈·尼尔、吉莉安·杨、安妮特·科和塔尼娅·肖的论文《从大五人格特征预测工作角色绩效的方式和方向》① 检验了大五人格特征对工作角色绩效的形式和方向的预测。通过交叉分析工作角色行为（熟练、适应性、主动性）的方式以及行为对效能（个体、团队、组织）的贡献水平，得到工作角色绩效的九个维度。作者收集了1447名政府雇员关于人格特质的测量自我报告和管理人员的绩效评价。经验开放性和宜人性对个体的主动性起相反的作用，开放性的作用是积极的，而宜人性是消极的。经验开放性对工作角色绩效同样有相反的作用，它对个体和组织主动性的作用是积极的，但是对团队和组织效能的作用是消极的。尽责性是九个维度中，对个体任务效能影响最强的变量，而神经质是最弱的。外倾性与个体效能负相关。

二、职业生涯理论

职业成功的标志是什么？影响职业成功的因素有哪些？王震、孙健敏的论文《核心自我评价、组织支持对主客观职业成功的影响：人—情境互动的视角》② 对这些问题进行了研究。论文以212名企业员工为研究对象，考察了核心自我评价、组织支持以及两者的交互作用对主客观职业成功的影响。研究结果表明：主观职业成功（工作、职业和生活满意度）和客观职业成功（收入、晋升次数和晋升速度）是两种相关但不同的职业成功类型；核心自我评价和组织支持对主客观职业成功均有一定的影响，但它们对客观职业成功的影响效果弱于社会—人口和人力资本特征（员工性别、年龄、教育程度和工作年限）；与特质激发理论相一致，核心自我评价和组织支持在对职业成功的影响上存在一定的交互效应，表现为组织支持会强化核心自我评价对职业成功的正向影响，且高核心自我评价的员工在得到高组织支持时有最高的职业成功水平。

近年来，"边界困境"（Boundary Paradox）这一议题逐渐引起学术界的关注和探讨。杨付、王桢、张丽华的论文《员工职业发展过程中的"边界困境"：是机制的原因，还是人的原因？》③ 基于人的因素（领导成员交换）和机制的因素（契约控制）两个视角，整合了领导成员交换理论和交易成本理论，提出了一个整合模型，以解决员工职业发展过程

---

① 安德烈·尼尔，吉莉安·杨，安妮特·科，塔尼娅·肖．从大五人格特征预测工作角色绩效的方式和方向[J]．组织行为学期刊，2012（2）．
② 王震，孙健敏．核心自我评价、组织支持对主客观职业成功的影响：人—情境互动的视角[J]．管理学报，2012（9）．
③ 杨付，王桢，张丽华．员工职业发展过程中的"边界困境"：是机制的原因，还是人的原因？[J]．管理世界，2012（11）．

中的"边界困境"问题。论文运用分层线性模型，利用具有良好合作关系的13家大型制造企业集团75个工作团队共334份团队成员问卷和101份团队领导问卷检验了整合模型，研究结果表明：①领导成员交换对员工职业成功具有显著的正向预测效果，而对员工内部机会主义有正"U"形影响，在适度的领导成员交换水平下，员工内部机会主义最低；②契约控制对员工职业成功有倒"U"形影响，在适度的契约控制水平下，员工职业成功最高，而对员工内部机会主义具有显著的负向预测效果；③"软"性的领导成员交换与"硬"性的契约控制共同使用降低了员工职业成功而增加了员工内部机会主义，揭示了"软硬兼施"在解决"边界困境"问题中具有明显的替代作用。

如何选择职业或工作对自己和社会才更有意义呢？这是社会学、心理学和组织行为学多年来共同研究的课题。"呼唤"（Calling，也可译为天职）近年来已经成为职业生涯理论中的一个重要议题。"呼唤"作为一个源于神学与宗教的术语，已经是社会学和组织行为学领域逐渐明晰的一个新构念，响应呼唤也成为主观职业成功的标准之一。田喜洲、谢晋宇、吴孔珍的论文《倾听内心的声音：职业生涯中的呼唤研究进展探析》[①] 聚焦于西方学者关于职业生涯领域呼唤研究的最新进展，对呼唤的内涵与特征、结构与测量、前因与结果、研究方法与范式进行了述评，并对未来研究方向进行了展望。

杜安·布朗的专著《职业信息，职业生涯辅导和职业发展（第10版）》[②] 涵盖了私营和公共部门职业生涯辅导和职业发展的所有内容。这本书已经成为该领域的标准，符合所有咨询和相关教育计划认证委员会（CACREP）的标准。该书旨在帮助那些以促进职业发展为工作的团体或个人。该书不仅解释、分析和面对以上问题，而且强调多元文化因素，立足于全球视角，为读者提供了成功导航新的、多样化的职业信息世界所需的信息、工具和实践策略。这本书重点关注了职业发展中的技术、免费和低成本的职业发展战略、经济衰退对就业市场的影响；扩展了职业生涯的概念，基于混沌理论，认为特定的职业随时以不可预测的方式发生改变；强调了全球经济如何影响美国和其他地区的就业机会，帮助读者了解工作转移到其他国家以及离岸外包对美国就业市场的影响。

众所周知，道德认同会影响道德判断，但职业身份也同样与道德内容相关。同时，在固定的工作角色下，个体可能具有多种职业身份（如工程师或管理者）。基思·莱维特、斯科特·雷诺兹、克里斯托弗·M.巴尼斯、波琳·施利茨、肖恩·汉娜的论文《不同的职位，不同的责任：双重职业身份以及相应道德判断》[③] 从道德普遍主义和道德特殊主义的角度对职业身份进行分类，探讨他们的道德观点。论文提出了职业身份模型，通过一个田野研究和两个情境实验，以拥有两个职业身份的个体为对象，得到以下结论：道德责任与职业身份相关，并且以一种可预测的、有意义的方式影响角色的道德判断。

---

① 田喜洲，谢晋宇，吴孔珍. 倾听内心的声音：职业生涯中的呼唤研究进展探析 [J]. 外国经济与管理，2012（1）.
② 杜安·布朗. 职业信息，职业生涯辅导和职业发展（第10版）[M]. 皮尔森出版社，2012.
③ 基思·莱维特，斯科特·雷诺兹，克里斯托弗·M.巴尼斯，波琳·施利茨，肖恩·汉娜. 不同的职位，不同的责任：双重职业身份以及相应道德判断 [J]. 美国管理协会学报，2012（12）.

在管理学领域，抱负（又称成就动机）是一个影响职业成功的重要因素。蒂莫西·A. 贾奇、约翰·D. 卡默—米勒的论文《论高目标的价值：抱负的原因和后果》[①] 试图通过开发和测试一个模型来辅助理解这一概念，模型中抱负是一个中层特质（Cantor，1990），被更远端的特征所预测，但是由于它的目的性，其更有可能预测事业的成功。本研究使用 Terma 生命周期研究中的来自 717 个高能力个体的七层次纵向样本。结果表明，抱负会受到个体差异——监护人、外向性、神经质和一般的心理特征，以及一个社会经济背景变量——父母的职业声望的影响。反之，抱负与本人的教育程度、职业声望、收入正相关。抱负对除了死亡率之外的所有内生变量都有显著的总效应。总体来说，这一结果支持了抱负是一个中层特征，与远端个体差异变量有联系但相区别，并且对职业成功有明显的作用。

孔海燕的《职业能力决定因素及影响效果研究》[②] 一书考察了职业能力、职业生涯管理、职业承诺、职业满意度、职业成功的国际前沿理论和学术动态，在此基础上，建立了职业生涯管理理论模型，并从组织和个人两方面检验了职业能力的影响因素和效果。研究结果表明，组织职业生涯管理、个人职业承诺对职业能力有显著的正向影响。在两者中，组织因素对职业能力的影响要大于个人因素。职业能力不仅与职业成功有正相关关系，而且在职业生涯管理与职业成功之间起中介作用。此外，该研究运用深度访谈、因子分析、结构方程等多种方法建立数据，开发出适合中国国情的职业能力和组织职业生涯管理测量问卷，详细探讨了提高职业能力、实现职业成功的途径，以及企业留住和发展人才的方法，为提高企业核心竞争力、提升个人职业能力提供了理论依据和科学指导。

三、招聘理论

戴维·斯奈德的著作《如何聘请冠军：寻找、选择和保留优秀员工的内部人秘密》[③] 是作者基于对全国最佳绩效和招聘专家的采访而著。作者将独特的洞察力、心理学专业知识与易于使用的分析技术相结合，将人力资源的艺术和科学相结合，运用在对组织有影响力的人员阶层。本书为人力资源管理者提供了一种结构化的招聘方法，帮助评估高绩效水平的员工和关键职位的候选人。这本书的主要内容涉及帮助所有领导者建立更好的模式和过程，选择和保留高绩效的个人，创建更强大的团队，构建以客户为中心、以结果为导向的企业文化。

---

① 蒂莫西·A. 贾奇，约翰·D. 卡默—米勒. 论高目标的价值：抱负的原因和后果［J］. 应用心理学，2012（7）.
② 孔海燕. 职业能力决定因素及影响效果研究［M］. 经济科学出版社，2012（5）.
③ 戴维·斯奈德. 如何聘请冠军：寻找、选择和保留优秀员工的内部人秘密［M］. 读你所想出版社，2012.

四、员工培训理论

尽管创新对组织的重要性已经十分清晰，但培养创新的环境仍待研究。即使多样性，特别是视角和知识的多样性，已经被认为能够激发团队的高创新水平，但对这一关系的实证研究尚未达成一致。伊嘉·J. 霍夫、大安·范·克尼彭贝格、温迪·P. 范金克尔、哈利·G. 巴克马的论文《团队创新能力的培养：以换位思考开启多样性的潜能》[1] 就团队多样性对创新作用的理论模型进行发展，认为这一关系会受到团队成员换位思考程度的影响。论文认为，换位思考能够帮助理解视角多样性对创新的益处。实验所得结论支持了多样性与换位思考对团队创新的交互关系。当他们能够换位思考的时候，多样性团队比起同质性团队表现得更有创新性；而他们不去考虑其他成员的观点时，多样性团队并没有比同质性团队表现不同。研究结论表明，换位思考是一个重要的激发多样性对团队绩效作用的机制。

珍妮·罗杰斯、凯伦·惠特尔沃思和安德鲁·吉尔伯特的专著《教练式经理：取得成果的新方式》[2] 指出，"员工敬业度"成为当今组织面临的难题，组织想在培养员工的同时，也想员工在他们的领域表现成功。敬业度是使得员工愿意竭尽全力工作的神奇要素：实现真正的承诺，与公司的战略目标一致，并产生良好的工作结果。但很少有组织真正实现员工敬业度，而教练则是一种生产员工敬业度的方式。应用本书的指导原则进行规范管理会取得很多好处，它可以发展员工，使他们身上的组织需要的技能获得成长，培育忠诚的员工，减少管理压力，提高组织绩效。本书特别提出了三个教练方法的主要原则：①直接下属绩效的年终判断并不能确保交付团队的预期结果；②提供建议是富有成效的——在明确的流程中利用直接下属的资源，可以提供更好的业务结果，同时提高员工参与度；③管理教练的 GROW 模型不够有效，使用 OSCAR 模型的教练能够确保直接下属达成团队及其领导者预期的结果。

情商作为个人和商业成功的关键因素，其重要性已不言而喻。玛希雅·休斯、詹姆斯·布拉德福德·特勒尔的专著《情商实践：领导、经理和团队的培训和教练活动》[3]（第二版）展示了如何挖掘情商潜力，用于建立有效的情感技能，并为领导者和团队创造真正的改变。第二版回应了 EQi-2.0 的重大变化，并增加了 TESI 和 EISA 两个新的工具，还提供了涵盖情绪表达这样的新兴主题，以及 20 个新练习，并为学习者随附上可再生手册。该书提供了一个互相参照模型，将 65 个训练活动融入五个领先的情绪智力模型

---

[1] 伊嘉·J. 霍夫，大安·范·克尼彭贝格，温迪·P. 范金克尔，哈利·G. 巴克马. 团队创新能力的培养：以换位思考开启多样性的潜能 [J]. 应用心理学，2012（9）.

[2] 珍妮·罗杰斯，凯伦·惠特尔沃思，安德鲁·吉尔伯特. 教练式经理：取得成果的新方式 [M]. 麦格劳—希尔专业出版社，2012.

[3] 玛希雅·休斯，詹姆斯·布拉德福德·特勒尔. 情商实践：领导、经理和团队的培训和教练活动 [M]. 法伊弗出版社，2012.

中——EQ-I 2.0、EQ360、TESI 和简洁版 TESI、梅耶—沙洛维—库索情绪智力测验（MSCEIT）、情商能力评测（EISA），使其易于使用所有模型。通过这些训练活动，学习者不但可以深入理解每种情商能力，而且还可以挖掘和创造自身潜能，从而培养高效的情商能力。这些训练活动既可以单独使用，也可以作为领导和管理培训方案中的一部分。这些训练活动提供了供学习者亲身实践的体验式学习方案，已经被证明能够充分提升学习者的情商。

游戏创造了参与积极学习体验的基石。随着数字游戏的日益普及，游戏化培训成为每个学习专家的工具箱中至关重要的一部分。在《学习和教学的游戏化：培训和教育的游戏方法和策略》[1] 中，国际学习专家卡尔·M. 卡普揭示了基于游戏力创造有意义的学习经验的价值，并展示了如何创建和设计在线教学，利用网络游戏中最好的元素，以增加学习效果。本书还解释了如何将不同的游戏策略与不同的学习内容类型相匹配，并讨论如何在各种环境中使用游戏化技术来改善知识的学习效果。卡普将有关游戏化和教学的大量信息组织成14个章节，解释了多个主题内容。首先，作者建立了"游戏元素"这一定义、理论和相关概念的基础。在此基础上，他再进入研究的视角，探索游戏的有效性和学习中使用的特定游戏元素。接下来，作者提出了一个有效的游戏设计框架，并讨论了考虑学习领域和选择最佳设计内容的重要性，也许这是对学习实践者最有帮助的部分。读者在第9章中还将看到包含的逐步设计方法和项目管理工具。在该书的最后一部分，几位从业者分享了他们的观点和案例，卡普提供了两个学习游戏化的实践案例。

在当代社会，培训专业人士的角色需要被重新定义，其影响力也要从培训项目的开发和实施延展到业务本身。培训本身并不是问题所在，也不是解决方案，培训项目实施后所采取的后续强化措施是决定培训效果的关键因素。全球著名培训评估学专家柯克帕特里克所著《培训审判：再造职场学习，保持与时俱进》[2] 提供了一个非常有效的培训效果评估工具：柯氏业务合作伙伴模型（KBPM）。这个模型是全球应用最广泛的柯氏四级培训效果评估的最新进展和研究成果。该模型将如何实施柯氏四级评估浓缩成七个具体步骤，并在每个步骤中提供大量方法、技巧、工具和案例以帮助读者应用柯氏四级评估去衡量培训效果和促进培训效果的转化，为组织创造价值。

在过去一个世纪的大部分时间里，培训项目倾向于两个阵营：课堂教学，主要侧重于传授知识；在职培训，重点是传授技能。前者强调了在课堂上学习和测试的概念、原则、规则和程序；后者强调了在工作场所显示和评估的行为。最近，培训师和顾问意识到他们的工作主要不应该是传递信息，而是通过改变行为来提高绩效。这就是柯克帕特里克同年出版的另外一本重要著作《将学习转化为行动：使用四个层次来提高绩效》[3] 一书的重点。与大多数主要面向培训专家和人力资源经理撰写的书籍不同，该书对于负责他人绩

---

[1] 卡尔·M. 卡普. 学习和教学的游戏化：培训和教育的游戏方法和策略 [M]. 法伊弗出版社，2012.
[2] 柯克帕特里克. 培训审判：再造职场学习，保持与时俱进 [M]. 江苏人民出版社，2012.
[3] 柯克帕特里克. 将学习转化为行动：使用四个层次来提高绩效 [M]. 读你所想出版社，2012.

的任何人,包括小组领导、技术支持人员、小型公司企业家、管理者和企业高管,都有很多有用的提示。本书展示了如何使培训成为实现组织改进和业务成功的关键角色。它实施了作者此前提出的培训效果评估四级模型。该模型包括的四个层级如下:①学员的反应;②学习的程度;③作为项目的结果——行为变化的程度;④组织绩效结果如质量、生产力、保留、效率、增长和盈利能力的提高等。本书建议培训专业人员从现在开始,站在战略角度思考,先从第4级开始,与直线经理合作,确定所需的业务和组织结果;然后,定义实现目标(第3级)所需的行为;再确定员工需要相应运用的知识、执行的技能和采取的态度(第2级);最后,(第1级)让员工来接受变化。本书重塑了培训在改善、成长和使企业更成功方面承担的战略角色。

培训成果转化即培训迁移是培训理论领域的一个重要课题。阿曼达·尚茨和加里·P. 莱瑟姆的论文《培训迁移:书面自我管理能够增加自我效能和求职者面试成绩》① 在对35名IT人员进行面试技巧的培训后,有16名被随机分配到一个培训迁移干预活动,书写自我指导(WSG)。这一方法基于社会认知和自我追求理论。结果表明,经历自我指导的员工比未经历的控制组,得到更高的面试成绩。面试绩效的自我效能能够调节WSG与成就的关系。对WSG的内容分析表明,自我肯定和自我相关陈述与选拔面试的表现呈正相关关系。

五、绩效与薪酬理论

胡八一的著作《三三制薪酬设计方案与典型应用》② 精选了绩效型、技能型、职务型、计件型、销售佣金型、年薪制和股权激励七种薪酬设计方案,涵盖了加工制造、贸易流通、工程建设、资源能源、公共服务、科研单位和事业机关等各种行业和性质的机构,配以丰富的执行图表,方便企业直接引入、快速实施。"三三制薪酬设计方案"不拘行业,全面覆盖多种计酬形式,是胡八一利用十余年实战咨询经验凝聚而成,经上百家企业实践检验。《三三制薪酬设计方案与典型应用》适合人力资源从业者、企业中高层管理者、相关财务人员及人力资源研究者等阅读。

高管团队薪酬差异与企业绩效关系是公司治理和人力资源管理领域的热点议题之一,但已有的研究结论并不一致。李绍龙、龙立荣、贺伟的论文《高管团队薪酬差异与企业绩效关系研究:行业特征的跨层调节作用》③ 基于锦标赛理论和社会比较理论,以992家上市公司为样本,运用阶层线性模型研究两者之间的关系及行业特征的调节作用。结果发现:①高管团队垂直薪酬差异与企业绩效正相关;②高管团队垂直薪酬差异与水平薪酬差

---

① 阿曼达·尚茨,加里·P. 莱瑟姆. 培训迁移:书面自我管理能够增加自我效能和求职者面试成绩[J]. 人力资源管理,2012(9/10).
② 胡八一. 三三制薪酬设计方案与典型应用[M]. 北京大学出版社,2012.
③ 李绍龙,龙立荣,贺伟. 高管团队薪酬差异与企业绩效关系研究:行业特征的跨层调节作用[J]. 南开管理评论,2012(4).

异对企业绩效具有交互作用;③行业内高管薪酬差异程度对高管团队垂直薪酬差异与企业绩效关系存在跨层负向调节作用,同时对水平薪酬差异与企业绩效关系存在跨层正向调节作用;④行业内技术密集性对高管团队水平薪酬差异与企业绩效关系存在跨层正向调节作用。本研究为不同行业特征下的企业进行合理的高管团队薪酬结构设计提供了借鉴与参考。

张国初的专著《人力价值管理计量研究》[①] 从理论上阐述了21世纪企业人力资源管理的理念及其定位,从价值理论、企业人力资源价值理论、企业和企业人力资源工作的价值驱动因素等方面研究组织变革中人力资源工作理念的变化,就企业价值及企业人力价值取向等方面的问题提出了评估企业个体和群体人力资本价值的一般性数学模型,结合现代财务会计和管理会计理论,研究了在企业的经营和管理活动中,如何确认、计量和披露人力资本价值贡献,探讨了如何根据人力资本价值贡献设计相应的激励分配机制,分析了企业人力资源活动对于企业价值创造的作用机制,研究了如何计量评价人力价值管理的价值创造效果。在已有理论和方法论的基础上,《人力价值管理计量研究》一书进行了两个案例研究和两个实证研究。

冯绍红的著作《公益科研机构员工激励研究:基于工作价值观的思考》[②] 立足于提高员工士气、组织效率和国家科技创新实力,论述了公益科研机构员工工作价值观的维度结构和基本要素,探讨了公益科研机构员工激励系统建设的目标模式,设计了公益科研机构员工激励系统的总体结构。该系统包括由工作报酬、知识进取、职务晋升、工作环境和人际关系五大要素构成的动力机制,由工作报酬约束、伦理道德约束和制度规范约束三种方式构成的约束机制,以及由动力机制和约束机制有机结合构成的博弈机制。该书深入论述了员工激励系统三大机制的有效运用,并分别从不同角度进行了量化研究。

达琳·M.范·提姆、詹姆斯·L.莫斯利和琼·C.迪辛格的著作《绩效改进基础:人员、流程和组织的优化(第3版)》[③] 被业界称为绩效改进圣经,是目前绩效领域可以找到的最为完整、最为全面的信息资源。在社会转型充满挑战的环境中,所有机构建设的一个关键问题是找到促进企业绩效可持续改进的方法,尤其是中国企业的人力资源正在从传统功能向新型管理者绩效改进的方向转变,而绩效改进是基础。该书是一本少有的实用性和专业性都很强的工具书,为提高公司绩效的从业者们提供了一个极佳的参考。其内容涵盖了绩效改进领域的所有范畴,在系统化的实践基础上,分析了构成绩效体系的元素,将绩效改进的原则和技术在组织中的运用建立了一个全面的框架。该书不仅对绩效技术的概念和模型进行了清晰的阐释,还提供了有用的绩效工具、方法以及绩效改进的最佳案例,为找到促进绩效可持续改进的方法以及如何构建绩效改进基础提供了帮助和指导。

---

① 张国初. 人力价值管理计量研究 [M]. 社会科学文献出版社, 2012.
② 冯绍红. 公益科研机构员工激励研究:基于工作价值观的思考 [M]. 科学出版社, 2012.
③ 达琳·M.范·提姆, 詹姆斯·L.莫斯利, 琼·C.迪辛格. 绩效改进基础:人员、流程和组织的优化(第3版) [M]. 法伊弗出版社, 2012.

第二节 2012年国内外宏观人力资源管理研究综述

宏观人力资源管理研究是系统导向型的,关注的是某一因素对人力资源系统的影响以及整体人力资源管理实践系统对组织绩效的影响。下面我们分主要问题对2012年国内外宏观人力资源管理领域具有代表性的突出理论成果进行综述。

一、人力资源管理转型研究

全球知名人力资源专家戴维·尤里奇、乔恩·杨格、韦恩·布罗克班克和迈克·尤里奇合著了《高绩效的HR:未来HR的六项修炼》①。自1987年起,他们持续、系统地研究了人力资源从业者在提高自身素质和组织成功方面所需具备的能力,总结了他们在过去25年里的六轮研究的成果,并在海量研究数据的基础上提出了未来人力资源的发展趋势。本书旨在通过理论和实践研究帮助人力资源从业者和部门解决以下三个问题。①人力资源从业者应当担任何种角色,了解哪些知识并采取哪些行动?②人力资源从业者应该通过怎样的方式提高组织的成功率?③为提高企业绩效,人力资源部门的关注点是什么?

在主要内容方面,该书解释了人力资源从业者和人力资源部门该知道什么和该做什么。开篇回顾了作者之前的研究,并说明该研究对人力资源从业者和整个人力资源部门的意义,然后在提高人力资源从业者和人力资源部门能力水平的方法上提出了自己的建议。

作为人力资源理论的重要著作,该书的内容十分丰富。从篇章来看,第1章阐述了人力资源所处的环境。书中对历史上的人力资源管理工作进行了划分,并提出下一次改变,即"由外及内的人力资源"。一旦人力资源从业者和部门意识到并能够对外部趋势及困境有所反应,那么他们就能够将内部行为和外部期望结合起来,进而创造价值。第2章在25年的研究基础上,阐述了人力资源从业者胜任力的发展过程。这一章展示了在鉴定人力资源从业者胜任力上采用的与以往不同的方法。人力资源从业者需要具备一定的能力来提高个体的绩效水平并协助企业成功。第3章至第8章,分别阐述了战略定位者、可信赖的活动家、能力构建者、变革拥护者、人力资源创新者与整合者、技术支持者这六个角色的含义、能力要素和相关结论。具体而言:①战略定位者需要将人力资源从业者的视角从内部转到外部,将外部期望转化成内部的创新和人力资源实践,通过这种方式为组织的发展做出有效贡献;②可信赖的活动家需要在经营活动中与人们建立信任、稳固、积极的关系;③能力构建者需要定义、审核和在当前环境中,他们应当如何进行投资来增强组织竞

---

① 戴维·尤里奇,乔恩·杨格,韦恩·布罗克班克,迈克·尤里奇. 高绩效的HR:未来HR的六项修炼[M]. 麦格劳—希尔教育出版公司,2012.

争力；④变革拥护者需要人力资源从业者开始和保持变革，使企业在多变的环境中游刃有余，获得优势；⑤人力资源创新者与整合者需要将初始的人力资源行为转变为有影响力、标准、持续的过程；⑥技术支持者需要通过对信息的使用和应对新的变化，实现行政和战略上的目标。第9章讨论了如何成为一个更有价值的人力资源专业人士，在对上百家组织和上千位人力资源从业者研究的基础上，总结出使人力资源从业者向更专业的方向发展的方法。第10章主要介绍了在建立和管理一个有效人力资源部门的研究时的发现。这些发现强调：为确保人力资源部门能够为整个经营活动贡献价值，领导者们该如何分配稀缺资源。第11章，基于之前的发现和结论，为当前和未来的人力资源管理领域提供了总体概括和一些启示。

著名管理学家斯蒂芬·P. 罗宾斯的《管人的真理（第3版）》① 对任何想改善他们在当前职位（工作、家庭、社区等）的管理技能或想进入管理岗位的人来说，都是一本好读物。作者为每个管理者面临的问题提供了真正的解决方案：读者将学习如何克服团队合作中的障碍，如何提高招聘和员工评价，如何治愈"裁员幸存者病"，如何管理多样化文化，以及在数字世界中有效引导的方法等。新的真理包括：如何培养友好的员工，忘记年龄刻板印象、第一印象，成为一个好公民，管理不同年龄组的技巧，以及道德领导等。本书分为9篇，主题包括：①招聘的真理；②激励的真理；③领导的真理；④沟通的真理；⑤团队建设的真理；⑥管理冲突的真理；⑦工作设计的真理；⑧绩效评估的真理；⑨应对变革的真理。

李宁琪的《转型时期中国家族企业人力资源管理研究》② 以转型时期的中国家族企业为对象，以人力资源管理与开发为突破口，以企业生命周期理论、人力资本理论、激励与约束理论、企业文化理论等为指导，对家族企业目前比较关注的几个人力资源管理突出问题进行了深入研究。为此，该书主要进行了以下几个方面的工作：第一，总结和评述了国内外关于家族企业（特别是人力资源管理方面）研究的新成果，分析了中国家族企业蓬勃发展的社会文化原因；第二，运用社会学的调查分析方法，剖析了中国家族企业的构成类型，家族企业人力资源（人力资本）的来源、结构及分布状况；第三，对比分析了美、日、德等国家家族企业的经营特点及对中国家族企业经营的启示与借鉴，这种比较主要目的是为了开拓视野，"借他山之石，成我美玉"；第四，系统分析了中国家族企业人力资源管理与开发中存在的问题，并就其中几个主要问题深入分析了原因，提出了切实可行的解决方案。

二、人力资源管理国际化研究

戴维·尤里奇、韦恩·布罗克班克、乔恩·杨格和迈克·尤里奇的著作《国际化的

---

① 斯蒂芬·P. 罗宾斯. 管人的真理（第3版）[M]. 金融时报出版社，2012.
② 李宁琪. 转型时期中国家族企业人力资源管理研究 [M]. 经济科学出版社，2012.

HR：用国际化的视野提升企业竞争力》① 着眼于美国各州的公司人力资源最佳实践，进行了一项各州公司人力资源实践的专家调查，展现了全球与各地区企业在人力资源方面的差异。该书中给出了一个关于如何造就有效人力资源专家的国际标准。这个国际标准来源于跨区域的研究，但是标准中的基本原则和对人力资源专家的期望则是以全球环境为背景的，并且全球有着共同的特征。中东地区的人力资源工作与拉丁美洲或欧洲肯定存在差异，但在看待人力资源国际标准的时候，也会考虑地区差异，因此才需要准确描绘：在进行全球竞争的时候，如何才能在一个地区有效地开展人力资源工作。该书将教给下一代人力资源专业人士不可或缺的指导原则，包括：人力资源专业人士如何在世界各个主要地区、所有层面的商业活动中对短期个人和业务绩效的影响进行整合，以及如何对客户和整个社会产生可持续的影响；如何最好地雇用、发展和充分利用人力资源专业人士，为组织提供最大的优势。

本书共分为三个部分。第一部分讨论正在发生变化的全球商业环境，以及不同的人力资源需求。第1章回顾了人力资源专家是如何创造并传递价值的，描绘了全球人力资源胜任力25年的历史，并且展示了人力资源胜任力是如何提高人力资源专家个人绩效及其企业绩效的；第2章提出了一个有关人力资源胜任力的全球视角，报告了六轮全球人力资源胜任力调查的总体发现。第二部分（从第3章到第11章）包括世界九大区域：非洲、澳大利亚和新西兰、中国、欧洲、印度、拉丁美洲、中东、北美、土耳其，每一章对应一个区域，描述其面临的商业挑战和人力资源期望。大概思路如下：①区域内社会、经济、政治、环境、技术和人口统计趋势；②区域商业发展趋势；③区域组织发展趋势；④区域人力资源发展趋势；⑤以第六轮全球人力资源胜任力调查为基础的区域人力资源专家的竞争力。每一个章节由在该区域具有广泛经验的人力资源专家完成，其中包含一些关于人力资源如何在该区域传递价值的例子。同时，运用基于全球人力资源胜任力调查的人力资源胜任力框架，每一个章节还会从全球性视角揭示人力资源的发展。第三部分总结并整合了这些不同区域的差异，并且展望未来。其中，第12章将每个区域的人力资源实践进行比较，从而找出各个地区的差异和全球共同之处；第13章则提供了一种关于未来人力资源将会是什么样的观点。

弗恩斯·特朗皮纳斯和查尔斯·汉普登·特纳的专著《文化浪潮：了解全球商业的多样性》② 被认为是21世纪最迫切的跨文化管理问题的畅销指南。该书第三版超越跨文化意识和"问题"，帮助读者在商业环境中获得文化差异的战略优势。利用他们广泛的文化数据库以及全新的研究结果，作者解释了如何建立跨文化有效管理所需的技能、敏感性和文化意识，并抓住机构多元化带来的所有机会。该书呈现了一个由政治、社会、经济和技术发生根本性变化而转变的世界，保留了影响日常业务的潜在文化框架的详细描述，提

---

① 戴维·尤里奇，韦恩·布罗克班克，乔恩·杨格，迈克·尤里奇. 国际化的HR：用国际化的视野提升企业竞争力 [M]. 麦格劳—希尔教育出版公司，2012.
② 弗恩斯·特朗皮纳斯，查尔斯·汉普登·特纳. 文化浪潮：了解全球商业的多样性 [M]. 麦格劳—希尔教育出版公司，2012.

供了新的、基于证据的信息和洞察力,例如,企业并购——如何处理(国家和企业)文化差异以增强和提高处理风险的成功率;越来越多样化的商业世界——包括改进和扩大能力测量、处理困境、雇员领导力、创新和远程团队有效性;文化融合——分析过去25年中,使世界越发接近一个"全球村"的变化。在全球商业环境中,有效领导的能力可能是最宝贵的技能。该书不仅帮助读者在当今多元化的工作环境中保持活力,它还提供了读者需要掌握的保持长期优势和竞争的知识。

赵曙明的论文《中、美、欧企业人力资源管理差异与中国本土企业人力资源管理应用研究》①通过对中、美、欧企业人力资源管理特征及各自优劣势的分析,对中、美、欧企业人力资源管理存在的文化差异性、理念差异性、制度差异性、标准差异性进行比较,并结合我国经济转型时期本土企业人力资源管理现状,对中国本土企业人力资源管理应用与水平提高进行探讨,以期为我国转型经济时期人力资源管理理论研究和具体实践提供借鉴。

巴史克·D.比斯瓦斯的专著《薪酬和福利设计:将财务和会计原则应用于全球人力资源管理系统》②阐述了如何为与薪酬和福利计划发展相关的关键人员决策提供财务严谨性。该书覆盖的内容很广泛,首先介绍了一个有价值的人力资源生命周期模型,用于补偿和福利计划。作者彻底解决了补偿的收购部分,以及与一般补偿、股权补偿和养老金会计有关的问题。该书还评估了高管薪酬计划和员工福利计划的全部财务影响,并讨论了与国际人力资源系统和计划相关的独特问题。该书包含了关于人力资源关键指标报告的完整章节。最后该书详细介绍了人力资源会计趋势,以及财务和人力资源规划之间日益密切的联系。作者揭示了现代薪酬和福利计划的每一个要素,从基本工资到股票激励,从销售补偿到医疗成本控制的财务影响。该书对于广泛的人力资源和金融专业人士是有价值的,包括薪酬和福利分析师、经理、董事和顾问、人力资源专家、会计专家、财务分析师、总薪酬董事、控制者、财务总监、福利精算师、高管薪酬顾问、公司监管者和劳动法律师。

三、战略人力资源管理与组织绩效研究

史蒂文·迪雷克托的专著《人力资源经理的财务分析:人力资源战略与业务战略连接的工具》③涵盖了所有中高层人力资源专业人员需要从财务角度制定、建模和评估人力资源计划的内容。根据作者与人力资源高管合作的专业知识,该书介绍了每个与战略人才管理相关的重要财务议题,包括劳动力和业务价值之间的量化关系、人力资源和战略财务

---

① 赵曙明. 中、美、欧企业人力资源管理差异与中国本土企业人力资源管理应用研究[J]. 管理学报,2012(3).
② 巴史克·D. 比斯瓦斯. 薪酬和福利设计:将财务和会计原则应用于全球人力资源管理系统[M]. 皮尔森金融时报出版社,2012.
③ 史蒂文·迪雷克托. 人力资源经理的财务分析:人力资源战略与业务战略连接的工具[M]. 皮尔森金融时报出版社,2012.

计划的成本效益分析，以及与全面薪酬计划的具体问题，包括股票、股票期权和养老金。与其他非财务经理的财务书籍不同的是，人力资源经理的财务分析完全侧重于核心人力资源问题。迪雷克托可以帮助您回答诸如以下问题：如何在人力资源的企业战略计划（如引入新产品线）中建立财务角色？如何选择奖励驱动程序向管理者发送正确的信号？如何设计与目标完全一致的薪酬包？如何识别和管理可能严重影响企业长期财务健康的养老金融资成本和风险？该书能够为面临这些问题的人力资源领导者和有抱负的领导者提供可信的、量化的答案。该书还可以使人力资源专业人员更有效地安排他们的优先事项，使用财务和会计语言来实现总体业务战略的目标。该书涵盖了以下关键内容：①业务战略、财务战略和人力资源战略如何相互影响；②解释利润表；③了解资产负债表和它的各种比率；④计算 PV 和使用 DCF；⑤人力资源举措与其他举措的财务分析；⑥适当补偿；⑦基于权益的薪酬（以及如何计算/价值；⑧退休金和退休计划；⑨创造价值（调整薪酬与绩效，管理 EPS 预期等）；⑩财务比率和指标（EVA、NOPAT、WACC、ROIC、EBIT、债务成本、股权成本、NPV 与 IRR）。

纪晓丽、周兴驰的《高新企业的战略人力资源管理契合、人力资源管理效能与企业组织绩效的关系研究》①将战略人力资源管理的契合问题总结为四种重要的基本契合模式，并通过对高新企业的实证研究，分析战略人力资源管理契合结构对企业人力资源管理效能与企业组织绩效的影响以及它们之间的关系。结果发现，在高新企业中战略人力资源管理契合结构对企业人力资源管理效能和企业组织绩效有显著正向影响，且对后两者的关系有加强调节作用。

四、组织行为学与人力资源管理实践研究

作为文化的内核，价值观的差异影响着个体员工的态度和行为。王庆娟、张金成的论文《工作场所的儒家传统价值观：理论、测量与效度检验》②以儒家思想为理论基础，分析和界定了"工作场所儒家传统价值观"（CTVW）的内涵与维度，并通过三项实证研究对 CTVW 量表的信度与效度进行了实证检验。研究一的测量结果表明，工作场所的儒家传统价值观本质上是一种以关系和谐为核心的儒家关系导向，包括遵从权威、接受权威、宽忍利他和面子原则四个维度，CTVW 量表具有良好的信度与建构效度。研究二的效用分析表明，CTVW 能够较好地预测员工的公平敏感性与组织公民行为，CTVW 量表具有较好的效标效度。研究三的差异分析表明，具有不同社会历练的员工有不同的儒家传统价值观，CTVW 量表的效度得到进一步验证。最后，论文就工作场所儒家传统价值观在中国及其他文化背景下的研究意义以及未来研究方向进行了讨论。

---

① 纪晓丽，周兴驰. 高新企业的战略人力资源管理契合、人力资源管理效能与企业组织绩效的关系研究 [J]. 软科学，2012（11）.
② 王庆娟，张金成. 工作场所的儒家传统价值观：理论、测量与效度检验 [J]. 南开管理评论，2012（4）.

李悦、王重鸣的论文《程序公正对创新行为的影响：积极情绪的中介效应研究》① 以实证方式探讨了程序公正对员工创新行为的影响及其影响机制。研究结果发现，程序公正对员工创新行为有显著的正向影响，而积极情绪则在其中起中介作用。程序公正通过激发员工的积极情绪反应促进员工的创新行为。此外，程序公正对员工积极情绪和创新行为的影响效应还会被领导成员交换所调节。在高层领导成员交换的情形下，程序公正对员工积极情绪和创新行为的影响效应会得到增强。

知识分享是组织学习研究领域中的一个热点话题，孙锐、陈国权的《企业跨部门心理安全、知识分享与组织绩效间关系的实证研究》② 旨在探讨跨部门心理安全对组织内部知识分享以及组织绩效的影响机制。本文的实证研究发现，组织跨部门心理安全与组织知识分享、组织绩效之间均存在倒"U"形关系，而知识分享会对组织绩效的提升产生正向影响，知识分享在跨部门心理安全对组织绩效的作用中扮演中介角色。研究有助于加深我们对跨部门心理安全与组织知识分享、组织绩效间作用关系的深入了解，为企业管理实践提供有益的借鉴和启示。

李明、凌文辁的论文《CPM领导行为模式对员工利他行为及工作投入的作用机制》③ 通过对我国26个省市区企事业单位员工的问卷调查，探讨了CPM领导行为模式对员工利他行为和工作投入的影响途径。采用潜变量路径分析的方法，对两个阶段的模型进行检验和比较，结果表明：①C因素和M因素通过信任上司的完全中介作用影响利他行为和工作投入，而P因素则通过信任上司的部分中介作用对它们产生影响；②信任上司通过情感承诺的完全中介作用影响工作投入，通过情感承诺的部分中介作用影响员工的利他行为。

国外有关领导行为的研究已经不胜枚举，而针对中国企业环境下的领导行为研究则相对较少。近年来，中国情境下的领导行为研究开始逐渐涌现，王辉、张翠莲的论文《中国企业环境下领导行为的研究述评：高管领导行为，领导授权赋能及领导—部属交换》④ 从中国高层管理者的领导行为、领导授权赋能行为以及领导—部属交换理论三个方面对中国企业环境下的领导行为研究进行了述评，总结了相关研究在中国情境下的维度表现、前因后果变量以及中介或调节作用，并指出了中国情境下相关本土化研究的理论与实践贡献。这些研究从理论贡献上来说，一方面体现出中国情境下领导行为区别于西方情境的独特性，另一方面验证和扩充了西方相关领导行为的研究发现，进一步丰富了领导行为理论；从实践意义上而言，为中国企业领导者提供了一个反思的镜子，引导他们调整自己的领导行为，为中国企业领导者提供企业决策及管理的参考依据，为人力资源管理人员提供

---

① 李悦，王重鸣. 程序公正对创新行为的影响：积极情绪的中介效应研究 [J]. 软科学，2012（2）.
② 孙锐，陈国权. 企业跨部门心理安全、知识分享与组织绩效间关系的实证研究 [J]. 南开管理评论，2012（1）.
③ 李明，凌文辁. CPM领导行为模式对员工利他行为及工作投入的作用机制 [J]. 心理科学，2012（6）.
④ 王辉，张翠莲. 中国企业环境下领导行为的研究述评：高管领导行为，领导授权赋能及领导—部属交换 [J]. 心理科学进展，2012（10）.

实际操作的手段及工具,而且启发下属注意与领导者建立好关系的方式方法和适宜程度。

艾希礼·富尔默、米歇尔·J.盖尔芬德的论文《我们相信谁:多组织层面的信任》[①]指出,尽管信任在组织的很多层面上都很重要,但是现有研究都将重点聚焦于个体层面的信任。需要对不同层面和不同信任对象的信任研究进行系统回归,从而将这一话题的微观和宏观研究进行整合。在这一回顾中,作者采取层次分析方法来整理2000~2011年有关信任的研究,包括个体的、团队和组织层面的多种参照对象,每个层面都从前因、结果以及理论视角的相同和区别方面进行分析。在此基础上,作者阐述了现有研究的优点、缺陷和研究缺口,对整合跨层次和对象的研究提出建议,并且讨论了现有研究一直所忽视的问题。最后,论文针对组织中现有的信任状态,提出一个系统的、完整的观点,并提出了有关未来研究的蓝图。

第三节 皮书成果

2012年是国内人力资源界皮书成果丰硕的一年,本年度共有五本重要皮书出版,引起业界广泛关注。

中国是人力资源丰富的国家。人力资源开发既是民生之本,又是强国之策。改革开放以来,中国十分重视人力资源开发,政府制定并实施了一系列人力资源开发政策和措施,在人力资源开发各个领域取得了令世界瞩目的成就。为更全面、更深刻地反映我国人力资源开发的状况,展示中国实施就业优先和人才强国战略的重点研究成果,中国人事科学研究院组织编写了首部人力资源蓝皮书《中国人力资源发展报告(2011~2012)》[②]。吴江等编著的《中国人力资源发展报告(2011~2012)》由总报告、发展篇、就业篇、队伍篇和综合篇等部分组成,从各个层面对中国的人力资源开发状况进行了总结,对近年来中国人力资源开发的重点领域问题开展了专题研究。

劳动力市场是配置劳动力和人力资本的基础。改革开放以来,中国经济的高速增长,在很大程度上要归因于劳动力市场转型和人力资源市场配置作用的发挥。20世纪末开始实施的高校扩招迅速积累起巨大存量规模的人力资本,在为经济增长注入新活力的同时,也引领了劳动力市场的变革。高素质劳动力进入市场,一方面要受到既有的市场制度约束,另一方面对制约人力资本配置效率提高的体制机制带来强烈的冲击,并内生出劳动力市场的变革要求。赖德胜的《2012中国劳动力市场报告:高等教育扩展背景下的劳动力市场变革》一书[③]从劳动力市场的供需数量、质量、结构、配置、收入、制度等角度,概

---

① 艾希礼·富尔默,米歇尔·J.盖尔芬德.我们相信谁:多组织层面的信任[J].管理学报,2012(7).
② 吴江.中国人力资源发展报告(2011~2012)[M].社会科学文献出版社,2012.
③ 赖德胜.2012中国劳动力市场报告:高等教育扩展背景下的劳动力市场变革[M].北京师范大学出版社,2012.

括了高等教育扩展背景下劳动力市场的十大变革特征。此外，本报告还关注了教育、劳动力市场与经济发展的问题，教育与劳动力市场的衔接与互动问题，以及现代化趋势下劳动力市场的变化与相应的经济影响。

萧鸣政、郭丽娟的《中国人力资源服务业白皮书（2011）》[1] 向本行业及社会各界人士充分展示我国人力资源服务业本年度的发展全貌，总体上划分为年度报告篇与专题报告篇。年度报告篇全面介绍2011年我国人力资源服务业所面临的政策法规环境以及新的变化，关注我国人力资源服务业的内外部市场需求、人力资源服务机构和从业人员的新变化，总结了我国人力资源服务业的总体发展状况；专题报告篇的内容包括对人力资源服务产业的发展思考、国内外人力资源服务企业商业模式的比较研究、人力资源服务业对于大学生就业的促进作用、对薪酬状况的调查与分析、对人力资源服务业中的新兴服务业务——企业人力资源审计服务的介绍以及2007～2011年促进人力资源服务业发展的十大事件。全书共六部分。

中共十六大以来的十年，是我国人力资源和社会保障事业发展最快的一个时期。在党中央、国务院的坚强领导下，在有关部门和社会各方面的大力支持下，人力资源和社会保障事业取得显著成绩，对于保障和改善民生、促进经济社会发展发挥了重要作用。尹蔚民的《民生为本，人才优先：人力资源社会保障事业十年发展（2002～2012）》[2] 详细介绍了中共十六大以来的十年中人力资源社会保障事业所取得的成果。该书在全面梳理2002～2012年人力资源社会保障事业十年发展的基础上，对我国以"民生为本、人才优先"的战略进行了全方位、多视角的分析和阐述。全书由六大部分内容组成，分别从就业、社会保障、人才队伍建设、人事制度改革、工资收入分配、劳动关系等方面，对我国人力资源社会保障事业的制度构建、实践探索、理论发展等角度进行了论述，揭示了十年来我国人才工作取得的巨大成就、面临的挑战和需进一步调整优化的方向，具有重要的现实启示意义和明显的出版价值。

刘学民的《薪酬蓝皮书：中国薪酬发展报告（2011年）》[3] 是在总结2010年版的基础上撰写完成的。为了全面展示2011年薪酬工作的全貌，作者对薪酬发展报告从体例、结构到内容进行了调整，使体例更加合理，结构更加完整，内容更加全面。该书重点对2011年国内薪酬工作进行了全面总结和系统展示，对未来一个时期薪酬发展趋势及前景进行了初步展望和预测。全书共分5篇27章，几乎涵盖了我国工资收入分配的全部内容。该书可以方便读者全面了解目前工资收入分配制度改革、发展以及探索、实践等相关情况。

---

① 萧鸣政，郭丽娟. 中国人力资源服务业白皮书（2011）[M]. 人民出版社，2012.
② 尹蔚民. 民生为本，人才优先：人力资源社会保障事业十年发展（2002～2012）[M]. 人民出版社，2012.
③ 刘学民. 薪酬蓝皮书：中国薪酬发展报告（2011年）[M]. 中国劳动社会保障出版社，2012.

第二章 人力资源管理学学科2012年期刊论文精选

第一节

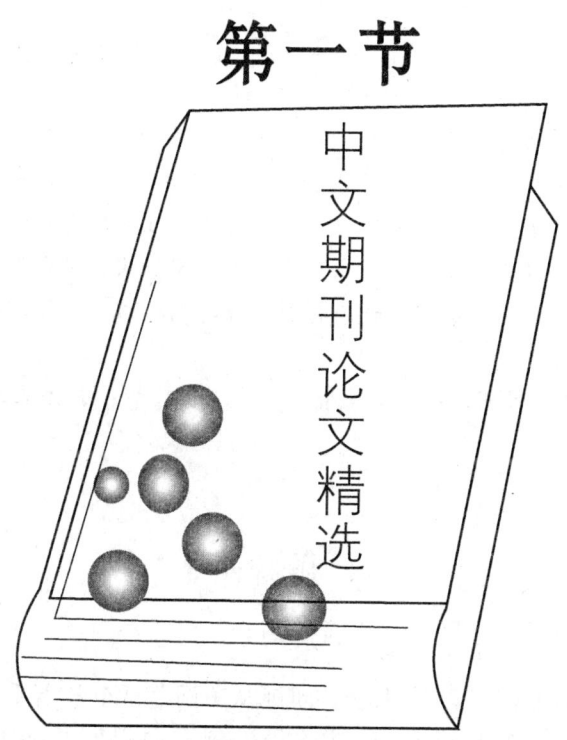
中文期刊论文精选

中、美、欧企业人力资源管理差异与中国本土企业人力资源管理应用研究

赵曙明

【摘　要】 通过对中、美、欧企业人力资源管理特征及各自优劣势的分析,对中、美、欧企业人力资源管理存在的文化差异性、理念差异性、制度差异性、标准差异性进行比较,并结合我国经济转型时期本土企业人力资源管理现状,对中国本土企业人力资源管理应用与水平提高进行探讨,以期为我国转型经济时期人力资源管理理论研究和具体实践提供借鉴。

【关键词】 转型经济时期;人力资源管理;优劣势分析;差异性比较;管理应用

一、研究背景

自 2008 年金融危机爆发以来,其影响迅速从美国蔓延至各主要经济体,并且从金融领域扩散到实体经济,世界各国的经济纷纷遭到不同程度的冲击。世界银行、IMF、OECD 的数据显示,当前美国、欧洲和中国的宏观经济状况可总结如下:①美国。从制造业采购经理人指数、消费者信心指数、工业产量指数、失业率和美国国债几个经济指标来看,美国的宏观经济正在面临着次贷危机以来新的挑战,穆迪顾问最新数据显示美国经济面临衰退的风险高达 40%。②欧洲。欧洲的主权债务危机在一定程度上,不但影响了欧洲整体的宏观经济基本面,而且也影响到了欧元的稳定性,世界三大评级机构对意大利、西班牙和希腊等国的债务评级,以及当前法国国债面临的降级压力,也使得欧洲的宏观经济增加了更多的不确定性。③中国。从 2011 年 7 月的数据来看,全国 CPI 指数高达 106.5 (上年同月为 100),同比上涨 6.5%,央行广义货币(M2)余额达到 78.09 万亿元,流动

---

* 本文选自《管理学报》2012 年第 3 期。

性过剩问题比较突出，央行基准利率也从 2010 年 6 月以来不断提高，未来加息预期依然明显，2011 年 9 月的制造业采购经理人指数，万得资讯的数据是 51.2，汇丰中国指数则为 49.9。由此，当前中国宏观经济的情况同样不容乐观。

全球经济的综合状况可以概括为美国和欧洲的债务危机使得全球经济未来的走势扑朔迷离；经济较高的通胀率、不断攀升的广义货币供应量、持续看涨的央行利率和低位徘徊的制造业采购经理人指数使得中国经济的发展面临着很大的不确定性。这些因素叠加起来，给我国企业的经营带来了严峻挑战，主要表现在以下四个方面：①中小企业融资困难，面临现金流断链的风险；②出口导向型经济和外贸企业出口面临严峻挑战；③原材料和人工成本上涨压力增加；④产能过剩、库存积压和利润缩减。

在这一新的经济背景下，如何应对宏观经济的不确定性给企业经营管理带来的挑战则成为危机条件下转危为机的关键。特别是在全面的全球化这一背景下，人力资源管理更是企业在高度的不确定性环境下赢得竞争优势的关键要素。Tsui 指出，全球化需要我们掌握在不同国家和地区经营的企业所需的管理知识。对不同国家和地区的管理实践进行梳理和比较，可以为本土企业人力资源管理的应用提供参考。为了更好地理解全球化背景下的企业人力资源管理，为我国企业人力资源管理的实践提供新的思路和措施，本文将对中、美、欧企业人力资源管理的特征和差异进行比较研究，并结合我国经济转型时期本土企业的人力资源管理现状，针对中国本土企业人力资源管理应用与水平提高进行探讨，以期为我国转型经济时期人力资源管理理论研究和具体实践提供借鉴。

二、中、美、欧企业人力资源管理特点

1. 中国企业人力资源管理特征及优劣势

LAW 等的研究表明，即使中国处于转型经济时期，但因有着特殊的社会制度，有效的人力资源管理对企业绩效同样有着显著贡献。中国企业的人力资源管理发展经历了从人事管理到人力资源管理的转变阶段，在企业中的地位经历了由行政支持到战略参与的转变。中国企业的人力资源管理特征主要表现在战略性地位提高，招聘的多元化，精神激励与物质激励并重，职业化经理人崛起，基于资历、关系和能力选才，不断完善的劳动力市场和国际化人力资源管理等方面。

（1）战略性地位的提高。越来越多的中国企业开始重视人力资源的战略地位，比如华为、海尔、美的等公司实行战略性人力资源管理。人力资源在公司的角色从"成本中心"向"利润中心"转变，人力资源与企业战略匹配，这些都是企业人力资源管理角色转变的标志，也说明人力资源管理在企业中的战略地位逐渐提高。

（2）招聘的多元化。首先，招聘渠道多元化，越来越多的企业采用校园招聘、网络招聘、社会招聘、合作招聘（商学院与企业合作）等多途径吸引优秀人才；其次，招聘

方式多元化，常见的有笔试、结构化面试、电话面试、案例面试和专家面试等，从多个角度对面试人员进行选拔；最后，招聘来源多元化，包括高校毕业生、在职工作者、归国留学生和外国来华工作人员等。

（3）职业化经理人的崛起。目前的EMBA、MBA、EDP教育为职业经理人群体的形成奠定了基础，股份制改革也推动职业经理人成为企业管理的主力军。从长期企业经营管理而言，职业经理人是中国企业发展的必然选择，是中国企业可持续发展的关键。职业经理人队伍的崛起有利于中国企业更好地应对当前高度不确定的全球经济环境，这是因为职业化的经理人队伍能够更好地从专业的角度去剖析企业经营的情境，从而为企业的发展找寻到一条与战略相匹配的路径。

（4）基于资历、关系和能力选才。资历选才是指按照员工在企业工作的年限选择人才，特别是管理者，本质上是基于经验的选拔。关系选才是指通过熟人、专家或者企业内部员工推荐人才等。能力选才是指根据员工的专业能力、沟通能力等选才。

（5）不断完善的劳动力市场。一方面，自2008年《中华人民共和国劳动合同法》施行以来，劳动合同法得到了进一步贯彻落实和完善；另一方面，企业用工方式趋向多样化，有全日制用工、非全日制用工、劳务派遣等。

中国企业的人力资源管理是基于西方人力资源管理理论和实践，在中国情境下的新应用和新探索，因此，中国企业的这一新应用和新探索也必然会有中国情境下的特色。综合以上中国企业人力资源管理的特征，可以总结出中国企业人力资源管理的优势和缺陷。优势主要体现在：①能够充分借鉴国外人力资源管理成熟的理论体系和完善的制度措施；②企业高层管理者对人力资源管理的重视程度有所提高；③企业的招聘方式、激励机制等趋向多样化，有利于企业吸纳优秀人才并且充分发挥员工潜能。缺陷主要体现在：①制度环境还没有成熟，管理基础较为薄弱，尤其是中小型企业和私营企业的管理较为松散；②企业管理惯性大，阻碍新的管理思想和制度的引进；③劳动力市场不完善，社会保障水平偏低，企业进出的成本较高。

2. 美国企业人力资源管理特征及优劣势

美国以成熟的市场体系、完善的制度和先进的管理理念著称。美国企业的人力资源管理特征主要体现在外部劳动力市场配置人力资源、制度化和专业化管理、人力资源的全球化引进、重视人力资源培训及以绩效为基础的薪酬管理等方面。

（1）外部劳动力市场配置人力资源。美国的劳动力市场具有高度的流动性，劳动者可以在不同产业、不同职业和不同地区之间自由流动。劳动力市场具有很高的弹性，弹性工作制、灵活的工作地点安排以及高素质移民都对企业外部劳动力市场起到了调节作用。

（2）制度化和专业化管理。美国企业人力资源管理的制度化和专业化主要体现在：①完善的流程，从员工一开始进入企业就有一整套完善的人力资源管理流程；②完整的职能，包括从工作分析与设计到雇佣关系管理等完整的职能模块；③系统专业化的管理，人力资源管理从业人员大多拥有本专业背景。

（3）人力资源的全球化引进。美国拥有诸多的政策将全球的优秀人才吸引到美国，从而使美国在本质上实现了人力资源的全球化配置。例如：①移民政策优惠，美国为国外专业技术人员提供工作签证、H1B 签证；②留学生政策，以中国为例，美国 2010 年共为 10 万左右中国留学生和交流访问学者发放签证，比 2009 年增长 30%；③跨国公司在东道国吸引优秀人才，美国的海外公司历年来都是中国大学生就业的热门选择。

（4）重视人力资源培训。美国企业在培训上的支出占企业利润的比重较高，据美国培训与发展协会估算，2009 年各企业在培训方面总支出额为 1258.8 亿美元。以通用电气为例，其 2010 年企业内部培训费用合计 10 亿多美元。美国人均培训投资费用 2009 年达到 1081 美元。

综合以上美国企业人力资源管理的特征，可将美国企业人力资源管理的优势和缺陷进行归纳。优势在于：①高激励、高奖金政策吸引人才；②巨额的培训投资有利于提升人力资本素质；③灵活的劳动力市场便于调整人力资源管理；④在全球范围内进行人力资源优化配置。缺陷在于：①员工流动性较高，对企业的忠诚度和认同度较低；②人力资源管理制度重视短期效益而缺乏长期规划；③过分注重人力资源标准化管理流程，而未与企业实际情况相结合。

3. 欧洲企业人力资源管理特征及优劣势

欧洲不仅是现代企业制度的发源地，而且对人力资源管理理论，特别是劳资关系管理理论的发展有着重要的贡献。由于欧洲特殊的历史文化背景，欧洲企业的人力资源管理与中国和美国相比有着显著的不同。欧洲企业人力资源管理的特征主要可概括如下：

（1）以企业发展战略为导向。欧洲诸多企业都强调人力资源管理对于企业战略的支撑作用。例如，阿尔卡特公司强调，人力资源管理是企业战略管理的一部分，人力资源部门的主要工作是服务于企业战略的制定与决策。另外，由于欧洲有强大的工会力量，人力资源管理在企业中始终扮演着重要的战略性伙伴角色。

（2）面向全欧洲的人才选拔机制。从 1951 年欧洲煤铁共同体成立到 1993 年欧盟成立，欧洲一体化进程一直在推进和发展，欧盟成员国国民可以在各国劳动力市场自由流动。欧洲企业倾向于在欧洲范围内选拔人才，优化各成员国人才的配置。

（3）员工参与企业管理。欧洲不仅有强大的工会来组织员工参与企业管理和决策，特别是人力资源管理决策，而且有相关的法律保障员工参与管理的权利。比如，德国有《职工参与管理法》，法律规定的职业培训有三项：带职到高等学校学习、企业内部进修、由劳动总署组织并付费的专项职业技能培训。

（4）政府、企业和工会三方协作式人力资源管理。具体如下：①政府介入企业人力资源管理。欧洲各国政府通过介入企业和工会之间的集体谈判影响人力资源管理。②工会与企业的集体谈判。德国、丹麦、瑞典、法国等国都有强大的全国性和行业性工会组织。③企业行业协会的作用。例如，丹麦工业联合会、丹麦金融业企业协会等在企业的人力资源管理中有着重要的影响力。

综合以上欧洲企业人力资源管理的特征，可将欧洲企业的人力资源管理优势和缺陷进行归纳。优势在于：①参与式管理能够提升员工积极性；②完善的法律制度可保障人力资源规范性;③三方合作促进人力资源整合。缺陷在于:①政府和工会对企业人力资源管理的干预较多,企业自身的灵活性较低;②烦琐的法律条文对企业人力资源管理形成制约。

三、中、美、欧企业人力资源管理的差异研究

从上文的论述可以看出,中、美、欧企业人力资源管理有各自鲜明的特征和差异,这些特征和差异受到了各自特殊的社会文化、管理制度、管理理念和管理标准等多个方面的影响。综合起来,中、美、欧企业人力资源管理的差异性主要体现在四个方面:文化差异性、制度差异性、理念差异性和标准差异性。

1. 文化差异性

文化是指一个国家或社会独特的价值标准、历史传统、基本观念、道德规范、生活信念、风俗习惯等。Hofstede(1980)按照不同的维度对多国文化进行了研究,在对企业员工的基本价值观及信念、员工收入、工作安全感、挑战性、自由和合作等的综合性调查的基础上进行了系统分析,归纳出五种文化维度:权力距离、不确定性规避、个人导向性/集体导向性、阳刚性/阴柔性、长期导向性/短期导向性,并对多国和地区的文化维度进行了量化。Aycan等(2000)通过对10个国家的样本进行实证研究,肯定了文化对于人力资源管理实践的影响。中、美、欧文化维度得分比较见表1。

表1 中、美、欧文化维度得分比较

国家	权力距离	个人导向性	阳刚性	不确定性规避	长期导向性
中国	80	20	66	40	118
美国	40	91	62	46	29
德国	35	67	66	65	31
法国	68	71	43	86	39
荷兰	38	80	14	53	44
俄罗斯	93	39	36	95	N. A.

资料来源:笔者根据参考文献[8]的数据整理

从表1可知,中、美、欧的文化差异非常突出。

(1)中国文化价值观。中国崇尚儒家思想中的仁、义、礼、智、信,价值观以"和"为首,强调精忠,重视人与人之间的关系。以儒学为主流的诸子百家十分推崇人本主义,表现为"仁者爱人"、"爱人能仁"等。中国儒家文化强调"自强不息"、"厚德载物"。中国人能吃苦耐劳,具有不屈不挠、奋发向上的精神风貌。中国人重集体主义和平均主义,"不患寡而患不均",每个人的个性受到一定的压抑,创造精神被窒息。企业管理体

系中提倡以"情"为纽带的"柔性管理",强调思想观念的灌输,虽然有利于营造良好的工作氛围,但过分重视人情,忽视了制度和规章的建立。

(2) 美国文化价值观。美国在等级制度方面,人与人之间的依附关系弱,上级权威受到约束,鼓励每个人拥有同等权利,等级差异小。美国人思想开放,鼓励创新,对于新鲜事物态度积极,认为工作和生活同等重要,鼓励竞争,有限度地接受规章制度。美国文化崇尚自我意识和个人价值观,团队合作精神略微缺乏,自由、自主、自立和理性思维成为主调。美国人讲究即时消费,计较眼前利益而忽视长远考虑,要求快速评价、晋升或降职。

(3) 欧洲文化价值观。欧洲文化又被称为"海洋文化",欧洲人乐于冒险,尚武好战。欧洲人强调权力的约束和平等,人与人之间相互信任,合作的基石是团结而非权力。欧洲各国文化深受基督教文化影响,各国间有着频繁的经济、政治、文化交流,使得整个欧洲有了共同的文化基础。古埃及文化、古希腊文明、古罗马文化、文艺复兴和启蒙运动等对全欧洲的思想有着深远的影响。欧洲文化中既有希腊文化对人性的尊重、对知识的追求,又有罗马文化对功利的向往,还有基督教文化对现实生活的批判和对理想主义的向往。

中、美、欧企业人力资源文化差异性比较见表2。

表2 中、美、欧企业人力资源文化差异性比较

类别	中国	美国	欧洲
民族文化差异性	儒家文化:中国是儒家文化的发源地;企业管理中强调以人为本,重视人情制度,重视集体轻个人	基督教为主体的多元文化:美国被称作"文化的大熔炉";企业在人力资源管理方面强调实用主义,关注人力资源管理的规范和制度建设	基督教文化:欧洲的基督教文化与埃及文明、罗马文明、希腊文明和犹太文明一脉相承;企业人力资源管理强调民主和参与式管理,重视员工福利
历史文化差异性	中央集权制:中国有着2000多年的封建帝制,中央集权是维系国家统一的重要因素;企业人力资源管理中强调服从企业整体战略规划,为企业运营提供合适人才	宪政制度:美国建国200余年来以1787年的宪法为基础建立起宪政体系;企业人力资源管理强调企业和员工之间的权利义务关系,以契约为基础构建人力资源管理系统	君主城邦体制:今日的欧洲各国历史上大多是城邦国,国王在贵族的辅助下掌握政权;企业在人力资源管理中强调多方合作,即政府、企业和工会的合作
社会文化差异性	传统文化与现代文化并存:辛亥革命以来,特别是改革开放以来,中国处于传统文化和现代文化的交融阶段;人力资源管理既有传统人事管理的因素,也有现代化人力资源和人力资源管理的因素	开放式文化:美国是多元的开放式文化;企业人力资源管理受到这种文化影响,表现为员工多样性等方面	保守的欧洲中心论:欧洲流行保守的欧洲中心论,文艺复兴孕育的资本主义制度等使得这一论点更加流行;企业在人才选拔方面以欧洲为中心展开

2. 制度差异性

大部分关于国际背景下人力资源管理的研究均考虑国家文化因素或者制度因素。国家文化因素将组织的行为方式与社会成员共享的价值观相联系。制度因素将组织的行为方式与组织所在的特定制度环境相联系。国家文化对企业人力资源管理有重要影响，对不同国家企业人力资源管理的比较能够增进我们对人力资源管理这一问题的理解。中、美、欧企业人力资源管理存在差异，跟企业所在不同国家和地区之间制度的差异密不可分。制度一般指大家共同遵守的办事规则或行动准则，指一定的历史条件下形成的法令、礼俗等规范和准则。制度不仅包括正式的组织，如政治、经济、社会组织，也包括社会常规及规则。制度差异性体现在政治制度差异性、经济制度差异性和法律制度差异性等方面，具体见表3。

表3 中、美、欧企业人力资源制度差异性比较

类别	中国	美国	欧洲
政治制度差异性	社会主义：共产党领导的社会主义国家，强调服务最广大人民群众的利益；企业人力资源管理服务于整个企业	资本主义总统共和制：美国创造了总统共和制，强调行政权、司法权和立法权三权分立；人力资源管理在企业内部权力体系中起制衡作用	资本主义君主立宪制：欧洲是君主立宪制最为集中的地区，君主只是国家元首，国家权力属于议会；人力资源部门拥有强势地位，涉及战略制定和集体谈判等重要职能
经济制度差异性	社会主义市场经济制度：市场与计划并存，共同引导经济系统运转；人力资源管理通常按照企业发展需要在内外部劳动力市场之间寻找平衡	资本主义市场经济制度：拥有健全的市场调节机制；人力资源管理主要依靠外部劳动力市场平衡企业发展对人力资源的需求，并且在全球范围内优化人力资源配置	资本主义市场经济制度：市场经济有着更多的计划成分，特别是北欧等福利国家；人力资源管理主要依靠企业内部劳动力和欧洲劳动力市场满足对人力资源的需求
法律制度差异性	改良的大陆法系：中国现代法律体系主要借鉴日本，而日本法律则是对德、法等国大陆法系的改良；人力资源管理强调制度化，并强调将欧美人力资源管理理论中国化	英美法系：美国继承了英国法律体系，遵循判例法；人力资源管理强调以制度规范为基础，但更重要的是要处理非程序性问题，应对意外事件	大陆法系：德国和法国是典型的大陆法系国家，强调行为必须遵循法条，即法律的规范作用；企业人力资源管理大多数情况要受到大量的相关法律的影响

3. 理念差异性

人力资源管理理念即对人力资源管理的更深一步认识和定义。优秀的企业在人力资源管理理念上均有独到之处，管理学大师德鲁克曾说过，企业的职能就是创新。比如，美国加州的硅谷推崇"允许失败，但是不允许不创新"的理念。在德国，许多企业重金资助研究创新人员，并承担研究风险。如果研究失败，研究者不仅不会受到指责或者辞退，反

而会得到鼓励。

企业人力资源管理理念差异的背后反映的是不同国家和地区企业经营理念的差异性、管理理念的差异性和用人理念的差异性，具体见表4。

表4 中、美、欧企业人力资源理念差异性比较

类别	中国	美国	欧洲
经营理念差异性	社会利益至上：中国企业特别是国有企业的初衷是为社会服务，服从党和国家政策；企业人力资源管理强调服务于企业业务，属于支撑性部门	股东利益至上：企业经营是通过为客户创造价值以实现股东价值最大化；人力资源管理部门是通过整合组织人力资源以实现股东价值最大化	员工利益至上：企业经营的根本目标在于服务于企业员工的福利；企业人力资源管理是实现员工利益与企业利益之间的平衡
管理理念差异性	效果：通过管理实现企业战略目标，追求管理对绩效的贡献；企业人力资源管理强调其对绩效的直接作用	效率：管理是依赖于经验的以绩效为基础的专业职能，目标在于增进生产效率；人力资源管理部门探索如何发挥最大效率	福利：管理的目的在于社会福利和员工福利的提高；企业人力资源管理部门负责员工福利的分配
用人理念差异性	择人任事：企业管理过程中因人设岗，使得价值和能力得到体现，人尽其才，才尽其用；企业人力资源管理强调择人，即选择正确的人做正确的事	能力任事：管理过程中因事设岗，强调结合岗位要求选择合适人员；企业人力资源管理强调对所选人员胜任力的考察，依据胜任标准赋予相应的权利和责任	专业任事：企业管理过程中按照员工不同专业技能安排不同的专业事务；企业人力资源管理部门强调对员工专业技能的衡量

4. 标准差异性

人力资源管理可以细分为人力资源规划、招聘与挑选、培训与开发、考核与评估、薪酬与福利、劳资关系管理。中、美、欧企业在人力资源管理上的差异性也具体地反映到这些细分模块，具体见表5。

表5 中、美、欧企业人力资源标准差异性比较

类别	中国	美国	欧洲
人力资源规划差异性	服从企业总体战略规划：人力资源部门作为企业的支持部门，主要起到服务整个企业的作用，人力资源规划要服从企业整体安排，具有依赖性、不确定性	参与企业整体战略规划：人力资源规划与企业总体战略结合，从业人员专业性强，对企业未来所需员工数和市场的员工供给数进行预测	与第三方合作确定人力资源规划：企业在全欧洲范围内优化配置人力资源，与专业管理公司猎头公司合作，有企业的"人才库"

续表

类别	中国	美国	欧洲
招聘与配置标准差异性	资历关系和能力：中国是关系型社会，强调人们的资历和私人关系，选拔人才会综合考虑资历关系和被选拔者的能力；企业人力资源管理部门选拔人才除招聘外，还通过专家和员工推荐选拔人才	标准招聘流程：美国企业喜欢标准化流程，从福特的T型车到苹果手机，都是标准化的产品；企业人力资源管理部门通过标准的人力资源招聘流程实现	民族文化背景：欧洲企业有着特殊的欧洲情结，对于欧洲范围内的民族文化背景有着强烈的认同感和荣耀感；企业人力资源管理在选拔人才的过程中偏好从欧洲范围内选拔人才，甚至只偏好本国人
培训与开发标准差异性	就业：针对将要或正在从事的工作的技能培训，如农民工技能培训，城镇失业人员技能培训，创业人员培训等	技能：对培训重视程度高，大型企业建立专业的培训中心，专门负责员工的技术或者操作技能培训，目的性、专业性、针对性较强	培优：国家和企业共同提供培训，基于培训者的现有能力，加强关键能力的培训
考核与评估标准差异性	德行：中国传统社会强调个体的品德修养，讲求"知行合一"；企业人力资源管理考核过程中较为关注个体的品德，其次才是个体的能力	绩效：美国社会奉行实用主义，强调个体的工作绩效，而不会过多关注个体工作之外的行为；企业人力资源考核的过程中绩效几乎是唯一的考核标准	权责：欧洲社会强调工作中权力和责任的等价，对工作时间和工作环境都有法律予以规范；企业人力资源管理关注员工的工作责任和工作成果，不会对员工做出责任之外的要求
薪酬与福利标准差异性	学历：基于受教育水平和从业经验制定不同的薪酬水平，另外，正式工和派遣制员工享受不同薪酬	能力：按照市场化运作，薪酬体现为对能力的量化和奖励	工会与企业协商确定：由工会确定行业工资最低水平，欧洲企业福利水平普遍较高，另外还根据员工的学历、能力确定薪酬
劳资关系标准差异性	工作和生活的融合：企业一般不轻易解雇员工，员工对企业感情较深，家庭生活和工作生活存在交叉	契约关系：是单纯的劳资买卖关系，员工忠诚度较低，流动频繁	双向选择，自由雇佣：欧洲的劳资关系发展较为成熟，已经形成工会、政府、企业间的三方协商机制

四、中国本土企业人力资源管理现状

中国的人力资源管理经历了制度建设逐渐深化、法律体系日益完善、人才环境逐步优化的过程。制度建设方面，2011年6月颁发的《人力资源和社会保障事业发展"十二五"规划纲要》指出，"十二五"时期是深化改革开放、加快转变经济发展方式的攻坚时期，党中央、国务院高度重视保障和改善民生，大力实施人才强国战略和优先就业战略，将人力资源和社会保障事业摆在经济社会发展更加突出的位置。法律保障方面，保障劳动者权益、促进劳动力市场规范化的各项条例相继出台：有2008年1月1日起施行的《中华人民共和国劳动合同法》；2008年5月1日起施行的《中华人民共和国劳动争议调解仲裁法》；2008年9月18日起施行的《中华人民共和国劳动合同法实施条例》；还有2011年7月1日起施行的《中华人民共和国社会保险法》等。人才队伍方面，到2011年全国人力资源总量达到1.56亿人，专业技术人才总量达到6800万人左右，高技能人才总量达到3400万人。

从人力资源的各个细分模块来看中国本土企业人力资源管理现状，可以更全面、更系统地了解企业人力资源管理的发展水平和发展方向。

（1）招聘渠道更加多元化。人才是企业发展与壮大的重要推动力，因此，从更广泛的渠道接触到适合企业实际需求的人才是企业招聘必须考虑的问题。传统的招聘渠道包括校园招聘、招聘洽谈会（人才交流会）、传统媒体、专业机构推荐等，近几年较为流行的有网络招聘、内部招聘、通过猎头公司物色及使用社交网络（如新浪微博、人人网、腾讯网等）。据粗略统计，80%的在职者使用社交网络。企业选择社会网络作为招聘渠道之一，不仅可以将招聘信息有效传达给广大的社交网络使用群体，还可以宣传提升公司的形象，因此，这种新招聘方式被越来越多的公司采纳。

（2）培训理念更加深入化。培训是企业"以人为本"战略实施的集中体现，也是公司给员工提供的软性福利。近年来，中国本土企业对培训的重视程度日益提高：首先在认知上，企业能够更加理性地看待培训，不是因为出了问题才去培训，而是将培训作为人力资本提升的途径；其次在操作上，企业培训的细节做得更加到位，包括事先详尽的培训调研、过程中周密的培训组织和事后可靠的培训评估；最后在制度上，培训与人员的考评、奖惩和晋升等相结合，员工由"要我学"的被动状态转变为"我要学"的主动要求。

（3）考核评价更加全面化。考核评价既是企业对员工是否符合企业工作要求的一种评估，也是企业向员工提供的关于考核目的、考核范围、考核重点等信息的直接反馈。有学者认为，人员考评是对组织成员的贡献进行排序，这解释了许多企业一年一次评选先进的行为。目前，中国一些大型优秀企业的管理逐渐与国际接轨，采用平衡计分卡进行员工考核，如华润置地、滨海能源等，这种新考评形式的创新之处在于：①充分体现了财务管理作为企业管理核心的思想；②实现了结果指标与绩效动因间的平衡；③实现了短期和长期目标间的平衡；④实现了财务指标与非财务指标相结合的转变。

（4）薪酬管理更加规范化。针对目前企业职工收入止步不前、劳动力要素被弱化、"模糊工资"凸显出分配的不透明、企业经营者收入高端化导致员工心理失衡等现象，人们对劳动和社会保障部起草修订的新《工资条例》呼声较高。新《工资条例》的重要内容包括：构建工资总额决定机制、工资集体协商机制、工资支付保障机制、工资监控机制、工资正常增长机制。企业的薪酬管理在此基础上会更加规范化，并表现出一些普遍特征，如全面薪酬制度、宽带薪酬制度、"以人为本"的薪酬制度、差异化设计的薪酬制度、弹性薪酬制度、股权化薪酬制度、团队化薪酬制度和信息化的薪酬制度等。

（5）劳动关系更加稳定化。根据2011年6月人力资源和社会保障部关于人力资源和社会保障事业发展的"十二五"规划纲要，各类企业全面实施劳动合同，普遍建立集体协商和集体合同制度，劳动合同签订率达到90%，集体合同签订率达到80%。具有中国特色的劳动关系三方协调机制得到进一步完善，由各级政府的劳动和社会保障部门、工会组织、企业组织派出代表，组成协调机构，对涉及劳动关系的重大问题进行协商。劳动人事争议处理机制更加完善，人事争议仲裁结案率达到90%。以网格化、网络化管理为基础的预防预警机制基本建立，劳动者的基本权益得到有效维护。

五、中国本土企业人力资源管理应用与水平提高

通过对中、美、欧企业人力资源各自特点、优劣势和相互之间差异性的分析，可以对本土企业人力资源管理的现状和管理应用有更进一步的认识。我国企业人力资源管理者应积极吸取欧美企业先进的人力资源管理理念和经验，结合本土企业自身实际，发挥人力资源管理在企业中的更大作用。笔者结合多年的人力资源管理教学、理论研究和企业管理咨询经验，从以下五个方面探讨中国本土企业人力资源管理应用问题。

（1）人力资源战略意识的加强和管理能力的提高。企业的全球化经营使人们认识到人力资源管理已经不是单纯行使支持职能，而是越来越多地承担战略重要性。部分本土企业面临的问题是：企业人力资源管理停留在意识层面，没有转化为战略管理能力，这种关键能力的缺失又使得企业人力资源管理不足以支撑企业核心竞争力的形成。企业高层管理团队必须增强人力资源战略意识，其中包括培养和开发高层管理团队的领导力；必须构建战略性的人力资源组织体系，形成战略性的人力资源决策机制与程序。Li等（2008）的研究表明，战略人力资源管理对于雇佣模式如何选择的影响远远大于制度因素的影响。企业可着手研究具有操作性的人力资源规划，提升人力资源部门在战略方案制定方面的能力，加强人才招聘、培训开发、绩效管理、薪酬福利、员工关系等多个具体领域的管理能力。

（2）从简单的人力资源管理到高度动态性、复杂性和不确定性下的人力资源管理。20世纪90年代以来，组织环境的不确定性、复杂性取代了相对稳定性和可知性，动态的变化的时代必然需要有与之相应的前瞻性的动态企业治理模式。Holcomb（2009）等认为，人力资源是企业价值创造的关键部分。强化人力资源的战略性职能，探讨动态情境下

的人力资源管理对企业发展有重要意义。根据赵曙明等（2002）对复杂性环境下企业战略人力资源管理的研究，企业面临的外部环境可以分为三类：简单环境、风险环境和复杂性环境，而根据组织的复杂性程度和组织变革的速度，组织又可以分为四种类型：制度型、灵活型、知识型和家族型。由此，可以划分为 28 种环境下的企业人力资源管理，可提高人力资源管理应对环境动态性、复杂性和不确定性的能力。

（3）系统化人力资源实践为企业赢得竞争优势。Portet（1985）指出"尽管企业相对竞争对手有很多优势和劣势，但企业仍然可以拥有两种基本的竞争优势：低成本或者差异化"。苏方国等（2003）认为，成本型系统化人力资源实践可以为企业赢得低成本竞争优势，而资本型系统化人力资源实践可以为企业赢得差异化竞争优势。成本型系统化人力资源实践和资产型系统化人力资源实践在招聘和筛选、培训和教育、工作定义和工作范围、职业发展、就业保障、绩效评估、薪酬体系等职能领域有差异化的管理实践，为企业赢得竞争优势。

（4）人力资本管理投资与企业发展。20 世纪 60 年代，美国经济学家舒尔茨和贝克尔创立人力资本理论，人力资本管理强调员工所具备的知识储备、工作能力、健康素质等条件应与企业给予员工的物质和精神回报相匹配。人力资本管理不是对人力资源管理的替代，而是将人力资源管理与经济学的"投资—回报"原理相结合。不同员工的性格、知识、能力不同，不同岗位的职责、要求也不同，人力资本的管理对象即为处于不同岗位的有"个性"的人。Hatch 等（2004）认为，从资源基础价值观角度考虑，人力资源因其具有无形性、公司特定性和社会复杂性等不可模仿的特性，对企业竞争优势有较大贡献。企业应考虑到不同员工的个性，建立分享的报酬体系，在团队的选拔和激励中考虑到队员"个性"组合。尤其是企业的并购重组实际是"个性"人才的并购重组。从这个角度，可以理解人力资源管理对于企业"委托—代理"治理结构的积极作用，比如根据代理人的"个性"建立分享报酬体系。

（5）企业人力资源管理走向国际化。全球企业的增长已经突破了传统意义上的企业范畴，带来了全球经济的变迁，增加了管理上的复杂性和不确定性。人力资源管理应实现从传统的本土管理向国际人力资源管理转变，不仅对大型跨国企业的员工是这样，对于中小型企业的员工同样适应。

人力资源管理者需要考虑这些问题：企业是否有全球化扩张的战略？需要什么样的管理者来保证成功，如何招聘到他们并进行开发？其他国家和地区的人力资源管理现状如何，包括法律、工会组织、劳动力市场、员工期望等？企业该使用外派员工还是当地员工？对于全球范围内的员工，如何进行知识管理？等等。唯有明确这些问题，才能使人力资源管理在企业经营过程中发挥更大的作用。

参考文献

[1] Tsui A. S. From Homogenization to Pluralism：International Management Research in the Academy and Beyond [J]. Academy of Management Journal，2007，50（6）：1353-1364.

［2］赵曙明，武博. 美、日、德、韩人力资源管理发展与模式比较研究［J］. 外国经济与管理，2002，24（11）：31-36.

［3］赵曙明. 人力资源管理理论研究新进展评析与未来展望［J］. 外国经济与管理，2011，33（1）：1-10.

［4］Law K. S, Tse D. K., Zhou N. Does Human Resource Management Matter in a Transitional Economy? China as An Example［J］. Journal of International Business Studies，2003，34（3）：255-265.

［5］Hofstede G. Culture's Consequences: International Differences in Work-Related Values［M］. Beverly Hills: Sage Publications，1980.

［6］Hofstede G. Culture and Organizations: Software of the Mind［M］. London: McGraw-Hill，1991.

［7］Aycan Z., Kanungo R., Mendonca M., et al. Impact of Culture on Human Resource Management Practices: A 10-Country Comparison［J］. Applied Psychology: An International Review，2000，49（1）：192-221.

［8］Hofstede G., Hofstede G. J., Minkov M. Cultures and Organizations: Software of the Mind［M］. NY: McGraw-Hill，2010.

［9］Wilkinson B. Culture, Institutions and Business in East Asia［J］. Organization Studies，1996，17（3）：421-447.

［10］Fey C. F., Morgulis-Yakushev S., Park H. J. et al. Opening the Black Box of the Relationship Between HRM Practices and firm Performance Comparison of MNE Subsidiaries in the USA, Finland and Russia［J］. Journal of International Business Studies，2009，40（3）：690-712.

［11］Scott W. R. Institutions and Organizations［M］. Thousand Oaks, CA: Sage，1995.

［12］Karoliny Z., Farkas F., Poór J. In focus: Hungarian and Central Eastern European Characteristics of Human Resource Management-An International Comparative Survey［J］. Journal for East European Management Studies，2009，14（1）：9-47.

［13］Li J., Kevin L., James J. M. S., et al. Strategic Human Resource Management, Institutionalization, and Employment Modes: An Empirical Study in China［J］. Strategic Management Journal，2008，29（3）：337-342.

［14］赵曙明，中国企业的人力资源管理：全球视野与本土经验［M］. 北京：北京师范大学出版社，2011.

［15］Holcomb T. R., Holmes R. M., Connelly B. Respectively. Making the Most of What You Have: Management Ability as a Source of Resource Value Creation［J］. Strategic Management Journal，2009，30（5）：457-485.

［16］赵曙明，吴慈生，徐军. 复杂环境下战略人力资源管理的选择原理和方法［J］. 预测，2002，21（5）：11-15.

［17］Porter M. E. Competitive Advantage［M］. NY: Free Press，1985.

［18］苏方国，赵曙明. 系统化人力资源实践与企业竞争优势［J］. 外国经济与管理，2003，25（2）：7-11.

［19］Hatch N. W., Dyer J. H. Human Capital and Learning as a Source of Sustainable Competitive Advantage［J］. Strategic Management Journal，2004，25（12）：1155-178.

A Study on the Differences of Human Resource Management among Chinese, American and European Companies and Human Resource Management Application in Chinese Local Companies

Zhao Shuming

Abstract: Through the analysis of human resource management characteristics in Chinese, American and European companies and their strengths and weaknesses respectively, this paper compares Differences in culture, philosophy, system and standard of human resource management in Chinese, American and European companies. It also studies current human resource management of Chinese local Firms under the transitional economy, explores human resource management application and improvement in Chinese local firms, and provides guidance for conducting research on human resource Management and practical application under the Chinese transitional economy.

Key Words: Transitional Economy; Human Resource Management; Strength and Weakness Analysis; Analysis on Differences; Management Application

当前人才评价实践中亟待解决的几个问题

萧鸣政

【摘 要】 行政管理，人才为本，人才开发，评价为先。当前在人才评价实践中尚存亟待解决的一些问题，即，人情文化的影响性与法规建设的欠缺性；理论科学的虚弱性与技术手段的不足性；主体能力的有限性与评价标准的空泛性；评价方法的主观性与结果运用的低效性；评价观念的局限性与管理体系的松散性。

【关键词】 人才管理；人才开发；人才评价；人才选拔

人才的本质属性是相对性、突出性、创新性与发展性。人才是相对于一般的人口来说的。人才是所有人口中素质突出的那部分人口，是所有人员中能力突出的那部分人员，是所有人力中业绩突出的那部分人力，是所有人中贡献突出的那部分人，是所有人中创新性强和具有良好开发前景的那部分人。因此，我们所研究的人才评价，就是一种对人的素质、能力、业绩、贡献、发展性及其价值进行认定、区分与促进的过程。人才评价包括人才工作评价与人才本身评价，人才群体评价与人才个体评价。本文主要研究人才个体的评价。人才评价，关键在于对人才的政治价值、经济价值、文化价值、管理价值与发展价值做出科学合理的判断，为国家与社会认识人才价值提供依据，为人才开发与管理工作提供标准，为组织发展与个人发展提供参考。

一、人情文化的影响性与法规建设的欠缺性

中国历来是个重视人际关系的国家，这种人情文化导致我们在进行人才评价时，对于自己的同事或领导的评价难以反映真实情况，从而影响评价的公正性和真实性。这主要表现在两个方面：一是在人才评价中非科学因素的介入导致评价结果失真；二是在人才评价中过于重视官本位，评价标准在很大程度上以官位高低论英雄。在调研中也反映了这一突

---

* 本文选自《行政论坛》2012年第2期。

出问题，在回答关于我国人才评价的缺陷这一问题时，约77%的被访者认为人才评价中的主观性太强，55%的被访者认为官本位思想对评价的公正性影响严重。

例如，在党政人才评价的民主评议中，这种人情文化表现比较突出。民主评议是为了更加客观公正地考察党政人才而实行的一种评价手段，是按照国家的方针政策，通过对党员的正面教育、自我教育和党内外群众的评议，以及党组织的考核，对每个党员在各项工作中的表现和作用做出客观的评价，并通过组织措施，达到激励党员、纯洁组织、整顿队伍的目的。但是在实践过程中，民主评议存在的"三多三少"现象值得注意，即：评自己多，评他人少；评工作多，评思想少；评成绩多，评缺点少。党政人才的民主评议投票缺乏真实性，评议不能反映真实意图，存在拉票现象。以上问题主要是由于民主评议的投票制度设计上存在缺陷。党政人才群众认可，但在实际操作中群众多是他的下属、同僚（实际操作中执行知情原则，选择了下级党政人才）。他们出于种种考虑，评价结果都会产生偏颇。在评价对象的选择上，提名权由谁来掌握、评价主体怎样来选择、回避制度怎样建立，都是需要慎重考虑的问题。因此，特殊的文化背景导致评价结果有失公正。另外，薄弱的法规政策导致评价活动缺乏规范。

我国至今尚无人才评价方面的真正意义上的法律与法规，也缺乏科学的行业标准。任何一种评价工具，无须批准与论证即可投入使用，评价工具质量鱼目混珠，导致评价结果失真。对于测评软件知识产权，也缺乏相关的法律法规予以保护，导致盗版猖獗。在人才评价的实施过程中，在不同的行业和部门，既出现对人才评价过分排斥的现象，也出现过分依赖的现象，同时还存在随意评价的现象。

二、理论科学的虚弱性与技术手段的不足性

（1）原创性极少，照搬国外理论。人才评价是人力资源管理的两大基石之一，理论建设的薄弱使得人才评价显得中气不足。在评价理论、评价方法和现实国情之间，对任何一种因素的过度忽视或过分强调，都将把人才评价引向误区。由于我国存在自己特殊的、深厚的人文环境和风俗习惯，如果全盘照搬国外理论方法不仅会造成"淮南为橘、淮北为枳"的"水土不服"局面，甚至还会对人才评价的实际工作产生误导作用。

（2）科学性不足，缺乏定量研究。首先，缺乏基础理论的研究。人才评价手段的研究多于宏观理论的研究，这样使得人才评价在理论上显得"信心不足"。其次，以定性分析方法为主，缺乏足够的定量研究支持。人们更偏爱传统的选人用人办法，而对以量表测评为主的人才评价的认识往往不全面、不充分。加之一些人才评价机构受利益驱使，不负责任地推广一些粗制滥造的评价软件，使人们更加怀疑人才评价的量化方法的有效性。

（3）评价工具数量有限、质量不高，人才测评技术应用不广。在这次调研中，有将近55%的被访者认为人才评价手段及测评技术单一落后，人才评价的科学水平较低是我

国人才评价机制的重要缺陷之一。首先,目前我国人才评价工具的研制缺乏系统性,并且评价内容简单、评价手段单一,灵活性和兼容性都不高。据统计,我国自主开发的人才评价工具只有少数几种(而美国等发达国家则拥有 15000 种人才评价工具),尤其对品德、诚信度等这些难以量化的人才素质很少有评价工具涉及。调研显示,绩效考核和群众测评是获选率最高的两种人才评价方法,平时组织考察次之,而心理测评、面试、情景评价受欢迎的程度则均在 25% 以下,明显说明专业的人才测评技术应用不广、不受欢迎。其次,人才评价工具也缺乏规范和质量认证,真正适用性高的评价软件非常少。因此,科学的评价工具数量有限,质量不高。最后,我国现阶段人才评价的技术手段比较落后,无纸化测评在我国的人才评价中所占比重非常小,还是以手工操作为主,实行的还是"人海战术",效率低下,质量也得不到保证。

三、主体能力的有限性与评价标准的空泛性

(1) 评价主体缺乏专业素质。人才评价是集哲学、心理学、数学和管理学于一体的跨学科体系。人才评价对评价者的知识结构、基本素质以及专业技能要求也较高。在美国,专业的人才评价人员,一般是在取得心理学或者管理学博士学位之后,经过专业考核才获得从业资格,任职期间还必须经过反复培训。我国目前虽然涌现了一大批优秀的人才评价人士,但总体来看,合格的专业性人才不足,硕士毕业的高层次专业性人才更少,全国每年这方面的毕业生加起来不到 50 人,严重制约了人才评价工作的发展。

(2) 评价主体缺乏多样性与多元化。调研显示,约 73% 的受访者所在单位由上级组织人事部门和上级主管部门作为评价主体,而由其他部门、专家或中介机构进行评价的比例加起来还占不到 11%,凸显出目前我国人才评价主体单一,多样性缺乏。这一问题在国有企业高级经营管理人才的评价和选拔上表现尤为突出。国有企业经营者的选拔和管理,大多沿用党政人才选拔和管理模式,评价主体单一,带有明显的行政色彩和计划经济的烙印。2003 年,中国企业家调查组的系统调查表明,90% 的国有企业经营者是由组织任命的,被调查者中有 73.9% 的人表示"不太满意"。对"企业经营者选拔任用制度改革"表示"很满意"、"比较满意"的分别占 2.3% 和 23.8%,而认为"不太满意"、"很不满意"的分别占 26.1% 和 4.9%;经营者对"职业经理人才市场培育"状况表示"不太满意"、"很不满意"的分别占 30.9% 和 4.7%。这表明职业经理人才市场还不发达,经营者市场化程度还较低。我国国有企业经营者的选拔制度目前仍以"行政配置"为主要方式,经营者选拔还没有体现竞争、公平和有效的原则,这已远远不能适应市场经济和企业发展的需要,必须通过公开、竞争、公正和择优的原则改革任用方式,具体地说应当采用竞争选聘的方式进行选拔。而对于非公企业管理人才及国有企业非领导人才的评价,虽然有部分企业采用了 360 度评价,但总体上占的比例不大;而且就在这部分企业中,最

终评价结果多数仍是由上级主管决定，普通评价主体所占权重非常小，很多仅是走个过场。

（3）人才评价指标缺乏操作性。目前人才评价指标基本停留在"德、能、勤、绩"四个方面，虽然许多组织也根据岗位评价的需要，增加或细分了一些指标，但总体来讲仍存在很大局限性。调研显示，实际业绩、内资素质以及群众反映是最常用的评价指标，这些都属于外显指标。而根据人才价值的冰山现象，内隐行为所产生的潜价值却占人才价值的80%之多；而且大多数指标都是静态指标，没有考虑人才素质的动态性。大量事实表明，目前岗位表现不错并不能保证他有能力胜任更高或更复杂的工作。

例如，党政人才评价指标不够明晰，操作性不强。首先，党政人才评价的内容里关于"能"的评价不够明确，很多地方政府的部门没有明确的工作分析和职位说明书，每个岗位所要求的素质——胜任力不明确，因此在评价过程中笼统概括，缺乏针对性，最终产生人岗不匹配的情况。其次，"绩"的评价主要通过述职报告来反映，过于笼统、主观。不同部门的职能是不一样的，绩效也是不可统一量化的，不同地区的经济社会发展程度是不一样的，政绩评价也不能一概而论。不同地区的发展能力不一样，如何平衡东西部地区的差异成为亟待解决的难题。再次，"廉"的考核大多实行离任审计，导致人走了才查出很多问题，本来晋升却变成了下马，造成了人才培养的浪费。最后，评价标准比较抽象，指标烦琐、不全面。在政策素质、道德素质、遵纪守法方面，过于笼统和抽象、主观化，缺乏客观的数据。评价的体系不够健全，业绩为依据，品德能力为基础，心理素质、人格分析和体能方面都需要考虑进去。

（4）人才评价指标体系的针对性较差。现代社会对人才素质的要求越来越精细化、多面化，并越来越强调组织自身特点对人才选拔的要求。过去那种一张评价量表包打天下的做法受到挑战，取而代之的是各组织纷纷根据不同岗位对人员素质的不同要求量身定做适合于自己的特定的人才评价标准体系。但迄今为止，我国在此方面取得的研究成果仍很少。调研显示，70%的受访者认为"对于工作能力的考核缺乏具体指标，往往以与领导群众关系好坏来确定"已成为制约我国人才评价活动的重要因素之一。

例如，高层次创新科技人才评价标准不尽科学，影响评价结果。首先，评价标准的片面性与局限性。在选择评价指标的时候重点需要评价的是科研人员的真正学术水平、从事研究工作的深度、开展研究创新的能力，这些信息才是科研管理中想要知道而又难以获取的；而非那些一眼就能看出的统计数字，如一年发表几篇文章、发表刊物的级别，出版几部专著、哪个出版社，争取多少课题经费、课题级别等。单纯的统计数字最多只能说明科研人员的勤勉程度，并不必然代表其学术造诣和工作实绩。其次，评价标准的模糊性与主观性。现有的评价标准定性多、定量少，评价指标不够具体明确，在实际工作中难以避免个人主观因素的影响，导致评价工作自由裁量的空间较大；并且在一定程度上存在重学历、重资历的现象，容易以学历代替实际水平，以资历代替领导能力，以数字代替工作成绩。

四、评价方法的主观性与结果运用的低效性

（1）人才评价的方法单一，主观性较大。由于我国在评价数据方面缺乏积累与相关收集的机制，人才技术开发不够，人才评价工具短缺，目前，各类人才评价主要依赖于平时的随意印象，依赖于评价者的经验判断。而且人才评价的方式大多采用"分离式指标评价法"，即制定出若干素质指标，采用专家评议等手段逐项评分，经过加权得出总分。这一模式的主要问题在于，仅进行了各评价指标的简单加和，割裂了各素质之间的有机联系，没有考虑它们之间相互作用所产生的综合效应。人才评价的上述问题在当前企业中是普遍存在的，在一定程度上造成了评价效度和信度偏低，乃至出现较大偏差，无法准确反映一个人的能力和素质状况。

（2）人才评价的过程烦琐，成本过高。目前我国人才评价领域采用的技术操作过程烦琐、复杂，对主试要求很高，且评价成本比较高。在农村实用人才评价调研中，我们了解到甘肃省农牧厅对本省的两个县做农村实用人才评价试点时，6名中级农业技师的评价工作就花了5万多元，在甘肃全省推行起来费用则更高。参与评价的对象获得相应职称之后，缺乏服务社会的平台与机会，影响人们参与评价的积极性。

（3）评价结果应用不足，人才价值难以实现。我国人才评价应用领域狭窄，人才评价的结果价值与市场价值缺乏转换机制。评价结果反馈不够，评价效果难以检验。在调查中问到如何改进我国人才评价机制时，受访者明确提出要增强评价结果的运用力度，建议将"评价结果与奖励相结合，形成能上能下，唯才是举"、"健全评价成果的应用机制，防止为评而评"。目前我国多数组织在人才评价的结果反馈和运用上，存在两种极端：一种是将评价结果束之高阁，人才评价不过走了个过场；另一种是过于强调人才评价的作用，在激励、选拔和晋升中，不参考其他因素，由评价结果决定一切，容易造成被评价者对人才评价的抵触。

（4）评价流程规范有余，评价工作难以保障。目前我国的各类人才评价几乎运用同一种流程与步骤，这就导致人才评价的不当流程对评价结果产生不良影响，尤其表现在农村实用人才的评价上。目前，大部分省份的农村实用人才评价的标准、方法、程序都是沿用专业技术人才的评价方法。这些方法中涉及太多定量的条件，就目前农村劳动力总体文化素质及生产力现实状况来看，符合评定条件的人员十分有限。评价条件的刚性量化不利于农村实用人才的实践评价。对农村实用人才的基本素质和相关要求远远不同于专业技术人才的基本素质条件，用评价专业技术人才的标准、方法、程序去评价农村实用人才不仅要求过高，而且会造成评价的成本太高。例如，专业技术人才一般都有较高的学历，受过良好的高等教育，而农民一般学历较低，很多连初中都没有毕业。像专业技术人才评价的程序一样，参与评价的农民要提交许多材料，相应也产生了较高的成本。农村实用人才具

有一个明显的劣势：工作生活环境相当简陋艰苦，一般没有现代化的基础设施和工作条件。因此，必须按照区别对待、分类管理的原则，对农村实用人才采取简单易行的程序进行评价，不宜照搬照抄专业技术人才和高技能人才的评价模式。比如，有的地方在农民技术人员职称评定中，模仿专业技术职务评聘办法：首先是要求农村实用人才填写复杂的表格，整理一大堆申报材料，接着是层层审核把关，组织一群专家集中评审，投票表决之后，才是发文、办证、颁证等。程序非常复杂，材料工作量十分繁重，费用相当高，时间拖得长，无论是工作部门，还是农村实用人才，对此皆有劳民伤财之感。其实，农民技术人员的职称，完全可以由人事部门会同相关行业主管部门通过简易程序进行认定授予，没有必要陷入烦琐哲学的泥坑。

五、评价观念的局限性与管理体系的松散性

（1）人才评价市场化不足、社会化程度低。目前人才评价在欧美等发达国家已形成产业。据相关的调查表明，在西方发达国家，人才评价活动在人事决策领域运用频率为83%；在人才晋升领域运用频率为76%；在职业发展领域运用频率为67%；在职业咨询领域运用频率为66%；在人才成功计划领域运用频率为47%；在最初的应聘筛选中运用频率为42%；在人员安置咨询领域运用频率为30%。而在我国人才评价的市场定位尚不明确。以往对企业人才的评价主要是由政府主管部门或政府授权的机构直接进行，社会和市场上的专业中介力量参与不够，市场化程度还很低。

目前我国尚未形成一个社会化的、令人信服的评价组织或机构。现行的评价组织均是依照某一需要进行的人才评价而由单位或部门组建起来的，担任评价工作人员的评价资格也是由单位或部门推荐确定的。其业务水平在一定范围内是出类拔萃的，但其他方面就不好把握了，如政策水平、综合能力、全局观念等，再加上"无记名投票"这一带有随意性的评价方法影响，难以保证人才评价的公正性。以职称评审为例，专业技术职务评审委员会的组成专家在业务上均是出色的，其为人、做事也是相对公正的，但对职称政策的理解、对学科建设的认识就不一定准确了，同时在职称评审过程中还会受人情、关系的影响，就难以保证评审结果的公正性。

例如，企业经营管理人才评价专业机构有待规范，社会化程度亟待提高。首先，专业评价机构的评价系统存在不足：评价目标不一致，目前专业评价机构主要服务于社会公众的自我认识，而企业需要为自身人才使用提供信息；评价项目针对性差，专业评价机构评价项目广泛，评价结果丰富，但与企业评价指标尚有一定距离，其中无关因子很多；部分专业评价软件本土化程度不够，而且软件本身必须及时更新升级，随时修正完善。其次，我国至今尚无人才评价方面的行业标准，任何一种评价工具，无须批准即可投入使用，工具的优劣难以判断。最后，中介评价机构评价结果的准确度受到质疑，社会化评价开展困难。

专业技术人才评价受到外来因素干扰，影响评价工作。首先，政府主导因素的影响。政府掌握着评价的指标，同时又对专业技术人才职称评定的审核拥有导向性的权力，从评价标准和程序的制定到实施都有行政介入，破坏了人才评价的客观公正性。其次，经济因素的介入。由于评价结果可以带来大量的科研资源，从而使人才选拔计划成了各个利益集团争夺的焦点，导致了经济因素的介入，以争取资源的数量代替评价标准。而职称评定的结果与个人的薪酬待遇相联系，有职称便意味着待遇等方面的改善。于是出现拉关系和暗箱操作现象，直接滋长了腐败和不正之风。

我国人才评价机构的独立性较差。人才评价机构大致有两类：一是由全额、差额拨款的事业单位来充当，如考试中心等；二是由临时成立的机构来承担。这两种机构在经费来源和人事安排上都依赖于某一行政部门，在很大程度上仍然带有计划经济的烙印。由于独立性不强，导致评价机构的权威性和公信度受到影响。这种与政府部门千丝万缕的联系，一方面使评价机构在运作的过程中，难以摆脱各种因素的干扰，自律性较差；另一方面这种政府部门直接管理评价机构的做法，也使得评价机构的服务意识很难跟上，并严重影响了人才评价机构的服务质量。因此，评价机构在经济、人事上应该逐步独立，积极创造条件，向社会中介组织过渡。要加强人才评价行业自律，并引入竞争机制，淘汰那些不适应市场需要的人才评价机构，促进评价机构的管理科学与运作规范。

（2）人才评价责任机制不足，监督机制尚未形成。人才评价是一项系统工程，涉及许多方面与环节，任何一个方面的疏忽与责任缺位，都将影响整体的人才评价效果。目前，人才评价的责任主要集中在组织人事部门，人力资源市场、具体用人部门与薪酬协会方面的相应责任没有得到激发与联动。人才评价与招聘聘用、薪酬待遇相互脱节，人才的评价价值、实际价值、市场价值与薪酬待遇"四张皮"，缺乏良性的转换机制，缺乏评价主体的责任与约束机制，缺乏良好而有效的监督机制。

（3）专业技术人才评价后管理缺位。首先，缺乏对评价过程的监督。由于人才评价标准的不确定以及同行之间密切的人际关系，出于共同利益的考虑使得内部监督缺乏力度；外部监督机制一般是由政府或科研管理部门建立专门的监督管理机构，对人才评价的客观公正性进行监督，但是目前外部监督也是缺失的。其次，缺乏对评价实践的管理。由于现有的评价工作多是政府行为，加上职称评价的终身制，评价后管理松散，导致有的人在获得职称后便停滞不前、不思进取，向国家向组织提出各种要求，高一层次的人才在能力、业绩方面还不如低一层次的人才，又反过来影响了人才评价的公正性。而这些问题给各级管理机构，尤其是人才匮乏的中西部地区，造成困扰却无可奈何。另外，在职称评定与薪酬待遇相连的大背景下，中西部地区还存在着评价后经费和管理难以跟进的问题，给基层管理者造成了困扰。

技能人才评价基础工作不配套。评价的标准、教材和题库的服务功能还不能满足需要；国家职业标准与企业岗位规范之间的结合问题未能得到很好的解决；理论知识考试的命题理论、试卷结构导致考评方式僵化，不能反映能力性考试的本质。

评价内外部各个环节联动不足，评价体系化尚未体现。目前，在我国的人才评价实践中，人才评价与培训、管理、使用和服务等环节脱节。在市场经济条件下，人才工作的主题是为改革开放、经济建设服务，因此应当把人才评价与人才培训、管理、服务和经营等结合起来，促进整体性人力资源的开发和完善发展。这方面的不足之处尤其表现在技能人才的评价上。

首先，技能人才评价与培养、使用、激励等环节没有形成有效联动，导致评价难以发挥应有的作用。技能人才评价应该作为岗位使用与待遇的依据，并能够引导劳动者参加培训，提高技能。但在实际工作中，评价工作还没有发挥应有的作用。

其次，技能人才评价与使用、待遇相结合的激励机制没有形成氛围。国家提出的技能人才培训、考核与使用、待遇相结合的激励机制执行力不强，企业鼓励劳动者走技能成才、岗位成才之路的相关制度和措施不完善。

参考文献

[1] 王松梅，成良斌. 我国科技人才评价中存在的问题及对策研究 [J]. 科技与管理, 2005 (6): 133 – 135.

[2] 娄伟. 中国人才评价机制的尴尬 [J]. 软件工程师, 2007 (8): 49 – 51.

[3] 王雁飞. 企业人才测评问题思考 [J]. 人才开发, 2004 (9): 22 – 23.

[4] 朱鲲华，张华初. 我国人才测评存在的问题及对策 [J]. 中国人力资源开发, 2004 (10): 101 – 103.

[5] 易经章. 我国人才测评的研究现状与问题分析 [J]. 人才开发, 2005 (2): 20 – 22.

[6] 金晓燕，王圣. 国有企业人才测评中存在的问题及其对策研究 [J]. 现代商业, 2008 (3): 206 – 207.

[7] 丁刚. 人才测评的若干问题 [J]. 中国人力资源开发, 2002 (2): 50 – 51.

[8] 肖鸣政. 人才品德测评的理论与方法 [M]. 北京: 中国劳动社会保障出版社, 2008: 60 – 65.

[9] 田效勋. 人才测评应用中的误区 [J]. 中国人力资源开发, 2001 (12): 28.

[10] 王胜利. 企业人才评价的系统性与模糊性 [J]. 统计与决策, 2007 (5): 159 – 160.

[11] Baron R. A. Human Resource Management and Entrepreneurship: Some Reciprocal Benefits of Closer Links [J]. Human Resource Management Review, 2003, 13 (2): 253 – 256.

Several Problems to Be Solved Urgently in Current Practice of Talent Evaluation

Xiao Mingzheng

Abstract: Administrative management, talent – based, talent development, evaluation for the first. There are still some problems that need to be solved in the practice of talent evaluation, that is, the influence of human culture and the weakness of theoretical science; the insufficiency of technical means and the limitation of the subject's ability; the vagueness of the evaluation standard and the subjectivity of the evaluation method and the inefficiency of the use of results; the limitations of the evaluation concepts and the looseness of management system.

Key Words: Talent Management; Talent Development; Talent Evaluation; Talent Selection

高新企业的战略人力资源管理契合、人力资源管理效能与企业组织绩效的关系研究

纪晓丽　周兴驰

【摘　要】 本文将战略人力资源管理的契合问题总结为四种重要的基本契合模式,并通过对高新企业的实证研究分析战略人力资源管理契合结构对企业人力资源管理效能与企业组织绩效的影响以及它们之间的关系。结果发现,在高新企业中战略人力资源管理契合结构对企业人力资源管理效能和企业组织绩效有显著正向影响,且对后两者的关系有加强调节作用。

【关键词】 战略人力资源管理；契合；人力资源管理效能；组织绩效

引言

战略人力资源管理主要关注人力资源管理与企业经营战略的整合。但是对于整合的性质,理论界存在一定的分歧。一种观点将战略人力资源管理定义为符合企业经营战略而制定的合适的人力资源管理系统,这种定义实际上将人力资源管理看作被动反馈型(Reactive)管理范畴；另一种观点认为它是一些"计划好的能使组织达到组织目标的人力资源活动的集合",这种观念认为人力资源管理具有积极主动(Proactive)的职能。尽管如此,大部分学者赞同战略人力资源管理通过整合的、协同的人力资源管理实践组合来有效地管理人力资源资产,从而补充和提升企业总体经营战略,使企业获得更多的竞争优势。可以看出,战略人力资源管理主要关注"一致化"(Integration)和"适应"(Adaptation),目的是保证人力资源管理与企业战略的一致化和人力资源政策间的协调等。就目前来说,战略人力资源管理还属于一个广受讨论与争议的领域,很难找到一个清晰的框架来改进、整

---

* 本文选自《软科学》2012 年第 11 期。

合各种分散不一的观点与视角,战略人力资源管理的研究有很多关键问题还需要更深入关注。文献显示大多数战略人力资源管理的研究落在人力资源管理如何与企业经营管理流程的"契合"(Fit 或者 Alignment)这个常规框架上,可惜的是很少有研究真正去探索这个"契合"真正所包含的内容。许多学者使用量表,对战略人力资源管理的关注非常狭窄,研究中多是从被动反馈性(Reactive)视角来看待战略人力资源管理,一个显著的局限就是未能用全面的视角去看待人力资源职能,只注重少数的人力资源实践的战略联系。而研究只由单一的人力资源管理实践引导进行,其结论可能会有失偏颇。

综上所述,本文在大量文献研究的基础上,从企业整体角度定义了由四种战略人力资源管理契合模式组成的战略人力资源管理契合结构(以下简称 SHRM 契合结构),并通过对企业的实证研究,探讨 SHRM 契合结构对企业人力资源管理效能与企业组织绩效的影响以及它们之间的关系。通过对契合问题的全面深入了解,将有利于企业在各种经营实践(如企业组织重组)中使人力资源管理与企业其他各个领域相协同匹配以保持企业的竞争优势。更重要的是,通过对战略人力资源管理契合结构的分析,为企业在新环境下构建适合自身的人力资源管理系统提供了一定的指导与参考。

一、文献回顾与假设提出

Carroll 和 Schuler 的研究总结了 1900~1980 年每一个 10 年人力资源管理创新的情况,人事管理(Personnel Management)被认为是期间最主要的创新,而对战略人力资源管理完全没有提及。但是从 20 世纪 90 年代开始,战略人力资源管理成为主要创新之一,而且越来越引起学术界的广泛关注。现在,人力资源被视为"创建和实现组织使命、愿景、战略和目标的潜在贡献者",与企业战略管理的关系越来越紧密。

目前,战略人力资源管理的概念嵌入了补充、整合和契合的概念。而"契合"是两个元素各自的需求、要求、目标、目的和结构协调一致的程度。"契合"理论都是基于有效的契合能提高组织效率的前提下的。在国外的研究中,有一部分学者探索了人力资源管理与企业战略的契合问题,也有少数研究关注了人力资源管理与企业其他职能领域的契合问题以及人力资源角色与地位的问题。

第一类研究主要讨论人力资源管理与企业经营战略的契合,是战略人力资源管理的一个重要维度。它主要包括人力资源战略与经营战略的匹配,人力资源战略与企业愿景的整合,高管层对人力资源问题的重视与兴趣等问题,国外有不少学者从不同角度对此类问题进行过研究。国内学者范秀成以 60 多家制造业企业为样本,检验得出了"人力资源管理与企业战略契合的程度同企业绩效之间存在积极关系"的结论。李鑫等基于山东省 151 家企业的问卷调查,得出"人力资源管理战略化程度高的企业,经营绩效相对较好"的结论,间接地支持了人力资源管理与企业经营战略的契合关系。

第二类研究是关于人力资源角色与地位的研究。主要涉及人力资源管理部门在董事会的地位、人力资源经理的地位与职责以及是否为高管层的成员、对人力资源管理者的一般管理培训等。人力资源管理角色是指人力资源管理在实践中所具有的作用、价值和意义。而国外很多学者的研究表明,人力资源部门在企业中的地位与人力资源管理角色的匹配契合是战略人力资源管理的另一重要维度。国内此方面的文献相对不足,本文认为研究以中国企业为背景,企业人力资源管理角色与人力资源部门在企业中地位的相互契合是一个很重要的、不可剔除的元素。

第三类研究讨论人力资源管理内部职能间的契合,具体指诸如各项人力资源活动的协调匹配（如薪酬管理、人才甄选、岗位设计等活动）、人力资源愿景的表达、协调的人力资源战略、人力资源管理者之间的信息共享等。国外学者的研究说明人力资源管理内部契合的主要价值在于对组织的财务绩效、生产和灵活弹性的贡献。王朝晖、罗新星肯定了内部契合对企业绩效的贡献并详细分析了内部契合的中介机制与两种模式。综上所述,人力资源管理内部职能间的契合也是战略人力资源管理的一个重要维度。

第四类研究具体分析人力资源管理职能与组织的其他经营职能（如市场营销、财务管理等）的匹配协调,人力资源经理与其他职能领域的信息共享,人力资源职责对直线经理的下放等问题。张洪霞对战略支持系统中职能支持系统的阐述表现出了对人力资源管理职能与组织的其他经营职能的关注。

在大量文献研究的基础上,综合以上四类研究,本文界定出相对于战略人力资源管理的四种"契合"结构（如图1所示）,即人力资源管理与企业经营战略之间的契合（简称HRM - BS Fit）；人力资源管理的角色与其地位职能的契合（简称HRM - RP Fit）；人力资源管理内部职能间的契合（简称HRM - IF Fit）；人力资源管理与组织其他职能部分的交叉契合（简称HRM - CF Fit）。这四种不同的契合构成了战略人力资源管理契合结构（简称SHRM契合结构）。

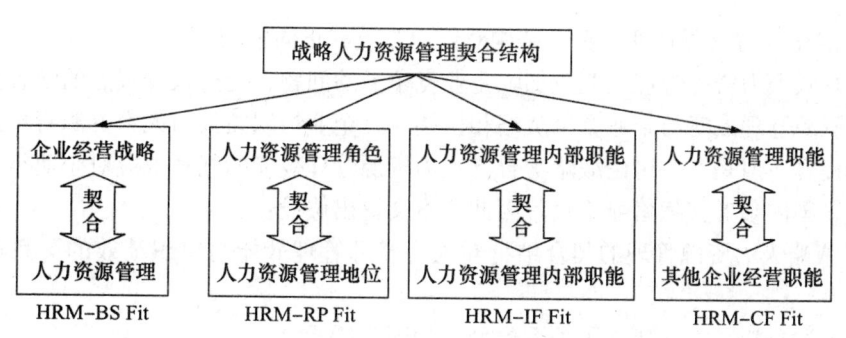

图1 战略人力资源管理契合结构图

根据权变理论和角色行为观点,人力资源管理策略必须结合具体经营竞争策略,才能加强组织绩效或人力资源管理的有效性。战略人力资源管理契合结构中的契合从人力资源管理和企业战略间的密切联系出发，有助于留住和激励员工。综上所述，本文根据权变理论，提出假设：

H1：战略人力资源管理契合结构对人力资源管理效能有正向影响。

众多学者研究讨论了人力资源管理效能与企业组织绩效的关系。结果发现，人力资源可能是一个持续竞争优势的来源，支持有效的人力资源管理实践可以通过提高企业员工与客户满意度、维护加强公司信誉、支持大胆创新等方式积极正向地影响企业组织绩效。殷圣仪、姚春序以浙江地区台资制造企业与台湾本地制造企业为研究对象，探讨人力资源管理效能对企业绩效的影响。实证分析发现制造行业中，人力资源管理效能越高，企业绩效越佳。因此，对于高新技术行业，本文提出假设：

H2：人力资源管理效能对企业组织绩效产生正向直接的影响。

Guest 认为，在战略人力资源管理研究领域，特别是探索人力资源管理和绩效之间关系的研究仍然面临着缺乏有关战略人力资源管理和绩效联系的理论的根本挑战。到目前为止，关于人力资源管理和组织绩效之间联系的研究仍然没有一个统一的结论，实证检验工作困难重重。

从理论上看，不同学者在考察人力资源管理与企业绩效之间的关系时遵循不同的逻辑，关于人力资源管理与企业绩效关系的研究主要有三种不同的观点：普遍观（Universalistic Perspective）、权变观（Contingent Perspective）和形态观（Configurational Perspective）。三种理论中，形态模式的观点比前两种研究模式更复杂。形态模式观点强调组织现象间的"整体本质"（Holistic Nature），认为各元素间高度协调并有非线性的协同效果。所以，对管理系统的认识应该注重元素间组合的模式形态，而非其两两关系。另外，形态模式有一个称为"殊途同归性"（Equifinality）的假设，暗示了多种人力资源管理系统的组合在相同条件下都可能达到高绩效形态。由于形态模式观点不是关注单一自变量与因变量如何关联而是涉及整合的自变量系统，因此其理论核心在于"契合"。因此，本文提出假设：

H3：战略人力资源管理的契合结构对组织绩效有正向影响。

关于有效人力资源管理实践对加强企业竞争力的问题，支持权变观点的学者发现当企业的人力资源管理战略与企业竞争战略相协调时，企业组织绩效与人力资源管理效能都会有相应的提升。但是，在讨论战略契合与人力资源管理效能的互动效应对企业组织绩效的影响方面，国内参考文献略显不足。因此，本文提出假设：

H4：战略人力资源管理的契合结构对人力资源管理效能与组织绩效的关系有正向调节作用。

基于上述分析，本文建立了关系模型，如图2所示。

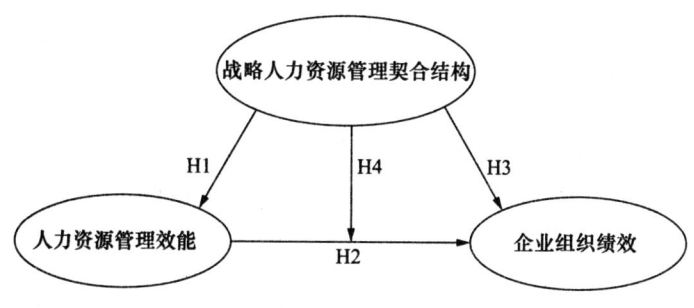

图 2 关系模型图

二、研究方法

1. 样本与数据收集

本文采用问卷调查方式收集数据,通过邮件方式(邮政信件和电子邮件)发放问卷。为了得到更多有效数据,采用三波邮件发放电子邮件,邮政信件内附可直接寄回的带邮票信封。研究样本范围主要集中在重庆和湖北开发区内的高新企业。问卷回收率达 21.2%,相对同类调查研究回应率(一般在 17.4% 左右)较高。剔除无效问卷后,有效问卷 108 份。样本企业中,外资企业 23 家,约占 21%;中外合资企业 36 家,约占 33%;民营企业 42 家,约占 39%;国有企业 7 家,约占 6%。

2. 变量定义与测度

调查问卷设计主要依据国内外使用过并认为有良好信度与效度的问卷,以此为基础加以适当的修改与调整以更加符合此次研究。SHRM 契合结构主要包括 HRM - BS 契合、HRM - RP 契合、HRM - IF 契合和 HRM - CF 契合四种关键契合关系,共 44 道题目,经验证性因素分析,其中有 4 项因素载荷度较低,最后运用 4 道题目测量 SHRM 契合结构,其中 12 道题目测量 HRM - BS 契合、11 道题目测量 HRM - RP 契合、7 道题目测量 HRM - IF 契合、14 道题目测量 HRM - CF 契合。人力资源管理效能问卷由 23 道题目构成,其中 14 道题目测量结构资本,9 道题目测量关系资本。组织绩效分成财务绩效与非财务绩效两个指标类别,应用 9 道题目测评(5 道衡量财务指标,4 道衡量非财务指标)。上述所有变量均以 Likert 量表 1~5 级衡量,1 表示非常不符合,5 表示非常符合。研究中,企业规模作为控制变量,参考 Youndt 等学者的研究,以组织员工总数的对数作为组织规模的衡量指标。

3. 信度与效度检验

本文以 Cronbach's α 值来检验各变量的信度,结果见表 1,各变量 α 值均大于 0.7,可见量表具有较好的信度。

表1　各变量的 Cronbach's α 值

变量	α 值	变量	α 值	变量	α 值
SHRM 契合结构	0.93	人力资源管理效能	0.86	组织绩效	0.89
HRM-BS 契合	0.89	结构资本	0.94	财务绩效	0.84
HRM-RP 契合	0.81	关系资本	0.90	非财务绩效	0.88
HRM-IF 契合	0.90				
HRM-CF 契合	0.88				

再运用验证性因素分析（CFA）来检验各个分量表的效度，结果见表2。

表2　验证性因素分析（CFA）结果

	理想值	SHRM 契合结构	人力资源管理效能	组织绩效
GFI	>0.9	0.983	0.996	0.995
CFI	>0.9	0.977	0.934	0.992
NFI	>0.9	0.965	0.967	0.977
NNFI	>0.9	0.977	0.979	0.989
RMR	<0.08	0.04	0.06	0.072
RMSEA	<0.08	0.071	0.056	0.032
χ^2/df	<3	1.54	1.47	1.73

由表2可知，验证模型的实际值都在可接受范围内，且各载荷系数都大于0.5，表明各变量具有较高的信度和效度。

4. 结果分析

本文采用 Pearson 相关系数进行分析，各变量的相关分析结果见表3。表3显示，组织绩效、人力资源管理效能、SHRM 契合结构指标之间都具有显著的相关关系。其中 SHRM 契合结构各指标之间、人力资源管理效能各指标之间与组织绩效各指标之间相关度较为显著。HRM-RP 契合与组织财务绩效、非财务绩效以及关系资本和结构资本的相关度不显著，与 HRM-IF 契合的相关度也不显著。SHRM 契合模式对于人力资源管理效能的两个指标呈正相关关系。就组织总绩效指标而言，它与 SHRM 契合结构和人力资源管理效能的各个指标都显著正相关，初步证实 SHRM 契合结构与人力资源管理效能有助于组织绩效的提升。

表3 研究变量的相关分析

变量	组织总绩效	HRM-BS契合	HRM-RP契合	HRM-IF契合	HRM-CF契合	结构资本	关系资本	财务绩效	非财务绩效	组织规模（log人数）
组织总绩效	1									
HRM-BS契合	0.764**	1								
HRM-RP契合	0.533**	0.728**	1							
HRM-IF契合	0.902**	0.406**	0.118	1						
HRM-CF契合	0.864**	0.546**	0.337*	0.133	1					
结构资本	0.458**	0.324*	-0.298	0.489**	0.311*	1				
关系资本	0.461**	0.287*	-0.256	0.127*	0.406*	0.57**	1			
财务绩效	0.928**	0.352**	-0.157	0.234*	0.467**	0.303*	0.603**	1		
非财务绩效	0.901**	0.217**	0.109	0.207*	0.354	0.402	0.601**	0.675*	1	
组织规模（log人数）	0.081	0.090	0.040	0.098	0.086	0.124	0.153	0.133	0.192	1

注：*表示 $p<0.05$；**表示 $p<0.01$

进一步使用层级回归分析法对数据进行分析，以便更深入地探讨企业的SHRM契合结构对组织绩效的影响作用。根据Delery和Doty的文献，先将控制变量（组织规模）作为自变量加入回归式，再将SHRM契合结构的各个契合模式置入自变量，以总体绩效、财务绩效、非财务绩效指标作为因变量进行分析，具体结果见表4。

表4 SHRM契合结构对组织绩效及人力资源管理效能的回归分析结果

变量	总体绩效		财务绩效		非财务绩效		结构资本		关系资本	
	Mod 1	Mod 2	Mod 3	Mod 4	Mod 5	Mod 6	Mod 7	Mod 8	Mod 9	Mod 10
控制变量	0.053	0.058	0.087	0.094	0.101	0.112	0.143	0.159	0.074	0.085
SHRM契合结构		0.273*		0.304*		0.396*		0.244*		0.230*
HRM-BS契合	0.391*		0.285*		0.344**		0.297*	0.321*		
HRM-RP契合	—		—		—		0.110*			
HRM-IF契合	0.296*		0.213*		0.347**		0.213*			
HRM-CF契合	0.179*		0.342**		0.211*		0.321*		—	
ΔR^2	0.202	0.091	0.240	0.128	0.291	0.087	0.191	0.097	0.267	0.078
R^2	0.242	0.098	0.253	0.135	0.274	0.090	0.139	0.107	0.128	0.080
F	6.413*	4.119*	5.432*	5.786*	6.989**	6.545*	5.122**	6.568*	7.091**	4.897*

注：*表示 $p<0.05$；**表示 $p<0.01$；Mod代表模式

表 4 中，模式 1、模式 3、模式 5 为 SHRM 契合结构对组织绩效的层级回归分析，把控制变量加入自变量后再将 4 项 SHRM 契合模式以逐步回归的方式分别加入自变量中，模式 7、模式 9 为 SHRM 契合结构对人力资源管理效能维度的影响。SHRM 的各个契合模式加入回归式后，对因变量财务绩效与非财务绩效的解释力分别提升了约 24%（$p<0.01$）和 29%（$p<0.01$），对总体绩效的解释力提升了 26%，p 值达到 0.05。在结构资本与关系资本方面，SHRM 契合模式的解释力分别提升了 19% 与 27%，达到 0.01 的显著水平。SHRM 契合模式对总体绩效的解释力也提升了 20%，达到 0.05 的显著水平。模式 2、模式 4、模式 6、模式 8、模式 10 为把控制变量加入自变量后将 SHRM 契合结构以强迫回归的方式置入自变量中。表 4 显示 SHRM 契合结构对总体绩效、财务绩效、非财务绩效、结构资本与关系资本的解释力提高（ΔR^2 分别是 0.091、0.128、0.087、0.097、0.078）均达到 0.05 的显著水平。由此可以看出，这些分析结果支持 H1、H3。

模式 11、模式 13、模式 15 为人力资源管理效能对组织绩效的层级回归分析，把控制变量加入自变量后再将两项人力资源管理效能以逐步回归方式加入自变量中，模式 12、模式 14、模式 16 为把人力资源管理效能以强迫回归方式加入自变量中，由表 5 可以看出，人力资源管理效能对组织绩效的解释力很强，都达到显著水平。值得注意的是，关系资本对组织绩效的解释力最强，对总体绩效约为 29%（$p<0.01$），对财务绩效约为 27%（$p<0.01$），对非财务绩效约为 29%（$p<0.01$），可见关系资本与组织绩效的关系最为密切。综上所述，H2 得到支持，人力资源管理效能对组织绩效有正向作用。值得注意的是，通过表 4 与表 5 的对比，发现战略人力资源管理契合相对于人力资源管理效能对组织绩效的影响更大，这在理论上符合持权变观点学者的一些假设。

表 5 人力资源管理效能对组织绩效的回归分析结果

变量	总体绩效		财务绩效		非财务绩效	
	Mod 11	Mod 12	Mod 13	Mod 14	Mod 15	Mod 16
控制变量	0.043	0.049	0.123	0.145	0.118	0.122
人力资源管理效能		0.242*		0.203*		0.246*
结构资本	0.187*		0.146*		0.198*	
关系资本	0.288**		0.265**		0.294**	
ΔR^2	0.176	0.082	0.194	0.111	0.214	0.088
R^2	0.174	0.087	0.201	0.134	0.234	0.101
F	5.675*	4.565*	6.227**	3.675*	5.344**	3.345*

注：*表示 $p<0.05$；**表示 $p<0.01$；Mod 代表模式

表6 多元回归分析结果

变量	组织绩效		
	模式 A	模式 B	模式 C
控制变量（组织规模）	0.174（1.997）	0.146（2.091）	0.154（2.190）
人力资源管理效能		0.255（3.786）**	0.272（3.908）**
SHRM 契合结构			0.389（7.987）**
HRME * SHRM			0.351（7.019）**
契合结构			
ΔR^2	0.098	0.211	0.208
R^2	0.106	0.232	0.346
F	5.457**	11.344**	13.357**

注：括号内为该系数的 t 值；* 表示 $p<0.05$；** 表示 $p<0.01$

本文使用多元调节回归分析（Moderated Multiple Regression，MMR）验证 SHRM 契合结构对人力资源管理效能和组织绩效关系的调节作用。表6给出了标准化后的回归系数，并对3个模型的方差膨胀系数 VIF 和 DW 进行检验，证明模型不存在多种共线性和序列相关问题，具有较好的拟合效果。分析结果如表6所示，所有 F 值都显著，因此回归模型整体显著。

模式 A 对控制变量进行分析，回归结果发现高新企业组织规模与组织绩效的相关性并不十分显著。这可能是由于高新企业的核心在于提高产品的附加价值而不是达到规模效应。模式 B 显示了人力资源管理效能对组织绩效的正向影响。模式 C 的拟合优度（调整后 R^2）比模式 B 的拟合优度更大，说明 SHRM 契合结构与人力资源管理效能整合的交互作用对组织绩效的解释力大于单个变量的解释力，因此 H4 得到支持，可以认为 SHRM 契合结构对人力资源管理效能与组织绩效之间的关系起到了加强的调节作用。由此可见，SHRM 契合结构不仅分别对人力资源管理效能、组织绩效有影响，对于加强人力资源管理效能与组织绩效的联系也起着重要作用。

三、研究总结

综上所述，可以得出：在高新技术企业中，战略人力资源管理契合结构对企业人力资源管理效能与企业组织绩效有很显著的正向影响，并且对人力资源管理效能与组织绩效间的联系起到一定的加强作用。从四种战略人力资源管理契合模式与人力资源管理效能及组织绩效的较高相关程度来看，本文定义的这四种契合模式具有一定的概括性与代表性，对进一步研究战略人力资源管理契合问题提供了实践帮助，并对于企业构建合适的人力资源管理系统具有指导意义。结果还发现 HRM – RP 契合与组织绩效、人力资源管理效能的关系不显著，原因可能是在高新企业中，人力资源部门的地位与角色的提升与否在短期内对于组织绩效与人力资源管理效能的影响不能马上显现，这一点还有待后续研究论证。今后的研究还可以考虑四种契合模式相互间的作用影响甚至是累加效应以及外界环境对它们的反作用。目前研究仅限于高新企业，研究范围还可以扩展至服务行业等，研究的样本量还可以扩大，使研究稳定性更好。

参考文献

[1] Bennet N., Ketchen D. J., Schultz E. B. An Examination of Factors Associated with the Integration of Human Resource Management and Strategic Decision – Making [J]. Human Resource Management, 1998, 37 (1): 3 – 16.

[2] Cook D. S., Ferris G. R. Strategic Human Resource Management and Firm Effectiveness in Industries Experiencing Decline [J]. Human Resource Management, 1986, 25 (3): 441 – 458.

[3] Miles R. E., Snow C. C. Designing Strategic Human Resource Systems [J]. Organizational Dynamics, 1984, 13 (1): 36 – 52.

[4] Schuler R. S., Jackson S. E. Linking Competitive Strategies with Human Resource Management Practices [J]. Academy of Management Executive, 1987, 1 (3): 207 – 219.

[5] Wright P. M., Mcmahan G. C. Theoretical Perspectives for Strategic Human Resource Management [J]. Journal of Management, 1992, 18 (2): 295 – 320.

[6] Huseild M. A., Jackson S. E., Schuler R. S. Technical and Strategic Human Resource Management Effectiveness as Determinants of Firm Performance [J]. Academy of Management Journal, 1997, 40 (1): 171 – 188.

[7] Wright P. M. Introduction: Strategic Human Resource Management Research in the 21st Century [J]. Human Resource Management Review, 1998, 8 (3): 187 – 191.

[8] Schuler R. S. Strategic Human Resources Management: Linking the People with the Strategic Needs of the Business [J]. Organizational Dynamics, 1992, 21 (1): 18 – 32.

[9] Becker B. E., Gerhart B. The Impact of Human Resource Management on Organizational Performance: Progress and Prospects [J]. Academy of Management Journal, 1996, 39 (4): 779 – 801.

[10] Wright P. M., Snell S. A. Toward a Unifying Frame work for Exploring Fit and Flexibility in Strategic Human Resource Management [J]. Academy of Management Review, 1998, 23 (4): 756 – 772.

[11] Green K. W., Wu C., Whitten D. The Impact of Strategic Human Resource Management oNFIrm Performance and HR Professionals' Work Attitude and Work Performance [J]. International Journal of Human Resource Management, 2006, 17 (4): 559 – 579.

[12] Teo S. T. T. Evidence of Strategic HRM Linkages in Eleven Australian Corporatized Public Sector Organizations [J]. Public Personnel Management, 2000, 29 (4): 557 – 574.

[13] Carroll S., Schuler R. Professional HRM: Changing Functions and Problems [J]. Human Resources Management, 1983, 8 (1): 1 – 28.

[14] Jackson S. E., Schuler R. S. Managing Human Resources: A Partnership Perspective [M]. Cincinnati, OH: South - Western College, 2000: 34 - 42.

[15] Lengnick – hall C. A., Lengnick – Hall M. L. Strategic Human Resource Management: A Review of the Literature and a Proposed Typology [J]. Academy of Management Review, 1988, 13 (3): 54 – 70.

[16] Welbounre T. A., Cyr L. A. The Human Resource Executive Effectin Initial Public Offering Firms [J]. Academy of Management Journal, 1999, 42 (6): 16 – 29.

[17] Truss C., Gratton L. Strategic Human Resource Management: A Conceptual Approach [J]. The International Journal of Human Resource Management, 1994, 5 (3): 663 – 686.

[18] Casco' N – pereira R., Valverde M., Ryan G. Mapping Out Devolution: An Exploration of the Realities of Devolution [J]. Journal of European Industrial Training, 2006, 30 (2): 129 – 151.

[19] D. Yer L. Strategic Human Resource Management and Planning [J]. Research in Personnel and Human Resource Management, 1985, 3 (2): 1 – 30.

[20] 范秀成. 外商投资企业人力资源管理与绩效关系研究 [J]. 管理科学学报, 2003, 6 (2): 55 – 59.

[21] 李鑫. SHRM对企业绩效影响机理的实证研究——基于山东省151家企业的问卷调查 [J]. 管理工程学报, 2010, 24 (3): 50 – 54.

[22] Chang W. A., Huang T. C. Relationship Between Strategic Human Resource Management and Firm Performance: A Contingency Perspective [J]. International Journal of Manpower, 2005, 26 (5): 434 – 449.

[23] Sheehan C. A Model for HRM Strategic Integration [J]. Personnel Review, 2005, 34 (2): 192 – 209.

[24] Weil. Strategic Human Resource Management: Determinants of Fit [J]. Research and Practice in Human Resource Management, 2006, 14 (2): 49 – 60.

[25] 王朝晖, 罗新星. 战略人力资源管理内部契合及中介机制研究: 一个理论框架 [J]. 管理科学, 2008, 21 (6): 58 – 65.

[26] 张红霞. 战略人力资源管理的契合性研究 [D]. 天津大学博士学位论文, 2007.

[27] Dalton C. M. Human Resource Nanagement in a Global Environment: Keys for Personal and Organizational Success: An Interview with Eliza Hermann [J]. Business Horizons, 2005, 48 (3): 193 – 204.

[28] 聂会平. 人力资源柔性及其对组织绩效的作用研究 [D]. 武汉理工大学博士学位论文, 2009.

[29] Gollan P. J. High Involvement Management and Human Resource Sustainability: The Challenges and Opportunities [J]. asia pacific Journal of Human Resources, 2005, 43 (1): 18 – 33.

[30] 殷圣仪, 姚春序. 人力资源管理效能对企业绩效影响的实证研究 [J]. 浙江理工大学学报, 2011, 28 (4): 45 – 52.

[31] Guest D. Personnel Management: The End of Orthodoxy? [J]. British Journal of Industrial Relations, 1991, 29 (2): 149 – 175.

[32] Azmi F. T. Strategic Human Resource Management: Scale Development and Validation [J]. Philippine Management Review, 2010, 17 (1): 80 – 102.

[33] Kaplan R. S., Norton D. P. The Balanced Scorecard – measures that Drive Performance [J]. Harvard Business Review, 1992, 70 (1): 71 – 80.

An Empirical Study on the Relationship among the SHRM Fit, HRM Effectiveness and Organizational Performance in High – tech Enterprises

Ji Xiaoli Zhou Xingchi

Abstract: This paper takes four types of fit were identified and collectively called as "Fit Structure of SHRM". It confirms that the Fit Structure of SHRM has a positive and significant impact on HRM effectiveness and organizational performance and also HRM effectiveness could directly increase organizational performance while the Fit Structure of SHRM strengthened the relationship between them.

Key Words: Strategic Human Resource Management; Fit; Human Resource Management Effectiveness; Organizational Performance

倾听内心的声音：职业生涯中的呼唤研究进展探析*

田喜洲　谢晋宇　吴孔珍

【摘　要】 如何选择职业或工作对自己和社会才更有意义呢？这是社会学、心理学和组织行为学多年来共同研究的课题。"呼唤"作为一个源于神学与宗教的术语，已成为社会学和组织行为学领域逐渐明晰的一个新构念，响应呼唤已经成为主观职业成功的标准之一。本文聚焦于西方学者关于职业生涯领域呼唤研究的最新进展，对呼唤的内涵与特征、结构与测量、前因与结果、研究方法与范式进行了述评，并对未来研究方向进行了展望。

【关键词】 呼唤；职业呼唤；职业生涯；工作意义

一、引言

现代社会人与工作密不可分，如何解读工作的意义以及工作意义对个体产生的影响已经引起了广泛的讨论（Wrzesniewski 等，1997）。众所周知，个体对工作的感受不仅取决于工作本身（如难与易、简单与复杂），还取决于个体对工作的看法。同样地，工作对人口统计因素相近的人而言，其意义可能完全不同。那么，如何选择职业（工作）才能使其对自己和社会更有意义呢？人与工作的关系又是如何塑造个人的情感、行为与职业价值观的呢？几个世纪以来，神学、宗教、社会学领域的学者对此进行了不懈的探索，取得了大量的研究成果（Super 和 Sverko，1995）。"呼唤"（Calling）就是近年来心理学与组织行为学领域研究的与工作意义相关的重要概念（Wrzesniewski 和 Dutton，2001）。

"呼唤"一词源于犹太基督教思想，原指个体受上帝的圣召而从事的特定职业或是为了响应上帝的召唤而服务他人的意愿（Davidson 和 Caddell，1994）。《圣经》中就有关于

---

*　本文选自《外国经济与管理》2012 年第 1 期。

呼唤的故事，例如：《旧约全书》记载，上帝召唤诺亚建造一叶方舟；《新约全书》记载，使徒保罗受上帝的召唤把福音送给外邦人（Cozzi 和 Cozzi，2000）。在 16 世纪以前，"呼唤"作为术语仅应用在神学与宗教领域（Bennethum，2003）。之后，以 Luther（1883）为首进行的宗教改革使人们的宗教信仰、文化价值观发生了根本性变化，同时，人也获得了较多的个性自由，焕发出创新精神和生活热情，慢慢开始追求生活与工作的意义。Luther（1883）扩展了"呼唤"的内涵，使其不仅包括与宗教相关的圣职，也包括普通的工作。即上帝的召唤不仅指向宗教人士，如神父、牧师、传教士和修女，普通人也能感受到上帝的召唤（Serow，1994）。这些观点使得"呼唤"的宗教色彩有所减弱，并开始走向大众化。

近年来，一大批学术研究者（Bellah 等，1986；Hardy，1990；Wrzesniewski 等，1997；Treadgold，1999；Schuurman，2004；Hall 和 Chandler，2005）和大众读物作者（Novak，1996；Levoy，1997；Guinness，1998；Brennfleck 和 Brennfleck，2005）推动了呼唤大众化的演变历程。有学者认为，呼唤构念是建立在工作有意义的基础上的（Dik 和 Duffy，2009），也有学者强调响应呼唤是个体职业生涯健康发展的关键因素（Dreher 等，2007）。他们一致认为，在职业生涯与生活角色研究领域重构呼唤的内涵具有重要意义，因为，响应呼唤能为个体的工作与生活注入意义感，给个体带来生活幸福与心理成功。从此，"呼唤"一词大量出现在与职业（工作）相关的研究中，其内涵也逐渐大众化。与此同时，组织领域的呼唤研究得到了美国基金会的支持。得益于此，Wrzesniewski 等（2001、2003 和 2004）、Freed（2002）、McGee（2003）以及 Dobrow（2004、2006、2007、2009、2010 和 2011）等一大批学者对呼唤进行了较深入的探讨，取得了一定的研究成果。根据笔者对已有文献的梳理，现有呼唤研究主要有四种视角：①宗教的非职业领域视角；②宗教的职业领域视角；③大众的非职业领域视角；④大众的职业领域视角。本文以个体职业领域的相关研究（第二、第四种视角）为基础，来对现有的相关研究进行述评。

二、呼唤构念的内涵及测量

1. 呼唤构念在组织行为领域的研究历程及内涵演变

从 20 世纪八九十年代起，"呼唤"开始进入社会学、心理学与组织行为学研究领域。Bellah 等社会学者发现，除宗教与神职人员外，社会中还广泛存在着其他为他人或社会利益而工作，同时感受到强烈的工作意义与使命感的普通劳动者。因此，他们首次将普通工作者的工作价值观分为谋生（Job）、职业（Career）与呼唤（Calling）三种导向。同时，心理学领域开始研究呼唤产生的个体与社会心理背景，组织行为领域开始研究呼唤对组织变量及个体工作变量的影响（Fine，2003）。虽然这些研究赋予呼唤不同的内涵，但对呼唤的理解都趋于世俗化，即普通大众也能通过工作找寻到生命的意义，感受到内心的召唤。来自圣职的呼唤与来自普通工作的呼唤，内涵的差距越来越小，只要有意义，即使普通工作对个体而言也是神圣与美好的。呼唤也随之从宗教的狭小范围走进了大众视野（见表1）。在现代组织行为领域，"呼唤"主要指个体内心感到真正喜欢的职业或具体工作。正如Weber（1956）所言，选择自己真正喜欢的工作（职业）就好像是倾听了自己内心的声音。因此，他认为，呼唤是个体内心感到有意义且符合自己价值观的职业或工作。

表1 宗教与大众视角的呼唤比较

	宗教视角	大众视角
呼唤来源	上帝	自我
呼唤服务对象	大众	自我或大众
发现呼唤的方式	意会（如祈祷、聆听）	内省、思考与尝试
响应呼唤的意义	实现上帝的宏伟计划	成就自我、实现个人追求

资料来源：Hall 和 Chandler（2005）

总之，从现有文献来看，"呼唤"一词深深植根于西方文化价值观，在从神学、宗教，到组织、大众的演进历程中，其内涵也发生了显著的变化：从遵从上帝的旨意（Davidson 和 Caddell，1994）、聆听上帝的召唤从事某项工作（Dalton，2001），到影响他人与社会的工作价值取向（Bellah 等，1986；Wrzesniewski，1997）；从上帝植于个体内心的天命、天赋与激情（Weiss 等，2004；Sellers 等，2005），到个体感到具有生命意义的工作（Hall 和 Chandler，2005）。当然，有时人们无法完全根据内心呼唤来选择自己喜欢的职业或工作——Blustein（2006）称之为有限工作意志（Limited Work Volition），特别是当个体面临谋生压力、教育受限与偏见时。因此，个体如何响应内心的呼唤就成为呼唤研究的一个新领域（Berg 等，2010）。

2. 呼唤构念的内涵

虽然到目前为止，呼唤构念还没有统一的定义，但在呼唤构念的演进过程中，其本质内涵逐渐显现出来。

（1）呼唤是职业或工作本身。呼唤的这一内涵在呼唤研究的古典学派与新古典学派的观点中都有所体现，虽然两个学派关于呼唤有不同的看法。古典学派对呼唤的解释带有宗教色彩，例如，Weber（1956）认为，呼唤指个体受上帝的召唤从事的遵从道义或对社会有意义的职业。Davidson 和 Caddell（1994）以及 Dalton（2001）追随古典学派，将呼唤定义为受上帝的召唤而从事的职业。类似地，Colossi 和 Colossi（2000）认为，呼唤是个体须要做出一定牺牲而从事的职业，它虽然无法给个体带来多少物质利益，但却能使整个社会更加美好。Wrzesniewski 等（1997）新古典学派的学者认为，呼唤是能带来更多公共利益的职业，与宗教没有必然的联系。Hall 和 Chandler（2005）支持这种观点，并指出，响应呼唤是主观职业成功的最高标准，是个体一生追求的目标。无论是古典学派还是新古典学派,都强调呼唤是个体在职业生涯中利用自己的天分和特质努力追求的职业(工作),这种职业具有亲社会性。

(2)呼唤是一种工作价值导向。20世纪80年代,美国社会学家Bellah等(1986)首先提出,个体的工作价值观有三种导向,即谋生导向(Job Orientation)、职业导向(Career Orientation)与呼唤导向(Calling Orientation)。不同导向的个体从工作中获取的意义不同。那些将工作视为谋生手段的人,其工作的意义在于获得报酬;持职业导向的人将工作视为职业发展的需要,目的是获得晋升、权利与声望,同时接受工作的挑战;与此相反,持呼唤导向的人认为工作是其人生不可分割的一部分,是其内在激励和职业成功的源泉,工作不完全为了经济收入与职务提升,更多的是为了实现个人的主观成就。这一内涵在职业生涯领域得到了广泛应用,Wrzesniewski等(2003)以及Duffy和Sedlacek(2007)在此基础上,对呼唤与工作变量的关系展开了深入研究。

(3)呼唤是一种激励力量。呼唤来自外部召唤或内心感悟,因此,常常表现为一种激励力量。Dik和Duffy(2009)就把呼唤理解为个体感受到的指向特定职业并超越自我的力量。这种力量来自别人的需要与社会利益,也是个体追求生活意义与目标的动力。Dobrow等(2010)也认为,呼唤是个体针对某一领域发自内心的强烈激情与力量。Bigham和Smith(2008)以及Hunter等(2010)别出心裁地让受访者自己去定义呼唤,结果发现,受访者对呼唤的定义就包括:呼唤是个体生活、工作的驱动力量,能产生激励作用与利他结果。正是呼唤的激励作用使得它受到了理论界与社会组织的广泛重视。

当然,关于呼唤的内涵,其他一些观点也散见于文献。例如,Bunderson和Thompson(2009)认为,呼唤是个体注定用智慧才能找到的自己在社会分工中的位置;如果找到了这个位置,个体就更容易产生工作卷入感与全面沉浸感,人的一生就是在不停地寻找这个属于自己的位置。Elangovan等(2010)则将呼唤理解为亲社会意愿的实现过程。总之,目前学者们对呼唤内涵的看法还不统一,但主流观点认为,呼唤是职业本身,也可能是一种工作价值观,或者是指向某种职业路径的激励力量。

3. 呼唤与相近概念的区别:三个基本特征

在职业生涯与工作意义层面,有一些概念与呼唤很相似,如易变性职业生涯(Protean Career)、福乐(Flow)和工作投入(Job Engagement)等。易变性职业生涯是自我导向的,是个体受价值观驱动频繁变换职业的现象。用心追求易变性职业生涯与追求呼唤极其相似,在易变性职业生涯中,个体对成功的定义也是内在的、主观的。福乐是指个体对某项活动或事务的浓厚兴趣推动其完全投入该活动或事务的一种情绪体验,这种情绪体验是由工作或活动本身而不是任何外在目的引发的。Dobrow(2004)认为,个体在呼唤领域的卷入是其身份识别的核心,这一观点与工作投入、福乐类似,也就是说,呼唤的表现形式可能是某一职业领域的工作投入和福乐。那么,易变性职业生涯、福乐以及工作投入与呼唤的区别在哪里呢?通过文献梳理,我们发现呼唤所具有的三个基本特征是它区别于相近概念的关键所在。

(1)呼唤具有意义性与亲社会性。学者们对呼唤的意义性与亲社会性的认识比较突出且一致。Elangovan 等（2010）认为，个体正是基于他人或社会的需求经内省后才产生呼唤，因此呼唤具有意义性与亲社会性。French 和 Domene（2010）同样指出，呼唤以利他为中心，其意义性与亲社会性是其区别于其他概念的关键，也就是说，类似概念，如工作投入、福乐、易变性职业生涯等都不一定具有亲社会性。

（2）响应呼唤易使个体产生高度的工作卷入感、激情与责任感。呼唤具有清晰的目标性，行为人能感受到呼唤指向何处，为何而存在，因此会产生对呼唤指向领域的激情与追寻呼唤的责任感，并愿意为响应呼唤而做出牺牲（Duffy 等，2011）。信念、价值观是呼唤产生的基础，而行动激情则是呼唤形成的外在表现。呼唤感强的人往往具有高度的工作卷入感，愿意主动承担更多的工作，易产生更多的工作激情与责任感，其共同的行为特征是主动、坚韧、顽强和有活力。这也远远超出了工作卷入和福乐的内涵范围。

（3）响应呼唤是主观职业成功的重要标准之一。呼唤是指向某一职业范围但不限于这一领域（如音乐、艺术、商业、法律）的心理建构，它产生于个体自身内省或外部引导（Wrzesniewski 等，1997；Berg 等，2010）。它包含了才能展示、身份认同、自由快乐、意义与奉献等现代职业价值观的基本元素，响应呼唤被认为是主观职业成功的重要标准之一（Bunderson 和 Thompson，2009），这改变了过去仅把工作满意度作为主观职业成功衡量标准的单一价值观。可见，呼唤超越了易变性职业生涯，也包含了福乐、工作投入等概念的内涵，成为职业价值观研究的新领域。

4. 呼唤构念的维度与测量

自从呼唤构念进入组织行为研究领域，其维度与测量研究越来越受到重视，但相关研究结论相差较大。有学者认为呼唤是单一维度构念（Davidson 和 Caddell，1994；Dreher，2007），也有学者认为它包含了目标性和亲社会性两个维度（Boyd，2010），而大部分研究者认为呼唤具有三个维度。Dik 和 Duffy（2009）认为，呼唤的三个维度包括源自外部的召唤、工作意义与使命感、亲社会性。Tracy（2009）利用 392 名员工提供的数据对呼唤维度进行了心理测量学分析，结果显示，呼唤具有工作呼唤（Work Calling）、家庭呼唤（Family Calling）与社会呼唤（Social Calling）三个维度。其他一些研究者，如 Novak（1996）、McNeal（2000）、Dobrow（2004）以及 Weiss（2004）的质性研究还发现了呼唤的其他一些维度（见表2）。

表2 呼唤构念的其他维度及其解释

维度	Dobrow（2004）	Weiss（2004）	Novak（1996）	McNeal（2000）
拥有激情	对工作充满热情		动力、愉悦与活力	
获得认同	自我身份确定	发现自我		以精神力量影响别人，获得认同
完成使命	紧迫感与使命感	对使命的觉醒		使命感和目标感
身心投入	忘我工作与全身心投入		工作卷入感与沉浸感	执着地追求个人抱负与目标

续表

维度	Dobrow (2004)	Weiss (2004)	Novak (1996)	McNeal (2000)
才能展示	将才能应用于工作而产生自豪感	为公共利益贡献才能	用自己的才能从事挑战性的工作	
奉献	乐于服务大众	自己的工作为社会和他人做出了贡献	自愿承担更多的工作	

资料来源：根据 Markow（2007）及相关文献整理

学者们对呼唤的测量更是多种多样。Davidson 和 Caddell（1994）利用一个题项（"我感受到了强烈的内心呼唤"）来测量呼唤的强度。Duffy 和 Sedlacek（2007）利用两个简单的题项（"对某工作我有呼唤导向"和"我能很好地理解工作中的呼唤导向"）来测量呼唤导向。Dreher（2007）利用 9 个题项来测量呼唤的单一维度。Bunderson 和 Thompson（2009）设计了含 6 个题项的量表来测量动物饲养员的职业呼唤。也许是所选对象工作范围太窄的原因，该量表只体现了工作激情维度，而没有体现工作意义维度，测量题项也多来自 Wrzesniewski 等（1997）的呼唤导向量表。Wrzesniewski 等（1997）让参与者回答 18 个问题来测量个体的工作价值导向（谋生、职业和呼唤导向）。除了因素分析外，他们没有对呼唤导向维度进行任何心理测量学验证，因此，他们的量表不能算是严格意义上的呼唤结构量表。不过，他们的方法因简便易行而得到广泛应用。同样，Dik 和 Duffy（2009）提出了呼唤的三维度结构，并设计了职业呼唤问卷，但是没有对问卷的信度与效度进行检验。Eldridge（2010）则针对 Dik 和 Duffy（2009）的问卷开展了验证性分析，结果显示该问卷与数据拟合得并不好。Eldridge 通过对亲社会性维度题项的调整修订了该问卷，扩大了其适用范围。不过到目前为止，比较完整的量表当数 Dobrow（2010）的 CQ12 问卷。Dobrow 通过对 1275 名参与者七年的纵向跟踪，开发了含 12 个题项的呼唤量表并对其进行了严格的心理测量学检验，为呼唤的测量及实证研究奠定了基础。有必要指出的是，该量表比较适合音乐、艺术和商业三个领域从业者呼唤的测量。

总之，关于呼唤内涵与结构的研究有了一些结论，如亲社会性是呼唤的本质特征，使命感、身份认同、工作意义是呼唤产生的心理基础，而激情、身心投入、才能展示则是呼唤的积极结果，它们共同构成了呼唤这个内涵丰富的多层次构念，使响应呼唤成为现代主观职业成功的重要标志之一。不过，关于呼唤的测量，学者们分歧较大，主要分歧集中在不同职业（如警察、医生、教师等）的呼唤测量是否需要不同的量表，或者说，有没有一个统一的量表适合所有的人群这一问题上。此外，关于呼唤的测量，目前还没有跨文化环境的验证性成果，且中国大陆与中国台湾地区的相关文献也极少，这些都是研究中存在的问题，同时也为我国学者提供了广阔的研究空间。

三、呼唤的影响研究

有关呼唤影响的研究较多,从影响内容来看,涉及工作变量与生活变量;从研究对象来看,包括未入职学生与在职者。下面就从研究对象和影响机制两方面述评相关文献。

1. 未入职学生的呼唤及其影响

呼唤往往指向某种职业,因此,即将进入职业领域的大学生就成了验证呼唤影响效应的重要对象,不过现有研究多搜集横截面数据进行分析。

Duffy 和 Sedlacek(2007)研究了大学生的"呼唤存在"(Presence of a Calling)与"呼唤搜寻"(Search for a Calling)对其职业变量(如职业决策、职业自信和职业清晰度)的影响。结论是,呼唤存在与职业决策、职业清晰度高度相关,而呼唤搜寻与职业模糊、缺少教育信息正相关。Duffy、Dik 和 Sedlacek(2010)利用简易呼唤量表调查了大一学生的职业呼唤及其影响。结果发现,44%的学生肯定或十分肯定自己内心有呼唤,只有9%的学生表示没有;那些想继续攻读学位的学生更能感受到呼唤的存在,而打算从事法律、医学职业或攻读博士学位的学生呼唤搜寻最少;呼唤存在与生活满意度、宗教信仰弱相关,与生活意义感中度相关;而且,呼唤搜寻与呼唤存在中度负相关。这些结论与 Steger 等(2010)的研究结果一致。此外,Dik 和 Eldridge(2008)以及 Dik 等(2008)的研究都显示,呼唤与学生的工作期望中度相关,与职业效能、工作激励弱相关。Steger 和 Dik(2009)通过评价呼唤对学生职业决策的重要性,发现多数学生都有呼唤感,且呼唤指向某种工作;同时,他们的生活意义感、选择效能、总体幸福感也比没有呼唤的学生要强。French 和 Domene(2010)对女大学生的研究还表明,呼唤随时间的变化而变化;拥有呼唤的人更具有工作激情与责任感,也更乐于帮助别人发现呼唤,但是追求呼唤往往需要做出一定的牺牲。

综上所述,有关呼唤对学生生活变量与工作变量(职业变量)影响的研究取得了一些一致的成果,但值得注意的是,呼唤的形成与感知是一个变化的过程,对于未进入职场的学生而言尤其如此,因此,针对学生所取得的任何初步结论都有待进一步检验。

2. 在职者的呼唤及其影响

关于呼唤对在职者影响的研究较多,这也是呼唤被引入组织研究后学者们关注最多的一个领域,且研究结论比较一致。

对于在职者而言,其从事的职业(工作)可能响应了其内心的呼唤,也可能没有。那么,两者的结果有何不同呢?Davidson 和 Caddell(1994)通过对三组具有不同工作价值导向(谋生、职业或呼唤导向)在职者的研究发现,以呼唤为职业导向的人比其他两组人有更高水平的社会公平信念、工作安全感与满意度。与之相似,Wrzesniewski 等(1997)以及 Freed(2002)的研究也表明,呼唤导向的人有更高的工作满意度和生活满意度。McGee（2003）还指出，以呼唤为工作导向的人对工作有一种激情，能从内心深处感受到真实的自我，工作也是其生活的一部分。Peterson 等（2009）运用 Wrzesniewski 等（1997）的呼唤测量方法研究发现：37%的员工把呼唤当作工作导向，呼唤导向与工作热情、生活满意度中度正相关，与工作满意度高度正相关，且专业性员工更可能把呼唤作为工作导向。Bunderson 和 Thompson（2009）针对动物饲养员的研究还显示，呼唤与职业认同、职业重要性感知、工作意义感及组织责任感中度相关。Dobrow（2002）在梳理有关呼唤导向的文献后指出，呼唤导向员工的共同特征是：工作热情、工作认同度与工作自觉性比较高，意义感与自尊感比较强。Dobrow（2007）还发现，呼唤导向的员工拥有更高水平的幸福感、工作满意度及职业承诺。这些结论与 Hall 和 Chandler（2005）的研究结论一致。Boyd（2010）的研究显示，呼唤的两个维度（使命感与亲社会性）都会对职业倦怠产生直接的影响。Oates（2007）还对女性角色内冲突与呼唤进行了定量研究，发现那些对职业角色和母亲角色都拥有呼唤感的女性要比存在角色冲突（只对其中一种角色有呼唤感）的女性拥有更强的主观幸福感；对职业具有高呼唤感的人，其整体角色内冲突、工作—母亲或母亲—工作角色冲突也较低。

通过对大学生及在职者的分析可以发现，呼唤的结果变量主要包括工作变量（如工作满意度、工作热情、职业认同、职业重要性感知、工作意义感、组织责任感、自觉性）和生活变量（如生活满意度、生活意义感、自尊感），相关研究结论较一致，且影响结果多是积极的，即强烈的呼唤感能导致有利的工作与生活结果。具体而言，对工作的呼唤感越强烈，工作和生活满意度就越高，生活也越有意义，越容易做出职业决断，同时对职业和组织的承诺水平也越高。相对来说，有关呼唤对工作变量影响的研究多于呼唤对生活变量影响的研究。

3. 呼唤的影响机制

呼唤与结果变量的正向关系得到了初步验证，那么，呼唤是如何影响这些结果变量的呢？或者说呼唤的影响机制是怎样的呢？

Cargador 等（2011）研究了呼唤导向与组织归属感（组织认同与离职倾向）的关系。结果显示，组织文化调节着呼唤导向与组织归属感的关系，而组织制度则起中介作用。Duffy 等（2011）的研究还证明，职业承诺完全中介了呼唤与工作满意度的关系，部分中介了呼唤与组织承诺、离职意愿的关系。Duffy、Allan 和 Dik（2010）针对大学生的研究表明，职业决策效能和工作希望在职业呼唤与学术满意度的关系中起中介作用。Park（2009）使用同样的构架，针对韩国金融业从业者研究了职业呼唤对易变性职业生涯的影响。结果显示：职业呼唤与易变性职业生涯显著正相关，且两者的关系要强于后者与主观职业成功及组织学习氛围的关系；并且，主观职业成功部分中介了呼唤与易变性职业生涯的关系。因此，Park 认为，呼唤导向的人与其工作之间有更强的互惠关系，这更容易促进个体的多变性职业生涯管理。Bunderson 和 Thompson（2009）针对动物饲养员的研究表明，职业认同与道德责任感分别中介了呼唤与工作意义感、职业重要性感知、牺牲意愿及组织责任感的正向关系。但是，Steger 等（2010）的研究表明，工作意义感中介了呼唤对心理调适（Psychological Adjustment）的影响，这与 Bunderson 和 Thompson（2009）的研究结论不同，有待进一步验证。

综上所述，目前有关呼唤影响的研究主要体现在呼唤对结果变量的主效应（直接或间接影响）上，相对而言，有关呼唤调节效应的研究极少（Grant 和 Wade – Benzoni, 2009），有关呼唤前因变量的研究也比较少，这也是未来应该重视的研究课题。

四、呼唤的研究方法

职业生涯领域的呼唤研究是一个新课题，从理论基础到研究框架都在不断形成之中，因此，质性研究方法较为常见，同时，定量研究方法也随着研究的深入而被采用。

1. 质性研究

质性研究（Qualitative Research）是构建理论框架、发现研究主题常用的方法。具体到呼唤研究，质性研究主要用于探索呼唤的形成与感知过程、挖掘呼唤的内涵与本质、探讨呼唤的影响因素与影响范围。

Keeran（2006）使用叙事方法研究了五位中年女性的职业生涯变化过程，揭示了她们为了追求呼唤与生活意义而经历的迷惘与沮丧、奋斗与孤独、超越与认同。同样，Terranova（2006）运用现象学研究方法对六位职业女性进行了访谈。这些具有自我职业认同感的女性认为，追随呼唤是对自己认定正确、有意义的生活的追求，是实现自我认同的心路历程，这个过程充满了奋斗、痛苦、妥协与超越。Markow（2007）通过对美国西部教区12位主教深度叙事故事主题的提炼发现，他们呼唤的实现经历了五个不同的阶段：①出现呼唤的前导因素；②通过精神觉醒与投入感知呼唤；③通过导师指导与职业准备实现呼唤；④脱离先前的角色、身份与关系；⑤通过努力实现身份与角色的融合。同样，Wassenaar（2009）让美国四位具有代表性（从多数调查者中选取）的受访者写出关于自己职业呼唤的故事，并通过主题提炼确定了以下个人职业价值观：①把职业当成圣职；②把职业看作社会秩序中注定的位置；③把从事职业看作自我实现的途径；④将从事职业视为选举的需要。这一结果与 Wrzesniewski 等（1997）的结论相似。French 和 Domene（2010）还对七名信教的女大学生进行了访谈，结果发现，她们都有强烈的呼唤感，且呼唤指向生活的方方面面，超越了职业范围，这从另一个角度说明，宗教可能是影响呼唤形成的一个因素。

Hunter 等（2010）的研究范式与众不同，他们让学生自己定义呼唤，并回答职业呼唤感意味着什么。他们通过主题提炼，将学生的回答归纳为四类：①呼唤感是一种来自外部（社会需求、他人引导）或内部（天资与才能）的指引力量；②呼唤感来自人职适配，当个体的能力、特征与工作特点高度匹配时，呼唤感就容易产生，同时个体能够体验到积极情绪；③呼唤感能导致利他意愿与行为；④除职业领域外，呼唤感可能存在于所有的生活领域。这一结论与前一研究结果极其相似。Oates、Hall 和 Anderson（2005）利用半结构化访谈和扎根方法提炼出女性职业呼唤的四个主题：①职业女性把呼唤看作支持性力量；②追求呼唤是有意义的；③职业女性有多重角色呼唤；④呼唤的实现需要别人的帮助。Oates 等通过对以上主题内容的分析发现，呼唤是女性解决多重角色冲突（如家庭—工作冲突）的重要力量源泉。Sellers 等（2005）用类似的方法探讨了女性的双重呼唤（成为专职母亲与职业女性）问题。结果显示，女性对成为专职母亲和继续工作的呼唤感受并不相同，而且，在决定承担双重角色的过程中，相关者（如家庭成员）的支持十分重要。

从以上分析可以看出，包括现象学方法、叙事方法、扎根方法等在内的质性研究方法对于探索诸如呼唤之类的新领域是一种较为理想的研究方法，其鲜活、生动与丰富的研究内容为后继研究提供了广阔的空间。也正是在质性研究的基础上，学者们展开了有关呼唤结构、前因与结果的定量研究，取得了阶段性成果。也许是一种巧合，目前质性研究的对象多为女性，这是否会导致研究结论的性别偏差问题还有待考察。

2. 定量研究

质性研究有助于提出研究主题与假设，而定量研究（Quantitative Research）则偏重对它们进行验证。就内容而言，有关呼唤的定量研究大致分为三个方面：呼唤前因变量研究、呼唤量表研究和呼唤对结果变量的影响研究。后两个方面的内容前面已探讨过，下面主要述评第一个方面的研究。

现有的定量研究所考察的呼唤影响因素主要包括人口统计变量和工作特征变量两类。不过，这两方面的研究都还没有取得一致的结论。

在人口统计变量方面，Davidson 和 Caddell（1994）通过对各种信教者的调查分析发现，宗教信仰确实会影响人们对工作的看法，那些把宗教信仰当作其生活一部分的人更倾向于对工作采取呼唤导向。同时，经济社会地位较高、工作稳定感较强的人，其呼唤感也较强。但是，McGee（2003）的研究结论与此相反，其研究显示金钱和名誉不是导致个体产生呼唤的主要因素。Dobrow（2009）也发现，人口统计变量对呼唤形成的影响不显著。Quantitative（2009）利用结构方程模型研究了职业呼唤的预测因素。他调查了 270 名即将毕业的信仰基督教的大学生，并就人口统计变量对学生职业呼唤感的影响进行了分析。结果显示，男性和女性对呼唤的解释并不相同，男性主要从务实与理性方面解释职业呼唤，而女性则主要从情感方面解释职业呼唤。

在工作特征变量方面，呼唤研究专家 Dobrow（2007）发现，音乐人的呼唤感与其音乐活动卷入、练习愉悦性以及与同行的社会交往度相关。在另一项研究中，Dobrow（2009）还发现，呼唤感是不稳定的，它会随着时间的推移而有所改变，其稳定性受个体工作卷入和社会支持变量的影响。Quantitative（2009）的研究还显示，男性和女性在呼唤形成的影响因素上也有差异：职业决策效能和服务活动投入是男性职业呼唤的主要解释变量，而希望品质与学习投入则是女性职业呼唤的主要影响因素。

整体而言，目前有关呼唤前因变量的定量研究还不多，多数研究结论还有待进一步检验，例如，关于职业决策效能与呼唤形成的因果关系问题，Duffy 和 Sedlacek（2007）的研究结论与 Quantitative（2009）恰恰相反。

五、结论与展望

1. 结论

通过前文的梳理与讨论，我们可以谨慎得出以下结论：

（1）呼唤是职业生涯领域的一个独立而重要的构念。随着呼唤理论研究的不断发展，职业生涯领域呼唤的含义不仅与神学视角的呼唤不同，而且与社会学、心理学、组织行为学领域的其他相似构念（如工作投入、福乐等）也不同。由于响应呼唤成为主观职业成功的新标准之一，加上呼唤具有意义性与亲社会性，呼唤研究受到组织行为学、心理学研究者的重视。随着呼唤研究从个体层面向组织层面的渗透，呼唤理论也将得到进一步的拓展，从而为职业选择和工作意义提供更广阔的解释空间。

（2）响应呼唤能对个体的工作与生活产生积极影响。根据前文的分析可知，使用不同方法（质性研究、定量研究与综合研究）、针对不同对象（男性与女性，未入职者与在职者）的研究都初步证明：响应呼唤能对个体的工作变量（工作满意度、工作热情、职业认同、职业重要性感知、工作意义感、组织责任感、自觉性）、生活变量（生活满意度、生活意义感、自尊感）及其他变量（身份认同）产生积极影响。这也是社会学、心理学与组织行为学关注呼唤的重要原因。

（3）呼唤的三个基本特征凸显其研究的重要性。呼唤具有亲社会性与意义性，响应呼唤有助于个体产生高度的工作卷入感，响应呼唤还是主观职业成功的重要标准之一。亲社会性是呼唤的本质特征，使命感、工作意义感、身份认同是呼唤产生的心理基础，而激情、身心投入、才能展示则是呼唤产生的积极结果，它们共同构成了呼唤这个内涵丰富的多维构念。特别值得提出的是，越来越多的研究显示，传统的客观职业成功标准在这个经济动荡、职业生涯无边界化的时代已经失去了原有的意义（Arthur 等，2005），而到目前为止，主观职业成功还没有统一的标准（Greenhaus 等，2000）。呼唤概念的提出有望拓展职业生涯与职业成功标准的研究。

（4）呼唤的结构维度与测量方法还有待进一步探索与验证。文献梳理显示，到目前为止，关于呼唤的结构维度与测量方法，学者们还没有达成一致，这一方面为未来的研究留下了大量的空间，另一方面也制约了相关研究的深入推进，特别是制约了个体纵向比较研究与横向跨组织、跨文化的验证性研究。

2. 展望

通过本文的归纳不难看出，职业生涯中的呼唤在理论和实践上都是一个重要而崭新的领域，该领域有诸多议题有待未来进一步探讨。

（1）加强呼唤的前因变量研究。与呼唤的结果变量及中介变量和调节变量研究相比，呼唤的前因变量研究较少。已有文献聚焦于那些已经有呼唤的人，但是，呼唤的形成很可能是一个长期、动态的过程，呼唤并不是静态地、不变地深藏于个体内心。目前，呼唤的形成和演化的过程与机理还不清楚，探讨影响呼唤形成和演变的个体、群体和社会环境因素，以及个体是如何感知到呼唤的，就显得尤为重要。从个体层面来看，个体对呼唤的感知与评价在很大程度上是主观的，因此，今后的研究可以从考察个体心理深层次的差异着手。例如，身份认同既是影响个体工作选择的一个重要因素，也是个体实现工作投入和产生意义感的基础，因此会影响个体呼唤的形成，是值得后续研究关注的一个变量。从组织层面来看，既可以从个体与工作环境的匹配性方面探索呼唤的形成与感知过程，也可以从个体与周围环境深层次特征的相似性上来探索呼唤的影响因素。呼唤构念含亲社会性维度，所以，从社会环境层面来看，个体的社会网络关系对个体呼唤的影响应该是非常深刻的。而个体最亲密的关系无疑是家庭关系，但是，过去的呼唤研究没有将家庭关系纳入前因变量范围。因此，未来的研究有必要关注个体的家庭关系对个体呼唤的形成所产生的影响。

（2）呼唤理论的跨文化研究。由于呼唤构念是在西方文化背景下提出的，东方社会对呼唤含义的解读可能有所差异。Dik 和 Duffy（2009）就曾指出，呼唤的结构维度可能存在跨文化差异，在崇尚个人主义的文化环境中，个体比较看重目标维度，而在崇尚集体主义的文化中，亲社会性维度则显得比较重要。此外，呼唤与个体所处的家庭、组织及社会环境密切相关，而组织环境和社会环境深受社会文化的影响，东方和西方有着截然不同的文化传统和制度安排，因此，不同文化背景下呼唤的影响因素、形成机制及影响结果也应该有所不同。Gelfand 等（2002）建议，将跨文化研究作为检验构念普适性的重要一步。因此，未来的研究应特别关注呼唤在东方文化下的特征，这将有利于探明呼唤在东方文化下的管理意义与应用价值。

（3）呼唤的内涵界定与结构测量研究。由于职业生涯领域的呼唤研究尚处于起步阶段，不同研究者对呼唤内涵的认识存在较大分歧，对呼唤结构维度的理解也各不相同，因此研究结果差异较大。而呼唤又是一个发展中的构念，在不同文化背景下对该构念的内涵进行探索性和拓展性研究能够丰富呼唤理论，也有助于对工作意义的深层理解。所以，呼唤的内涵界定与结构测量是未来的研究方向之一。例如，在测量方面，目前的研究主要通过个体报告的主观评价来获取数据，易受个体倾向和认知模式的影响，因此，通过个体的相关者，如朋友、同事、家人等获取呼唤的验证性数据是测量呼唤的另一种思路。

（4）追寻呼唤的负面影响研究。关于呼唤对个体职业及生活影响的研究文献较多，且相关研究得出的结论多是积极、正向的，即追寻呼唤是件好事，如能使个体体验福乐、加深个体的工作卷入、使个体产生较强的内在激励，响应呼唤也被认为是主观职业成功的标准之一。但是，也有研究（Jacobs，2006；Bunderson 和 Thompson，2009）初步表明，追寻呼唤可能是一把"双刃剑"：它一方面是工作意义、身份认同的基础，另一方面也会带来更多的工作负荷、责任与牺牲，而且响应呼唤者容易受到雇主的剥削。探索追寻呼唤的负面影响可能是未来一个很好的研究方向。

参考文献

[1] Bellah R. N., et al. Habits of the Heart: Individualism and Commitment in American Life [M]. Berkeley: University of California Press, 1986.

[2] Berg J. M., et al. When Callings are Calling: Crafting Work and Leisure in Pursuit of Unanswered Occupational Callings [J]. Organization Science, 2010, 13 (2): 13 – 28.

[3] Blustein D. L. The Psychology of Working: A New Perspective for Career Development, Counseling, and Public Policy [M]. Mahwah, NJ: Lawrence Erlbaum Associates, 2006.

[4] Boyd T. N. The Surprising Impact of Purpose: The Effect of Calling on the Relationship Between Job Demands and Burnout [D]. Seattle Pacific University, 2010.

[5] Brennfleck K., Brennfleck K. M. Live Your Calling: A Practical Guide to Finding Andfulfilling Your Mission in life [M]. SanFrancisco: Jossey – Bass Inc., 2005.

[6] Bunderson J., Thompson J. The Call of the Wild: Zookeepers, Callings, and the Double – Edged Sword of Deeply Meaningful Work [J]. Administrative Science Quarterly, 2009, 54 (1): 32 – 57.

[7] Cardador M. T., et al. Linking Calling, Orientations to Organizational Attachment via Organizational Instrumentality [J]. Journal of Vocational Behavior, 2011, 13 (3): 34 – 49.

[8] Davidson J., Caddell D. Religion and the Meaning of Work [J]. Journal for the Scientific Study of Religion, 1994, 33 (2): 135 – 147.

[9] Dik B., Duffy R. Calling and Vocation at Work: Definitions and Prospects for Research and Practice [J]. Counseling Psychologist, 2009, 37 (3): 424 – 450.

[10] Dik B. J., et al. Career Development Strivings: Assessing Goals and Motivation in Career Decision – making and Planning [J]. Journal of Career Development, 2008, 21 (3): 78 – 91.

[11] Dobrow S. R., Tosti – kharas J. Calling "a calling" a Calling: The Development of a Scale Measure [J]. Personnel Psychology, 2010, 23 (2): 23 – 45.

[12] Dobrow S. R. The Development of Calling: A Longitudinal Study of Musicians [R]. Paper Presented at the Academy of Management Conference, Philadelphia, 2007.

[13] Dobrow S. R. The Siren Song of a Calling: A Longitudinal Study of Ability (mis) Perception in Musicians and MBAs [R]. Paper Presented at the Annual Meeting of the Academy of Management, Chicago, IL, 2009.

[14] Dobrow S. R. Extreme Subjective Career Success: A New Integrated View of Having a Calling [R]. Paper Presented at the Academy of Management Conference, New Orleans, 2004.

[15] Dobrow S. R. Having a Calling: A Longitudinal Study of Young Musicians [D]. Harvard University, Cambridge, MA, 2006.

[16] Duffy R. D., et al. The Presence of a Calling and Academic Satisfaction: Examining Potential Mediators [J]. Journal of Vocational Behavior, 2011, 79 (1): 74 – 80.

[17] Duffy R., Sedlacek W. The Presence and Search for a Calling: Connections to Career Development [J]. Journal of Vocational Behavior, 2007, 70 (3): 590 – 601.

[18] Elangovan A., et al. Callings and Organizational Behavior [J]. Journal of Vocational Behavior, 2010, 76 (3): 428 – 440.

[19] Eldridge B. M. Structure of Calling and Vocation Across Gender and Age Cohort [D]. Colorado State University, 2010.

[20] Freed D. E. Material Benefits, Advancement, or Fulfillment: A Study into the Causes and Predictors of Job Satisfaction Based on How People View Their Work [D]. School of Business and Entrepreneurship, Nova Southeastern University, 2002.

[21] French J. R., Domene J. F. Sense of Calling: An Organizing Principle for the Lives and Values of Young Women in University [J]. Canadian Journal of Counseling, 2010, 44 (1): 1 – 14.

[22] Grant A. M., Wade – benzoni K. A. The Hot and Cool of Death Awareness at Work: Mortality Cues, Aging, and Self – protective and Prosocial Motivations [J]. Academy of Management Review, 2009, 34 (4): 600 – 622.

[23] Hall D. T., Chandler D. E. Psychological Success: When the Career is a Calling [J]. Journal of Organizational Behavior, 2005, 26 (2): 155 – 176.

[24] Hunter I., et al. College Students' Perceptions of Calling in Work and Life: A Qualitative Analysis [J]. Journal of Vocational Behavior, 2010, 76 (2): 178 – 186.

[25] Keeran C. J. Answering a Calling in Midlife a Journey [D]. Pacifica Graduate Institute, 2006.

[26] Oates K. L. M. Calling and Conflict: A Quantitative Study of Inter – role Conflict and Sanctification of Work and Mothering [D]. Biola University, 2007.

[27] Schuurman D. J. Vocation: Discerning our Callings in Life [M]. Grand Rapids, MI: Eerdmans Publishing Co., 2004.

[28] Serow R. Called to Teach: A Study of Highly Motivated Preservice Teachers [J]. Journal of Research and Development in Education, 1994, 27 (2): 65 – 72.

[29] Steger M. F., Dik B. J. Work as Meaning [A]. Linley P. A., et al (Eds.). Oxford Handbook of Positive Psychology and Work [C]. Oxford, UK: Oxford University Press, 2010.

[30] Wrzesniewski A., et al. Jobs, Careers, and Callings: People's Relations to Their Work [J]. Journal of Research in Personality, 1997, 31 (1): 21 – 33.

Listening to the Voice of the Heart: An Exploration of Calling Research in Career

Tian Xizhou　Xie Jinyu　Wu Kongzhen

Abstract: How to choose a career or work is more meaningful for themselves and the community? This is a common research topic for sociology, psychology and organizational behavior. "Calling" as a term derived from theology and religion, a new concept on the field of sociology and organizational behavior has become gradually clear, the calling has become a response to subjective professional standards of success. This article focuses on the latest development of the calling of the western scholars on the calling of research in the field of career, and reviews the connotation and characteristics of calling, structure and measurement, antecedents and results, research methods and paradigms, and prospects for future research.

Key Words: calling; Career calling; Career; Work Meaning

员工职业发展过程中的"边界困境"：是机制的原因，还是人的原因？*

杨 付　王 桢　张丽华

【摘　要】 近年来，"边界困境"（Boundary Predicament）这一议题逐渐引起学术界的关注和探讨。本研究基于人的因素（领导成员交换）和机制的因素（契约控制）两个视角，整合了领导成员交换理论和交易成本理论，提出了一个整合模型，予以解决员工职业发展过程中的"边界困境"问题。运用分层线性模型，利用具有良好合作关系的13家大型制造企业集团75个工作团队的共334份团队成员问卷和101份团队领导问卷检验了整合模型，研究结果表明：①领导成员交换对员工职业成功具有显著的正向预测效果，而对员工内部机会主义有正"U"形影响，在适度的领导成员交换水平下，员工内部机会主义最低；②契约控制对员工职业成功有倒"U"形影响，在适度的契约控制水平下，员工职业成功最高，而对员工内部机会主义具有显著的负向预测效果；③"软"性的领导成员交换与"硬"性的契约控制共同使用降低了员工职业成功而增加了员工内部机会主义，揭示了"软硬兼施"在解决"边界困境"问题中具有明显的替代作用。

【关键词】 职业成功；内部机会主义；领导成员交换；契约控制；边界困境

一、引言

中国社会文化具有权力距离高、集体主义取向大、不确定情境规避性强的特点（Hofstede，1980），形成以自我为中心的"差序格局"的关系圈（Fei，1992），领导者会根据与下属的"关系"来划分"圈内"和"圈外"，领导会为"圈内人"提供组织正式系统的额外的"特别照顾甚至是徇私"（Law等，2000；Sparrowe和Liden，2005），这种帮助

---

* 本文选自《管理世界》2012年第11期。

和支持对员工职业成功起着关键推动作用（Han，2010；刘军、宋继文、吴隆增，2008）。然而，组织是一个天生的政治竞技场，以竞争性的利益集团、稀缺资源、联盟建立以及权力运用为特征（李燕萍、涂乙冬，2011）。在中国这样重视人情和关系的社会背景下，家长式领导是本土典型的领导风格（Cheng 等，2004），具有高度"权威"，甚至能够凌驾于组织之上。员工为了在组织中获得更多的积极心理和工作产出，可能会应用"权术"、"计谋"等手段来帮助自己实现职业产出最大化（Barney 和 Griffin，1992），比如选择阿谀奉承、唯命是从（Kipnis、Schmidt 和 Wilkinson，1980）。上下级交换关系对"办公室政治"的形成起到了重要作用，而"办公室政治"不仅对员工职业发展造成了极大的影响，还对组织的正常运作产生了挑战（刘彧彧、丁国林、严肃，2010）。"办公室政治"中的每一个人都面临着艰难的选择：是把心思继续放在"勾心斗角"上，还是放在工作事业上？因此，上下级这种交换关系质量的差异性使得高绩效和高回报的正比关系不再存在，加剧高绩效员工的不公平感，抑制了高绩效员工的工作积极性（Morrison 和 Milliken，2000）。从而，在员工职业发展过程中，维持员工职业成功与保护之间的平衡是一个两难的选择：要充分地获取职业成功，员工就要尽量排除阻碍职业成功的壁垒，这增加了员工内部机会主义的风险，主要是由于员工与领导的交换关系决定他（她）在组织中的命运（Sparrowe and Liden，2005），因而，员工为了获得更多领导的情感性和工具性的支持，会争取同上级搞好关系，成为领导的"圈内人"，"圈内人"可能利用信息不对称而采取内部机会主义行为，一心扑在复杂的"办公室政治"上，从而得到相应的高回报，这使得"圈外人"更容易产生不公平感，从而降低其职业满意度，这进一步降低了"圈外人"的工作效率和职业产出（Robinson 和 Morrison，2000）。要保护员工职业成功而免遭内部机会主义威胁，就需维持"圈内人"和"圈外人"在信息获取的公平，就要人为地设置障碍，要求领导者对"圈内人"和"圈外人"一视同仁，杜绝组织中的"办公室政治"，这增加了"圈内人"支持领导者的压力（Davis 和 Gardner，2004），阻碍了领导成员间的信息交换，降低了"圈内人"在组织内部和外部的竞争力感知，这又阻碍了"圈内人"职业成功。然而，"办公室政治"在组织中是不可避免的（Lien，2005），因为领导者需要通过"圈内人"来辅助他（她）运转整个单位，而"圈外人"只能表现出必须的服从（马力、曲庆，2007）。这种被学术界称为"边界困境"（Boundary Predicament）的两难局面，使得组织不得不考虑如何在职业成功获取与保护间寻求平衡，即最大化员工职业成功的同时有效防范员工内部机会主义。

尽管已有学者对"边界困境"问题进行了关注（Quintas、Lefrere 和 Jones，1997；江旭，2008），但如何在最大化员工职业产出的同时防范其内部机会主义，以往的研究没有给出一个完善的解决员工职业发展过程中"边界困境"问题的答案。更重要的是，员工职业成功与其内部机会主义通常是被分开来进行研究，这不能够在员工职业发展过程中的"边界困境"问题上给我们提供一个全面的理论分析和有价值的经验证据。正是在这一问题的驱动下，本研究整合了领导成员交换理论和交易成本理论，探讨了企业如何在员工职业成功获取与保护间进行选择，以达到最大化员工职业产出的同时防范其内部机会主义的

经济管理学科前沿研究报告

目的。更进一步地,我们提出,同时考虑人的因素(领导成员交换)和机制的因素(契约控制)可能是解决员工职业发展过程中"边界困境"问题的一个可行思路。领导成员交换理论认为,领导成员交换质量在员工确定职业发展目标和实现目标的过程中起着重要作用。从这一理论出发,有研究者认为领导成员交换不仅能促进员工职业成功(Breland等,2007;李燕萍、涂乙冬,2011),还能通过增强彼此间的信任感而防范员工在职业发展过程中实施内部机会主义(Han,2010)。然而,也有学者指出领导成员交换具有"阴暗面"(Scandura,1999;马力、曲庆,2007),因而,领导成员交换质量应当适度,过度领导成员交换可能导致"过度信任"而疏于对员工的监管,这为员工内部机会主义的实施提供了"导火索"(Jarillo,1988);相反,低度的领导成员交换容易导致员工职业满意度下降,从而降低员工职业成功(Wayne等,1999)。因此,只注重发展领导成员交换并不能有效解决员工职业发展过程中的"边界困境"问题。在此情形下,有必要结合正式的控制方式——契约控制来更加完善地解决本文提出的问题。主要原因在于,交易成本理论强调契约控制在阻止员工内部机会主义的过程中起着关键作用,有效弥补单纯依靠领导成员交换的不足。

与以往的研究相比,我们的研究至少在以下四个方面有所不同:首先,领导成员交换通常被认为是一种具有积极作用的变量(Lian、Ferris和Brown,2012),但是领导成员交换在员工职业成功获取与保护的过程中是否仍会发挥积极的作用,以往研究没有给出清晰的答案,这是本研究要澄清的第一个问题。其次,以往的研究很少关注内部机会主义,主要原因在于假定组织能够通过监督或命令等方式遏制员工内部机会主义行为(Williamson,1975)。然而,已有研究指出内部机会主义在组织中是存在的,甚至是普遍的(Baker、Gibbons和Murphy,1994;Ghoshal和Moran,1996;Moschan-Dreas,1997),由于信息不对称,当员工自己知道自己的动机而别人不知道时,员工就可能在组织内实施内部机会主义行为(John,1984)。同时,中国是一个典型关系导向的社会,"圈内人"的主要特征是代表领导行使公共权力,是领导的代理人,代理人会利用一切机会,甚至不惜损害委托人的利益,追求职业产出最大化。因此,需要关注团队间合作背景下的内部机会主义(Murtha、Challagalla和Kohli,2011)。再次,已有研究指出契约控制在机会主义防范过程中起着关键作用(Luo,2002;Lui和Ngo,2004;Wuyts和Geyskens,2005),但是契约控制在员工职业成功获取与保护的过程中必然会产生好的效果吗?就本文关注的团队间合作背景下的员工职业成功,情况可能并非如此简单。契约控制对员工职业成功有什么样的影响,以往研究没有给出清晰的答案,这是本研究要澄清的第二个问题。最后,目前还没有研究考虑将领导成员交换与契约控制相结合,强调两者在员工职业发展管理实践中的共同作用,也没有文献对这些作用产生的具体条件以及作用机理等问题进行深入的分析。领导成员交换与契约控制是否存在交互效应成为本研究要澄清的第三个问题。

本研究的目的正是希望针对以往的研究空白和争议,考察"软"性人的因素(领导成员交换)和"硬"性机制的因素(契约控制)以及"软硬兼施"(领导成员交换与契约控制共同使用)如何有效地解决员工职业发展过程中的"边界困境"问题。澄清这些问题在理论上丰富和发展了领导成员交换理论和交易成本理论,实践上则有助于更加深刻地认识领导成员交换和契约控制在员工职业发展管理实践中的实际作用。

二、理论基础与研究假设

1. 理论整合的必要性

根据领导成员交换理论(以下简称 LMX 理论),员工与其领导者之间的关系是通过在工作过程中一系列的观望、试探、互动等活动建立起来的(Graen 和 Scandura,1987),而且领导不可能给予所有员工相同的关注,不同员工与同一个领导者可能会有不同的亲疏关系(Graen 和 Uhl-Bien,1995)。LMX 理论不仅发现了"圈内人"和"圈外人"在组织中是普遍存在的,而且研究了"圈内人"和"圈外人"在组织中会产生不同后果。相对"圈外人"而言,"圈内人"更容易获得更多的信息和资源(Dienesch 和 Liden,1986)、更多的晋升机会(Law 等,2000)、更多的授权(DeConinck,2011)、更高的工作绩效(Gerstner 和 Day,1997)、更好的绩效评价结果(Graen、Novak 和 Sommerkamp,1982),"圈内人"具有较高的组织公民行为(Ilies、Nahrgang 和 Morgeson,2007)和较低的离职倾向(Graen、Liden 和 Hoel,1982),"圈内人"与其领导者之间会有更多的相互信任、尊重和忠诚(Uhl-Bien、Graen 和 Scandura,2000)。从这点来说,员工在组织中的命运取决于其与领导的交换关系(Sparrowe 和 Liden,2005)。因而,我们认为,领导成员交换建立与发展无疑是解决员工职业发展过程中"边界困境"问题最为重要的途径。

然而,领导者对待"圈内人"和"圈外人"的行为可能存在违背公平的原则(Scandura,1999),使得组织内高绩效和高回报的正比关系不再存在,进而使得"圈内人"和"圈外人"产生了相应的行为:"圈内人"可能极力钻研同领导搞好关系,一心扑在复杂的"办公室政治"上,利用领导对自己的信任采取非正规渠道获取"寻租"机会,这些"寻租"机会可能是以其他利益相关者的潜在利益损失为代价的,故而"圈内人"可能为了职业产出最大化而实施内部机会主义;而"圈外人"由于在工作过程中具有较差的待遇(Liden 等,2006)、较高的工作负荷及有限的信息和资源(Green、Anderson 和 Shivers,1996),使得其公平感受到严重的破坏,进而使得"圈外人"可能采取降低工作绩效或者其他的负面行为,而这些负面行为可能是以组织或者"圈内人"的潜在利益损失为成本的,此时,"圈外人"也有可能表现内部机会主义行为(Bolino 和 Turnley,2009)。更进一步地,我们认为,领导成员交换理论侧重于信任的作用,有理由相信领导成员交换的确可以促进员工职业成功,适度的领导成员交换依赖信任可以抑制员工内部机会主义,但随着领导成员交换的发展,可能导致"过度信任",此时,员工反而会借信任实施内部机会主义。

相反,交易成本理论侧重严格的契约控制,强调详尽的契约可以有效防范员工内部机会主义行为,而忽视了信任对员工内部机会主义行为的抑制作用(Muthusamy 和 White,2005)。在具有良好合作关系的企业内部团队间合作背景下,个体与团队间的关系建立在契约基础上,但契约并不能规定所有可能发生的情况(Williamson,1975)。与此同时,员工内部机会主义行为的识别与监控的困难,使得员工内部机会主义行为可以较为轻易地脱离相关正式契约的规避,这为员工实施内部机会主义提供了更大的可操作空间(Eisenhardt 和 Schoonhoven,1996;Luo,2007)。上述比较似乎表明,领导成员交换理论和交易成本理论是相互矛盾或相互冲突的,但这主要是由于分析问题的视角不同而造成的假象。事实上,某些视角的整合可能比任何单一理论更有说服力。然而,目前国内外学者都只是从领导成员交换理论或交易成本理论等单一视角分别解释了员工职业成功或内部机会主义问题,还没有研究将领导成员交换理论和交易成本理论进行整合,从人的因素(领导成员交换)与机制的因素(契约控制)视角解决员工职业发展过程中的"边界困境"问题并提出解决思路。因此,本研究以交易成本理论和领导成员交换理论作为解决员工职业发展过程中的"边界困境"问题的理论源泉,通过将这些理论进行整合,形成一个更为全面的衡量员工职业成功与内部机会主义的框架,从而有助于更深入和更系统地研究契约控制、领导成员交换对员工职业成功与内部机会主义的影响,并在企业内部团队间合作关系背景下,为员工职业发展过程中"边界困境"提供指导。员工职业发展过程中"边界困境"问题解决的整合模型如图 1 所示。

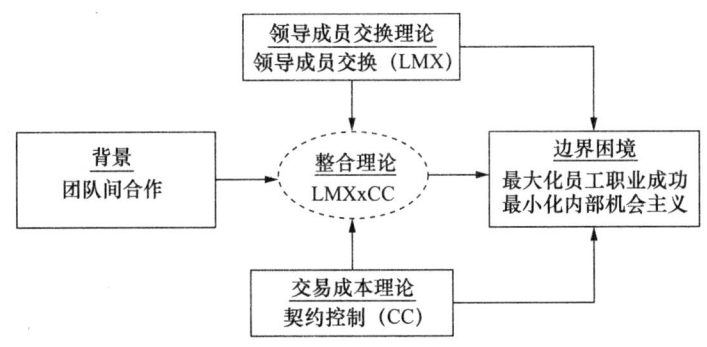

图 1　员工职业发展过程中"边界困境"问题解决的整合模型

2. 领导成员交换与员工职业成功

在中国这样的关系导向社会,领导者具有高度权威,掌控组织中有限的信息和资源,决定着员工在组织中的命运。领导成员交换质量作为对下属支持的一种与"人"相关的重要因素(Wayne 等,1999),领导成员交换质量越高,上下级关系越好,下属越有可能获得更多正式系统内的支持。首先,领导会给"圈内人"更多信息和资源方面的支持。一方面,信息和资源作为授予下属的情境因素,获得更多的信息和资源将导致下属高水平的激励和工作绩效(Spreitzer,1996);另一方面,信息和资源是社会权利的基础,获得更多的信息和资源将提高下属的组织声誉（Kilduff 和 Krackhardt，1994），并且使他们感知自己在组织中具有更多的权利和影响力（Brass 和 Burkhardt，1993），进而获得更多的分配奖金和晋升机会等组织报酬（Ferris 和 Judge，1991）。这表明，组织中的信息和资源有助于促进员工职业成功。其次，领导会给"圈内人"更多的职业指导。领导会帮助"圈内人"制定计划和实现目标，促进员工职业成长和发展（Kraimer 等，2011）。再次，领导会给"圈内人"更多的社会网络支持。领导运用个人的社会网络帮助"圈内人"实现目标（Han，2010）。已有研究指出，社会网络支持越多，员工就越容易获得职业成功（Bozionelos，2006）。最后，领导会给"圈内人"更多的授权。领导会赋予"圈内人"更多的权利去完成重要的工作，让员工感到工作环境更加安全、工作意义更大、工作自主性更多、工作更加有趣、工作更加丰富化以及自我效能更高，这不仅增加了员工职业满意度，还提高了自身在组织内部和外部的竞争力感知（Bass 和 Stogdill，1990；Schriesheim、Neider 和 Scandura，1998）。

除了上述正式系统内的支持以外，领导成员交换质量越高，上下级关系越好，下属越有可能获得更多正式系统外的支持，这种帮助和支持在西方是少见的，但是在中国情境中对员工的职业成功却起着重要作用（李燕萍、涂乙冬，2011）。首先，领导与"圈内人"具有更密切的私人情谊，而这种私人情谊的发展可能在组织制度之外，但是发展出的这种"组织规定外"、"私人情感"色彩的上下级关系却在组织制度之内发挥作用，将会对员工职业发展产生重要的促进作用（刘军、宋继文、吴隆增，2008）。其次，领导会给"圈内人"提供更多的非公开的私人信息。持有私人信息的员工可以利用其信息优势来估计自身未来的预期收益，进而较早地确定自身的行动导向，使自己脱颖而出，从而为自身职业产出最大化留出了更大的空间，这也会潜在地促进其职业成功。最后，在绩效评估、工作分派和晋升决策等方面，领导对"圈内人"可能存在主观偏袒或重用倾向，使"圈内人"得到超出组织正式制度外的评价效果（Yeung 和 Tung，1996）。这种帮助和支持是徇私的，甚至损害了"圈外人"的利益，但是这在"圈内人"的职业发展过程中起着推动作用，特别是在组织的正式制度失效或者不健全时，它主导了员工的职业发展（Peng 和 Heath，1996）。综合以上论述，本文提出如下假设：

假设1：领导成员交换对员工的职业成功有显著的正向影响。

3. 领导成员交换与员工内部机会主义

内部机会主义指的是个体采取诡计方式限制内部其他人的发展前景而获得自我利益的程度（Williamson，1985）。交易成本理论强调内部机会主义在组织中是普遍存在的，只要需要且条件允许，员工都会实施内部机会主义行为。领导者与组织成员之间的关系是通过一系列的观望、试探、互动、谈判等活动在一段时间内发展起来的（Graen 和 Scandura，1987），LMX 的发展经过陌生人、熟人和伙伴三个阶段（Wang 等，2005）。在领导与员工之间是陌生人或领导成员交换质量较差时，领导与组织成员都以戒备和怀疑的心态看待对方，增加了彼此之间的不信任感，从而提高了员工实施内部机会主义的潜在动机（Pfeffer，1994；Lee and Mitchell，1994）。而在领导与员工的关系从陌生人向熟人转变过程中，领导成员交换质量得到不断提高，员工的"圈内身份"也得到逐渐认可，因此员工会以对领导者的忠诚和奉献作为回报而获得自己想要的资源、信息和支持，这会显著提高领导者与员工之间的信任感，有利于及时解决彼此之间的冲突，兼顾各自的利益目标，克制自己潜在的投机倾向，从而降低了员工实施内部机会主义行为的风险。对于这一点，学者们对领导成员交换的作用持有相当一致的观点，通常认为领导成员交换是一个具有积极作用的变量，其质量越高，将会给组织、团队以及个体带来更多的利益和更为积极的效应，比如显著正向影响员工的工作表现（Sparrowe 和 Liden，1997）、减少交易成本（Currall 和 Judge，1995）、促进员工职业成功（Restuboga、Bordiaa 和 Bordia，2011）。

然而，当领导与员工发展成"伙伴"关系时，即领导成员交换质量达到"顶峰"，那么与领导关系"越好"就一定能产生更好的效果吗？上述相当一致的研究在任何情况下都适用吗？就本研究关注的具有良好合作关系的企业内部团队间合作背景而言，情况可能并非如此简单。事实上，大多数研究并没有考察领导成员交换可能出现的各种病态效应，对领导成员交换的"阴暗面"所进行的经验研究也相对欠缺。尽管已有少数研究对领导成员交换的负面效应或"阴暗面"进行过探讨，并且以实证数据进行了验证（Scandura，1999；马力、曲庆，2007），但是仅强调了领导成员交换具有负面效应，并未考虑领导成员交换是一把"双刃剑"。根据 Dienesch 和 Liden（1986）的研究，信任是领导成员交换发展过程中的重要构成要素。已有研究指出，适度信任才会产生积极作用，"太少信任"和"太多信任"可能是有害的（Jeffries 和 Reed，2000）。因此，我们可以推断领导成员交换不一定总会带来正面效应，在个体间或团队间可能存在一种"过度 LMX"的状况，这可能导致领导"过度信任"员工，从而减少对其监控程度甚至不监控，使得具有潜在投机倾向的员工以利用其信息优势地位实施内部机会主义行为。

更进一步地，我们认为，随着 LMX 从低度发展到适度水平，领导会逐渐增加对员工合作关系的投资和承诺，从而进一步增加员工对组织的心理认同，员工以对组织贡献作为回报而愿意为组织发展目标做出牺牲，降低自身表里不一的可能性，减少"搭便车"行为。另外，领导也会采取一定程度的监控行为和手段，以此减少员工内部机会主义发生的可能性。然而，"过度 LMX"使得组织和领导暴露于一定的风险中：一旦员工为了追求自己的短期利益，由于缺少监控，则会促使其牺牲组织或者其他成员的利益而获取自我利益最大化，比如侵占或盗用合作成员核心技术，窃取合作成员创新成果。同时，"过度 LMX"也极大地增加了过度信任风险：如果领导对员工过度信任，则他们会"不情愿"去监控员工，因为他们相信员工不会利用自己、团队或者组织的弱点，更不会采取诡计方式实施内部机会主义而获取职业产出最大化（Jarillo，1988）。因而，"过度 LMX"为员工内部机会主义行为的实施创造了机会并提供了便利。此外，在关系流行的组织中，高质量 LMX 的员工与其领导互相视对方为"圈内人"，如果拥有高质量 LMX 的员工陷入困境，比如从事内部机会主义被发现，他们预期领导可能会提供组织正式系统内和系统外各种帮助和支持，这种帮助和支持可能是徇私的（Peng 和 Heath，1996），即领导会给相知相熟的员工（拥有高质量 LMX 的员工）提供职场支持和庇护行为（Seibert、Kraimer 和 Liden，

2001)。这样,拥有高质量 LMX 的员工实施内部机会主义未来预期损失就会降低。因此,更高领导成员交换可能会导致更多的内部机会主义。根据以上的推理,我们提出,领导成员交换和员工内部机会主义之间可能不是简单的线性关系,它实际上可能呈现先降低后增加的正"U"形关系:随着 LMX 的增加,员工内部机会主义行为逐渐降低,直到一个最优的 LMX 点,员工内部机会主义开始上升。为此我们提出如下假设:

假设2:领导成员交换对员工内部机会主义有正"U"形影响:领导成员交换质量较高和较低时,员工内部机会主义较高,而在适度领导成员交换水平下,员工内部机会主义最低。

4. 契约控制与员工职业成功

契约控制是通过正式契约明确地规定员工什么该做,什么不该做,并依据事先约定的奖惩机制对员工的行为和活动进行规范和约束。从这一点来说,低度的契约控制由于没有详细地规定员工的权利、责任和义务,一旦员工采取了损害团队或者团队其他成员利益的行动,对于该行为的惩罚机制可能比较模糊,甚至并不存在,这会明显降低其他员工的工作动机水平,使员工表现出消极的工作态度和行为,从而无法在组织中获得积极的心态和外工作产出。另外,成就动机理论认为,员工的成就行为受到害怕失败的意向与追求成功的意向两种动机的影响(孙煜明,1993)。由于低度的契约控制使得团队与员工双方的关系处于一个不明确的状态,员工为了避免单边的失去自身利益,受害怕失败的意向驱动,将会有意地隐藏自己有价值的知识和技能而降低其追求成功的意向,这必然降低其在组织内部和外部的竞争力感知。

相反,高度的契约控制明确地界定和规范了员工的行为、承诺和义务,要求员工严格按照契约的规定履行相应的职责,并详细说明了奖励和惩罚条款(Williamson,1985)。更进一步地,我们认为,当契约的复杂程度从低度增加到中等程度时,由于对员工"应该做什么"和"不应该做什么"都有了相对明确的规定,从而有利于团队和员工之间相互理解,缓解彼此之间的冲突,促进团队与员工之间的情感交换,这就使得员工愿意按照原先的约定完成自己的责任和义务,而基于互惠原则,团队会以职业辅导和职业帮助作为回报帮助员工实现职业发展目标。相对详尽的契约明确指明了员工执行工作任务的目标,由于目标既是结果达成又是判断一个人成就的标准,因而他们愿意为这样的目标付出更多的努力。此外,Baum、Lock 和 Smith(2001)指出,目标在个体、团队、组织等各级组织层面均会影响员工业绩。根据 Locke 和 Latham(2002)的目标设置理论,当业绩目标明确(具体)且困难时,业绩目标能导致最高水平的业绩。通常,明确而困难的目标能比简单或含糊不清的目标(如尝试"尽力而为")带来更高的业绩(Smith 和 Hitt,2005)。正所谓,"凡事预则立,不预则废"。

然而,太过详尽的契约就一定能促进员工职业成功吗?已有研究者对相对完备契约的有效性问题持有争议(Ghoshal 和 Moran,1996;Poppo 和 Zenger,2002;江旭,2008)。具体来说,当契约过于复杂时,由于对员工的一些具体的指标、行为和过程过于强调,并且详细地规定和限制了员工间的交流和沟通,使得签约成本、谈判成本和监督成本过高,从而无法有效地监督员工行为，最终可能引发冲突。因此，过度的契约控制抑制了员工工作动机水平，降低了员工完成工作的积极性，并阻碍了其职业发展。另外，员工可能会将过度的契约控制视为团队对其不信任的表现，即团队不相信自己能完成任务，这就可能增加员工的焦虑不安，降低员工积极投入工作的动机水平，导致其身心紧张并对工作产生不满，从而无法有效地促进员工职业成功。根据以上的推理，我们提出，契约控制程度很低时，加强契约控制使得员工行动目标越来越具体，能够有效地促进员工职业成功，但是随着契约控制程度的不断增加，契约的相关成本（签约成本、谈判成本和监督成本）将不断提高；与此同时，员工对团队的不信任感也将迅速增加，从而降低了员工获取职业成功的可能性。也就是说，契约控制与员工职业成功不是简单的线性关系，相反，契约控制会先促进员工职业成功，到达一个特定点以后，随着契约控制程度的不断增加，导致员工职业成功降低，从而契约控制与员工职业成功呈现先增加后降低的非线性倒"U"形关系。为此我们提出如下假设：

假设3：契约控制对员工职业成功有倒"U"形影响，契约控制较高和较低时，员工职业成功较低，而在适度契约控制水平下，员工职业成功最高。

5. 契约控制与员工内部机会主义

根据交易成本理论，契约控制是限制和约束员工行为的重要手段，具体规定了员工的权利、责任和义务以及违背契约的处罚条款，从提高员工和团队的共同利益着手，保证员工不会以牺牲团队及其他员工的利益为代价而获取自我利益最大化，从而极大地降低了员工实施内部机会主义的可能性（Williamson，1985）。相反，低度的契约控制由于契约本身具有较强的模糊性、不一致性和不确定性，这就可能使得团队无法有效地监督员工行为；此外，相关契约也可能存在着漏洞使其在实际操作中难以落实并约束和限制员工行为，这可能助长了员工逃避责任和转移惩罚的恶习，使得员工内部机会主义行为得以较为轻易地脱离相关正式契约的规制而免受惩罚，从而为员工内部机会主义提供更为广阔的可行性空间。因此，为了恰当地监督员工行为，团队应制定尽可能清晰明确的契约来规定对员工内部机会主义行为实施惩罚，否则无法起到有效的监督作用。事实上，如果契约中明确规定了对员工内部机会主义的惩罚，则员工实施内部机会主义所付出的代价可能非常高。此外，已有研究一致表明，契约控制有助于降低员工内部机会主义。比如，Luo（2002）以及Lui和Ngo（2004）研究指出，契约控制是阻碍员工内部机会主义的有效手段。

更进一步地，我们推断，契约控制与员工内部机会主义负向相关。首先，详尽的契约提供了具体决策的规则和程序以应对必要的转变，对员工间争端和冲突等问题进行了明确界定，限制了员工实施契约规定以外的行为，降低了员工行为、管理和外部环境等不确定性，从而减少了员工内部机会主义威胁（Poppo和Zenger，2002）。其次，契约控制通过正式的契约条款明确规定了员工实施"应该做什么"而获取的奖励和执行"不应该做什么"而遭受的惩罚，并借助于正式的协议解决员工间争端和冲突，这有利于促进员工间的沟通和交流，鼓励员工追求长期利益，限制员工采取短期导向指导个体行为，从而阻碍了员工内部机会主义行为的出现。最后，相对完备的契约为监督员工行为提供了保证，并依据事先约定的监督机制对员工行为进行约束，降低了对员工内部机会主义行为进行识别和监控的困难，从而极大降低了员工内部机会主义风险与机会成本（Eisenhardt 和 Schoonhoven，1996）。为此我们提出如下假设：

假设4：契约控制对员工内部机会主义有显著的负向影响。

6. 领导成员交换与契约控制对员工职业成功的交互作用

在员工职业发展过程中，当领导与员工之间的关系比较疏远时，即 LMX 较低时，对员工而言，领导掌握着员工升迁、任用、资源分配和信息支持等决策权，因而，他们可能会想尽一切办法进一步发展与领导者的更加亲密关系，比如说选择讨好和逢迎等方式。相反，对领导而言，这可能会引起领导者怀疑员工"接近"自己的动机，会认为员工更多的是为了获得私利等短期利益，而无法达到领导者对员工的期望：将集体利益置于短期利益之上。这样，领导可能会十分重视契约中关于什么该做和什么不该做的条款规定，而详尽的契约可能限制和约束员工活动和行为的范围、方式、途径和程度，以及员工没有按照事先约定的条款行事而应受的处罚措施等内容，使得员工不能转移和逃避责任。否则，领导可以利用正式契约的强制约束力迫使员工按照契约的约定从事相关活动。更进一步地，我们认为，契约的使用说明了领导对员工的不信任，或者认为一旦没有契约的控制和监督，员工是不可信赖的（Ghoshal 和 Moran，1996）。因此，在低度 LMX 情况下，可以采用相对详尽的契约控制来代替，两者之间存在明显的替代关系。

然而，在高度 LMX 情况下，领导与员工之间的关系比较亲近，互相认为对方为"圈内人"，与其建立充满信任、喜欢、尊重和支持的高质量社会交换，在员工遇到困难时也更可能提供支持和鼓励。因而，领导在奖金分配或者晋升机会给予等职业发展方面会优先考虑"圈内人"，让他们获得更多领导的情感性和工具性支持，从而员工就更容易获得职业成功（Law 等，2000；Han，2010），而员工由于得到了比他们应得的更多的职业发展机会（Gerstner 和 Day，1997），这些员工就会体验和知觉到亏欠和感激，也会用更高的公平评价回报和支持领导（郑伯勋，1995）。这样，高度 LMX 不仅降低了与员工签订详细契约的需要，还能导致领导更少采用严格的契约控制来监督和约束员工行为，此时，契约控制在最好的情况下将变得多余，而在最坏的情况下可能产生负面效应（Dyer 和 Singh，1998；Faulkner，2000；Woolthuis、Hillebrand 和 Nooteboom，2005）。事实上，详尽契约的采用可能被员工视为对其不信任的表现（Jap 和 Ganesan，2000），可能引发员工间冲突，打击员工士气，降低其工作动机水平，使员工表现出消极的工作态度和行为，从而表现出较低的积极心理和工作产出。此外，在中国这样的关系导向社会，与重视契约的西方组织不同，中国组织更多地重视员工间的关系和信任，组织中的员工也十分注重人际间的互动和交换。从这一点来说，当领导成员交换质量越高，上下级关系越好，组织更倾向于不采用严格的契约控制，以免伤害员工间的关系和信任，从而将更少地在契约中签订有关职业产出的详细条款。因此，领导成员交换质量将成为组织正式契约的替代机制来主导个人发展，尤其在契约控制不具备足够的柔性和适应性应对外部环境变化的情况下（Peng 和

Heath，1996)。这种替代关系同时表明，在高度 LMX 情况下，如果组织依然强调严格的契约控制，就可能阻碍领导成员交换的进一步发展，破坏领导成员交换对员工职业成功所带来的积极效应。

当然，上述论述并不意味着只需要考察对于本研究所关注的过程变量（员工职业成功），领导成员交换与契约控制之间是相互替代的关系。从更为长远的意义上来看，还需要深入研究领导成员交换与契约控制的交互关系是如何影响员工职业成功的。在不同的领导成员交换质量的条件下，契约控制对员工职业成功的影响可能存在很大差异。在高质量领导成员交换关系下，员工会强烈地感觉到来自领导的拥护和支持，这种拥护和支持有助于形成积极的心理和工作产出必需的舒适和信任感 (Breland 等，2007)，这就会增加员工的内在满意度。同时，高质量的领导成员交换关系提供给员工更多的授权 (Wat 和 Shaffer, 2005)，让员工自由控制其工作，并远离组织和领导密切控制，使得自己感到有更多的自由和安全环境，从而会增加其外在满意度。此外，在高质量领导成员交换关系下，领导不仅会利用自己的人脉资源帮助员工获取职业发展，还会力求减少对其监督，从而提高员工在组织内部和外部的竞争力感知。然而，正式契约约定和规制了员工职业发展中的角色界定和应该履行的工作职责，它一旦存在就表明在某种程度上违反原先约定的职业角色和职责，就会受到一定惩罚的保护机制，这不仅使得员工体验和知觉到对其不信任 (Ghoshal 和 Moran，1996)，还限制了员工的工作自主性空间。从这一点来说，严格的契约控制使得员工在其工作情境中与领导发展和维持相互信任、尊重关系产生了一定的冲突，导致身心紧张，并会有严重的工作挫折感，这不仅降低了员工职业满意度，还降低了自身在组织内部和外部的竞争力感知，从而阻碍了员工职业成功。相反，在低质量的领导成员交换关系下，员工更多地被正式契约规定的任务职责所约束。相对详尽的契约促使员工明晰自己的任务和职责，使得员工更多关注目标的实现和任务的完成，也能够很好地削减职业发展中的疑虑和冲突。为此，我们提出如下假设：

假设 5：领导成员交换与契约控制的共同使用降低了员工职业成功，即在高质量的领导成员交换关系下，契约控制对员工职业成功的正向影响比在低质量的领导成员交换关系下更弱。

7. 领导成员交换与契约控制对员工内部机会主义的交互作用

员工内部机会主义在组织中是普遍存在的，只要有需要且有条件，员工都会采取各种各样的投机行为以获得自我利益最大化 (Murtha 等，2011)。因此，如何降低员工内部机会主义成为研究者和实务者共同关注的重要问题 (Baker 等，1994；Gibbons，1998)，但是已有文献对领导成员交换与契约控制如何共同作用从而降低员工内部机会主义的实证研究相对欠缺。在低度 LMX 情况下，领导和员工之间还处于观望和试探阶段，彼此之间还不太了解，相互融合的目标存在一定的模糊性，对员工是否会实施内部机会主义仍存在疑虑。此时，可以通过使用详尽的契约降低不确定性，避免员工间的误解和冲突，惩罚员工违约行为。根据交易成本理论，契约控制可以有效地阻止员工内部机会主义发生。从这一点来说，即使 LMX 很低或者不存在 LMX（领导者与员工之间是陌生人），也不必担心员工内部机会主义行为，因为这可以通过严格的契约控制加以规制。然而，契约控制并不是万能的，并不意味着仅需要详尽的契约就可以完全抑制员工内部机会主义行为。事实上，过度的契约控制存在各种"病态效应"，比如过度的监督可能引起员工对信任的背叛，容易导致员工身心紧张水平的上升，从而可能进一步由于不信任招致或引发更多的不信任行为从而陷入相互怀疑和报复的恶性循环中（Bradach 和 Eccles，1989；Lewicki、Mcallister 和 Bies，1998；Nooteboom，2002）。这样，在高度 LMX 情况下，由于领导者和员工之间有了较好的沟通和交流，增强了彼此之间的信任感，对员工内部机会主义行为具有一定的限制和约束，因而，不必选择严格的契约控制作为预测员工内部机会主义行为的手段。

然而，完全依赖 LMX 阻止员工内部机会主义行为，却忽视充分的契约控制仍存在一系列缺陷，比如由于对"圈内人"格外关心，可能破坏公平性，招致其他员工不满，伤害员工间的正常关系，甚至破坏完备契约的有效性或阻止契约条款的有效执行（Antia 和 Frazier，2001）。因此，一旦 LMX 过高，上下级关系较好，降低了对员工内部机会主义行为的监控需要，从而可能忽视正式契约的规范并破坏监控契约条款的有效执行。此时，严格的契约控制就成为多余，换句话说，LMX 可以代替详尽的契约（Gulati，1995）。根据以上的推理，我们提出，领导成员交换与契约控制在阻止员工内部机会主义行为时是替代关系。首先，在低度 LMX 或者 LMX 不存在的情况下，可以采用更多的资源去规范和监控正式契约的有效执行，从而防范员工内部机会主义。其次，高度 LMX 的存在有效降低了员工实施内部机会主义行为的可能性，反而降低了对严格契约控制的需要。最后，在高度 LMX 情况下，详尽的契约破坏了 LMX 建立和发展，严格的契约控制可能鼓励而非阻碍员工内部机会主义。

更进一步地，我们认为，在高度 LMX 的条件下，契约控制对员工内部机会主义反而有"滋长"作用。一方面，高质量的领导成员交换关系为员工提供更多的工作自主性空间和更宽广的决策范围。需要注意的是，通过高质量的领导成员交换关系，领导非常期待员工的"非常规"的行为表现，从事有助于自身职业成功的额外工作和任务，并自发做出正式契约之外的行为来回报领导的拥护和支持（Graen 和 Cashman，1975；Sparrowe 和 Liden，1997）。这里的"非常规"行为往往体现为员工内部机会主义行为。另一方面，高质量领导成员交换的领导会"不情愿"监督员工行为并力求减少对员工行为的限制和约束（Graen 和 Scandura，1987），在一定程度上增加了员工的错误判断，并阻止了员工的理性决策，此时，这进一步强化了员工实施内部机会主义行为的动因。因此，在高度 LMX 的情境下，正式契约的使用由于破坏了员工与领导的交换关系规则和良好信任关系的建立与发展，并且契约控制的有效性也受到高质量领导成员交换关系质量的强大"阻力"而显著降低，反而加剧了员工对交换关系规则和信任的背叛，这进一步鼓励了员工实施内部机会主义行为；同时，围绕着正式契约中没有规定和限制的内部机会主义可能也会增加（Poppo 和 Zenger，2002）。反之，当员工与领导交换关系质量较低时，能够强化契约控制对员工内部机会主义的"遏制"作用。其主要原因在于：低质量的领导成员交换关系具有基于明确职责的互动和正式契约主导的交换等特征（Janssen 和 Van Yperen，

2004),这种特征势必会强化正式契约的有效性,促进契约条款的有效执行,降低内部环境和外部环境的不确定性,从而可以恰当地监督员工行为,规制员工内部机会主义行为。为此,我们提出如下假设:

假设6:领导成员交换与契约控制的共同使用增加了员工内部机会主义。即在高质量领导成员交换关系下,契约控制对员工内部机会主义有"滋长"作用;在低质量领导成员交换关系下,契约控制对员工内部机会主义有"遏制"作用。

三、研究方法

1. 研究对象

本研究选择国内13家大型制造企业集团为对象,集团之间具有良好的合作关系。在团队间的合作背景下,对团队内部管理和领导与员工关系进行问卷调查,以13家集团分布于全国区域具有合作关系的81个独立工作团队为研究样本,调查对象包括团队领导在内的所有团队成员(不含派遣制员工),企业规模控制在500人以上。调研共发放团队成员问卷483份,团队领导问卷162份,共645份。回收问卷后剔除信息缺失的78份团队成员问卷和27份团队领导问卷。再通过团队配对比较和团队识别删除71份团队成员问卷和34份团队领导问卷,最后得到334份有效团队成员问卷和101份团队领导问卷,涉及75个团队,每个独立工作团队至少有一名团队领导。团队成员问卷有效回收率为69.15%,团队领导问卷有效回收率为62.35%。

团队成员样本(n=334)特征如下:性别,男性占51.5%,女性占48.5%;年龄,20岁以下占3.3%,20~30岁占64.4%,30~40岁占25.1%,40~50岁占6.3%,50岁以上占0.9%;教育水平,高中或中专以下占11.4%,大专占29.9%,本科占43.4%,硕士及以上占15.3%;婚姻,已婚占40.4%,未婚占59.6%;入团队期限,1年及以下占40.1%,2年占27.8%,3年占17.4%,4年占6.6%,5年及以上占8.1%。

团队领导样本(n=101)特征如下:性别,男性占70.3%,女性占29.7%;年龄,20~30岁占5.7%,30~40岁占45.5%,40~50岁占28.3%,50岁以上占20.5%;教育水平,高中或中专以下占3.6%,大专占11.2%,本科占58.4%,硕士及以上占26.8%;婚姻,已婚占61.2%,未婚占38.8%;入团队期限,1年及以下占3.2%,2年占9.2%,3年占21.4%,4年占28.7%,5年及以上占37.5%;每个团队平均有1.35个团队领导。

团队样本(N=75)特征如下:团队规模最少为3人,最多为12人,均值为4.45人,标准差为1.982;团队成立时间,1年以下占8.0%,1~4年占46.7%,4~7年占26.9%,8年及以上占18.4%;团队职能,生产/服务占33.3%,技术/研发占33.4%,其他占33.3%。

2. 研究程序

本次调查工作主要是由中国人民大学劳动人事学院部分博士研究生和硕士研究生完成的,研究中所有问卷的测量均采用5点计分法,从"1"(非常不符合)到"5"(非常符合)。调查采用当场发放与当场回收或集中交还的方式,调查均利用员工的业余时间完成。

调查共分3个步骤来完成整个调研过程。首先,对13家制造企业集团的组织结构和人员分布的情况进行一定的了解,请求各企业集团总部人力资源部门提供集团内部规模较大的5个独立工作团队,在联系这些独立工作团队主要相关负责人并获得参与本次调研承诺的基础上确定第一层次的调研对象。其次,在对这5个独立工作团队进行调研的过程中,请求团队领导提供与其企业集团内部有最重要合作关系的10个独立工作团队(如果少于10家,则按实际情况提供合作者的数量),这些合作的独立工作团队主要是由生产/服务团队、技术/研发团队和其他团队组成,每个工作团队确保具备不少于3位员工的规模,它们构成了第二层次调研对象。最后,对具有合作关系的10个独立工作团队内部管理和领导与员工关系进行调研,它们构成了第三层次调研对象。

由各个部门主管将所有样本集中于统一时间和地点进行问卷的填写,填写完后可将问卷直接交给公司相关配合调研人员,或者直接将问卷寄回给调查者,以保证问卷保密及匿名。在调研结果中需要强调的一点是,本次调研在团队间的合作背景下,针对团队内部管理和领导与员工关系进行问卷调查,以集团内部同级独立工作团队之间的合作为主要类型,而上下级团队的合作不在本次调研的范围之内。

此外,本研究在问卷调查过程中,设置了3个社会赞许性题目作为删除赞许性倾向严重的数据的参考依据,例如,"当你犯了过错时,你总是勇于承认错误"、"你从来不会想让别人代你受过"、"有时你喜欢讲别人的闲话"(反向计分)。回答"是"和"否"二者选其一,如果3个题目中回答"是"(反向计分题为"否")的有2个及以上,则该问卷不可靠,按废卷处理。这种方法虽然不能完全消除同源方差,但是能够在很大程度上控制同源方差的影响。

3. 研究工具

通过文献梳理,确定相应的主观测量题项。邀请3位人力资源管理专业硕士进行了并行的、双盲的"翻译—回译"程序以确保概念同一性。通过两位人力资源管理专业博士和部分团队领导的小组讨论,在团队间的合作背景下,针对团队内部管理和领导与员工关系,对相应的测量条目进行了修改和完善。调研有两类群体参与调查:团队领导和团队成员,团队领导对契约控制进行评价,团队成员对领导成员交换、职业成功和内部机会主义进行评价。

(1) 领导成员交换。采用 Liden 和 Maslyn (1998) 的意见编制领导成员交换问卷,共12个条目,分为4个维度:情感交换、忠诚交换、贡献交换和专业尊敬。此量表在中国文化背景下被证明是有效的(李燕萍、涂乙冬,2011;王辉、张文慧、谢红,2009)。采用验证性因子分析,得出领导成员交换四因子模型具有良好的结构效度($\chi^2/df =$

2.592，NNFI = 0.982，NFI = 0.982，CFI = 0.989，RMSEA = 0.070），此量表在本研究内部一致性系数（Cranach's Alpha）为 0.733，举例条目为"在团队工作过程中，我非常喜欢团队领导的为人"。

（2）契约控制。以 Houston 和 Johnson（2000）、Jap 和 Ganesan（2000）、Wuyts 和 Geyskens（2005）的研究为蓝本，以涉及正式、书面和详细的员工与团队工作关系流程约定为主要内容，共 4 个条目。该问卷在中国情境下也得到了验证（高维和等，2010；江旭，2008）。采用验证性因子分析，得出契约控制单因子模型具有良好的结构效度（$\chi^2/df = 2.288$，NNFI = 0.966，NFI = 0.984，CFI = 0.989，RMSEA = 0.075），此量表在本研究内部一致性系数（Cranach's Alpha）为 0.729，举例条目为"在团队工作过程中，用契约中的各种指标来检查员工工作的进展情况"。

（3）职业成功。职业成功包括职业满意度、内部市场竞争力感知和外部市场竞争力感知 3 个维度，采用 Greenhaus、Parasuraman 和 Wormley（1990）编制的职业满意度问卷，Eby、Butts 和 Lockwood（2003）编制的内部市场竞争力感知和外部市场竞争力感知问卷，共 11 个条目。此量表在中国的测量中也显示出较好的信度（李燕萍、涂乙冬，2011）。采用验证性因子分析，得出员工职业成功三因子模型具有良好的结构效度（$\chi^2/df = 2.751$，NNFI = 0.956，NFI = 0.955，CFI = 0.971，RMSEA = 0.072），此量表在本研究内部一致性系数（Cranach's Alpha）为 0.767，举例条目为"在团队工作过程中，我对在职业生涯中取得的成就感到满意"。

（4）内部机会主义。采用 Murtha 等（2011）编制的内部机会主义问卷，共 6 个条目。采用验证性因子分析，得出员工内部机会主义单因子模型具有良好的结构效度（$\chi^2/df = 1.146$，NNFI = 0.984，NFI = 0.984，CFI = 0.995，RMSEA = 0.037），此量表在本研究内部一致性系数（Cranach's Alpha）为 0.780，举例条目为"我有意隐藏组织中的重要信息"。

4. 分析方法

本文采用 PASW Statistics 18.0、LISREL 8.80 和 HLM 6.08 进行统计分析。首先，采用 LISREL8.80 统计软件进行量表的结构效度检验。其次，采用 PASW Statistics 18.0 统计软件进行基本的描述性统计检验。最后，由于分析涉及个体和团队两个层次，本研究采用 HLM 6.08 统计软件进行二层线性模型的建构与分析，其优势在于能够同时估计不同层次的因子对个体层次的结果变量的影响，还能将这些预测因子保持在适当的分析层次，并给出合理的解释。

四、数据分析与结果

1. 验证性因子分析

多水平因素分析需要对数据结构进行评估，研究采用验证性因子分析（CFA），分别比较三因子模型、二因子模型以及单因子模型，考察领导成员交换、职业成功、内部机会主义的区分效度。由表1可知，三因子模型与数据拟合非常好（RMSEA = 0.024，NNFI = 0.964，CFI = 0.978）。当 RMSEA < 0.08（Hu 和 Bentler，1999），CFI 与 NNFI > 0.90（Bentler，1990），这表明拟合指数可以接受。除三因子模型之外，其他竞争模型（二因子模型 a、二因子模型 b、二因子模型 c 和单因子模型）的拟合指数均没有达到基本的拟合要求。χ^2 与 AIC 是用来比较测量模型（三因子模型）与竞争模型的。测量模型与竞争模型的差异检验表明，三因子的测量模型与嵌套的二因子模型以及单因子模型差异显著，即测量模型优于竞争模型（Schumacker 和 Lomax，1996）。通过对 AIC 值（所得值越小越好）的比较可知，测量模型亦优于竞争模型（Akaike，1987）。说明上述变量具有良好的区分效度，确实是3个不同的构念。

表1　验证性因子分析结果

模型	χ^2	df	$\Delta\chi^2$	AIC	NNFI	CFI	RMSEA
M5：三因子模型 LMX、CS、OO	24.898	17	—	62.898	0.964	0.978	0.024
M4：二因子模型 a LMX+CS、OO	46.405	19	21.507***	80.405	0.890	0.925	0.066
M3：二因子模型 b LMX+OO、CS	60.029	19	35.131***	94.029	0.848	0.897	0.081
M2：二因子模型 c LMX、OO+CS	162.609	19	137.711***	196.609	0.478	0.646	0.151
M1：单因子模型 LMX+CS+OO	198.765	20	173.867***	230.765	0.409	0.578	0.164

注：n（成员）=334；LMX 表示领导成员交换；CS 表示职业成功；OO 表示内部机会主义；+代表两个因子合成一个变量；*** 表示 $p < 0.001$

2. 描述性统计分析

由前可知各变量信度、收敛效度与区别效度均达到可接受的水平，各变量的均值、标准差和相关矩阵如表2所示。由表2可知，领导成员交换与员工职业成功显著正相关（$r = 0.169$，$p < 0.01$），与员工内部机会主义显著负相关（$r = -0.383$，$p < 0.01$）。性别（$r = 0.181$，$p < 0.01$）和教育水平（$r = 0.224$，$p < 0.01$）与职业成功显著正相关，而入团队期限与职业成功显著负相关（$r = -0.138$，$p < 0.01$）。婚姻（$r = 0.194$，$p < 0.01$）和入团队期限（$r = 0.129$，$p < 0.05$）与员工内部机会主义显著正相关，而教育水平与员工内部机会主义显著负相关（$r = -0.149$，$p < 0.01$）。团队职能中技术/研发与契约控制显著负相关（$r = -0.500$，$p < 0.01$）。此外，研究采用 Tolerance、VIF 和 DW 检验3个指标来考察个体层次自变量多重共线性问题。检验分析显示（见表3），Tolerance 在 0.525～0.987（>0.1）、VIF 在 1.013～1.906（<10）、DW 值 1.831、1.917（du<d<4-du），均在合理范围，表明个体层次各变量之间不存在多重共线性。同时团队层次变量之间也不存在高相关系数，变量之间的相关系数均在 0.5 左右，依据 Tsui 等（1995）的观点，存在严重的多重共线性问题的相关水平临界值一般超过 0.75。因此，本研究的团队层次各变量之间也不存在严重的多重共线性问题。

表2 均值、标准差和相关矩阵

变量	均值	标准差	1	2	3	4	5	6	7	8
个体层面										
领导成员交换	3.234	0.670	(0.733)							
职业成功	3.722	0.493	0.169**	(0.767)						
内部机会主义	2.877	0.783	−0.383**	−0.027	(0.780)					
性别[a]	0.515	0.501	0.043	0.181**	−0.037	1				
年龄	2.371	0.693	0.039	0.066	0.051	0.287**	1			
教育水平	2.626	0.877	0.182**	0.224**	−0.149**	0.187**	0.234**	1		
婚姻[b]	0.404	0.491	−0.037	0.083	0.194**	0.250**	0.407**	0.115*	1	
入团队期限	2.147	1.245	0.020	−0.138*	0.129*	0.081	0.441**	−0.018	0.345**	1
团队层面										
契约控制	4.047	0.389	(0.729)							
团队规模	4.453	1.982	−0.203	1						
团队成立时间	2.560	0.889	−0.062	−0.046	1					
团队职能[c]	0.333	0.475	0.056	0.182	0.224	1				
团队职能[d]	0.333	0.475	−0.177	0.081	−0.192	−0.500**	1			

注：a 表示虚拟变量（男=1，女=0）；b 表示虚拟变量（已婚=1，未婚=0）；c 表示虚拟变量（生产/服务=1，其他=0）；d 表示虚拟变量（技术/研发=1，其他=0）；对角线括号里表示该变量的信度；** 表示 $p<0.01$ 水平下显著；* 表示 $p<0.05$ 水平下显著；$N=75$，$n=334$

表3 个体层次变量多重共线性诊断结果

Step	自变量	职业成功		内部机会主义	
		Tolerance	VIF	Tolerance	VIF
Step 1					
	性别[a]	0.890	1.123	0.890	1.123
	年龄	0.525	1.906	0.525	1.906
	教育水平	0.912	1.097	0.912	1.097
	婚姻[b]	0.616	1.623	0.616	1.623
	入团队期限	0.779	1.283	0.779	1.283
Step 2					
	领导成员交换	0.960	1.042	0.960	1.042
Step 3					
	领导成员交换的平方项[c]	0.987	1.013	0.987	1.013
	Durbin-watson	1.831		1.917	

注：a 表示虚拟变量（男=1，女=0）；b 表示虚拟变量（已婚=1，未婚=0）；c 为了避免可能存在的共线性问题，在层级回归之前对领导成员交换进行中心化；$n=334$

另外，在检验 Level-1 变量（领导成员交换）与 Level-2 变量（契约控制）之间的跨层次交互作用之前，对 Level-1 变量与 Level-2 变量均进行了中心化处理，同时本文估计的是斜率作为结果变量（Slopes-as-outcomes）的模型，并未直接使用其乘积项代入方程来计算交互项的系数，这也在一定程度上减少了多重共线性，提高了估计的稳定性（Bryk 和 Raudenbush，1992；温福星，2009；方杰、张敏强、邱皓政，2010）。

3. 假设检验

在假设检验前，需对个体层次变量领导成员交换、领导成员交换的平方项和团队层次变量契约控制、契约控制的平方项进行中心化处理。根据 Hofmann 和 Gavin（1998）的建议，首先，选择使用总平均数中心化（Grand-mean Centering）来处理 Level-1 的领导成员交换、领导成员交换的平方项，估计领导成员交换、领导成员交换的平方项分别对员工职业成功和内部机会主义的影响效果；其次，选择使用总平均数中心化处理 Level-1 的领导成员交换、领导成员交换的平方项和 Level-2 的契约控制、契约控制的平方项，估计在控制领导成员交换和领导成员交换的平方项的效果之下，考察契约控制、契约控制的平方项分别对员工职业成功和内部机会主义的影响效果；最后，采用组平均数中心化（Group-mean Centering）来处理 Level-1 的预测因子（领导成员交换和领导成员交换的平方项），并使用总平均数中心化来处理 Level-2 的预测因子（契约控制和契约控制的平方项），估计在控制 Level-1 预测因子和 Level-2 预测因子的效果之下，考察领导成员交换与契约控制之间的跨层次交互作用。

表4显示了采用 HLM 验证的领导成员交换、契约控制及其交互项对员工职业成功的跨层次回归分析结果。统计分析结果表明，领导成员交换对员工职业成功正向影响显著（$\beta = 0.123$，$p < 0.01$），假设1得到验证；契约控制的平方项对员工职业成功有显著的影响，且回归系数为负（$\beta = -0.092$，$p < 0.05$），说明契约控制对员工职业成功存在倒"U"形影响，假设3得到验证；领导成员交换与契约控制的交互效应显著，且回归系数为负（$\beta = -0.435$，$p < 0.05$），说明领导成员交换与契约控制的共同使用降低了员工职业成功，假设5得到验证。为了进一步深入分析领导成员交换与契约控制的交互作用是如何影响员工职业成功的，按照 Aiken 和 West（1991）的建议，我们在图2中绘制了在不同程度的领导成员交换水平上，契约控制和员工职业成功之间的关系。可以看到，随着领导成员交换关系质量由低到高，代表契约控制与职业成功之间关系的直线由较为陡峭（simple slope = 0.417，$t = 7.967$，$p < 0.05$）变换到近似平行于横轴（simple slope = 0.018，$t = 1.534$，$p = 0.127$），说明领导成员交换关系质量越高，契约控制与员工职业成功的正向关系就越弱。

表4 员工职业成功的 HLM 分析结果

变量	模型1（M1） Null Model	模型2（M2） Level-1 主效应	模型3（M3） Level-2 主效应	模型4（M4） Level-2 调节效应
截距项	3.732*** (0.036)	3.635*** (0.040)	3.701*** (0.042)	3.708*** (0.042)
Level-1 预测因子				

续表

变量	模型1 (M1) Null Model	模型2 (M2) Level-1 主效应	模型3 (M3) Level-2 主效应	模型4 (M4) Level-2 调节效应
性别[a]		0.133* (0.053)	0.104* (0.049)	0.100* (0.049)
年龄		-0.004 (0.048)	-0.020 (0.050)	-0.003 (0.048)
教育水平		0.044* (0.034)	0.058* (0.034)	0.056* (0.034)
婚姻[b]		0.054 (0.067)	0.048 (0.065)	0.032 (0.063)
入团队期限		-0.023 (0.026)	-0.020 (0.028)	-0.020 (0.029)
领导成员交换		0.123** (0.045)	0.116* (0.049)	0.105* (0.051)
领导成员交换的平方项		-0.018 (0.055)	-0.014 (0.055)	0.001 (0.058)
Level-2 预测因子				
团队规模			-0.003 (0.009)	-0.005 (0.009)
团队成立时间			0.042 (0.031)	0.042 (0.031)
团队职能[c]			-0.008 (0.050)	0.009 (0.050)
团队职能[d]			-0.100 (0.072)	-0.098 (0.071)
契约控制			0.458*** (0.077)	0.453*** (0.067)
契约控制的平方项			-0.092* (0.068)	-0.091* (0.065)
交互项				
领导成员交换×契约控制				-0.435* (0.191)
方差				
σ^2	0.194	0.189	0.186	0.146
τ_{00}	0.051***	0.051***	0.047***	0.041***
τ_{11}		0.072*	0.070*	0.066*
R^2	0.208			
$R^2_{Level-1}$*		0.026		
$R^2_{Level-2 截距式}$[1]			0.078	
$R^2_{Level-2 交互作用效果}$[4]				0.057
Model Deviance	457.848	457.145	443.008	443.155

注：a 表示虚拟变量（男=1，女=0）；b 表示虚拟变量（已婚=1，未婚=0）；c 表示虚拟变量（生产/服务=1，其他=0）；d 表示虚拟变量（技术/研发=1，其他=0）；$eR^2_{Level-1} = (\sigma^2 \text{ of M1} - \sigma^2 \text{ of M2})/\sigma^2 \text{ of M1}$；$fR^2_{Level-2 截距式}[1] = (\tau_{00} \text{ of M2} - \tau_{00} \text{ of M3})/\tau_{00} \text{ of M2}$；$gR^2_{Level-2 交互作用效果} = (\tau_{11} \text{ of M3} - \tau_{11} \text{ of M4})/\tau_{11} \text{ of M3}$；*** 表示 $p<0.001$ 水平下显著；** 表示 $p<0.01$ 水平下显著；* 表示 $p<0.05$ 水平下显著；+ 表示 $p<0.1$ 水平下显著。所有系数为在稳健标准误 (Robust Standard Error) 下的固定效果的估计值（γ）

表5显示了采用HLM验证的领导成员交换、契约控制及其交互项对员工内部机会主义的跨层次回归分析结果。统计分析结果表明，领导成员交换的平方项对员工内部机会主义正向影响显著（$\beta=0.141$，$p<0.05$），说明领导成员交换对员工内部机会主义存在正"U"形影响，假设2得到验证；契约控制对员工内部机会主义负向影响显著（$\beta=-0.171$，$p<0.05$），假设4得到验证；领导成员交换与契约控制的交互效应显著，且回

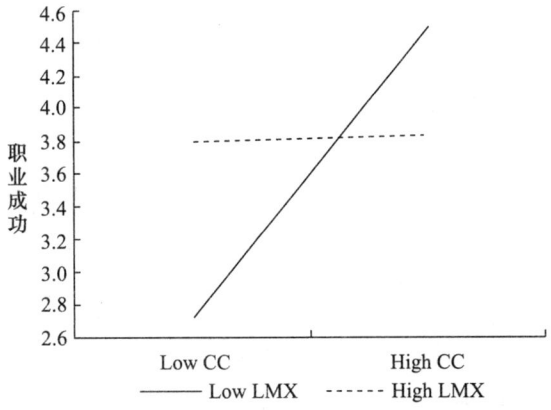

图 2　契约控制（CC）与领导成员交换（LMX）对员工职业成功的交互作用图

归系数为正（β=0.228，p<0.05），说明领导成员交换与契约控制的共同使用增加了员工实施机会主义的可能性，假设6得到验证。从图3中可以看到，随着领导成员交换关系质量由低到高，代表契约控制与内部机会主义之间的直线由较为陡峭（simple slope = -0.121，t = -5.771，p<0.05）变换到近似平行于横轴，斜率却为正的直线（simple slope = 0.047，t = 2.157，p<0.05），表示 LMX 较低时，契约控制对内部机会主义有"遏制"作用，LMX 较高时，契约控制对内部机会主义反而有"滋长"作用。

表 5　员工内部机会主义的 HLM 分析结果

变量	模型 1（M1） Null Model	模型 2（M2） Level-1 主效应	模型 3（M3） Level-2 主效应	模型 4（M4） Level-2 调节效应
截距项	2.878*** (0.063)	2.794*** (0.074)	2.664*** (0.089)	2.665*** (0.091)
Level-1 预测因子				
性别[a]		-0.116 (0.083)	-0.118 (0.085)	-0.114 (0.084)
年龄		0.060 (0.064)	0.053 (0.064)	0.045 (0.068)
教育水平		-0.048 (0.058)	-0.050 (0.058)	-0.053 (0.058)
婚姻[b]		0.413*** (0.083)	0.398*** (0.089)	0.388*** (0.091)
入团队期限		0.078* (0.038)	0.077* (0.038)	0.073* (0.038)
领导成员交换		-0.350** (0.071)	-0.357** (0.073)	-0.359** (0.073)
领导成员交换的平方项		0.141* (0.064)	0.148* (0.065)	0.131* (0.061)
Level-2 预测因子				
团队规模			-0.031 (0.019)	-0.031 (0.019)
团队成立时间			-0.066 (0.067)	-0.063 (0.067)
团队职能[a]			0.158 (0.139)	0.162 (0.139)
团队职能[b]			-0.251* (0.134)	-0.250* (0.134)

续表

变量	模型1（M1） Null Model	模型2（M2） Level-1 主效应	模型3（M3） Level-2 主效应	模型4（M4） Level-2 调节效应
契约控制			-0.171*（0.048）	-0.181*（0.049）
契约控制的平方项			-0.051（0.065）	-0.056（0.065）
交互项				
领导成员交换×契约控制				0.228*（0.106）
方差				
σ^2	0.430	0.335	0.334	0.334
τ_{00}	0.193***	0.185*	0.176*	0.171*
τ_{11}		0.095*	0.092*	0.087*
R^2	0.310			
$R^2_{Level-1}$ *		0.221		
$R^2_{Level-2}$ 截距式[1]			0.049	
$R^2_{Level-2}$ 交互作用效果[4]				0.054
Model Deviance	746.684	735.871	746.317	745.329

注：a 表示虚拟变量（男 =1，女 =0）；b 表示虚拟变量（已婚 =1，未婚 =0）；c 表示虚拟变量（生产/服务 =1，其他 =0）；d 表示虚拟变量（技术/研发 =1，其他 =0）；e $R^2_{Level-1}$ = (σ^2 of M1 - σ^2 of M2)/σ^2 of M1；f $R^2_{Level-2\,截距式}[1]$ = (τ_{00} of M2 - τ_{00} of M3)/τ_{00} of M2；g $R^2_{Level-2\,交互作用效果}$ = (τ_{11} of M3 - τ_{11} of M4)/τ_{11} of M3；*** 表示 $p<0.001$ 水平下显著；** 表示 $p<0.01$ 水平下显著；* 表示 $p<0.05$ 水平下显著；+ 表示 $p<0.1$ 水平下显著。所有系数为在稳健标准误（Robust Standard Error）下的固定效果的估计值（γ）

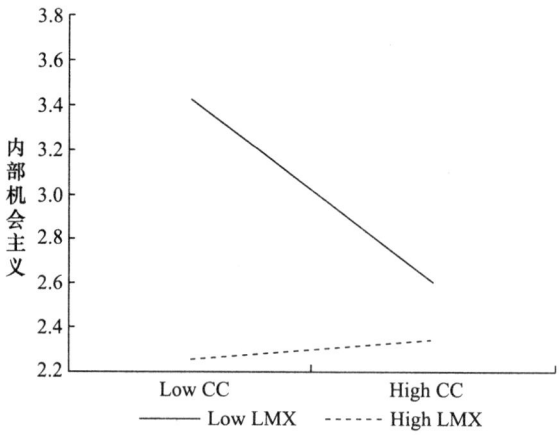

图3 契约控制（CC）与领导成员交换（LMX）对员工内部机会主义交互作用图

五、讨 论

1. "边界困境"

在职业发展过程中，员工为什么会抓住机会主动开始建立与上级的交换关系，甚至花精力讨好上级呢？很明显，领导成员交换理论认为，领导成员交换质量越高，员工就处于"圈内人"的有利地位，将获得更多正式系统内甚至超越正式系统的额外的帮助和支持，这种帮助和支持将成为员工职业成功的重要决定因素。然而，"圈内人"可能通过与领导者的私人情谊以及利用非公开的私人信息进行"寻租"，倾向于通过组织正式制度之外的其他渠道获取非常规利益，这又进一步强化了员工"寻租"的动机，而这种"寻租"往往体现为以牺牲其他员工的利益而寻求自我利益最大化，极大提高了员工内部机会主义的风险。而另一部分员工（"圈外人"），领导对待这部分员工往往是任务导向的，由于无法从领导那里获得足够的信任和关注，这部分员工往往缺乏职业发展所需的资源、信息和机会，从而阻碍了其职业发展。此时，这种不公平的现象传递了一种不良的信号，老实本分地干好自己的工作是会吃亏的，必须挖空心思地去逢迎和取悦领导，争取成为领导的"圈内人"，因为这直接关系到员工自身利益能否得到保障，而这进一步提高了员工内部机会主义发生的可能性。结果，这给组织带来了一个两难境界，组织必须在保障员工职业成功与有效防范员工内部机会主义行为之间保持均衡，学术界将其称为"边界困境"。

"边界困境"表明，在职业发展过程中，职业成功与内部机会主义是同时存在、共同发生的，脱离其中任何一方面的研究都是不完整的。然而，现有文献未曾将员工职业成功与内部机会主义统一在同一框架中研究，使得我们对如何解决上述边界困境问题找不到一个全面而又完善的理解。到底是机制的问题（契约控制）还是人（领导成员交换）的问题，这两个因素中到底哪一个因素更能有效解决员工职业发展过程中的"边界困境"问题？正是在这一问题的驱动下，我们提出，通过整合领导成员交换理论和交易成本理论，同时考虑领导成员交换和契约控制可能是解决上述"边界困境"问题的一个可行思路。总体来看，本研究的概念模型得到了统计数据的有效支持。

2. 领导成员交换与"边界困境"

本研究提出的假设1和假设2都获得了统计支持，分别描述了领导成员交换与员工职业成功、领导成员交换与员工内部机会主义之间的关系。假设1表明，领导成员交换质量越高，上下级关系越好，员工就越容易获得职业成功。领导成员交换理论认为，由于时间和精力有限，领导不可能对所有员工采取一视同仁的对待方式。相反，领导在工作中会采取不同的管理方式区别对待不同的员工，并与之建立其不同类型的交换关系（Linden 和 Maslyn，1998）。当员工与领导建立高质量交换关系时，领导会投入更多的时间和精力为他们配置更多的组织稀缺资源，给他们更多的晋升机会、更好的工作安排以及更多的工作报酬，帮助他们发挥工作潜力，从而直接或间接促进员工职业成功（Gerstnerand Day，1997）。而当员工与领导建立低质量交换关系时，由于无法从领导那里获得职业辅导和职业帮助，降低了员工职业满意度，从而阻碍了员工职业发展。

假设2表明，领导成员交换与员工内部机会主义呈现正"U"形非线性相关关系，即适度的领导成员交换会降低员工内部机会主义，而一旦领导成员交换水平超出一个特定的点，则员工内部机会主义又会增加。从这一点来说，领导成员交换可能存在"阴暗面"，过度的领导成员交换可能并不总能带来好的效果。尽管员工竭力主动与领导相互发展成"圈内人"的初衷可能是想从领导那里获得一定的权力和利益，但是其实施的效果却并不总是与员工的初衷相一致。当领导成员交换程度从低度发展到适度时，增强了领导与员工之间的人际互动能力，促使领导对员工产生好感，从而使员工有机会获得更多的职业发展利益（Wei、Chiang和Wu，2012）。相反，过度的领导成员交换，可能导致过度信任，使得领导不情愿对员工进行严格的监督和控制，增加了员工内部机会主义的识别和监控难度，从而为员工实施内部机会主义行为提供了更广阔的可行性空间。根据以上讨论，综合假设1和假设2的研究结论，我们提出，在员工职业发展过程中，必须考虑领导成员交换的负面影响，领导成员交换需要适度，虽然领导成员交换有助于促进员工职业成功，但是过度的领导成员交换，可能导致过度信任，提高了员工实施内部机会主义的可能性。

3. 契约控制与"边界困境"

假设3和假设4分别描述了契约控制与员工职业成功、契约控制与员工内部机会主义之间的关系。从实证检验结果来看，假设3和假设4都获得了统计检验的支持。假设3表明，契约控制与员工职业成功呈现倒"U"形非线性相关关系，即适度的契约控制会促进员工职业成功，然而，到达一个特定的点后，契约控制的增加却会阻碍员工职业成功。当契约控制程度从低度发展到适度时，通过详尽的契约对员工的权利、责任和义务进行界定，明确和规制了员工什么该做什么不该做，为员工职业发展指明了具体方向，降低了未来职业发展过程中的不确定性，带来更多的透明度，从而避免由于没有事先约定而造成员工间的冲突和矛盾（Pan和Tse，2000）。相反，过度的契约控制，不仅会被员工视为对其不信任的表现，容易造成员工的反感，还增加了契约的签订成本和监督成本，降低契约控制的有效性，从而可能对员工职业成功造成负面影响。

与假设3中的非线性关系不同，假设4表明，契约控制与员工内部机会主义呈现负相关关系。从这一点来说，过于简单的契约由于没有明确界定和规制未来可能事件的应对措施，增加了契约执行或者契约执行条款的不确定性，可能难以有效抑制员工内部机会主义行为。而更为详尽的契约则会在更大程度上阻止员工内部机会主义行为，主要原因在于一旦员工在职业发展过程中实施内部机会主义行为，组织将会按照事先约定的正式契约中有关监控和惩罚的条款限制和约束员工行为，降低员工短期利益行为以及未来职业发展过程中的各种不确定性，从而减少了员工内部机会主义的威胁。根据以上讨论，综合假设3和假设4的研究结论，我们提出，在员工职业发展过程中，需要足够重视契约控制的"阴暗面"，虽然详尽的契约有助于防范员工内部机会主义行为，但是过度的契约控制降低了员工职业满意度，更有可能造成由员工不信任招致或引发的再次不信任的恶性循环。

4. 领导成员交换与契约控制对边界困境的交互作用

本研究提出的假设 5 和假设 6 分别探讨了领导成员交换与契约控制的共同使用对员工职业成功和内部机会主义的影响。从实证结果来看，假设 5 和假设 6 均获得了统计检验的支持，证明了领导成员交换与契约控制之间存在相互替代关系：领导成员交换与契约控制的共同使用阻碍了员工职业成功而增加了员工内部机会主义。根据这一观点，领导成员交换使得契约控制变得多余，而过度的契约控制对领导成员交换也同样是有害的。当领导成员交换不存在或者程度很低时，如果员工仍然想尽一切办法刻意主动与领导建立关系而获得"圈内人"身份，领导可能会将其行为看成是刻意的"谄媚"、"阿谀奉承"，这不但不会给员工带来好处，反而会弄巧成拙，产生一系列的负面影响，如导致领导反感、质疑其人品，从而不愿给予员工更多的职业发展机会。这样，领导可能会更加重视严格的契约控制，对员工职业发展观念进行引导和规范，按照事先约定的惩罚条款对员工内部机会主义行为进行惩罚，从而在低度领导成员交换或者不存在领导成员交换时促进员工职业成功并降低职业发展过程中的员工内部机会主义。

然而，在应对环境和其他方面变化的过程中，契约控制不具备足够的柔性和适应性，因而，完全依赖严格的契约控制，极大提高了契约执行的监督成本以及契约重新谈判和签订成本，从而降低了正式契约的有效性。与正式契约的"硬"约定不同，基于社会关系的社会控制更富有成本优势和柔性的特点，能够根据外界环境的变化自动调整员工行为，是更为有效的控制方式。在中国社会的组织情境中，领导成员交换扮演着非常重要的角色，是形成连接员工与领导间关系的"软"性约定。因此，随着领导成员交换的建立与不断深化，员工间沟通和交流得到显著加强，促使领导为员工职业发展投入更多的时间和精力，并抑制员工内部机会主义行为。此时，随着员工信任的形成，降低了对详尽契约条款的依赖，使得严格的契约控制变得多余。此外，严格的契约控制可能损害领导成员交换的发展，强调在没有正式契约的控制和监督的情况下，员工是不可信赖的，这可能会导致员工更多的不信任，从而阻碍领导成员交换的进一步发展。根据以上讨论，综合假设 5 和假设 6 的研究结论，我们提出，在员工职业发展过程中，在低度领导成员交换或者不存在领导成员交换时，应重视契约控制作用，而随着领导成员交换形成和发展，契约控制可能是多余的甚至会产生负面影响。比如，结合契约控制与领导成员交换的交互作用图（见图 2 和图 3），随着领导成员交换程度由低到高，契约控制对员工职业成功的正向作用就越弱，而对员工内部机会主义却有"滋长"作用。更进一步地，我们认为，"软硬兼施"（"软"性的领导成员交换与"硬"性的契约控制的共同使用）不利于解决员工职业发展过程中"边境困境"问题，因为领导成员交换与契约控制在解决前述的"边界困境"问题中存在明显的替代作用。

六、理 论 意 义

本研究从以下几个方面对现有文献的不足产生贡献：

（1）将机会主义从组织层次研究向个体层次研究推进。交易成本理论认为，组织是自私的，当他们有机会实施机会主义且这种行为是有利可图的，组织就会实施机会主义以使自身利益最大化（Williamson，1985），因而，组织间的机会主义得到了广泛证实（Khanna、Gulati 和 Nohria，1998；Dickson、Weaver 和 Hoy，2006；Hawkins、Wittmann 和 Beyerlein，2008）。与此同时，根据 Williamson（1975）的观点，员工内部机会主义可以通过层级措施（Hierarchical Actions）予以遏制，比如监督和命令。然而，本研究表明，员工内部机会主义是普遍存在的，与以往为数不多的研究相一致，例如 Ghoshal 和 Moran（1996）认为，内部机会主义对个体来说是非常重要的概念，特别是对于帮助我们理解员工行为具有重要参考价值。因此，有必要将机会主义与个体的研究结合起来，在此号召下，个体层面上的机会主义的前因和结果的研究越来越受到重视，员工内部机会主义正成为理解个体行为的新兴视角（Baker 等，1994；Moschandreas，1997）。尽管越来越多研究开始关注如何降低员工内部机会主义行为（Murtha 等，2011），但还未有研究从职业发展过程的角度考察如何解决"边界困境"问题。正基于此，我们的研究提供了中国文化背景下个体层面的内部机会主义的证据，丰富了现有大多集中在西方对于个体层面的内部机会主义研究，深化了员工内部机会主义的研究，拓宽了机会主义的研究领域，填补了以往员工内部机会主义研究的空白，这些努力对于更深刻地理解如何解决职业发展过程中的"边界困境"问题形成了积极贡献。

（2）对交易成本理论与领导成员交换理论的发展。交易成本理论强调以契约为基础的正式控制，倡导建立尽可能完备的契约，明确界定员工的权利、责任和义务以及遵守契约的激励条款与违背契约的处罚条款，从而限制和约束员工行为。本研究发现契约控制有助于降低员工内部机会主义行为，此时，这与交易成本理论强调正式的契约作用相一致，然而，契约控制与职业成功之间并不是简单的线性关系，即适度的契约控制有益于促进员工职业成功，而过度的契约控制对员工职业成功有负向影响。因此，我们的研究表明契约控制在职业发展过程中起着重要作用，是与员工职业成功和内部机会主义相互关联的，契约控制对于员工职业成功和内部机会主义的影响是需要辨析和区分契约的详尽程度，才能够更清晰地解释以上联系。这不仅验证了先前有关契约控制与员工内部机会主义关系的研究结论，还拓展了我们对契约控制在员工职业发展过程中应有作用的理解。类似地，根据领导成员交换理论，通过改善与领导的互动，成为领导的"圈内人"，员工获得了更多的信息、资源和权利，从而实现职业发展。然而，在中国这种权利距离大的背景下，随着领导成员交换程度不断提高，领导将会"不情愿"监督员工行为，这为员工实施内部机会主义可能提供了更大的便利。本研究揭示了领导成员交换具有"阴暗面",这对先前文献普遍持有的观点"领导成员交换总具有积极作用"提出了挑战,有助于更加深刻地认识领导成员交换在员工职业发展过程中的实际作用。

(3) 揭示"软硬兼施"具有"阴暗面"。我们将偏重于"软"性的领导成员交换与"硬"性的契约控制共同引入员工职业发展过程中"边界困境"的研究,这在以往研究中是没有的,与现有关于领导成员交换和契约控制文献相比,我们的研究无疑是引人入胜也是全新的研究架构。最后得到的结果也是饶有趣味的,正如我们的研究中所证明的那样,"软"性的领导成员交换与"硬"性的契约控制共同使用降低了员工职业成功而增加了员工内部机会主义,即"软硬兼施"在员工职业发展过程中具有明显的替代作用,无法有效解决前述的"边界困境"问题。更进一步地,我们认为,这种替代关系同时表明,在高度领导成员交换情况下,如果组织依然强调"硬"性的正式契约,员工可能认为这本身就是一种不信任行为,结果可能适得其反:导致更少的职业成功,并对内部机会主义有"滋长"作用。正因如此,当组织所处环境的不确定性较大时,注重发展和培养"软"性的领导成员交换,可能更有益于解决员工职业发展过程中的"边界困境"问题。相反,在低度领导成员交换或不存在领导成员交换的情况下,领导和员工之间还没有建立良好的信任关系,此时,正式的契约凭借明确规定员工的期望、责任及角色要求,促使员工明晰职责以及未来方案执行中所需完成任务和职责,这不仅可以有效规避员工间冲突,还能够很好地使员工更多地关注目标的实现和任务的完成,从而促进员工职业成功,也能够作为某种程度上实施内部机会主义就会得到一定惩罚的保护机制。但是我们的研究表明,在不同的具体关系背景下需要重新判断并给出新的思考,在组织所处环境总是变动并难以准确预知的背景下,正式契约的"硬"约定由于缺乏足够的灵活性,详尽的条款就显得过分呆板,从而减少了契约控制的有效性。这些研究发现不仅填补了现有文献缺乏对"软"性的领导成员交换与"硬"性的契约控制交换效应研究的空白,还为组织选择恰当的注重"人"的互动(领导成员交换)及控制机制(契约控制)以解决员工职业发展过程中的"边界困境"问题提供了有益的理论指导。

七、实践启示

本研究获得的一些新颖结论,为员工职业发展过程中"边界困境"问题的解决提供了新思路,具有一定的实践意义,主要表现在以下几方面。

(1) 本文关于领导成员交换对于员工职业成功具有促进作用的研究结论表明,员工应该有意识从"圈外人"走向"圈内人"。由于领导掌握了组织中大量稀缺的信息、资源和权力,尤其在中国这种权力距离大的背景下,领导在组织中的中心性更加突出。事实上,中国领导普遍具有人治主义和偏私主义的倾向,出于人情往来及彼此间的互惠互利,领导更偏向于去提拔与自己私交密切的员工，因而，能否成为领导的"圈内人"直接关系到员工自身利益是否得到保障。从这一点来说，领导者会根据与员工的"关系"来划分"圈内"和"圈外"，形成以自我为中心的"差序格局"的关系圈。此外，领导成员交换理论认为，员工与领导的交换关系决定着员工在组织中的命运。因此，员工为了获得更高的职业产出，应主动开始与领导建立"关系"，提高与领导的交换质量，从"圈外人"走向"圈内人"。然而，本研究提出领导成员交换在员工职业发展过程中具有"阴暗面"，过度的领导成员交换可能导致过度信任，破坏了组织中的制度化，使整个组织陷入紧张竞争和相互嫉妒的氛围，助长员工实施内部机会主义的"气焰"，并通过实证研究证明了这种推测。这表明组织和领导者在管理实践中，需要注意尽量与员工保持基本一致的距离，不能过于亲密。

（2）契约控制对员工内部机会主义有显著的负向影响的研究结论表明，在员工职业发展过程中，需要加强组织制度化建设，通过正式契约遏制"员工内部机会主义英雄"的死穴。该结果对组织和领导者在培训和管理运作方面有所启示，在入职前与员工订立详尽的契约条款，通过系统的培训使得员工对签订的各种契约条款有所了解，并在工作过程中通过援引这些条款来抑制员工内部机会主义行为。然而，本研究揭示了契约控制在员工职业发展过程中也具有"阴暗面"，太过严格的契约控制，一方面由于过度监督员工行为而引起员工不满、厌恶、不信任；另一方面显著增加了契约的签订成本、谈判成本和监督成本，降低了契约的有效性和契约条款执行的有效性，因而，过度契约控制不利于员工职业发展，反而会阻碍员工职业成功。从这一点来说，该研究结果提示组织和领导者在管理实践中，不能一味地追求组织制度化建设，"硬"性地约定员工该做什么、不该做什么，而应在重视契约的有效性和契约执行条款的有效性的前提下，更多关注"软"性的"关系"规制和约束，比如考虑领导成员交换质量等。

（3）在促进员工职业成功并防范员工内部机会主义的过程中，领导成员交换的发展与正式契约的签订对员工职业发展过程中"边界困境"问题的解决都起着重要作用。然而，我们揭示了"软硬兼施"在员工职业发展过程中具有"阴暗面"，即"软"性的领导成员交换与"硬"性的契约控制共同使用，不仅会降低员工职业成功，还导致更多的员工内部机会主义威胁。事实上，任何组织内都必须存在最低程度的领导成员交换和最低程度的契约控制，没有一定程度的领导成员交换，员工就无法获得更多正式系统内和正式系统外的支持，从而不利于员工职业发展，而没有一定程度的契约控制，组织就会遭遇员工内部机会主义威胁。然而，过度的领导成员交换和过度的契约控制都无法解决员工职业发展过程中的"边界困境"问题。相比而言，适度的领导成员交换和适度的契约控制不仅弥补了各自的缺陷，还会在员工最大化获得职业成功的同时有效防范员工内部机会主义行为，有效地解决前述的"边界困境"问题。这提示组织和领导者在管理实践中，不仅需要投入适当的时间、精力和资源去发展与员工的人际互动，同时还应克制其发展程度，尤其需要注意尽量与员工保持基本一致的距离，还需签订相对详尽的契约来规制和约束员工内部机会主义行为，特别需要给正式契约留有足够的空间以应对未来组织环境变化的需要。

八、研究局限和未来研究展望

首先，作为一个创新性研究，本研究虽然得到一些有意义的发现，但是依然存在一些局限性和值得深入研究的地方。首先，就正如江旭（2008）指出的那样，需要更为深入地探讨和研究"边界困境"的内涵、产生机理和实施效果，深入挖掘"边界困境"涉及的变量，从而才能更为有效地解决"边界困境"问题。然而，本研究只是简单指出了在员工职业发展过程中存在"边界困境"这一现象，并给出了一种解决思路，但是我们并不清楚员工职业发展过程中"边界困境"的具体内涵、产生机理和可能带来的后果，有待未来的研究深入探讨。此外，在本研究中契约控制仅是契约的设计和执行归纳，是一维结构。然而，Luo（2002）认为契约不是一维的，一个完全的契约包括条款的特异性（Term Specificity）和未来事件的适应性（Contingency Adaptability）。两种类型的契约控制对员工职业发展过程中的"边界困境"各自有什么影响，是否存在差异，本研究无法回答，未来研究可以考虑对契约控制的多维性进行分析，并在实证研究中对此进行分类，以便更为确切地掌握契约控制的内涵及其在员工职业发展过程中所起的作用。

其次，由于采用横截面研究设计，本研究只能依据领导成员交换理论和交易成本理论，选择了个体层次领导成员交换和团队层次契约控制作为自变量，而员工职业成功和内部机会主义作为因变量，构建了一个整合模型。然而，逆向因果关系也有可能存在，比如员工职业越成功或者越机会主义，就越想获得更多的授权、信息和资源，则更有可能成为"圈内人"，从而进一步改善领导成员交换关系质量，即员工职业成功或内部机会主义也有可能影响领导成员交换。显然，这对揭示变量间的因果关系略显不够，未来研究应采用纵向研究设计，可以考虑在多个时间点对多个变量进行同时测量，然后考察这些变量的变化和变量间的影响关系（Polyhart 和 Vandenberg, 2010）。

再次，本研究只是针对具有良好合作关系的 13 家大型制造业集团进行的测试，可能会产生一些与不同行业间不同的结论。因而，未来不可避免需要将我们的研究发现推广到更为广阔的领域。此外，本研究聚焦于探索领导成员交换和契约控制对员工职业发展过程中"边界困境"的影响及其交互效应，但未考虑其内在作用机制。依据 Muller、Judd 和 Yzerbyt（2005）的观点，探索中介效应有助于了解关系形成的过程及其干预机制，因而，未来的研究需进一步从理论上挖掘合适的中介变量，以期更深入研究员工职业发展过程中的"边界困境"，揭开员工职业发展过程中产生"边界困境"的"黑箱"。

最后，我们将"软"性的领导成员交换和"硬"性的契约控制引入员工职业发展过程中"边界困境"的分析框架，为"边界困境"研究开辟了新的方向，但是，在组织管理实践中还有许多"软"性人的因素（如面子）和"硬"性机制的因素（如专用性资产投资），因而，未来研究还有很多工作需要深入。此外，本研究的数据采集主要依赖于自陈式问卷调查，尽管研究者在问卷与统计中进行了一定的处理，但仍难以避免同源方差的问题。这会使变量间的关系放大。因此，未来研究可采用包含主管、同事与员工自评不同来源的评比方式，或者采用准实验或现场实验研究。

参考文献

[1] Aiken L. S. and S. G. West. Multiple Regression: Testing and Interpreting Interactions [M]. Newbury Park, CA: Sage, 1991.

[2] Akaike H. Factor Analysis and AIC [J]. Psychometrika, 1985, 52 (3): 317 – 332.

[3] Antia K. D. and G. L. Frazier. The Severity of Contract Enforcement in Interfirm Channel Relationships [J]. Journal of Marketing, 2001, 65 (4): 67 – 81.

[4] Baker G., R. Gibbons and K. J. Murphy. Subjective Performance Measures in Optimal Incentive Contracts [J]. Quarterly Journal of Economics, 1994, 109 (4): 1125 – 1156.

[5] Barney J. and R. Griffin. The Management of Organizations: Strategy, Structure and Behavior [M]. Houghton Mifflin, 1992.

[6] Bass B. M. and R. M. Stogdill. Bass and Stogdill's Handbook of Leadership: Theory, Research and Managerial Applications (3rd ed.) [M]. Free Press, 1990.

[7] Baum J. R., E. A. Lock and K. G. Smith. A Multidimensional Model of Venture Growth [J]. Academy of Management Journal, 2001, 44 (2): 292 – 304.

[8] Bentler P. M. Comparative Fit Indexes in Structural Models [J]. Psychological Bulletin, 1990, 107 (2): 238 – 246.

[9] Bolino M. C. and W. H. Turnley. Relative Deprivation among Employees in Lower – quality Leader – member Exchange Relationships [J]. Leadership Quarterly, 2009, 20 (3): 276 – 286.

[10] Bozionelos N. Mentoring and Expressive Network Resources: Their Relationship with Career Success and Emotional Exhaustion among Hellenes Employees Involved in Emotion Work [J]. International Journal of Human Resource Management, 2006, 17 (2): 362 – 378.

[11] Bradach J. L. and R. G. Eccles. Price, Authority and Trust: From Ideal Types to Plural Forms [J]. Annual Review of Sociology, 1989 (15): 97 – 118.

[12] Brass D. J. and M. E. Burkhardt. Potential Power and Power Use: An Investigation of Structure and Behavior [J]. Academy of Management Journal, 1993, 36 (3): 441 – 470.

[13] Breland J. W., D. C. Tread way, A. B. Duke and G. L. Adams. The Interactive Effect of Leader – member Exchange and Political Skill on Subjective Career Success [J]. Journal of Leadership and Organizational Studies, 2007 (13): 1 – 14.

[14] Bryk A. S. and S. W. Raudenbush. Hierarchical Linear Models: Applications and Data Analysis Methods [M]. Sage Publication, 1992.

[15] Cheng B. S., L. F. Chou, T. Y. Wu, M. P. Huang and J. L. Farh. Paternalistic Leadership and Subordinate Responses: Establishing a Leadership Model in Chinese Organizations [J]. Asian Journal of Social Psychology, 2004, 7 (1): 89 – 117.

[16] Crowne D. P. and D. Marlowe. The Approval Motive: Studies in Evaluative Dependence [M]. New York: Wiley, 1964.

[17] Currall S. C. and T. A. Judge. Measuring Trust between Organizational Boundary Role Persons [J]. Organizational Behavior and Human Decision Processes, 1995, 64 (2): 151 – 170.

[18] Davis W. D. and W. L. Gardner. Perception of Politics and Organizational Cynicism: An Attributional and Leader – member Exchange Perspective [J]. Leadership Quarterly, 2004, 15 (4): 439 – 465.

[19] DeConinck J. B. The Effects of Ethical Climate on Organizational Identification, Supervisory Trust and Turnover among Salespeople [J]. Journal of Business Research, 2011, 64 (6): 617 – 624.

[20] Dickson P. H., K. M. Weaver and F. Hoy. Opportunism in the R&D Alliances of SMES: The Roles of the Institutional Environment and SME Size [J]. Journal of Business Venturing, 2006, 21 (4): 487 – 513.

[21] Dienesch R. M. and R. C. Liden. Leader – Member Exchange Model of Leadership: A Critique andfurther Development [J]. Academy of Management Review, 1986, 11 (3): 618 – 634.

[22] Dyer J. H. and H. Singh. The Relational View: Cooperative Strategy and Sources of Inter Organizational Competitive Advantage [J]. Academy of Management Review, 1998, 23 (4): 660 – 679.

[23] Eby L. T., M. Butts and A. Lockwood. Predictors of Success in the Era of the Boundaryless Career [J]. Journal of Organizational Behavior, 2003, 24 (6): 689 – 708.

[24] Eisenhardt K. M. and C. B. Schoonhoven. Resource – based View of Strategic Alliance Formation: Strategic and Social Effects in Entrepreneurial Firms [J]. Organization Science, 1996 (7): 136 – 150.

[25] Faulkner D. O. Trust and Control: Opposing or Complementary Functions [M]. Oxford University Press, 2000.

[26] Fei X. T. From the Soil: The Foundations of Chinese Society [M]. University of California Press, 1992.

[27] Ferris G. R. and T. A. Judge. Personnel/Human Resources Management: A Political Influence Perspective [J]. Journal of Management, 1991, 17 (2): 447 – 488.

[28] Gerstner C. R. and D. V. Day. Meta – analytic Review of Leader Member Exchange Theory: Correlates and Construct Issues [J]. Journal of Applied Psychology, 1997, 82 (6): 827 – 844.

[29] Ghoshal S. and P. Moran. Bad for Practice: A Critique of the Transaction Cost Theory [J]. Academy of Management Review, 1996, 21 (1): 13 – 47.

[30] Gibbons R. Incentives in Organizations [J]. Journal of Economic Perspectives, 1998, 12 (4): 115 – 132.

[31] Graen G. B. and J. F. Cashman. A Role Making Model in Formal Organizations: A Developmental Approach [M]. Kent State University Press, 1975.

[32] Graen G. B., R. C. Liden and W. Hoel. Role of Leadership in the Employee Withdrawal Process [J]. Journal of Applied Psychology, 1982, 67: 868 – 872.

[33] Graen G. B., M. A. Novak and P. Sommerkamp. The Effects of Leader – member Exchange and Job Design on Productivity and Satisfaction: Testing a Dual Attachment Model [J]. Organizational Behavior and Human Performance, 1982, 30 (1): 109 – 131.

[34] Graen G. B. and T. A. Scandura. Toward a Psychology of Dyadic Organizing [J]. Research in Organizational Behavior, 1987 (9): 175 – 208.

[35] Graen G. B. and M. Uhl – bien. Relationship – based Approach to Leadership: Development of Leader – member Exchange (LMX) Theory of Leadership over 25 Years: Applying a Multi – level Multi – domain

Perspective [J]. Leadership Quarterly, 1995 (6): 219 - 247.

[36] Greenhaus J. H. , S. Parasuraman and W. M. Wormley. Effects of Race on Organizational Experiences, Job Performance Evaluations, and Career Outcomes [J]. Academy of Management Journal, 1990, 33 (1): 64 - 86.

[37] Green S. G. , S. E. Anderson and S. L. Shivers. Demographic and Organizational Influences on Leader - member Exchange and Related Work Attitudes [J]. Organizational Behavior and Human Decision Processes, 1996, 66 (2): 203 - 214.

[38] Gulati R. Does Familiarity Breed Trust? The Implications of Repeated Ties for Contractual Choice in Alliances [J]. Academy of Management Journal, 1995, 38 (1): 85 - 112.

[39] Han G. H. Trust and Career Satisfaction: The Role of LMX [J]. Career Development International, 2010, 15 (5): 437 - 458.

[40] Hawkins T. G. , C. M. Wittmann and M. M. Beyerlein. Antecedents and Consequences of Opportunism in Buyer - supplier Relations: Research Synthesis and New Frontiers [J]. Industrial Marketing Management, 2008, 37 (8): 895 - 909.

[41] Hofmann D. A. and M. B. Gavin. Centering Decisions in Hierarchical Linear Models: Implications for Research in Organizations [J]. Journal of Management, 1998, 24 (5): 623 - 641.

[42] Hofstede G. H. Culture's Consequences [M]. Newbury Park, CA: Sage, 1980.

[43] Houston M. B. and S. A. Johnson. Buyer - supplier Contracts Versus Joint Ventures: Determinants and Consequences of Transaction Structure [J]. Journal of Marketing Research, 2000, 37 (1): 1 - 15.

[44] Hu L. and P. M. Bentler. Cutoff Criteria for Fit Indices in Covariance Structure Analysis: Conventional Criteria Versus New Alternatives [J]. Structure Equation Modeling, 1999 (6): 1 - 55.

[45] Ilies R. , J. D. Nahrgang and F. P. morgeson. Leader - member Exchange and Citizenship Behaviors: A Meta - analysis [J]. Journal of Applied Psychology, 2007, 92 (1): 269 - 277.

[46] Janssen O. and N. W. Van Yperen. Employees' Goal Orientations, the Quality of Leader - member Exchange and the Outcomes of Job Performance and Job Satisfaction [J]. Academy of Management Journal, 2004, 47 (3): 368 - 384.

[47] Jap S. D. and S. Ganesan. Control Mechanisms and the Relationship Life Cycle: Implications for Safeguarding Specific Investments and Developing Commitment [J]. Journal of Marketing Research, 2000, 37 (2): 227 - 245.

[48] Jarillo J. C. On Strategic Networks [J]. Strategic Management Journal, 1988, 9 (1): 31 - 41.

[49] Jeffries F. L. and R. Reed. Trust and Adaptation in Relational Contracting [J]. Academy of Management Review, 2000, 25 (4): 873 - 882.

[50] John G. An Empirical Investigation of Some Antecedents of Opportunism in A Marketing Channel [J]. Journal of Marketing Research, 1984, 21 (3): 278 - 289.

[51] Khanna T. , R. Gulati and N. Nohria. The Dynamics of Learning Alliances: Competition, Cooperation and Relative Scope [J]. Strategic Management Journal, 1998, 19 (3): 193 - 210.

[52] Kilduff M. and D. Krackhardt. Bringing the Individual Back in: A Structural Analysis of the Internal Marketfor Reputation in Organizations [J]. Academy of Management Journal, 1994, 37 (1): 87 - 108.

[53] Kipnis D. , S. M. Schmidt and I. Wilkinson. Intraorganizational Influence Tactics: Explorations in Get-

ting One's Way [J]. Journal of Applied Psychology, 1980, 65 (4): 440 - 452.

[54] Kraimer M. L., S. E. Seibert, S. J. Wayne, R. C. Lidenand J. Bravo. Antecedents and Outcomes of Organizational Support for Development: The Critical Role of Career Opportunities [J]. Journal of Applied Psychology, 2011, 96 (3): 485 - 500.

[55] Law K. S., C. S. Wong, D. X. Wang and L. H. Wang. Effect of Supervisor - subordinate Guanxi on Supervisory Decisions in China: An Empirical Investigation [J]. International Journal of Human Resource Management, 2000, 11 (4): 715 - 730.

[56] Lee, T. and T. Mitchell. An Alternative Approach: The Unfolding Model of Voluntary Employee Turnover [J]. Academy of Management Review, 1994, 19 (1): 51 - 89.

[57] Lewicki R. J., D. J. Mcallister and R. J. Bies. Trust and Distrust: New Relationships and Realities [J]. Academy of Management Review, 1998, 23 (3): 438 - 458.

[58] Lian H., D. L. Ferris and D. J. Brown. Does Taking the Good with the Bad Make Things Worse? How Abusive Supervision and Leader - member Exchange Interact to Impact Need Satisfaction and Organizational Deviance [J]. Organizational Behavior and Human Decision Processes, 2012, 117 (1): 41 - 52.

[59] Liden R. C. and J. M. Maslyn. Multidimensionality of Leader - member Exchange: An Empirical Assessment through Scale Development [J]. Journal of Management, 1998, 24 (1): 43 - 72.

[60] Liden R. C., B. Erdogan S. J. Wayne and R. T. Sparrowe. Leader - member Exchange, Differentiation and Task Interdependence: Implications for Individual and Group Performance [J]. Journal of Organizational Behavior, 2006, 27 (6): 723 - 746.

[61] Lien B. Y. H. Gender, Power and Office Politics [J]. Human Resource Development International, 2005, 8 (3): 293 - 309.

[62] Locke E. A. and G. P. Latham. Building a Practically Useful Theory of Goal Setting and Task Motivation [J]. American Psychologist, 2002, 57 (9): 705 - 717.

[63] Lui S. S. and H. Ngo. The Role of Trust and Contractual Safeguards on Cooperation in Non - equity Alliances [J]. Journal of Management, 2004, 30 (4): 471 - 485.

[64] Luo Y. Contract, Cooperation and Performance in International Joint Ventures [J]. Strategic Management Journal, 2002, 23 (10): 903 - 919.

[65] Luo Y. Are Joint Venture Partners More Opportunistic in a More Volatile Environment [J]. Strategic Management Journal, 2007, 28 (1): 39 - 60.

[66] Morrison E. W. and F. J. Milliken. Organizational Silence: A Barrier to Change and Development in a Pluralistic World [J]. Academy of Management Review, 2000, 25 (4): 706 - 725.

[67] Moschandreas M. The Role of Opportunism in Transaction Cost Economics [J]. Journal of Economic Issues, 1997, 31 (1): 39 - 57.

[68] Muller D., C. M. Judd and Y. V. Yzerbyt. When Moderation is Mediated and Mediation is Moderated [J]. Journal of Personality and Social Psychology, 2005, 89 (6): 852 - 863.

[69] Murtha B. R., G. Challagalla and A. K. Kohli. The Threat from within: Account Managers' Concern about Opportunism by Their Own Team Members [J]. Management Science, 2011, 57 (9): 1580 - 1593.

[70] Muthusamy S. K. and M. A. White. Learning and Knowledge Transfer in Strategic Alliances: A Social Exchange View [J]. Organization Studies, 2005, 26 (3): 415 - 441.

[71] Nooteboom B. Trust: Forms, Foundations, Functions, Failures and Figures [M]. Edward Elgar Publishing, 2002.

[72] Pan Y. G. and D. K. Tse. The Hierarchical Model of Market Entry Modes [J]. Journal of International Business Studies, 2000, 31 (4): 535 – 554.

[73] Peng M. W. and P. S. Heath. The Growth of the Firm in Planned Economies in Transition: Institutions, Organizations and Strategic Choice [J]. Academy of Management Review, 1996, 21 (2): 492 – 528.

[74] Pfeffer J. Competitive Advantage through People [M]. Harvard Business School Press, 1994.

[75] Polyhart R. E. and R. J. Vandenberg. Longitudinal Research: The Theory, Design and Analysis of Change [J]. Journal of Management, 2010, 36 (1): 94 – 120.

[76] Poppo L. and T. Zenger. Do Formal Contracts and Relational Governance Function as Substitutes or Complements [J]. Strategic Management Journal, 2002, 23 (5): 707 – 725.

[77] Quintas P., P. Lefrere and G. Jones. Knowledge Management: A Strategic Agenda [J]. Long Range Planning, 1997, 30 (3): 385 – 391.

[78] Restuboga S. L. D., P. Bordiaa and S. Bordia. Investigating the Role of Psychological Contract Breach on Career Success: Convergent Evidence from Two Longitudinal Studies [J]. Journal of Vocational Behavior, 2011, 79 (2): 428 – 437.

[79] Robinson S. L. and E. W. Morrison. The Development of Psychological Contract Breach and Violation: A Longitudinal Study [J]. Journal of Organizational Behavior, 2000, 21 (5): 525 – 546.

[80] Scandura T. A. Rethinking Leader – member Exchange: An Organizational Justice Perspective [J]. Leadership Quarterly, 1999, 10 (1): 25 – 40.

[81] Schriesheim C. A., L. L. Neider and T. A. Scandura. Delegation and Leader – member Exchange: Main Effects, Moderators and Measurement Issues [J]. Academy of Management Journal, 1998, 41 (3): 298 – 318.

[82] Schumacker R. E. and R. G. Lomax. A Beginner's Guider to Structural Equation Modeling [M]. Lawrence Erlbaum Associates, 1996.

[83] Seibert S. E., Kraimer M. L. and R. C. Liden. A Social Capital Theory of Career Success [J]. Academy of Management Journal, 2001, 44 (2): 219 – 237.

[84] Smith K. G. and M. A. Hitt. Great Minds in Management: The Process of Theory Development [M]. Oxford University Press, 2005.

[85] Sparrowe R. T. and R. C. Liden. Process and Structure in Leader – member Exchange [J]. Academy of Management Review, 1997, 22 (2): 522 – 552.

[86] Sparrowe R. T. and R. C. Liden. Two Routes to Influence: Integrating Leader – member Exchange and Social Network Perspectives [J]. Administrative Science Quarterly, 2005, 50 (4): 505 – 535.

[87] Spreitzer G. M. Social Structural Characteristics of Psychological Empowerment [J]. Academy of Management Journal, 1996, 39 (2): 483 – 504.

[88] Tsui A. S., S. J. Ashford L. S. Clair and K. R. Xin. Dealing with Discrepant Expectations: Response Strategies and Managerial Effectiveness [J]. Academy of Management Journal, 1995, 38 (6): 1515 – 1543.

[89] Uhl – bien M., G. Graen and T. Scandura. Implications of Leader – member Exchange (LMX) for Strategic Human Resource Management Systems: Relationships as Social Capital for Competitive Advantage [M].

JAI Press, 2000.

[90] Wang H., K. S. Law, R. D. Hackett, D. X. Wang and Z. X. Chen. Leader – member Exchange as a Mediator of the Relationship between Transformational Leadership and Followers' Performance and Organizational Citizenship Behavior [J]. Academy of Management Journal, 2005, 48 (3): 420 – 432.

[91] Wat D. and M. A. Shaffer. Equity and Relationship Quality Influences on Organizational Citizenship Behaviors: The Mediating Role of Trust in the Supervisor and Empowerment [J]. Personnel Review, 2005, 34 (4): 406 – 512.

[92] Wayne S. J., R. C. Liden, M. L. Kraimer and I. K. Graf. The Role of Human Capital, Motivation and Supervisor Sponsorship in Predicting Career Success [J]. Journal of Organizational Behavior, 1999, 20 (5): 577 – 595.

[93] Wei L. Q., F. F. T. Chiang and L. Z. Wu. Developing and Utilizing Network Resources: Roles of Political Skill [J]. Journal of Management Studies, 2012, 49 (2): 381 – 402.

[94] Williamson O. E. Markets and Hierarchies: Analysis and Antitrust Implications [M]. Free Press, 1975.

[95] Williamson O. E. The Economic Institutions of Capitalism [M]. Free Press, 1985.

[96] Woolthuis R. K., B. Hillebrand and B. Nooteboom. Trust, Contract and Relationship Development [J]. Organization Studies, 2005, 26 (6): 813 – 840.

[97] Wuyts S. and I. Geyskens. The Formation of Buyer – supplier Relationships: Detailed Contract Drafting and Close Partner Selection [J]. Journal of Marketing, 2005, 69 (4): 103 – 117.

[98] Yeung I. Y. M. and R. L. Tung. Achieving Business Success in Confucian Societies: The Importance of Guanxi (Connections) [J]. Organizational Dynamics, 1996, 25 (2): 54 – 65.

[99] 方杰, 张敏强, 邱皓政. 基于阶层线性理论的多层级中介效应 [J]. 心理科学进展, 2010 (8).

[100] 高日光. 破坏性领导会是组织的害群之马吗?——中国组织情境中的破坏性领导行为研究 [J]. 管理世界, 2009 (9).

[101] 高维和, 陈信康, 江晓东, 刘勇. 协同沟通与企业绩效: 承诺的中介作用与治理机制的调节作用 [J]. 管理世界, 2010 (11).

[102] 江旭. 医院间联盟中的知识获取与伙伴机会主义——信任与契约的交互作用研究 [D]. 西安交通大学博士学位论文, 2008.

[103] 李燕萍, 涂乙冬. 与领导关系好就能获得职业成功吗? 一项调节的中介效应研究 [J]. 心理学报, 2011 (8).

[104] 刘萃侠. 马洛—克罗恩社会赞许性量表对中国被试适用性之初步验证 [J]. 社会学研究, 2001 (2).

[105] 刘军, 宋继文, 吴隆增. 政治与关系视角的员工职业发展影响因素探讨 [J]. 心理学报, 2008 (2).

[106] 刘彧彧, 丁国林, 严肃. 沟通开放氛围下领导—成员交换和组织公平感的关系研究 [J]. 管理学报, 2010 (12).

[107] 马力, 曲庆. 可能的阴暗面: 领导—成员交换和关系对组织公平的影响 [J]. 管理世界, 2007 (11).

[108] 孙煜明. 动机心理学 [M]. 南京：南京大学出版社, 1993.

[109] 王辉, 张文慧, 谢红. 领导—部属交换对授权赋能领导行为影响 [J]. 经济管理, 2009 (4).

[110] 温福星. 阶层线性模型的原理与应用 [M]. 北京：中国轻工业出版社, 2009.

[111] 郑伯勋. 差序格局与华人组织行为 [J]. 本土心理学研究, 1995 (3).

[112] 周浩, 龙立荣. 共同方法偏差的统计检验与控制方法 [J]. 心理科学进展, 2004 (6).

The "Boundary Predicament" in the Process of Employee's Career Development: It is Due to the Mechanism or Employees?

Yang Fu Wang Zhen Zhang Lihua

Abstract: In recent years, the subject under discussion about the boundary predicament has gradually drawn attention and exploration in the academic world. Based on the perspectives of the factor of people (the exchange of leading members —EOLM) and the factor of mechanism (contractual control), we have, in this paper, integrated the theory of the EOLM with the theory of the transaction cost and constructed a integration model in order to solve the boundary problem in process of the development of employees. We have examined the integration model by the use of the hierarchical linear modeling and of the questionnaire about 75 teams comprising 334 employees and 101 questionnaires about the team leaders. The results of our study indicate that ①the EOLM has noticeably positive prediction effect on the success of employees in profession, the EOLM has a positive U – shape impact, in the level of proper EOLM, the opportunism within the employees is the lowest; ②the contractual control has an inverted U – shaped impact on the success of employees in profession, and on the level of proper contractual control, the ratio of success, in profession, of employees is the highest, and the internal opportunism of employees has manifest negative effect in prediction; ③the united use of the "soft" EOLM and "hard" contractual control reduces employees' success in profession and increases the opportunism within employees, which reveals the "use of both soft and hard tactics" possesses an obvious role of substitution in the settlement of the problem of "the boundary dilemma".

Key Words: Occupational Success; Internal Opportunism; Leadership Member Exchange; Contract Control; Boundary Dilemma

工作场所的儒家传统价值观：
理论、测量与效度检验*

王庆娟　张金成

【摘　要】 作为文化的内核，文化价值观影响着个体员工重要的态度和行为。本文以儒家思想为理论基础，分析和界定了"工作场所儒家传统价值观"（CTVW）的内涵与维度，并通过三项实证研究对CTVW量表的信度与效度进行了实证检验。研究一的测量结果表明，工作场所的儒家传统价值观本质上是一种以关系和谐为核心的儒家关系导向，其下包括遵从权威、接受权威、宽忍利他和面子原则四个维度，CTVW量表具有良好的信度与建构效度。研究二的效用分析表明，CTVW能够较好地预测员工的公平敏感性与组织公民行为，CTVW量表具有较好的效标效度。研究三的差异分析表明，不同社会历练的员工具有不同的儒家传统价值观，CTVW量表的效度得到进一步验证。最后，本文就工作场所儒家传统价值观在中国及其他文化背景下的研究意义以及未来研究方向进行了讨论。

【关键词】 儒家思想；工作场所；儒家传统价值观；效度检验

　　文化和文化差异对组织管理实践和员工的工作态度与行为有着重要的影响。由于文化价值观的差异恰当地反映了文化的差异，所以探讨文化价值观对组织管理实践和员工态度与行为的影响成为跨文化研究的重点。

　　关于文化价值观对组织管理实践和员工工作态度与行为的影响，现有研究多数基于Hofstede的理论框架。基于该理论的研究表明，集体主义/个人主义和权利距离是最重要的维度；东方社会更加趋向集体主义而不是个人主义，同时比西方社会拥有更高的权利距离。但是，正如Morris和Leung所论述，Hofstede的文化价值观维度概括性很高，可能不能对所有的跨文化现象给出详细、准确的解释和说明。例如，中国文化联合会的调查表明，很多价值观维度，尤其是"儒家工作动力"这一维度，是中国社会所特有的，没有为Hofstede的理论模型所包括；Hwang和杨国枢的研究也显示，中国人拥有一些没有包括在Hofstede模型内的文化价值观，如家族主义、关系主义、孝顺、面子等。因此，探讨文

---

* 本文选自《南开管理评论》2012年第4期。

化价值观对组织管理实践和员工工作态度与行为的影响需要清晰界定目标文化下价值观的理论基础和测度，而考察中国文化价值观对组织管理的影响首先需要对我国重要文化价值观的内容和维度进行理论分析和实证检验。

儒家思想在塑造中国人的态度和行为中最具代表性，其伦理观念是影响了中国几千年的文化价值观，至今仍然深刻地体现在中国人生活的方方面面。自从Kahn于1979年提出"后儒家假说"，指出儒家意识形态是推动"亚洲四小龙"经济腾飞的主要原因之后，中外学者就儒家思想及其对组织管理的影响展开了相关研究。其中首先是社会心理学家对儒家传统价值观内涵的理论分析与实证检验。黄光国从理论和实证两个角度分析了台湾知识分子儒家传统价值观的代际变迁。杨国枢、郑伯勋从微观层面对后儒家假设进行了验证，界定了儒家传统价值观的维度和内容，研究表明儒家传统价值观较强的员工，对工作本身、工作环境、工作报偿及同事关系都有较高的期望。Hwang基于儒家文化传统构建了华人人际关系的理论模型，将华人社会中的人际关系划分为工具性、情感性和混合性三大类。以社会心理学的研究成果为基础，近年来学者们开始关注儒家思想对组织管理的意义，考察儒家传统价值观对工作场所员工态度、行为及组织管理的影响。Chatterjee等对78家私人企业和合资企业的193位中国经理的问卷调查表明，源于儒家思想的关系（Guanxi）是中国管理文化的基础，管理者们非常倚重儒家价值观，包括和谐、层级、集体主义和私人关系。颜爱民等理论分析了儒家核心思想"仁、义、礼、智、信"对组织人力资源管理的启示。何轩发现，中庸显著调节互动公平与员工沉默行为之间的关系。

虽然关于儒家思想和儒家传统价值观的研究已经获得了一定的积累，也暗示了儒家传统价值观对组织行为的重要影响，但是依然存在以下不足。首先，各个研究用于测量儒家传统价值观的测度并不一致，测度的维度和题项内容也不一致。其次，已有的关于儒家思想的量化研究多基于普遍的社会价值观设计，测度多为对儒家传统价值观高度概括的词组描述，基于工作场所的研究或将这种测度直接引入研究中，或关注儒家思想某一方面在工作场所的具体表现，如"遵从权威"、"中庸"等；另外，基于个体层面对"关系"的研究多数关注的是关系的基础和关系的质量而不是员工的价值观取向，关注的是儒家传统价值观的工具化表现而非儒家传统价值观本身。

因此，本研究的目的是从理论和实证两个方面考察儒家传统价值观的内涵，探讨其在工作场所个体员工当中的具体表现和影响，构建工作场所儒家传统价值观（Confucian Traditional Values at Workplace，CTVW）量表，并对其有效性进行检验，为基于中国文化背景的个体层面上的跨文化研究提供简明有效的文化价值观测度。具体而言，本研究的目的包括四个方面。首先，理论分析和推导工作场所儒家传统价值观的内容和结构；其次，基于理论分析的结果，构建工作场所儒家传统价值观量表并对其进行实证测量，验证CTVW量表的建构效度和信度；再次，考察工作场所儒家传统价值观的效用，以公平敏感性和组织公民行为（OCB）为例实证探讨工作场所儒家传统价值观对组织行为的影响，检验CTVW量表的效标效度；最后，进一步检验CTVW量表的效度，分析工作场所儒家传统价值观的个体差异，探讨社会历练对个体员工儒家传统价值观的影响。

一、理论基础

1. **儒家思想概述**

儒家思想是关于和谐的哲学,强调"仁爱"和"融合"。儒家思想主要包括九个方面的道德价值观,分别是仁、义、礼、智、信、恕、忠、孝、悌。在这九个方面中,仁和义是核心,统领和贯穿着其他七个方面,那七个方面都要以仁爱为指导原则。儒家的仁爱是建立在家族主义之上的。一个人首先爱自己的父母、家人、兄弟姐妹,然后把这种爱泛化到家庭成员之外的社会人群当中去,如朋友、同学、同事等。也就是说,孝、悌是仁爱的源泉,个体与朋友和他人之间的关系是家族主义的一种泛化。儒家的仁爱并不是没有节制、是非不分的,而是正义的、适度的仁爱。当个体成功地做到了正义的仁爱也就达到了儒家所说的道德的最高境界,即中庸。按照儒家思想,这些内省式的美德是个体事业成功、家庭幸福以及人际关系和谐的决定性因素。

儒家的道德准则和美德主要体现在恰当的行为规范"礼"当中。如果说正确适当的"仁"是所有儒家美德的核心,"礼"就是这些美德的外在表现。"礼"主要是伦理关系和社会行为规范,即"五伦"组成的系统。"五伦"规定了五种基本的内省式伦理关系:君为臣纲、父为子纲、夫为妻纲、长幼有序(幼小的听从年长的)、新旧有别(老朋友胜过新朋友)。这些关系的重点是和谐与仁爱。在这些伦理关系中,个体的各种社会角色和相应的义务、责任和美德都有明确的描述和规定。从孩提时代起,人们就开始学习为他们预先规定好的角色和角色所要求的美德。这种学习往往是通过各种社会化过程和相应的控制、惩戒机制来完成的。当人们学会了如何按照事先规定好的角色仁爱地、合乎道德地行为时,他们同时也学会了符合社会要求的美德以及与他人和谐相处之道。借由这些基本的伦理关系或者中国关系主义,社会秩序的稳定得以保证。中国社会已经在这样的社会秩序下运行了几千年,儒家传统价值观早已深深扎根在中国人的心里。

2. **儒家思想的内容与结构**

在儒家伦理关系的影响下,理想的自我应该是一个通过自我培养具备各种社会美德的关系我而不是一个强调个人需要和期望的独立我。衡量理想自我的标准首先是基于关系的美德而不是基于业务能力的胜任力。这种关系导向表现在关系角色化、关系回报性、关系宿命观、关系决定论和关系和谐性五个方面。所谓关系的角色化就是上述五伦中对个体的责任、义务和权利的明确界定,具体表现在对一些对偶关系的规定上,如君仁臣忠、父慈子孝、夫和妻柔、兄友弟恭等。这种界定同时保证了人与人之间的互惠关系,比如子女要孝敬父母、父母也要爱护子女,下属要尊敬顺从领导,而领导也应该提携关怀下属,夫妻、朋友之间也要互相关心、体贴,总之每个人都要像爱护家人一样把自己的爱泛化到周围的人群当中去。为了维护这种互惠的对偶关系,儒家思想还强调关系宿命论和关系决定论。前者是指人与人之间的关系是命中注定的缘分，是无法回避的。后者则指中国人在和他人相处时对亲疏远近关系的划分，如自己人（家人）、外人（生人、熟人）等，并根据亲疏远近关系的不同采取不同的相处原则和方法。这就是费孝通先生论及的差序格局：中国人的社会关系就好比一块石子丢在水面上向外推出的层层波纹，中心的石子是自我，波纹是和自我发生关系的人群，从里至外，关系由近及疏。

无论是关系的角色化、关系的回报性，还是关系的宿命观和关系的决定论，其最终的目标其实都是关系的稳定与和谐，关系和谐是中国人处理人际关系的基本原则。儒家思想正是通过对互惠角色的规定和强化来实现关系的稳定与和谐的。而且，中国人往往还有为了关系而关系、为了和谐而和谐的倾向。一方面，待人处事小心谨慎，尽量满足他人的需要（即使这些要求不尽合理）；另一方面，如果出现了某些不和谐，也要想办法尽量弥补。总之，谁对谁错不是最重要的，谁先破坏了和谐才是最重要的。

首先，就和权威的关系而言，儒家伦理关系的一个直接后果是人们学会了如何尊重、服从和忠于权威，同时又在各种社会关系中如何保持自己的权威地位。不难看出，五伦关系中除朋友关系是平等的之外，其他四种关系都暗含了上下尊卑之意。虽说是君臣有义、父子有亲、夫妻有别、兄弟有序，每一对偶角色间是一种互惠的依存关系，但是这种对偶关系并不是平等的。儒家对各对偶关系中处于低层的个体提出的义务、责任和行为规范更加具体、详细和复杂。中国人的权威导向可以从对权威的需要、对权威的遵从和对权威的接受等几个方面来理解。五伦关系的对偶角色的存在使得个体在生活中的每种情境下都存在一个在层级结构上高于自己的权威，按照对偶角色的要求，个体要尊敬和服从权威，而权威也要爱护和提携个体。在这种无处不在的互依关系下，个体已经习惯于被领导、被指挥，习惯于出现问题有父母、领导、工作单位帮助解决。一旦没有权威可以依赖，个体往往会显得无所适从。因此，从某种角度来讲中国人不仅是遵从权威，而且是需要权威的。中国人对权威的尊敬和服从则可以从两个方面来考虑。一方面，中国人非常尊敬权威，凡事都要征求权威的意见，重大事情都要听从权威的决策；另一方面，中国人又非常崇拜权威，即便权威的决策有失偏颇也不会反对，也会说服自己接受权威的决定。可以说，对权威的接受是遵从权威更深层次的表现。

其次，作为一种普通百姓身体力行的伦理理论，儒家伦理还引导人们把对家庭成员的仁爱泛化到家庭以外的关系中去，包括和朋友、同学、组织等之间的关系。儒家思想提倡"己所不欲，勿施于人"，"严于律己，宽以待人"，也就是"恕"。"恕"要求人们不要把自己的想法强加给别人，要以友善之心去度量别人，要尽量避免冲突，为他人着想，与他人合作，并宽容忍让他人的过失，本文把以上这些行为倾向称为"宽忍利他"。儒家思想的利他倾向包括"谦恭"、"合作"和"宽忍"三个方面。其一，中国人在和他人相处时，非常注意自己的言行举止对别人的影响，他们不希望自己给别人带来不便，不希望自己妨碍别人，我们称为谦恭；其二，中国人会主动考虑别人的需要和期望，并迎合、满足这些需要和期望，表现为中国人非常愿意并善于与他人合作；其三，儒家思想还提倡有容乃大，严于律己，宽以待人。中国人非常善于从对方的角度去考虑问题，为对方着想，认为别人的错误总是有一些不得已的原因。即便没有什么特殊的原因，中国人也往往会原谅对方甚至以德报怨，希望自己的行为能够感化对方，使对方能够自觉反思和修正错误。

最后，无论是协调和权威的关系还是对待一般意义上和他人的关系，为了达到和谐共处的目的，中国人都会遵循面子原则。在中国这样一个关系社会中，人们很在意别人对自己的看法，时刻关注自己在他人心目中的形象。如果他人能够表现出对个体的尊重、爱护、关心、公平对待等，那么个体就会觉得获得了一定的社会声誉，面子指的就是这样一种社会声誉。面子和个体的家庭地位、社会地位等密切相关。一般来讲，家庭等级和社会等级越高，面子也就越大。而且，面子还可以随着时间的推移进行累积。在日常的人际交往中，如果双方利益发生冲突，一方适时地给予另一方足够的面子，即使是和接受方身份和行为不相吻合的表面上的一种恭维，接受方往往也会欣然接受而不会十分计较自己的实际利益得失。

可以看出，权威导向和利他倾向实际上分别描述了两种特殊的关系：和权威的关系以及和他人的关系，两者的最终目标也都是建立和相关人群的和谐关系，权威导向界定了中国人和权威建立稳定、和谐关系的基本原则，而利他倾向则指明了中国人和家人以外的社会成员相处的基本方式。另外，无论是协调和权威的关系还是对待一般意义上和他人的关系，为了达到和谐共处的目的，中国人都会遵循面子原则。所以从某种角度而言，儒家思想可以概括为一套以关系导向为核心的价值观体系，其下包括权威导向、宽忍利他以及面子原则等内容。

从几千年封建社会的结束到过去几十年加速的工业化和现代化，我国社会经历了巨大的发展和变革，儒家传统价值观在一定程度上也受到了影响。例如，君臣关系不复存在，取而代之的是领导和下属之间的关系。再如，随着女性受教育程度的提高和工作场所中女性员工的增加，工作场所中的男性权威在现代社会里已经有所淡化。另外，市场经济的冲击也使得中国人越来越意识到自我的重要性，在顾及他人需要的同时，中国人也学会了如何独立于权威，按照自己的愿望工作和生活。但是，正如前文提到的，儒家思想在中国已经有几千年的历史，虽然随着工业化和现代化的进程这些传统价值观有所减弱，但诸如关系主义、顺从和尊重权威等传统价值观依然非常普遍和深入，在中国人生活的方方面面还是体现得非常充分的。虽然君臣关系消失了，但家族主义思想依然根深蒂固，父子关系继续体现在领导和下属的关系当中，很多时候中国人依然保持了对权威的尊敬和顺从，也依然重人情、爱面子，注重经营与亲人、熟人和生人的和谐关系。

3. 工作场所的儒家传统价值观

就工作场所而言，儒家传统价值观可能首先表现为个体非常重视和组织之间的现时关系和长远关系。为了保持和组织及组织中其他成员之间的和谐关系，个体会按照儒家思想的美德把对家人的爱泛化到单位、领导和同事身上，会以集体利益为重，和同事互相帮助，关心提携下属、不为一时之利损坏和同事及单位之间的关系。即使组织的某些言行带有不公平的色彩，个体也不会很敏感。首先，为了保持和组织及组织中其他成员之间的和谐关系，他们必须说服自己不要计较来自组织及其成员的不公平待遇。只要能保持和增进与组织及其成员间的和谐关系,牺牲一些个人利益也是值得的。其次,按照儒家传统价值观,组织及其代表(如领导)是权威,个人对组织以及领导的决策和行为应该尽量遵从和接受,即便这些决定和行为不利于个人。对权威的遵从表现为尊敬、崇拜权威,重要的事情向领导咨询,征求资格较老的同事的意见,重大的决策权也由领导掌握;而对权威的接受则意味着按照层级关系行事,即使组织和领导的决策存在偏差也要服从领导的决策。再次,儒家思想的利他倾向在工作场所主要表现为个体非常注意自己的行为对周围同事的影响,注意周围同事的需要并尽量去迎合这些需要,愿意和同事、领导及组织合作,即便同事、领导和组织有什么做得不尽合理的地方,也尽量宽容和忍让,以保持和同事、领导及组织的和谐关系。最后,工作场所的面子原则意味着要顾虑自我、同事和领导的社会声誉,通过各种方式不断维护和提升这种社会声誉。除了做一个优秀的"社会我"之外,对同事及领导的意见应该尽量单独交流,而不能当众宣传;和同事及领导即使有矛盾,也不能轻易把关系搞僵,而要尽量表现出和对方和平共处的姿态;还表现在即使个体虽然在实际利益上受到领导或同事的不公平对待,但对方如果在表面上给予个体足够的尊重或者恭维,个体可能因为获得了足够的面子也不会再过多计较。

在前述理论基础之上,我们通过实证研究构建工作场所儒家传统价值观量表并对其效度进行检验。

二、研究设计本研究的样本

样本取自京津两地的企事业单位。在行业、性质和规模有所差异的基础上初步确定参与调查的企事业单位名录,然后在入选的企事业单位中分别确定1~2位可靠的调查员。确定了调查的目标组织后,由调查员分头在各单位进行问卷的发放、跟踪和收集。共采集有效样本558份,问卷有效回收率为85.3%。调查对象中男性占37.1%,女性占62.9%,未婚员工占67.8%,35岁以下的员工占89.6%,基层员工占77.3%,50.4%的员工拥有大专及以上学历,16.5%的员工来自国营单位,工作在两年以上的员工占41.4%。

量表开发包括量表的构建、量表的信度分析和效度分析三个步骤。其中量表的效度分析包括对量表建构效度(Construct Validity)、效标效度(Criterion Validity)和内容效度(Content Validity)的分析。建构效度是指量表能够准确测量出所代表的理论建构的程度。效标效度则是指根据量表收集的数据做出的推论的正确性,是指量表能够准确预测应该能够预测的变量的程度。内容效度则指量表的内容是否代表了所要探讨的理论建构,主要强调专家判断在决定量表效度中的作用而非通过相关系数分析进行效度评估。良好的内容效度并不代表良好的建构效度和效标效度,但如果一个量表具有良好的建构效度和效标效度,也就同时具备了良好的内容效度。量表的效度还可以通过被预测的准确性来判断,即如果一个量表具有良好的效度,量表所代表的理论建构就应该被能够预测该理论建构的变量所预测。

依据以上论述,我们通过三项实证研究来构建CTVW量表并对其有效性进行检验。研究一根据理论分析的结果测量工作场所的儒家传统价值观。该研究首先构建CTVW量表;其次通过探索性因子分析和验证性因子分析探究量表的建构效度,通过分析CTVW量表的收敛效度和判别效度确定量表中各个题项能够代表潜在理论建构的程度;最后对量表进行信度分析,进一步提高量表的可靠性。研究二根据研究一中确定的CTVW量表实证考察工作场所儒家传统价值观在组织管理当中的效用,通过多元统计分析和结构方程模型考察工作场所儒家传统价值观对公平敏感性和组织公民行为(OCB)的预测能力,探讨CTVW量表的效标效度。由于儒家传统价值观的培养是一个与时俱进的社会化过程,而中国社会又是一个以和谐为宗旨的关系社会,儒家传统价值观最直接的影响因素就是个体在各种社会关系中的历练。因为年龄、婚姻状态、工龄、职级等人口统计学变量可以在一定程度上反映这种历练的程度,所以本文引入研究三,考察社会历练对CTVW的影响,对CTVW量表的效度进行进一步验证。各步骤中的数据分析将通过SPSS1 3.0和AMOS 7.0加以实现。

三、研究一：工作场所儒家传统价值观的测量

研究一的目的是构建工作场所儒家传统价值观的量表并对该量表的建构效度和建构信度进行检验。

1. 工作场所儒家传统价值观量表的构建

根据以上对儒家传统价值观的理论分析,我们对工作场所儒家传统价值观量表的维度和题项进行开发和设计。与儒家传统价值观相关的测量工具主要有三种:中国文化联合会设计的"中国人价值观调查"、杨国枢等开发的"个人传统性量表"以及黄光国提出的"中国人价值观转变量表"(本文根据黄光国的有关论述命名)。其中,中国人价值观调查和中国人价值观转变量表都是就概括性的社会价值观直接询问受试者的认知和判断。在这种方式下,受试者很可能掩饰真实的想法,编纂答案,使得在别人看来自己符合社会要求且具备社会美德。与中国人价值观调查和中国人价值观转变量表相比,中国人传统性量表通过询问受试者对各种社会行为的看法来推断个体的价值观取向,在某种程度上避免了受试者美化答案的不足。所以,本研究将使用中国人传统性量表的设计方法来测量前述四个方面工作场所的儒家传统价值观,同时由于本研究是关于工作场所的研究,所以将该量表称为"工作场所儒家传统价值观量表"。

根据对儒家思想的理论分析,参考杨国枢等开发的中国人传统性量表、中国文化联合会设计的中国人价值观调查表以及黄光国提出的中国人价值观转变量表的内容,我们分析提炼和设计出CTVW量表的5个维度和33个题项。随后,组织五位内容专家(Subject

Matter Expert，SME) 进行量表的修订，这五位专家或具有博士学位，或为在读博士，研究方向均为组织与人力资源管理。在对 CTVW 的五维度划分意见一致的基础上，我们删除了存在任何归属异议或适切度问题的题项（任何一位内容专家指出任一题项存在问题，该题项即被删除），得到包含 23 个题项的量表。随后，就量表的内容与可读性，我们征求了企事业单位十位员工的意见并对相关题项表达进行了修订。最终提炼设计出的 CTVW 量表包括关系导向、遵从权威、接受权威、宽忍利他、面子原则四个维度，共 23 个题项。具体题目如："人与人之间的关系不是一时的"、"领导好比一家之长，单位的大事应主要听从他的安排"、"受到不公平待遇，应该尽量容忍宽让"、"错误单独谈，优点公开说"。

所有题项的测度均采用李克特六点量表，从非常不同意、中等不同意、有点不同意到有点同意、中等同意以及非常同意。采用六点测度的目的是避免我国调查对象的中立倾向。

2. 工作场所儒家传统价值观量表的建构效度检验

按照 Tabachnick 和 Fidell 的建议，如果样本量足够大的话，探索性因子分析和验证性因子分析的数据可以在同一样本中进行。具体方法是将样本随机分为两部分，一部分用于探索性因子分析，另一部分用于验证性因子分析。此时样本量至少为 200 个，300 个较好，500 个非常好，1000 个则最好。样本量和量表题项数目之比应该大于 5∶1，如果要获得非常可靠的分析结果，该比率应大于 10∶1。总之，可靠稳定的因子分析的样本应该至少为 200 个，同时满足样本数量和量表题项数目的比率大于 5∶1 的要求。

我们把 558 份样本随机分成两部分，第一部分包括 270 份，用于探索性因子分析；第二部分包括 288 份，用于验证性因子分析。两部分样本的数量均介于 250 和 300 之间，而且样本量与题项数目之间的比率均大于 10∶1。

（1）探索性因子分析。

按照 Comrey 和 Lee 的建议，只有因子负载超出一定的水平相关题项才能得到解释。他们认为因子负荷在 0.7 以上的，相关题项得到了极好的解释（50%），达到 0.63 得到了很好的解释（40%），达到 0.55 得到了好的解释（30%），达到 0.45 得到的解释尚可（20%），若低于 0.32 得到的解释很差（10%）。本研究中的探索性因子分析以 0.45 为界，对分析结果中小于 0.45 的题项予以删除。

对该量表 23 个题项因子结构分析的结果表明，所有题项都归属到了事先设计的理论维度下，而且几乎所有题项的因子负荷都在 0.45 以上。其中，权威导向分化为遵从权威和接受权威两个维度，这与前文的理论分析也是吻合的。另外，"宽忍利他"这一维度下的第三个题项在宽忍利他上的负荷为 0.41，低于 0.45，所以予以删除。接下来进行探索性因子分析，分析结果显示，KMO 系数为 0.826。总体 Bartlett 球型检验 χ^2 值为 2250.39（df = 231，p < 0.001），五因子结构解释了总方差的 59.427%。见表 1。

表1 "工作场所儒家传统价值观"的探索性因子分析结果

题项	因子负荷				
	宽忍利他	关系导向	接受权威	遵从权威	面子
TA5 即使别人有错，也应该尽量容忍原谅	0.784				
TA4 受到不公平待遇应该尽量容忍宽让	0.676				
TA2 即使有困难，也要尽量配合别人的工作	0.661				
TA6 哪怕自己不便，也尽量不要给别人带来不便	0.660				
TA1 对部门和单位的要求尽量有求必应	0.612				
TA7 虽然不能给自己带来好处，但能帮助别人总是好的	0.524				
TA8 个人利益应该服从于部门和单位的利益	0.484				
GX2 在工作和个人生活上，同事间应互相帮助		0.800			
GX3 领导应关心爱护下属		0.730			
GX4 利益的获取不能以损害同事间的关系为代价		0.670			
GX1 人与人之间的关系不是一时的		0.631			
AA2 单位就算有错，员工也应该服从		0.794			
AA3 工作报酬应首先考虑资历，个人能力还在其次		0.744			
AA1 领导的要求即使不合理，员工也应该照着去做		0.735			
AA4 员工只要遵守单位的规章制度，用不着费神去了解其中的道理		0.734			
CA2 要避免发生错误，最好的办法之一是听从长辈的建议			0.739		
CA3 当产生争执又不能解决时，应请资历最老的同事主持公道			0.728		
CA1 领导好比一家之长，单位的大事应主要听从他的安排			0.687		
CA4 尊重、服从领导是美德			0.607		
FC2 只要面子上过得去，吃点小亏没什么					0.816
FC1 错误单独谈，优点公开说					0.748
FC3 即使和同事有利益冲突，也不能轻易撕破面子					0.529

注：分析方法为主成分分析（Principal Component Analvels）和最大方差旋转（Varimax）

（2）验证性因子分析。

从分析结果来看，按照表1中的结构对工作场所儒家传统价值观进行的初始拟合效果并不理想。χ^2/df 为 2.756，CFI 为 0.846，IFI 为 0.848，RMSEA 为 0.078。其中，除了 RMSEA 表明拟合良好外，CFI 和 IFI 的数值都表明模型需要进一步修正。模型的拟合度不理想主要有两方面的原因,其一是存在交叉负载(Cross Loading)的问题,即初始模型中某一题项在一个以上因子上的负载很接近,可以同时归属于一个以上的因子。其二表现为量表各题项的误差共变问题,即相关误差(Correlated Error)问题。相关误差属于系统误差,出现这种情况既可能是样本特性的原因,也可能是调查对象回答问题时美化答案的某种倾向性造成的,还有可能是这两个题项测量的内容过分相似。

基于对工作场所儒家传统价值观的理论分析,同时参考协方差修正指数(Modification Indice),我们对存在较高交叉负载和相关误差的题项进行了分析,删除了归属于一个以上因子的题项,同时对测量内容过分相似的题项进行了筛选。再次进行分析,结果表明各题项的修正指数差异不大,得到的最终模型的各项拟合指标都达到了良好的水平,χ^2/df 为 1.819,CFI 为 0.930,IFI 为 0.931,RMSEA 为 0.053。量表中各题项的因子负载标准化估计也都在 0.40 以上,并且在 0.001 水平上都是显著的。见表 2。

表 2 "工作场所儒家传统价值观"的验证性因子分析结果(一阶模型)

	题项	标准化因子负载	判定系数 R^2
关系导向	GX2	0.809***	0.654
	GX3	0.737***	0.543
	GX4	0.665***	0.442
	GX1	0.555***	0.308
遵从权威	CA1	0.749***	0.561
	CA2	0.720***	0.518
	CA4	0.640***	0.410
	CA3	0.585***	0.342
宽忍利他	TA7	0.720***	0.518
	TA8	0.671***	0.450
	TA6	0.637***	0.406
	TA1	0.569***	0.324
	TA5	0.541***	0.293
接受权威	AA2	0.802***	0.643
	AA3	0.637***	0.406
	AA4	0.619***	0.383
面子	FC3	0.744***	0.554
	FC2	0.719***	0.517
	FC1	0.409***	0.167

注:*** 代表 $p<0.001$,** 代表 $p<0.01$,* 代表 $p<0.05$

在上述的一阶模型中,我们假设工作场所儒家传统价值观的五个因子或维度相互影响，相互解释。但是，另外一种可能是，这五个因子可能都可以通过一个二阶因子"工作场所儒家传统价值观"得到解释，因此，我们同时也进行了二阶因子模型的验证。见表3和表4。

表3 "工作场所儒家传统价值观"验证性因子分析的模型比较

模型	χ^2	df	χ^2/df	RMSEA	CFI	IFI
一阶模型	256.544	141	1.819	0.053	0.930	0.931
二阶模型	180.488	85	2.123	0.063	0.916	0.918

表4 "工作场所儒家传统价值观"的验证性因子分析结果（二阶模型）

	题项	回归系数（因子负载）	判定系数 R^2
一阶因子			
遵从权威 CA	CA1	0.748***	0.560
	CA2	0.729***	0.531
	CA3	0.575***	0.331
	CA4	0.639***	0.408
宽忍利他 TA	TA1	0.587***	0.345
	TA5	0.547***	0.299
	TA6	0.621***	0.386
	TA7	0.718***	0.516
	TA8	0.665***	0.442
接受权威 AA	AA2	0.791***	0.626
	AA3	0.637***	0.406
	AA4	0.634***	0.402
面子 FC	FC1	0.403***	0.162
	FC2	0.719***	0.517
	FC3	0.747***	0.558
二阶因子			
工作场所儒家传统价值观 CTVW	CA	0.668***	0.446
	TA	0.836***	0.699
	AA	0.190*	0.036
	FC	0.546***	0.298

注：*** 代表 $p<0.001$，** 代表 $p<0.01$，* 代表 $p<0.05$

分析结果表明，二阶模型的初始拟合效果很不理想。相关误差和交叉负载的修正指数表明,"关系导向"和"接受权威"存在很高的相关误差和交叉负载(修正指数分别为41.393和41.327)。这使我们又回到在假设建立过程中的推测,儒家思想在很大程度上是一种关系主义,无论是和权威的关系,还是和同事、领导以及泛泛的他人的关系,所以,关系导向作为模型的一阶因子可能是不合适的,而关系导向可能就是我们寻找的二阶因子。接下来,我们以关系导向为高阶因子进行了二阶模型的验证,发现二阶模型中以"关系导向"为二阶因子是适宜的,但是如果以一阶模型中关系导向下属的四个题项衡量关系导向则是不适宜的,说明这四个题项的内容并不能完全涵盖关系导向这一建构的内容,同时说明关系导向可以借由遵从权威、接受权威、宽忍利他和面子得到很好的诠释。分析结果表明,一阶模型和二阶模型的拟合效果都比较好,对这两个模型的进一步比较发现,二阶模型比一阶模型的 χ^2 值有了显著的降低($\Delta\chi^2$ 为 76.06,Δdf 为 56,$p=0.05$),所以二阶模型优于一阶模型。该模型下各变量的因子结构见表 4,除二阶因子"接受权威"的因子负荷在 0.05 水平上显著外,其他所有题项的因子负荷均在 0.001 的水平上显著。根据分析结果,我们将二阶模型中的高阶因子称为"关系导向",但为了论述的统一性,我们将继续使用"工作场所儒家传统价值观"进行接下来的分析。

(3)量表的信度检验。

如果说效度关注的是量表的有用性,信度则是指量表的可靠性、稳定性和一致性,或者说是指调查对象之间答案的差异在多大程度上是由于他们在量表所要测量的建构和特征上的真实差异所造成的,而不是由于随机测量误差所造成的。信度是效度的必要条件,信度高效度不一定高,但信度低一定会影响效度。所以,良好的信度也是一个好的量表必须具备的基本特点。由于大部分实证研究都是采用一次性收集数据的方法,所以测量量表可靠性的内部一致性信度得到了广泛的使用。内部一致性信度是指量表中各个题项在多大程度上在测量同一个现象或概念。内部一致性信度通过 Cronbach α 系数的数值来表示。本研究中工作场所儒家传统价值观四个维度的 Cronbach α 信度值分别为:遵从权威 0.746,宽忍利他 0.777,接受权威 0.722,面子 0.646。所有 Cronbach α 信度值均在 0.6 以上,说明 CTVW 量表具有较好的信度。

四、研究二:工作场所儒家传统价值观的效用

研究二的目的是探究工作场所儒家传统价值观对员工组织行为的效用,以公平敏感性和 OCB 为例分别考察 CTVW 对员工组织行为的预测能力,确定 CTVW 量表的效标效度。

关于效标效度检验中结果变量或效标的选择,Colquitt 认为,效标效度检验中所选结果变量应该具备以下条件:①和研究情境相关;②被广泛研究的理论建构。在构建本研究的法则网络(Nomological Network)时,选择 OCB 和公平敏感性作为效标的原因还有:①公平敏感性和 OCB 分别代表了员工重要的人格倾向与行为;②在组织行为研究领域,

这两个建构具有良好的信度和效度，且均有成熟的量表；③现有研究表明，员工的公平敏感性显著影响其组织公民行为，通过考察 CTVW 是否可以超出公平敏感性对 OCB 给出额外的显著的解释，我们可以进一步验证 CTVW 量表的效标效度。

1. CTVW 对公平敏感性的影响

文化属于群体特征，是一个群体内成员所共有的区别于其他群体的价值观、习俗、传统和行为，"是使一个群体区别于另一个群体的、对精神的集体编程"。文化具有一定的稳定性，虽然这种稳定性是相对的，会随着时间和环境的变化而改变。在个体层次上，文化价值观的差异是文化差异的合理指标。根据社会适应理论，价值观是促进个体适应环境的最为抽象的社会认知，从总体上影响人们的态度、动机和行为。文化价值观是影响、塑造员工各种态度和行为的潜在关键思想取向。人们根据由这些特定的文化价值观所决定的规则来解释、评价发生在身边的事件并采取相应的行动。

公平敏感性（Equity Sensitivity）理论由 Huseman 等首次提出，是对亚当斯公平理论的一种修正和提升，弥补了公平理论没有考虑个体差异的不足。Huseman 等认为，"由于个体对公平具有不同的偏好，所以他们对感知的公平或不公平拥有一致而个性化的反应"。根据公平敏感性的高低，Huseman 等将个体员工划分为三类：自私自利型、公平交易型、大公无私型。从左至右，这三种类型员工大公无私的程度逐步提高。大公无私型员工倾向于自身的投入产出比高于他人，自私自利型员工希望自我的产出投入比高于他人，只有公平交易型员工会按照公平理论追求自我投入产出比和他人的相同。现有研究表明，公平敏感性对员工的一系列工作态度与行为，包括商业道德、工作动机、薪酬满意度、工作满意度、组织公民行为、工作绩效等具有重要的影响。

亚当·斯密基于社会交换理论提出的公平理论是分配公平理论的基础，其背后所隐含的公平原则"平等"（Equity）是分配公平原则的重要内容之一。其他两项分配公平原则为均等（Equality）和需要（Need）。按照多形态功能普适观，分配公平的基本原则（平等、均等和需要）本身是跨文化普适的，但是由于不同文化背景下或同一文化背景下个体间文化价值观的不同，人们对分配公平原则的解释和赋予的权重并不相同，从而导致了不同的公平偏好（公平敏感性）、公平感以及不同的态度和行为。

虽然考察文化差异尤其是文化价值观的差异影响公平敏感性的研究比较有限，但现有研究已经证明文化价值观对公平敏感性的先决影响。Wheeler 和 Texas 采用来自美国和中国台湾的样本分析了 Hofstede 的文化价值观维度对公平敏感性的影响。研究发现，在来自中国台湾的学生中，集体主义和女性主义与公平敏感性正相关；而在来自美国的学生中，集体主义、女性主义、权利距离和不确定性规避四个价值观维度与公平敏感性均呈现出正相关的关系。Yamaguchi 对日本 243 名大学生的研究表明，涵盖了 Hofstede 集体主义/个人主义文化价值观维度的独立性和互依性通过满足个体不同的需求而影响了个体的公平敏感性。采用 Kluckhohn 和 Strodtbeck 的文化价值观模型，Bolino 和 Turnley 理论分析和论证了社会关系、活动取向、对人性的看法三项价值观维度与公平敏感性之间的关系。几位学者认为，强调群体性胜过等级关系或个人主义的员工在把圈内人作为比较对象时可能是大公无私者，而把"圈外人"作为比较对象时则可能是自私自利者；强调个人主义胜过群体性和等级关系的员工更可能成为自私自利者。关于活动取向，强调实行胜过存在和思考的员工可能是自私自利者，而重视存在胜过实行和思考的员工则可能成为大公无私者。至于人性，他们认为，相信人性本善、人性本恶和人性复杂的员工分别更可能成为大公无私者、自私自利者和公平交易者。

就工作场所的儒家传统价值观而言，与不太传统的员工相比，比较传统的员工会更加注重与组织、领导和同事建立和谐稳定的关系，更加关爱自己的组织、领导和同事，会按照五伦的角色界定自觉承担对组织、领导和同事的义务和责任，自觉付出和给予，所以会更加大公无私。具体而言，与遵从权威倾向不太强的员工相比，遵从权威倾向比较强的员工会更加尊重和服从领导的安排，因为他们相信领导会为他们着想，会为他们安排好相关事宜。而领导往往会首先考虑组织的目标和利益（高产出低成本），希望员工个人利益服从于单位的整体需要，希望员工多为单位做贡献。从而，越是遵从权威的员工，就越大公无私。接受权威是对权威的一种更深层次上的遵从，所以，员工接受权威的倾向越强，就越表现得大公无私。与宽忍利他倾向较低的员工相比，宽忍利他倾向较高的员工会更加乐于助人，富于合作精神，更加关注集体的利益，甚至愿意为了集体的利益牺牲某些个人的利益，更加乐于付出和给予，因此也更加大公无私。与不太注重人情面子的员工相比，比较注重人情面子的员工会更多地关注自己、领导和同事的社会声誉，为了增加这种社会声誉愿意多为集体做贡献，不太介意吃亏和付出，所以会更加大公无私。

汇总起来，我们提出如下假设：

假设1：工作场所的儒家传统价值观与公平敏感性正相关

假设1a：遵从权威与公平敏感性正相关

假设1b：宽忍利他与公平敏感性正相关

假设1c：接受权威与公平敏感性正相关

假设1d：面子与公平敏感性正相关

2. CTVW对组织公民行为的影响

组织公民行为是指员工超出本职工作要求表现出的有助于提高组织有效性的公民行为。如果说工作绩效关注的是员工在完成各项工作任务中的绩效表现以及这种绩效表现对组织整体运营效果的影响，那么组织公民行为强调的则是在组织创造、维护和提升一种有助于工作任务绩效顺利实现的社会和心理环境。因此，学术界也称前者为工作任务绩效，后者为周边绩效。现有的实证研究一般基于Organ对组织公民行为的维度划分，包括乐于助人、公民美德、个人主动性、运动员精神和谦逊。

虽然现有研究表明文化价值观与组织公民行为显著相关，但是多数研究是对西方组织公民行为理论的跨文化检验，很少有研究考察华人社会中儒家文化价值观对组织公民行为的影响，也很少有研究探讨文化价值观如何以一种先决的方式影响我国员工的组织公民行为。但是部分学者的开创性研究已经表明，文化价值观对我国员工OCB的重要影响。Farh等设计了中国人组织公民行为量表，并证明了传统性（"遵从权威"维度）对中国员工公平感与 OCB 间关系的调节作用。Farh 和 Hackett 以我国京津组织中 163 对上下级为研究对象验证了传统性对组织支持感与 OCB 间关系的调节作用。郭晓薇对 188 名中国企业员工的研究表明，集体主义/个人主义对主管和同事评价的 OCB 具有独立于公平感的预测作用。最近，Lin 和 Ho 的研究表明，Hostede 的五个文化价值观维度（权利距离、不确定规避、个人主义、男性主义和长期导向）与我国员工的组织公民行为显著相关，同时证明了面子对 OCB 的正向预测作用。

儒家传统价值观是一种以关系和谐为核心的儒家关系主义，其所强调的融洽和谐和他人取向与组织公民行为所暗含的基本理念不谋而合。按照成就动机理论，个体的成就动机可以分为社会取向和个人取向。在儒家传统价值观的影响下，我国员工的成就动机往往是社会取向而非个人取向，公利为先、他利为先很多时候是员工处理工作场所人际关系的基本态度和原则，也正是这种态度和原则决定了中国员工在很大程度上表现出组织期许的组织公民行为。具体而言，与遵从权威倾向不太强的员工相比，遵从权威倾向比较强的员工会更加重视并迎合领导的期望。而领导往往希望员工不仅做好本职工作，还要超出本职工作对组织多付出、多投入，表现出更多的角色外行为，从而促进团队和组织目标的实现。因此，员工遵从权威的倾向越强，就越会表现出更多的组织公民行为。由于接受权威是遵从权威更深层次的表现，所以，员工接受权威的倾向越强，就会表现出越多的组织公民行为。与宽忍利他倾向较低的员工相比，宽忍利他倾向较高的员工更加关注同事、领导和单位的需要和感受，更加愿意与同事、领导和单位合作，愿意满足他人的需要和期望，即使这种需要和期望超出了员工的本职工作范围，从而会表现出更多的组织公民行为。与不太注重人情面子的员工相比，比较注重人情面子的员工会更多地关注自己、领导和同事的社会声誉，希望在他人心目中建立优秀的"社会我"形象，积极进行印象整饰，从而会超出本职工作范围在更大程度上努力付出、帮助他人，表现出更多的组织公民行为。

汇总起来，我们提出如下假设：

假设 2：工作场所的儒家传统价值观与组织公民行为正相关

假设 1a：遵从权威与组织公民行为正相关

假设 1b：宽忍利他与组织公民行为正相关

假设 1c：接受权威与组织公民行为正相关

假设 1d：面子与组织公民行为正相关

3. 方法

在收集工作场所儒家传统价值观数据的过程中，我们也同时收集了公平敏感性和组织公民行为的数据。为避免同源方差问题，组织公民行为由员工直接主管填写，共收集有效配对样本 558 份。

本研究采用 Huseman 等设计的公平敏感度量表（ESI）。该量表就得到与付出向员工提出了五个问题：给予单位和从单位得到哪个更重要，帮助他人和关注自己的利益哪个更重要，更加关心自己从单位得到了什么还是为单位做出了什么贡献，自己所付出的辛苦劳动更应该使单位受益还是自己受益，个人的处世哲学倾向于为自己着想还是认为给予比得到更好。量表的总分为50分,员工将10分分配到每个题项的两个答案中。统计分析按大公无私倾向的分值进行。验证性因子分析结果表明,一因子结构拟合良好,χ^2/df 为 1.222,CFI 和 IFI 均为 0.998,RMSEA 为 0.020。量表中各题项的因子负载标准化估计也都在 0.001 水平上显著。量表的 Cronbach α 系数为 0.663。

组织公民行为量表改编自 Podsakoff 等的组织公民行为量表。原量表包括五个维度,根据 Farh 等的研究,其中三个维度——主动性、公民美德和乐于助人同样适用于测量中国员工的组织公民行为。因此,本研究选择这三个维度来测量组织公民行为。验证性因子分析表明,二阶因子结构拟合良好,χ^2/df 为 2.215,CFI 和 IFI 均为 0.980,RMSEA 为 0.047。量表中各题项的因子负载标准化估计也都在 0.001 水平上显著。三个维度的 Cronbach α 系数分别为 0.813、0.799 和 0.830。

在使用结构方程模型对各假设进行检验之前,我们对总体理论模型的测量模型进行了验证性因子分析。全模型验证性因子分析的初始分析结果表明,三因子模型的拟合度良好。χ^2/df 为 1.985,CFI 和 IFI 分别为 0.924 和 0.925,RMSEA 为 0.042。量表中各题项的因子负载标准化估计也都在 0.001 水平上显著。和一个一因子模型和三个两因子模型相比,三因子模型的 χ^2 值均有显著降低($p = 0.001$)。因此三因子模型最优,同时表明 CTVW 具有良好的收敛效度和判别效度。

4. 结果

考察 CTVW 与员工态度和行为之间的关系,首先对研究的主要变量进行统计描述及多重共线性检验,见表 5。

表5 研究变量的 Pearson 相关矩阵

	Mean	S.D.	遵从权威	宽忍利他	接受权威	面子	公平敏感性	尽责	公民美德
遵从权威	4.322	0.904							
宽忍利他	4.693	0.764	0.415**						
接受权威	2.943	1.159	0.156**	0.117**					
面子	4.401	1.004	0.191**	0.368**	0.118**				
公平敏感性	5.348	1.121	0.137**	0.174**	0.025	-0.008			
尽责	4.669	0.840	0.320**	0.322**	-0.065	0.229**	0.136**		
公民美德	4.437	0.953	0.276**	0.312**	0.046	0.253**	0.157**	0.520**	
乐于助人	4.750	0.813	0.343**	0.440**	-0.005	0.249**	0.163**	0.576**	0.601**

注:** 表示 $p < 0.01$(双尾),* 表示 $p < 0.05$(双尾)

根据表5,遵从权威、宽忍利他两个维度与公平敏感性显著正相关,接受权威、面子和公平面感性没有显著相关性。遵从权威、宽忍利他、面子与 OCB 下的三个维度显著正相关,接受权威与 OCB 相关关系不显著。我们同时对工作场所儒家传统价值观下的四个维度间的多重共线性进行了检验。以公平敏感性、主动性、公民美德和乐于助人为因变量的回归分析结果均表明，工作场所儒家传统价值观下四个维度的容忍度值均远远大于0.1，同时VIF值远远小于10，各维度间不存在多重共线性的问题。表5中的相关系数只提供了初步的分析结果，为了对各变量之间的关系进行准确分析，需要考虑各变量的测量误差及其相互之间的影响，所以我们利用结构方程模型进行了多元回归分析。分析结果见图1和表6。

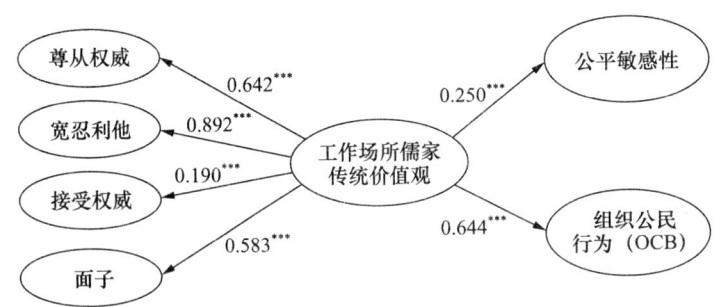

图1 工作场所的儒家传统价值观影响公平敏感性及OCB的路径系数图

表6 工作场所的儒家传统价值观影响公平敏感性及OCB的假设检验

序号	变量间的关系	预测关系	路径系数	对应假设	检验结果
1	CTVW→公平敏感性	+	0.250***	H1	支持
2	遵从权威→公平敏感性	+	0.161***	H1a	支持
3	宽忍利地→公平敏感性	+	0.223***	H1b	支持
4	接受权威→公平敏感性	+	0.048**	H1c	支持
5	面子→公平敏感性	+	0.146***	H1d	支持
6	CTVW→OCB	+	0.644***	H2	支持
7	遵从权威→OCB	+	0.413***	H2a	支持
8	宽忍利地→OCB	+	0.574***	H2b	支持
9	接受权威→OCB	+	0.122***	H2c	支持
10	面子→OCB	+	0.375***	H2d	支持

注：*** 代表 $p<0.001$，** 代表 $p<0.01$，* 代表 $p<0.05$

分析结果表明，模型和样本数据的拟合效果良好。χ^2值为896.495，自由度为451，赋范卡方值（χ^2/df）为1.988，RMSEA系数为0.042，CFI和IFI指数分别为0.924和0.925。工作场所的儒家传统价值观显著影响员工的公平敏感性（$b=0.250$，$p=0.001$），员工的儒家传统价值观越高，其公平敏感性也越高，假设1得到支持。就儒家传统价值观的四个维度而言，遵从权威显著影响公平敏感性（$b=0.161$，$p=0.001$），员工遵从权威的倾向越强，其公平敏感性也越高，假设1a得到支持。宽忍利他与公平敏感性显著正相关（b=0.223, p=0.001），越是宽忍利他的员工，其公平敏感性的程度越高，假设1b得到支持。同时，接受权威显著影响公平敏感性（b=0.048, p=0.01），接受权威倾向越强的员工，其公平敏感性也越高，假设1c得到支持。面子与公平敏感性显著正相关（b=0.146, p=0.001），越是讲究人情面子的员工，其公平敏感性也越高，假设1d得到支持。

研究结果同时表明，工作场所的儒家传统价值观显著影响员工的组织公民行为（b=0.644, p=0.001），员工的儒家传统价值观越强，越会表现出更多的组织公民行为，假设2得到支持。具体而言，遵从权威与组织公民行为显著正相关（b=0.413, p<0.001），员工遵从权威的倾向越强，周边绩效就越高，假设2a得到支持；宽忍利他显著影响OCB（b=0.574, p<0.001），越是宽忍利他的员工，越会表现出超越本职工作范围的组织行为，假设2b得到支持。同时，接受权威显著影响OCB（b=0.122, p<0.001），接受权威倾向越强的员工，其周边绩效也越高，假设2c得到支持。面子与公平敏感性显著正相关（b=0.375, p<0.001），越是讲究人情面子的员工，越会表现出更多的组织公民行为，假设2d得到支持。

现有研究表明，公平敏感性与OCB显著正相关。因此我们将图1中的原模型与增加了从公平敏感性到OCB路径的替代模型进行了比较。比较结果见表7。分析结果表明，原模型和替代模型的拟合效果都比较好，对这两个模型的进一步比较发现，替代模型比原模型的χ^2值有了一定的降低但并不显著（$\Delta\chi^2$为3.202，Δdf为1，p=0.07），说明新增加的从公平敏感性到OCB的路径并能提高原模型对数据的解释力。基于简约原则，原模型为本研究的最终结构模型。该结果同时表明CTVW能够超出公平敏感性对OCB给出额外的显著解释。

表7 "工作场所儒家传统价值观"影响公平敏感性和OCB的结构模型比较

模型	χ^2	df	χ^2/df	RMSEA	CFI	IFI
原模型	896.495	451	1.988	0042	0.924	0.925
替代模型	893.293	450	1.985	0.042	0.924	0.925

五、研究三：工作场所儒家传统价值观的个体差异

研究三的目的是进一步分析CTVW量表的效度，考察在一定程度上代表个体社会历练的人口统计学变量对员工儒家传统价值观的影响。

依据调查对象的性别、年龄、婚姻状况、学历、职级、工龄、单位性质七个因素，我们将样本分成不同的组别，然后采用方差分析考察各组员工在CTVW上的差异。分析结果见表8。

表 8 的分析结果表明,不同性别、职级的员工的儒家传统价值观没有显著差异。来自不同性质单位的员工,其儒家传统价值观也没有显著差异。

不同年龄的员工在遵从权威和宽忍利他两个维度上差异不显著,在接受权威和面子两个维度上差异显著。随着年龄的降低,员工接受权威的倾向逐步降低,说明我国员工的独立民主意识自新中国成立到改革开放至今明显增强。与年轻的员工相比,年长的员工由于经历了更多的社会历练,更注重经营与周围人群的关系,更讲究人情面子。

不同婚姻状态的员工在遵从权威、宽忍利他和面子三个维度上没有显著差异,而在接受权威这一维度上差异显著。已婚的员工更加倾向于接受领导和单位的不合理要求与安排,也更加肯定资历在报酬中的作用。我们推断这是由于已婚员工在婚姻中的历练使得他们更懂得容忍谦让,也使得他们更会在某些情势中进行妥协。

表 8 人口统计学变量影响员工 CTVW 的方差分析

		遵从权威		宽忍利他		接受权威		面子	
		Means	F	Means	F	Means	F	Means	F
性别	男	4.232	2.943	4.597	3.828	3.129	1.893	4.491	2.661
	女	4.367		4.738		2.983		4.346	
年龄	25 岁以下	4.388	1.458	4.706	1.013	2.880	4.883**	4.327	3.923**
	26~35 岁	4.218		4.620		3.173		4.495	
	36~45 岁	4.320		4.753		3.373		4.313	
	46 岁以上	4.250		5.000		3.741		4.393	
婚姻	未婚	4.323	0.000	4.691	0.193	2.885	16.587**	5.333	0.000
	已婚	4.325		4.657		3.330		4.213	
学历	高中、中专及以下	4.433	4.755**	4.725	1.104	3.063	0.164	4.545	7284**
	大专	4.309		4.707		3.013		4.646	
	本科	4.096		4.561		3.024		4.733	
	硕士及以上	3.933		4.756		2.867		4.390	
职级	基层	4.316	0.412	4.695	0.853	2.973	4.028	4.439	0.110
	中层	4.350		4.672		3.303		4.381	
	高层	4.607		4.286		3.524		4.303	
工龄	1 年及以下	4.379	1.069	4.648	3.464*	3.061	1.896	4.300	0.292
	1~3 年	4.257		4.473		3.076		4.315	
	3~5 年	4.210		4.721		2.946		4.469	
	5 年以上	4.520		4.946		3.532		4.511	
单位性质	国营	4.275	0.311	4.663	0.077	2.895	1.728	4.374	1.431
	非国营	4.332		4.690		3.078		4.374	

注: ** 表示 $p<0.01$(双尾),* 表示 $p<0.05$(双尾)

具有不同学历的员工在宽忍利他和接受权威两个维度上没有显著差异，而在遵从权威和面子两个维度上存在显著差异。随着学历程度的提高，我国企事业单位员工对领导、前辈等权威的遵从倾向越明显，也越注重自己和他人的社会声誉，注重对人情面子的管理。

同时，工龄不同的员工宽忍利他的倾向存在显著差异，而在遵从权威、接受权威和面子三个维度上差异不显著。随着加入组织时间的增长，员工的社会化程度和个体成熟度逐步加深，也越来越善于谦恭处事、与同事和组织合作，善于考虑别人的感受，宽忍利他的倾向也越来越强。

六、讨论与结论

1. 讨论

根据表5的分析结果，工作场所儒家传统价值观的四个维度中，宽忍利他、遵从权威和面子原则三个维度的均值都超过了4，接受权威的平均值为2.943，说明儒家传统价值观至今依然深刻体现在我国员工工作和生活的方方面面，具有重要的研究价值。

研究一的结果表明，儒家传统价值观本质上是一种以关系和谐为核心的儒家关系导向。这种关系导向具体表现为个体和各种权威的关系以及和泛泛的他人的关系。工作场所的儒家传统价值观包括遵从权威、接受权威、宽忍利他和面子原则四个维度。根据表4，这四个维度对二阶因子CTVW的因子负载存在比较明显的差异。宽忍利他最高，随后是遵从权威、面子原则和接受权威。这种排序可能和每种价值观取向在工作场所适用的情境数量及应用的频率高低相关。宽忍利他是适用于员工处理所有工作场所互动关系的一种价值取向，包括与单位、领导、前辈和同事之间的关系。而遵从权威更切合个体与领导及权威之间的互动，面子原则的使用则可能更多地出现在与普通同事之间的互动中。表4的结果还表明，接受权威的因子负载虽然显著，但效度值偏低（0.190）。在对儒家思想内容与结构的理论分析中，我们指出近几十年中国加速的工业化和现代化发展对儒家传统价值观产生了一定的影响，弱化了其中的某些极端项。虽然人们依然遵从权威，但是也越来越关注自我的独立与发展，认为盲目地接受权威是有失偏颇的。这可能是接受权威因子负载偏低的直接原因。

研究一设计了工作场所儒家传统价值观的量表并肯定了该量表的信度和建构效度，在此基础上，研究二对工作场所儒家传统价值观的效用进行了检验。研究结果表明，工作场所的儒家传统价值观与员工的组织行为密切相关，与公平敏感性和OCB分别显著正相关，是公平敏感性和OCB较好的预测指标，CTVW量表具有一定的效标效度。其中遵从权威这一维度的内容是根据中国传统中遵从权威的概念同时考虑工作场所的特点进行修订和设计的。以往的研究表明，中国传统中的遵从权威具有良好的信度和效度。首先，本研究的结果支持现有的研究结论，工作场所中的遵从权威能够很好地预测员工的公平敏感性和组织公民行为。其次，宽忍利他、遵从权威和面子三个维度对员工公平敏感性和OCB具有较好的预测力，是我国员工较为认同的指导日常行为的价值观取向。考虑到公平敏感性对员工公平感及其工作态度和行为的影响，这四个理论建构对组织公平及组织管理其他领域的研究同样具有重要的借鉴意义。再次，接受权威到公平敏感性的路径系数偏低（0.048），说明这一建构对员工公平敏感性的预测能力较弱。这可能是由于该维度的建构效度有待进一步提高，需要重新设计该维度的量表，也可能是由于公平敏感性的量表需要改进计分和测量方式。最后，新增加的从公平敏感性到OCB的路径并没有增加原结构模型的解释力，说明CTVW已经对我国员工的组织公民行为给予了充分的解释，CTVW能够超出公平敏感性对OCB给出额外的显著解释，也进一步表明了CTVW量表优良的效标效度。

在验证了CTVW量表的信度和效度之后，研究三进一步分析了我国员工在工作场所儒家传统价值观上的差异。儒家传统价值观的培养与建立是一个循序渐进的过程，是在依时而进、对个体不断社会化的过程中完成的，而年龄、学历、工龄和婚姻状态都是个体社会化进程的阶段性标志，因此，研究三的分析发现，具有不同年龄、学历、工龄和婚姻状态的员工具有不同的儒家传统价值观。相反地，性别和单位性质与依时而进的社会化进程并无明显关联，因此研究发现，具有不同性别和单位性质的员工在CTVW上没有显著差异。职级也属于与社会化进程依时而进的人口统计学变量，但研究三并没有发现职级对儒家传统价值观的显著影响，这可能与样本中担任中高级职位的员工所占比例过低有关（仅为22.7%），未来研究可以就该问题进一步探讨。

2. 研究结论

贯穿理论分析和实证研究的结果，我们得出以下结论：首先，儒家传统价值观本质上是一种以关系和谐为核心的儒家关系导向。这种关系导向具体表现为个体和各种权威的关系、和他人的关系以及面子原则。实证分析支持这一论断。通过对儒家传统价值观的测量发现，工作场所的儒家传统价值观可以概括为一种关系导向，其下包括遵从权威、接受权威、宽忍利他和面子原则四个维度，CTVW量表具有良好的信度和建构效度。其次，实证分析结果还表明，工作场所的儒家传统价值观具有良好的效用，与员工的公平敏感性和组织公民行为显著正相关，是公平敏感性和OCB较好的预测指标。同时，遵从权威、接受权威、宽忍利他和面子原则四个维度与公平敏感性和OCB也显著正相关，能够较好地预测员工的公平敏感性和组织公民行为。CTVW量表具有良好的效标效度。最后，具有不同社会历练的员工拥有不同的儒家传统价值观，CTVW量表的效度得到进一步验证。

3. 研究意义

本研究从理论和实证两个方面论证了工作场所儒家传统价值观的内容与结构，为基于儒家思想的组织管理研究提供了理论基础和简明有效的测量工具。首先，本研究基于工作场所的特点系统分析和探讨了儒家传统价值观的内涵及其对员工组织行为的影响，通过理论分析和实证研究证实了工作场所儒家传统价值观这一理论建构的内容与维度。为将基于普遍的社会价值观或行为设计的儒家传统价值观应用于工作场所的组织管理研究提供了可借鉴的思路和框架。其次，现有关于儒家传统价值观的量化研究所使用的价值观测度并不一致，而各个研究中对儒家传统价值观这一理论建构的界定和测度的一致性关系到研究结果的可比性和可解释性，最终关系到"儒家传统价值观与组织管理"这一研究领域的可持续发展。本研究对开发设计一套适用于工作场所的儒家传统价值观的量表具有抛砖引玉的作用，后续研究可以借鉴本研究的思路继续探讨工作场所儒家传统价值观的内涵和维度，修正 CTVW 量表，最终形成具有一致性和可比性的价值观测度。再次，本研究表明，工作场所的儒家传统价值观可以很好地预测员工的公平敏感性和组织公民行为。由于价值观决定了个体的态度和行为，因此，工作场所的儒家传统价值观可能对公平感知、组织支持感、工作满意度、反生产行为、工作绩效等重要的工作态度与行为有重要的影响。本研究为后续考察儒家传统价值观影响组织行为的研究领域提供了方向。最后，鉴于考察文化价值观对公平敏感性和 OCB 先决作用的研究还比较有限的事实，本研究也为该领域做出了相应的贡献。

本研究对组织实践也具有一定的指导意义。一方面，管理者可以因地制宜地将工作场所儒家传统价值观的内容具化到组织的各项基本管理原则和实践当中去，在计划、组织、领导和控制的各个管理环节加以灵活运用，建立和谐的工作场所关系。另一方面，本研究以公平敏感性和组织公民行为为例的实证分析表明，工作场所的儒家传统价值观能够较好地预测员工的工作态度与行为，所以组织可以根据员工儒家传统价值观的不同，有针对性地采取不同的管理措施和激励措施，以求达到最佳的激励效果和预期的绩效目标。

4. 研究的不足与未来研究方向

本研究也存在一定的不足。第一，在儒家传统价值观的二阶模型中，关系导向作为二阶因子的具体题项的设计还需要进一步修正。未来研究可以重新设计该理论建构的题项并对其信度和效度进行验证。第二，CTVW 量表本质上是新开发量表，虽然本研究通过因子分析和效标效度分析检验了该理论建构的效度，未来还需要实证研究进一步验证该量表的效度。第三，本研究采取了一次性的数据收集方法，研究一、研究二的数据均来自同一样本，可能对研究结果有所影响。未来研究可以仿效 Bauer 等的研究，在探索性因子分析、验证性因子分析以及效标效度分析中采取来自不同样本的数据来验证本研究的结论。第四，未来研究可以同时考察其他个体差异（如大五人格）是否有别于工作场所的儒家传统价值观，进一步判断 CTVW 量表的判别效度。第五，Farh 等指出，基于中国文化背景开发的量表不一定只适用于中国。因此，未来研究还可以基于其他文化背景对 CTVW 量表进行检验，探讨其跨文化的适用性。第六，未来研究可以将其他文化价值观建构（如 Hofstede 的文化价值观维度）和 CTVW 放在同一研究中，比较两者对员工态度和行为的影响，以进一步检验 CTVW 量表的信度与效度。

参考文献

[1] Hofstede G. Culture's Consequences: International Differences in Work - related Values [M]. Thousand Oaks, CA: Sage, 1980.

[2] Morris M. W., Leung K. Justice for All? Progress in Research on Cultural Variation in the Psychology of Distributive and Procedural Justice [J]. Applied Psychology: An International Review, 2000, 49 (1): 100 - 132.

[3] Chinese Culture connection. Chinese Values and the Search for Culture - free Dimensions of Culture [J]. Journal of Cross - cultural Psychology, 1987, 18 (2): 143 - 164.

[4] Hofstede G., Bond M. H. The Confucius Connection: From Cultural Roots to Economic Growth [J]. Organizational Dynamics, 1988, 16 (4): 5 - 21.

[5] Hwang K. K. Face and Favor: The Chinese Power Game [J]. American Journal of Sociology, 1987, 92 (4): 944 - 974.

[6] Hwang K. K. Chinese Relationism: Theoretical Construction and Methodological Considerations [J]. Journal for the Theory of Social Behavior, 2000, 30 (2): 155 - 178.

[7] 杨国枢. 中国人的社会取向: 社会互动的观点 [C] //杨国枢, 于安邦. 中国人的心理与行为: 理念及方法 [M]. 台湾: 桂冠出版社, 1993.

[8] Kahn H. World Development: 1979 and Beyond [M]. London: Croom Helm, 1979.

[9] 黄光国. 儒家价值观的现代转化: 理论分析与实证研究 [C] //乔健, 潘乃谷. 中国人的观念与行为——第四届现代化与中国文化国际研讨会论文集 [M]. 天津: 天津人民出版社, 1995: 174 - 200.

[10] 杨国枢, 郑伯勋. 传统价值观、个人现代性及组织行为: 后儒家假说的一项微观验证 [J]. 民族学研究所集刊, 1987 (64): 1 - 49.

[11] Chatterjee S. R., Pearson C. A. L., Nie K. Interfacing Business Relations with Southern China: An Empirical Study of the Relevance of Guanxi [J]. South Asian Journal of Management, 2006, 13 (3): 59 - 75.

[12] 颜爱民, 刘媛, 张敬军. 儒家文化蕴涵的人力资源管理思想及其现实影响 [J]. 湖南大学学报, 2007, 21 (6): 122 - 125.

[13] 何轩. 互动公平真的就能治疗"沉默"病吗?——以中庸思维作为调节变量的本土实证研究 [J]. 管理世界, 2009 (4): 128 - 134.

[14] Taormina R. J. Gao J. H. A Research Model for Guanxi Be - havior: Antecedents, Measures, Outcomes of Chinese Social Networking [J]. Social Science Research, 2010, 39 (6): 1195 - 1212.

[15] Farh J. L., Earley P. C., Lin, S. C. Impetus for Action: A Cultural Analysis of Justice and Organizational Citizenship Behavior in Chinese Society [J]. Administrative Science Quarterly, 1997, 42 (3): 421 - 444.

[16] Tsui A. S., Farh J. L. Where Guanxi Matters: Relational Demography and Guanxi in the Chinese Context [J]. Work and Occupations, 1997, 24 (1): 56 - 79.

[17] Wong Y. T., Wong S. H. Wong Y. W. A Study of Subordinate - supervisor Guanxi in Chinese Joint Ventures [J]. The International Journal of Human Resource Management, 2010, 21 (12): 2142 - 2155.

[18] 孔子. 论语 [M]. 张燕婴译注. 北京: 中华书局, 2006.

[19] 朱熹. 四书集注 [M]. 岳麓书社, 1985.

[20] Gabrenya W. K., Hwang K. K. Chinese Social Interaction: Harmony and Hierarchy on the Good Earth [C] //M. H. Bond (Ed.), The Handbook of Chinese Psychology [M]. Hong Kong: Oxford University Press,

1996: 309 - 321.

[21] Yang K. S., Ho D. Y. F. The Role of Yuan in Chinese Social Life: A Conceptual and Empirical Analysis [C]//Paranjpe A. C., Ho, D. Y. F., Rieber, R. W. (Eds.), Asian Contributions to Psychology [A]. New York: Praeger, 1988: 263 - 281.

[22] 费孝通. 乡土中国 [M]. 北京: 三联书店出版社, 1985.

[23] Bauer T. N., Sanchez R., Craig J., Ferrara P., Campion M. A. Development of the Selection Procedural Justice Scale (SPJS) [J]. Personnel Psychology, 2001, 54 (2): 387 - 419.

[24] Colquitt J. A. On the Dimensionality of Organizational Justice: A Construct Validation of a Measure [J]. Journal of Applied Psychology, 2001, 86 (3): 386 - 400.

[25] Chen X. P., Xie X. F., Chang S. Q. Cooperative and Competitive Orientation among Chinese People: Scale Development and Validation [J]. Management and Organization Review, 2011, 7 (2): 353 - 379.

[26] Gatewood R. D., Field H. S. Human Resource Selection, 5th Edition [M]. South - western: Thompson Learning, 2001.

[27] 杨国枢, 余安邦, 叶明华. 中国人的个人传统性与现代性: 概念与测量 [C]//杨国枢, 黄光国. 中国人的心理与行为 [A]. 台湾: 桂冠图书公司, 1991.

[28] Tabachnick B. G., Fidell L. S. Using Multivariate Statistics [M]. New York: Harper Collins College Publishers, 2001.

[29] Comrey A. L., Lee H. B. A First Course in Factor Analysis [M]. Hillsdale, NJ: Lawrence Erlbaum Associates, 1992.

[30] Gorsuch, R. L.. Factor Analysis. Hillsdale [M]. NJ: Lawrence Erlbaum Associates, 1983.

[31] Everitt, B. S.. Multivariate Analysis: The Needfor Data and Other Problems [J]. British Journal of Psychology, 1975 (126): 237 - 240.

[32] Byrne B. M. Structural Equation Modeling with AMOS: Basic Concepts, Applications, Programming [M]. Mahwah, NJ: Lawrence Erlbaum Associates, 2001.

[33] Pedhazur E. J., Schmelkin L. P. MeasurementDesign, Analysis [M]. Lawrence Erlbaum Association, Inc., 1991.

[34] Kline R. B. Principles and Practice of Structural Equation Modeling (2nd edition) [M]. New York: The Guilford Press, 2005.

[35] 周浩, 龙立荣. 公平敏感性研究评述. 心理科学进展, 2007, 15 (4): 702 - 707.

[36] Hofstede G., Hofstede G. J. Cultures and Organizations: Soft - ware for the Mind [M]. New York, NY: McGraw - hill, 2003.

[37] Kahle L. R. (Ed.). Social Values and Social Change: Adaptation to Life in America [M]. New York: Praeger, 1983.

[38] Homer P. M., Kahle L. R. A Structural Equation Test of the Value - attitude - behavior Hierarchy [J]. Journal of Personality and Social Psychology, 1988, 54 (4): 638 - 646.

[39] Schwartz S. H, Sagiv L., Boehnke K. Worries and Values [J]. Journal of Personality, 68 (2): 309 - 346.

[40] Huseman R. C., Hatfield J. D., Miles E. W. Test for Individual Perceptions of Job Equity: Some Preliminary Findings [J]. Perceptual and Motor Skills, 1985, 61 (3): 1055 - 1064.

[41] Huseman R. C., Hatfield J. D., Miles E. W. A New Perspective on Equity Theory: The Equity Sensitivity Construct [J]. Academy of Management Review, 1987, 12 (2): 222-234.

[42] Adams J. S. Inequity in Social Exchange [C] //Berkowitz L. (Ed.), Advances in Experimental Social Psychology [A]. New York: Academic Press, 1965: 267-299.

[43] Bass B. M. Bass and Stogdill's Handbook of Leadership: Theory, Research and Managerial Applications (3rd ed) [M]. New York: Free Press, 1990.

[44] Wheeler, K. G., Texas A. Cultural Values in Relation to Equity Sensitivity within and across Cultures [J]. Journal of Manage-rial Psychology, 2002, 17 (7): 612-627.

[45] Yamaguchi I. The Relationships among Individual Differences, Needs and Equity Sensitivity [J]. Journal of Managerial Psychology, 2003, 18 (4): 324-344.

[46] Kluckhohn F., Strodtbeck F. L. Variations in Value Orientations, Evanston, Ill [M]. Row, Peterson, 1961.

[47] Bolino M. C., Turnley W. H. Oldfaces, New Places: Equity Theory in Cross-cultural Contexts [J]. Journal of Organizational Behavior, 2008, 29 (1): 29-50.

[48] Fehr E., Fischbacher U. The Nature of Human Altruism [J]. Nature, 2003, 425 (6960): 785-791.

[49] 朱真茹，杨国枢．个人现代性与相对作业量对报酬分配行为的影响 [J]．民族学研究所集刊，1976 (41): 79-95.

[50] Farh J. L., Zhong C. B., Organ O. B. Organizational Citizen-ship Behavior in the People's Republic of China [J]. Organization Science, 2004, 15 (2): 241-253.

[51] Borman W. C., Motowidlo S. J. Task Performance and Con-textual Performance: The Meaning for Personnel Selection Research [J]. Human Performance, 1997, 10 (2): 99-109.

[52] Organ D. W. Organizational Citizenship Behavior: It's Construct Clean-up Time [J]. Human Performance, 1997, 10 (2): 85-97.

[53] Organ D. W. Organizational Citizenship Behavior: The Good Soldier Syndrome [M]. MA: Heath, 1988.

[54] Taras V., Kirkman B. L. Steel P. Examining the Impact of Culture's Consequences: A Three-decade, Multilevel, Meta-analytic Review of Hofstede's Cultural Value Dimensions [J]. Journal of Applied Psychology, 2010, 95 (3): 405-439.

[55] Lin L. H., Ho Y. L. Guanxi and OCB: The Chinese Cases [J]. Journal of Business Ethics, 2010, 96 (2): 285-298.

[56] Farh J. L., Hackett R. D. Individual-level Cultural Values as Moderators of Perceived Organizational Support-employee Outcome Relationships in China: Comparing the Effects of Power Distance and Traditionality [J]. Academy of Management Journal, 2007, 50 (3): 715-729.

[57] 郭晓薇．两种价值观对组织公民行为的预测及调节作用探析 [J]．南京师范大学学报（社会科学版），2006 (2): 110-115.

[58] McClelland D. C. The Achieving Society [M]. New York: Van Nostrand Reinhold, 1961.

[59] Lin L. H. Cultural and Organizational Antecedents of Guanxi: The Chinese Cases [J]. Journal of Business Ethics, 2011, 99 (3): 441-451.

[60] Podsakoff P. M., MacKenzie S. B., Moorman R. H., Fetter [J]. R. Transformational Leader Be-

haviors and Their Effects on Followers' Trust in Leader, Satisfaction, Organizational Citizen – ship Behaviors [J]. Leadership Quarterly, 1990, 1 (2): 107 – 142.

[61] Farh J. L., Zhong C. B., Organ D. W. Organiztional Citizenship Behavior in the People's Republic of China [J]. Organization Scince, 2004, 15 (2): 241 – 253.

[62] Davison H. K., Bing M. N. The Multidimensionality of the Equity Sensitivity Construct: Integrating Separate Benevolence and Entitlement Dimensions for Enhanced Construct Measurement [J]. Journal of Managerial Issues, 2008, 20 (1): 131 – 150.

[63] Farh J. L., Canella A. A., Lee C. Approaches to Scale Development in Chinese Management Research [J]. Management and Organization Review, 2006, 2 (3): 301 – 318.

Confucian Traditional Values at Workplace: Theory, Measurement and Validation

Wang Qingjuan   Zhang Jincheng

Abstract: As the kernel of culture, cultural values influence important attitudes and behaviors of individual employees. To examine such influences, one prerequisite is to define theoretical foundations and scales of aiming cultural values. Confucianism is representative of Chinese traditional culture and the cultural value underlying it is the most powerful in shaping attitudes and behaviors of Chinese. Limited pioneer research has provided preliminary evidence regarding the important influence of Confucianism on organizational behavior, but most of them introduce general social cultural values into workplace directly and the scales across studies are inconsistent, no research systematically investigate the connotation of Confucian traditional values and its impacts on employees' attitudes and behaviors drawing on characteristics of workplace. Thus, the purpose of the current paper is to explore the connotation of Confucian Traditional Values at Workplace (CTVW), develop CTVW Scale and validate the scale, both theoretically and empirically. The current paper analyzes the content and structure of Confucianism theoretically in the first place, then examines and defines the content and dimensions of Confucian Traditional Values at Workplace, andfinally, designs CTVW Scale and tests its validity and reliability through 3 empirical studies. The results of study 1 indicate that CTVW is a Confucian relation – orientation in nature which centers round relation harmony and covers four dimensions: respect and compliance to authorities, tolerance and altruism, acceptance of authorities, andface rule. CTVW Scale shows reasonable reliability and construct validity. Furthermore, Study 2 demonstrates CTVW is also a good predictor of employees' equity sensitivity and organizational citizenship behavior (OCB) and the criterion validity of CTVW Scale is supported; Finally, study 3 shows that employees with different social experiences hold different level of CTVW, the validity of CTVW Scale is verifiedfurther. The theoretical and practical implications andfuture research directions of this study are discussed in the context of Chinese culture and beyond.

Key Words: Confucianism; Work – place; Confucian Tradition Values; Validation

企业跨部门心理安全、知识分享与组织绩效间关系的实证研究*

孙 锐 陈国权

【摘 要】知识分享是组织学习研究领域的一个热点话题,本研究旨在探讨跨部门心理安全对组织内部知识分享以及组织绩效的影响机制。本文实证研究发现,组织跨部门心理安全与组织知识分享、组织绩效之间均存在倒"U"形关系,而知识分享会对组织绩效的提升产生正向影响,知识分享在跨部门心理安全对组织绩效的作用中扮演中介角色。研究发现有助于加深我们对跨部门心理安全与组织知识分享、组织绩效间作用关系的深入了解,为企业管理实践提供有益的借鉴和启示。

【关键词】部门间心理安全;知识分享;组织学习;组织绩效

引言

在技术环境、市场需求和行业竞争动态变化条件下,企业要获得长远的生存发展,就需要不断推动组织学习,进行自我更新。建立学习型组织特别强调组织知识和经验的分享,如何在组织内有效地转移和传递知识,不仅是组织学习的重要内容,也是提升组织学习能力的关键之一。基于资源的企业观指出,"知识"是组织重要的竞争性资产,它以技能、专利、诀窍、法则、关系、观念、原理、经验、方法及程序等形式存在,构成了企业有效行动的基础,但是这种资产难以通过"购买"来转移,只能通过"分享"、"转移"来获取。其中,组织中的部门、团队和员工是组织学习和知识分享的重要主体。从个体到团队,再到组织的跨层次、多维知识共享、交换过程,本身是一个组织知识资本活性化的增值过程,同时也是一个组织创新能力形成及塑造竞争优势的过程。

---

* 本文选自《南开管理评论》2012年第1期。

前期研究表明，组织内部知识分享并非一件易事，许多旨在推动知识分享的组织努力没有达到预期效果。相关企业调查也显示，在很多情况下组织知识分享是失败的，即使有管理者的督导和推动，仍有许多员工不愿意与他人分享知识。在这方面，许多学者探究了其中的原因，结论包括组织文化和价值观的负面影响、组织流程或人际关系的障碍、个体权力和私利的考虑、组织结构不匹配以及组织激励等问题。但是，什么是影响知识分享的关键要素呢？理论界尚未达成共识，这也是学者们持续探索的原因之一。

随着组织学习研究的深入，越来越多的学者倾向基于组织情景的知识管理和知识创新观点。这种观点表明，组织学习和知识分享发生在一定脉络情景（Context）中，其中蕴含着个体、群体间的社会化交互过程，某些情景变量会推动或阻碍工作场所中的知识分享活动。前期有研究证明，心理安全这个情景变量是团队学习的重要影响因素。与此类似，在知识分享领域，也有研究显示组织支持、同事支持等情景变量也会对组织内部知识分享产生积极作用，但是明确将心理安全，特别是跨部门心理安全作为知识分享的前因变量，并具体探讨其对组织绩效整体作用机制的尚未见相关文献。组织内的心理安全，包括个体间心理安全和部门间心理安全，在很大程度上会影响个体之间与部门之间的知识信息交流和转移，而跨部门心理安全对组织知识分享的作用机制还缺乏实证检验。基于此，本文将在文献分析基础上，对中国企业背景下部门间心理安全、组织知识分享与组织绩效间的作用关系展开实证研究，并回答以下问题：企业部门间心理安全是否会对组织知识分享和企业绩效产生影响？其中的具体机制如何？最后的实证结论表明，组织跨部门心理安全与组织知识分享、组织绩效之间均存在着倒"U"形关系，知识分享会对组织绩效产生正向影响，知识分享在跨部门心理安全对组织绩效的作用中扮演部分中介角色。期望本研究能够有助于我们对跨部门心理安全作用的深入理解，并对企业实践提供管理借鉴和启示。

一、文献回顾与研究假设

知识是人们积累的，与认知相关的认识、观念、理论、法则、经验、方法和程序。作为一种流动的综合体，知识包括结构化的经验、文字化资料以及专家的独到见解，它为新经验的评估、整合与传播等提供了一种基本架构。由于认知领域的千差万别，具体的知识既具有独特性和专属性，也存在相互关联和聚合性，这使知识的交流、共享、转移变得必要、互益和可行。随着科技的快速发展，单一的知识、技能越来越难以适应创造、创新的需求，只有打破不同个体、部门间的障碍，建立一种多层次、多维度的知识沟通与共享机制才能支持现代企业组织的有效运营。"知识蕴藏于人脑之中，知识的创造力在于人们的互动过程"。Senge和Hendriks的研究都指出，知识的分享、转移涉及两个层面的过程，一是知识发出者的知识外化和知识传递过程；二是知识接受者的知识吸收和知识内化过程，双方互动才能完成完整的知识分享。陈国权的研究表明，工作场所中的人际关系会影响到组织中的学习行为。由于知识分享是组织学习的重要环节，我们预期组织中的人际背景因素将会作用于员工知识分享意愿，进而影响组织内部知识分享活动。

近期，组织学习领域将"心理安全"作为重要的组织内部背景变量进行研究取得了积极的成果。"心理安全"概念最早是基于个体和团队层次，它可以被描述为一种组织员工关于其工作环境中人际关系风险后果的感知。在心理安全的信念中，员工可以自由展现自己而不需要担心给其自我形象、地位及职业等带来的消极后果。针对心理安全的研究表明，它是工作环境中学习行为的一种重要催化剂。Edmondson 最早在团队学习研究中引入了心理安全概念，他认为团队心理安全是团队成员的一种共同信念，这种信念使成员能够承担得起团队内部人际风险。而 Baer 和 Frese 以及 Schein 和 Bennis 将心理安全概念推广到组织变革背景下更广义的群体环境中，并指出心理安全是群体成员对互相间支持的一种普遍感受，它能使成员愿意承担创新性任务，或者其他需要一定勇气才能完成的工作。在跨部门合作日益盛行的组织背景下，企业内部"心理安全"还应进一步扩展至组织部门之间。在现代组织运作中，跨部门、跨职能协同配合成为一种常态。Fruin 的研究表明，现代的知识性工作，其创新和创造性方案的提出一般发生在不同业务部门单元的合作和碰撞中。其中，跨部门心理安全作为一种不同部门间关于人际、社会风险态度的共享认知，可能会对部门之间的知识互动、反馈过程产生一定影响。

以往的研究证明，在团队层次上，心理安全可以有效地促进组织学习进程。Abraham、Gittell 等指出，学习是一种社会过程，而知识分享可以被视为一个动态的，不同部门员工间互动、交换的过程。在低程度心理安全的情景下，不同部门间相互猜忌，恶性竞争，跨部门、跨职能的互动将面临相当大的社会风险，不论是跨部门间协作，还是部门间的知识共享都将遭遇一定的不确定性。可以推论，在没有相互信任和相互支持的情况下，对失去知识独占性的担忧和不安所造成的心理压力会使组织部门倾向于以更保守的方式处理知识分享问题，以尽量避免处于不利位置，从而抑制组织内的知识分享活动。

另外，组织内知识分享活动也需要一定的动力机制。对组织员工而言，"压力"也是一种工作源。Zhou 和 George 的研究表明，工作不满意有时会诱导组织员工产生正向的组织行为，如创造性行为以改变现状。在过高程度的跨部门心理安全条件下，组织成员及不同部门之间会产生一种心理"安逸感"。如果组织社会情境过于稳定、舒适且一团和气，以至于不能带来对双方互益知识分享活动的激励，不同部门对于现状都比较满意，那么需要花费一定成本的知识分享活动就失去了基本的动力刺激，从而会降低知识分享水平。在中等程度的部门间心理安全情境下，组织环境中有适度的变异刺激，能够激发不同部门间相互协作、共担风险并共创价值。组织跨部门之间更有利于避开批判性思维和慵懒懈怠，表现出彼此信任、相互容忍、主动反馈和积极互助等行为特征，以共赢的态度促进相互间的经验交流和知识交换。因此，中等程度的部门间心理安全将会促进组织知识分享。综合上述分析，跨部门心理安全较低和较高时，组织知识分享水平都将较低，而在中等程度心理安全感水平下，组织知识分享水平最高。整体而言，部门间心理安全对组织知识分享可能存在倒"U"形影响，因此，得到以下假设：

H1：企业部门间心理安全与组织知识分享间存在开口向下的倒"U"形影响关系

Edmondson 的研究表明，团队层次上的心理安全水平会影响团队绩效。在较高的心理安全水平下，团队成员可以避免组织政治困扰，减少自我防卫的精力消耗，把更多时间投入工作，从而有利于取得更好的绩效。与此类似，我们预计组织部门间的心理安全程度会影响组织整体绩效。与上述假设的逻辑类似，我们预期，在一定范围内，组织部门间心理安全会对组织绩效起到正向影响，然而如果心理安全程度过高，就会对组织绩效产生负面影响。

一方面，组织绩效的提升通常需要组织各部门及全体成员的协同努力和相互配合。由于不同部门和成员在组织运作中所扮演的角色不同，所掌握的资源、信息和知识也有所不同，在适度的心理安全水平下，不同组织部门更愿意将自己独享的隐性知识和显性知识与他人交流、互动，将有利于增加组织洞察力，产生更加深入的见解和观点，使各项组织任务和目标更加明晰化，从而有利于组织获取更积极的工作成果，产生较高的组织绩效。相反，低程度的部门间心理安全，将增加不同部门相互接触的心理压力，从而在一定程度上抑制组织知识共享与交换。缺乏充分知识共享的组织将难以充分挖掘和利用内部资源，从而难以取得较高的组织绩效。很难想象一个各部门间关系不融洽、相互排斥的组织可以取得高绩效。

另一方面，如前文所述，过高程度的心理安全所带来的"安逸"感知，将阻碍组织部门之间投入需要彼此配合、花费更多时间和精力所进行的创造性活动中，从而降低组织绩效。古语云："生于忧患，死于安乐。"这里我们可以称之为高心理安全所带来的组织"死水"效应。过度的部门间心理安全会带来整个组织的懈怠、松散，进而导致组织绩效下降。根据 H1 的推断，过度的部门间心理安全可能带来组织知识分享水平的下降，而知识分享水平的降低将进一步对组织绩效带来负面影响，即部门间心理安全将会以组织知识分享为中介对组织绩效产生影响。因此，我们预期在一定范围内，部门间心理安全与组织绩效提升存在正向影响，而部门间心理安全水平过高，则会对组织绩效产生负向影响，即整体而言，部门间心理安全对组织绩效可能存在倒"U"形影响关系，因此，得到以下假设：

H2：企业部门间心理安全与组织绩效之间存在开口向下的倒"U"形影响关系

H3：组织内部知识分享对组织绩效会产生正向影响

H4：部门间心理安全以组织知识分享为中介对组织绩效产生影响

二、研究设计与研究方法

1. 研究样本与数据收集

本研究以清华大学经济管理学院 EMBA 班学员及一些高级管理培训课程班的学员为

基础，以滚雪球法选择企业规模在25人以上、具备较完善组织管理体系的企业进行问卷调查。调查对象是熟悉企业经营状况，能够对企业管理现状和企业绩效做出较为客观判断的大中型企业管理人员。问卷以保密方式发放给被调查者，并配备了匿名信封以回收问卷。研究设计中每个被调查企业发放问卷四份，分别由总经理和分管经营、人力资源以及财务的高层管理者四人填写。为了保证调查的准确性以及被调查者对如何填写问卷有清晰的了解，问卷发放人员与被调查企业的人力资源主管一起对问卷进行编号，并将每个调查者的姓名事先填好。调查者会事前向被试以书面及口头形式阐明调查目的与相关注意事项。为了便于问卷回收与补漏，调查者与企业联络人保持密切联络，督促和监控问卷的收发程序，并及时处理问卷调查中发生的问题，对于顺利完成问题调查的被试，我们会以特定方式致以谢意。要求被调查者将填好的纸质问卷放入事先准备好的信封中，密封起来寄回或者由调查者回收。此调查过程步骤严密，以保证问卷填写的真实性与有效性。

本研究正式调查共发放问卷1300份，收集调查样本历时一年多的时间，回收问卷592份，回收率45.5%。由于问卷所含题项较多，研究者删除其中漏答过多以及填答明显不认真的不合格问卷，最后得到有效问卷共计301份，问卷有效率为51.3%。调查主要统计信息如下：被调查者男性为225人，占调查样本总数的74%；女性为79人，占调查样本总数的26%。填写者30岁以下的28人，占被调查者总数的9.2%；30~60岁的274人，占总数的89.8%；60岁以上的两名，占总数的1.0%。根据问卷统计数据，被调查企业相关信息有：按所有制类型划分，国有企业占37%，非国有企业占63%；按所属行业划分，制造业企业占75%，非制造业企业占25%；按企业地理分布划分，东部地区企业为56.7%，中部和西部地区企业为43.3%；按企业规模划分，150人及以下的企业占22%，151~200人的企业占21%，201~500人的企业占14%，501~2000人的企业占18%，2001~5000人的企业占9.5%，5000人以上的企业占15.4%；按企业运营时间划分，成立三年以下的企业占10.2%，成立3~7年的企业占17.7%，成立8~10年的企业占21.6%，成立11~20年的企业占27.9%，成立20年以上的企业占22.6%。

2. 变量选取与测量工具

本研究使用问卷调查的研究方法。调查问卷内容包括部门间心理安全、知识分享、组织绩效以及被调查企业和个人背景资料四部分。本研究中所使用的具体测量工具如下：

部门间心理安全采用根据Edmondson的七项目单维度心理安全问卷修改而成部门之间心理安全问卷。典型问卷测量项目为"在协作中，如果某部门犯了错误，它不会受到其他部门过多的责备"、"每个部门都敢于提出问题（而不是回避问题）同其他部门一起讨论"、"没有哪个部门会为了表现本部门的能力或优势而故意反对其他部门"等。问卷采用七点李克特量表（1 = 非常不同意；7 = 非常同意），由被调查者按照其组织内的实际情况进行填答。

对知识分享的测量选择Chen和Huang开发的测量问卷，其中包括五个项目。典型问卷测量项目为"企业内上下级之间能分享知识和经验"和"企业内同事之间能分享知识和经验"，以及"企业内各部门之间能分享知识和经验"。问卷采用七点李克特量表（1 =

非常不同意；7＝非常同意），由被调查者按照其组织内的实际情况进行填答。

组织绩效作为企业表现的评价指标，采用 Moorman 和 Yang、Yu、Lee 等的测量问卷，共五个测量项目。此调查问卷经陈国权等在中国企业实际调查中应用，被证明具有较好的信度和效度。其中典型的测量项目有"本企业的产品或服务市场份额大"、"与同业相比，本企业的产品或服务市场份额大"，以及"与同业相比，本企业的产品或服务资产收益率高"等。问卷采用七点李克特量表（1＝非常不同意；7＝非常同意），由被调查者按照其组织内的实际情况进行填答。

根据相关研究文献，考虑到企业所在地区、所有制类型、所属行业、企业寿命与企业规模等的作用影响，本研究将以上变量设置为控制变量。其中，企业所在地区用虚拟变量来表示，将东部设为1，非东部地区（中部和西部）设为0；企业所有制类型用虚拟变量来表示，将非国有企业设为1，国有企业设为0；企业所属行业用虚拟变量来表示，将非制造业企业设为1，制造业企业设为0；企业寿命用企业成立时间的自然对数来表示；企业规模用企业员工总数的自然对数来表示。

此外，调查问卷还采用填空与选择的方式，对调查对象的个人背景（包括年龄、性别、具体职位、任职年限等）和企业背景资料（包括所有制结构、所属行业、企业规模、所在地区等）进行收集。

三、数据分析与研究结果

1. 测量工具的信度和效度

本研究使用 SPSS 12.0 和 LISREL 8.7 检验测量工具的信度和效度。我们对研究所涉及的全部变量题项进行探索性（EFA）和验证性因子（CFA）以检验量表效度。本文以主成分分析法进行正交旋转，对所有测量条目进行探索性因子分析。探索性因子分析结果表明，数据 KMO 值为 0.886，Bartlett 球形检验值为 3768.357，$p < 0.001$，即样本适合做因子分析。以主成分分析法进行正交旋转析出的三个因子，各因子载荷均大于 0.65，未出现交叉载荷题项，三个因子累计方差解释率达到 73.89%，三个因子分别对应着心理安全（PS）、知识分享（KS）和组织绩效（OP）三个研究构思（Construct），这表明测量问卷具有初步研究效度。本文再对研究所涉及的全部变量题项进行验证性因子（CFA）。研究采用 LISREL 软件对包括所有测量题项，三个设定因子研究模型进行验证性因子（CFA）分析。结果表明，三个因子的各标准化因子负荷分布于 0.63~0.94，均高于 0.4 的最低负荷系数值，没有产生交叉载荷。各因子载荷 T 值最小为 7.61，大于临界值2，即所有载荷系数都具有统计意义。三因子模型验证性因子（CFA）分析主要拟合指数为：Chi – Square = 578.41，df = 116，RMSEA = 0.11，p = 0.000，CFI = 0.92，IFI = 0.92，NFI = 0.91，GFI = 0.82，IFI = 0.92，SRMR = 0.066。根据拟合优度指数判断，测量量表

具有较好的结构效度。项总相关系数（Item-to-total Correlation）一般也用来作为评判量表效度的重要工具之一，如各研究变量测量题项的项总相关系数达到0.5，即表示量表具有好的结构效度和效标关联效度。本研究问卷分析表明，各测量题项的项总相关系数均在0.58以上，即表明问卷具有良好的效标关联效度和结构效度。在验证性因子分析中，平均提取方差（AVE）可以用来考察模型的收敛效度和区别效度。根据一般结论，如果所提取因子的AVE大于0.5（AVE的平方根大于0.707），可认为模型具有较好的收敛效度；如果所有提取因子AVE大于两个因子间的相关系数的平方，则表示因子之间具有较好的区别效度。本研究各变量的AVE值如表1所示，分别为知识分享AVE值为0.82，心理安全AVE值为0.54，组织绩效AVE值为0.90。各变量AVE均高于临界值0.5，各因子之间的相关系数均小于对角线上的AVE值，即AVE都高于因子相关系数的平方值，因此研究量表显示出良好的收敛效度和区别效度。

本研究使用Cronbach α系数验证量表的信度。当Cronbach α系数高于0.7时，即意味着因子具有良好的内在一致性。本研究涉及的知识分享的Cronbach α值为0.92，心理安全的Cronbach α值为0.87，组织绩效的Cronbach α值为0.91。可见，各个研究变量的内部一致性系数（Cronbachα）均在0.8以上，说明各因子的测量均具有很好的一致性，量表具有较高的信度。对于存在潜在因子结构的量表，一般还要计算结构信度（Constuct Reliability，CR），它反映了量表中因子结构间的一致性，一般认为结构信度CR值需要大于0.6。本研究涉及心理安全（PS）、知识分享（KS）、组织绩效（OP）的信度CR值最低为0.803，即研究量表表现出较好的结构信度。

2. 变量的描述性及相关性分析

本研究涉及相关变量为部门间心理安全（PS）、知识分享（KS）及组织绩效的描述性分析如表1所示。由表1可知，部门间心理安全、知识分享及组织绩效之间呈显著正相关（PS<0.01），其中部门间心理安全、知识分享之间的相关系数为0.552，相关程度较高。以上表明，预测变量与效标变量之间具有较高的相关性，这为验证部门间心理安全、知识分享与组织绩效之间的作用关系相关假设奠定了基础。为进一步厘清各变量之间的关系，本文使用多元回归方法进行进一步分析检验。

表1 研究变量的描述性分析、相关系数与AVE值（N=301）

研究变量	平均值 M	标准差 SD	1	2	3
部门间心理安全（KS）	5.114	0.948	1 (0.822)		
知识分享（PS）	5.305	0.862	0.552**	1 (0.544)	
组织绩效（OP）	4.846	1.039	0.327**	0.359**	1 (0.900)

注：*表示 $p<0.05$；**表示 $p<0.01$，对角线括号中为AVE值

3. 组织部门间心理安全与组织内部知识分享间的关系

本文将探讨组织部门间心理安全对组织知识分享的作用影响。研究采用Enter方法进

行分层回归,其中控制变量包括企业所处地区(东部、西部)、所有制类型、企业寿命、所属行业以及企业员工规模,主要效果变量为心理安全、心理安全的平方值,效标变量(Criterion)为组织内部知识分享,相关分析如表2所示。

表2 部门间心理安全与知识分享的倒"U"形关系分析

预测变量	知识分享					
	回归模式1		回归模式2		回归模式3	
	β^a	T^b	β^a	T^b	β^a	T^b
常数项	***	18.737	***	6.332	***	19.001
所在地区	-0.082	-1.416	-0.009	-0.174	-0.073	-1.265
所有制类型	-0.078	-1.244	-0.039	-0.723	-0.081	1.297
所属行业	0.002	0.024	-0.021	-0.381	-0.020	-0.308
企业寿命	-0.139*	-2.126	-0.054	-0.972	-0.125	-1.926
企业规模	0.012	0.165	-0.013	-0.206	-0.018	-0.251
主要效果变量						
部门心理安全(PS)			0.544***	11.051		
部门心理安全平方(PS^2)					-0.143*	-2.478
积累变异量 R^2	0.025		0.309		0.044	
调整后的 R^2	0.008		0.295		0.025	
R^2 的改变量	0.025		0.284		0.019	
整体模型的 F 值	1.502		22.114***		2.297*	

注:β^a 为标准化 Beta 系数,b 标准化 T^b 为对应的 t 统计量,其中 * 表示 $p<0.05$,** p 表示 <0.01。*** 表示 $p<0.001$

由表2回归模式2可以看出,部门间心理安全对知识分享的回归模型整体上是显著的($F=22.114$,$p<0.001$)。回归分析表明,在企业背景变量(所在地区、所有制类型、所属行业、企业寿命、企业规模)给定的情况下,企业部门间心理安全对知识分享具有正向影响(标准化回归系数 $\beta=0.544$,t 检定值 $=11.051$,$p<0.001$)。其中控制变量和自变量共同解释了因变量知识分享30.9%的变异量。由表2的回归分析模式3可以看出,部门间心理安全的平方值对知识分享的回归模型整体上是显著的($F=2.297$,$p<0.05$),模型中最大 VIF 值为1.652,远小于临界值10。回归分析表明,在企业背景变量(所在地区、所有制类型、所属行业、企业寿命、企业规模)给定的情况下,企业心理安全的平方值对知识分享有显著的负向影响(标准化回归系数 $\beta=-0.143$,t 检定值 $=-2.478$,$p<0.05$)。其中控制变量和自变量共同解释了因变量组织知识分享4.4%的变异量,而自变量"心理安全平方"对"知识分享式"所带来的变异解释量增量为1.9%,对因变量的解释量有显著贡献($p<0.05$)。以上分享表明,组织成员心理安全与组织知识分享之间存在二次曲线关系,且"心理安全平方"对"知识分享式"的回归系数为负(二次项系数为负),即相关抛物线开口向下,形成一个先增后降的倒"U"形曲线(如图1所示)。

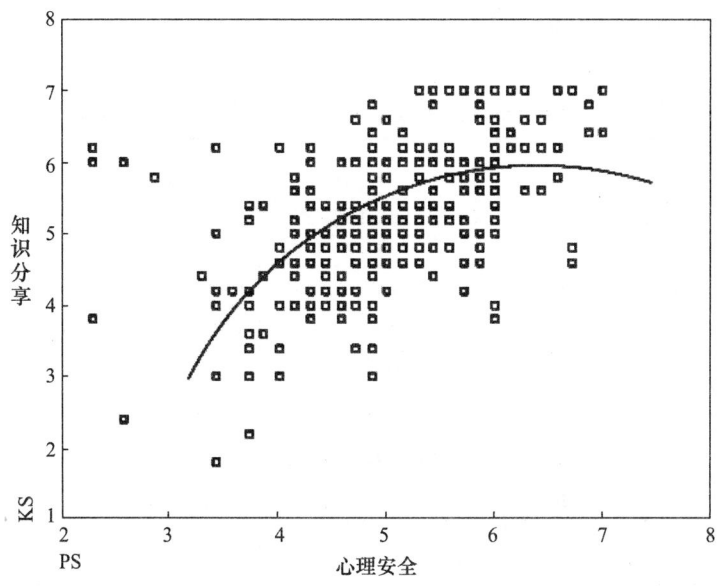

图1 部门间心理安全与知识分享的倒"U"形关系

结合模式2和模式3的分析结果我们可以看出,在一定范围内,组织部门间心理安全会对内部知识分享产生积极的推动作用,但是过度的部门心理安全感会导致组织内知识分享水平的下降,即心理安全过度会对组织知识分享产生负面影响效应,我们将其称为高心理安全的"死水效应"。由以上可知,组织部门间心理安全与组织内部知识分享之间存在倒"U"形关系,即H1得到验证。

4. 组织部门间心理安全与组织绩效,知识分享的中介效应

根据Baron与Kenny提出的检验中介效应的三项基本条件,本研究利用多元回归分析对知识分享的中介效应进行假设检验的程序为:首先,以心理安全为自变量对组织绩效进行回归分析以检验其关系是否显著;其次,以心理安全对知识分享进行回归,检验其关系是否显著;再次,以组织知识分享对组织绩效进行回归检验其关系是否显著;最后,在心理安全对组织绩效的回归模型中放入知识分享作为中介变量,检验与未放入中介变量时回归作用关系是否变弱,或者不再显著。

由上述可知,部门间心理安全对知识分享具有显著正向影响效应。其他验证知识分享中介效应的相关分析如表3所示。表3的回归模式1显示,部门间心理安全对组织绩效的回归模型整体上是显著的($F=9.958$,$p<0.01$),模型的VIF值最大为1.607,小于临界值10。在企业背景变量(所在地区、所有制类型、所属行业、企业寿命、企业规模)给定的情况下,部门间心理安全对组织绩效具有显著的正向效应(标准化的回归系数$\beta=0.360$,t检定值$=6.664$,$p<0.001$)。其中控制变量和自变量共同解释了组织绩效16.7%的变异量,而部门间心理安全对组织绩效变异解释量的增量为12.4%。分析可知,

组织部门间心理安全感对组织绩效具有正向作用。

表3 知识分享在心理安全对组织绩效的作用路径中的效应分析

控制变量	组织绩效									
	回归模式1		回归模式2		回归模式3		回归模式4		回归模式5	
	β^a	T^b	β^a	T^b	β^a	T^b	β^a	T^b	β^a	T^b
常数项	***	4.656	***	13.932	***	5.419	**	3.408	***	5.608
所在地区	0.040	0.733	-0.001	-0.020	0.018	0.323	0.041	0.772	0.022	0.399
所有制类型	0.075	1.285	0.046	0.749	0.074	1.252	0.082**	1.425	0.072	1.215
所属行业	-0.015	-0.259	-0.019	-0.297	-0.001	-0.020	-0.011	-0.197	-0.013	-0.211
企业寿命	-0.120*	-1.959	-0.164**	-2.541	-0.131*	-2.117	-0.110	-1.815	-0.125*	-2.021
企业规模	0.196**	2.924	0.187**	2.578	0.209**	3.070	0.199	2997	0.192**	2795
主要效果变量										
心理安全（PS）	0.360***	6.664					0.259***	4.088		
心理安全平方（PS^2）			-0.123***	-2.138			-0.078	-1.412		
知识分享（KS）					0.324***	5.975	0.186**	2.955	0.313***	5.723
积累变异量 R^2	0.167		0.057		0.146		0.191		0.151	
调整后的 R^2	0.151		0.038		0.128		0.172		0.131	
R^2 的改变量	0.124		0.014		0.103		0.148		0.108	
整体模型的F值	9.958***		3.020**		8.441***		10.005		7.544***	

注：β^a 为标准化的 Beta 系数，b 标准化 T^b 为对应的 t 统计量，* 表示 $p<0.05$，** 表示 $p<0.01$，*** 表示 $p<0.001$

表3的回归模式2显示，部门间心理安全的平方值对组织绩效的回归模型整体上是显著的（F=3.020，$p<0.01$），模型VIF值最大为1.652，小于临界值10。在企业背景变量（所在地区、所有制类型、所属行业、企业寿命、企业规模）给定的情况下，部门间心理安全的平方值对组织绩效具有显著的负向作用（标准化的回归系数 $\beta=-0.123$，t检定值 $=-2.138$，$p<0.001$）。其中控制变量和自变量共同解释了组织绩效5.7%的变异量，即表明组织部门间心理安全与组织绩效之间也存在二次曲线关系，且"心理安全平方"对"组织绩效"的回归系数为负（二次项系数为负），即相关抛物线开口向下，形成一个先增后降的倒"U"形曲线（如图2所示）。以上分析表明，在一定范围内组织部门间心理安全对组织绩效会起到正向作用，但是过度的部门间心理安全，则会导致组织绩效整体水平下降，即心理安全过度会对组织绩效产生负面影响效应，也即过度心理安全对组织绩效的"死水效应"。由以上可知，部门间心理安全感与组织绩效之间存在倒"U"形关系，即H2得到验证。

由表3的回归模式3可见，组织知识分享对组织绩效的回归模型整体上是显著的

（F=8.441，p<0.001）。模型的 VIF 值最大为 1.605，小于临界值 10。在企业背景变量（所在地区、所有制类型、所属行业、企业寿命、企业规模）给定的情况下，组织知识分享对组织绩效具有显著正向作用（标准化回归系数 β=0.324，t 检定值=5.975，p<0.001）。其中控制变量和组织知识分享共解释了因变量 14.6% 的变异量，而由知识分享所带来的对组织绩效变异解释的增量为 10.3%。以上结果表明，组织知识分享水平越高，组织绩效也将越高，即验证了 H3。根据 Baron 与 Kenny 关于中介效应检验的第三个条件，在部门间心理安全对组织绩效的回归模型中放入中介变量——组织知识分享。

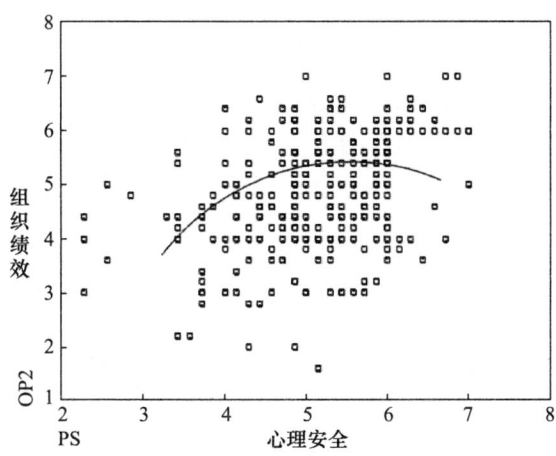

图 2　部门间心理安全与组织绩效的倒"U"形关系

由表 3 多元回归分析模式 4 可以看出，回归模型整体上是显著的（F=10.005，p<0.001），模型 VIF 值最大为 1.608，小于临界值 10。组织内部心理安全和知识分享共同解释了组织绩效 19.1% 的变异量。将表 3 中回归模式 1 和模式 4 进行对比可知，在加入中介变量"知识分享"后，部门间心理安全对组织绩效的回归系数仍然显著，但是回归系数值降低（由标准化的回归系数 β=0.360，t 检定值=6.664，p<0.001，降低到标准化的回归系数 β=0.259，t 检定值=4.088，p<0.01）。相对于模式 2，模式 4 对组织绩效变异量的解释增量为 2.4%。以上分析显示，组织内部知识分享在部门间心理安全对组织绩效的作用关系中起到部分中介作用，即 H4 得到部分验证。由表 3 的多元回归模式 5，组织部门间心理安全的平方值及知识分享对组织绩效的回归模型整体上是显著的（F=7.544，p<0.001），模型的 VIF 值最大为 1.652，小于临界值 10。心理安全的平方值和知识分享共同解释了组织绩效 15.1% 的变异量。将表 3 中回归模式 2 和模式五进行对比可知，在加入中介变量"知识分享"后，部门间心理安全与组织绩效原来存在的二次关系（标准化的回归系数 β=−0.123，t 检定值=−2.138，p<0.001）变得不再显著（标准化的回归系数 β=0.078，t 检定值=−1.412，p>0.2）。而组织知识分享对组织绩效的正向作用仍显著（标准化回归系数 β=0.313，t 检定值=5.723，p<0.001）。回归方程中的控制变

量和自变量共同解释了组织绩效 15.1% 的变异量,调整后的变异解释量为 13.1%。相对于模式 2,模式 5 对组织绩效变异量的解释增量为 9.4%。以上分析显示,组织部门间心理安全与组织绩效原来存在开口向下的倒"U"形二次关系,由于在回归方程中加入知识分享的中介变量,以上倒"U"形的二次关系不再显著,即知识分享在部门间心理安全与组织绩效的二次关系中起到完全中介作用,进一步验证了 H4。

四、研究结论与讨论

以往研究指出,作为表征组织内人际关系性质特征的"心理安全"变量可以有效促进个体和团队层次上的组织学习过程。在知识分享研究方面,虽然有学者表明组织和同事支持会对知识分享产生积极影响,但进一步探讨组织知识分享和组织心理安全关系的实证研究尚未有文献报道。另外,现有的心理安全研究侧重于对团队和个体层面的分析,虽然有少数研究对组织心理安全的影响进行了初步探讨,但将部门间心理安全作为组织重要情景变量进行的研究还未展开。

在以"变化"为常态的企业外部环境下,越来越多的组织开始打破内部职能部门界限,推行柔性化的跨部门企业运作,深入探讨这种跨部门组织方式的特征及管理规律具有重要意义。基于此,本文通过实证分析探讨我国企业背景下跨部门心理安全、组织知识分享与组织绩效间的作用关系。本文的研究发现和研究贡献在于,通过企业实证研究表明,跨部门心理安全与组织知识分享之间存在倒"U"形关系,组织内部知识分享会对组织绩效的提升产生正向影响,跨部门心理安全与组织绩效也存在倒"U"形关系,知识分享在跨部门心理安全对组织绩效的作用关系中扮演中介角色。通过以上研究我们可以看出,除了传统研究关注的"团队心理安全"之外,组织"部门间心理安全"在组织运作方面也扮演着十分关键的角色,但其作用是非线性的。实证数据分析表明,在一定水平内,部门间心理安全对组织知识分享会产生正向影响效应;过度的部门间心理安全会导致组织知识分享水平下降,也即心理安全过高将会对知识分享产生负面影响,我们称之为高心理安全的"死水"效应。同理,在一定范围内,组织部门间心理安全会促进组织绩效提升,但是心理安全过高则会使组织整体绩效下降,即"部门间心理安全"对组织"知识分享"和"组织绩效"存在一种开口向下的倒"U"形关系。同时,本文也进一步分析了部门间心理安全是以内部知识分享为中介对组织绩效产生作用的。

本文的研究结论在实践方面对企业管理具有重要的启示。它告诉我们,在组织中要保持一定"部门间心理安全"水平,它会促进组织知识分享,推动组织绩效提升。但是部门间心理安全水平不宜过高,否则"过度安逸"会造成"一潭死水",进而损耗组织知识分享,影响到组织绩效。本文虽然没有提供"生于忧患"的证据,但的确表明组织可能会"死于安乐"。

本研究还存在一定研究局限，如研究数据是在同一时间收集的，这种横截面数据分析难以表明变量之间严格的因果关系，未来可以通过选取纵向研究对以上研究问题进行更进一步的假设检验。此外，研究采用便利抽样法，通过自陈报告法来搜集数据，可能会出现研究结论扩展方面的局限及共同方法偏差问题。本文采用 Harman 单一因子法检测出在所有变量抽取因子所获得 73.89% 的解释变异量中，最大单一因素只解释 23.66% 的变异量，这表明共同方法方差对本研究结果的影响不大，但仍然难以完全避免此问题的存在。

参考文献

［1］陈国权，李赞斌. 学习型组织中的学习主体类型与案例研究［J］. 管理科学学报，2002（4）：51-60.

［2］陈国权，付悦，赵慧群，企业环境下个人获取和传递知识的路径图研究［J］. 科学学研究，2008（4）：793-799.

［3］Grant R. M. Toward a Knowledge-based Theory of the Firm［J］. Strategic Management Journal, 1996, 17 (Winter Issue): 109-122.

［4］Davenport T. H., De Long W., Beers M. C. Successful Knowledge Management Projects［J］. Sloan Management Review, 1998 (2): 43-57.

［5］Lu L. K., Leung P. T. Koch, Managerial Knowledge Sharing: The Role of Individual, Interpersonal, Organizational Factors［J］. Management and Organization Review, 2006 (1): 15-41.

［6］Juani Swart. Nicholas Kinnie, Sharing Knowledge in Knowledge-intensive Firms［J］. Human Resource Management Journal, 2003 (2): 60-75.

［7］Jarvenpaa S. L., Staples D. S. Exploring Perceptions of Organizational Ownership of Information and Expertise［J］. Journal of Management Information Systems, 2001 (1): 151-283.

［8］Loermans J. Synergizing the Learning Organization and Knowledge Management［J］. Journal of Knowledge Management, 2002 (6): 285-94.

［9］Davenport T. H., Prusak L. Working Knowledge: How Organizations Manage What They Know［M］. Harvard Business School Press, Boston, 1998.

［10］Chen Guoquan, Ning Nan, Li Lan, Zhao Huiqun. Status Quo and future Direction of Research and Practice in Organizational Learning and Learning Organization in China［J］. Frontiers of Business Research in China, 2010 (2): 231-261.

［11］原欣伟，伊景冰. 近年来国内组织学习研究概要［J］. 科学学研究，2006（3）：210-216.

［12］孙锐，石金涛. 企业创新组织行为影响因素研究综述［J］. 中国人力资源开发，2006（7）：14-19,32.

［13］Edmondson A. C. Psychological Safety and Learning Behavior in Work Teams［J］. Administrative Science Quarterly, 1999 (2): 350-383.

［14］孙锐，石金涛. 组织学习、知识创新与企业动态能力扩展研究［J］. 情报科学，2006（9）：1292-1296.

［15］孙锐. 基于知识链网络扩展学习的团队创新研究［J］. 科学学与科学技术管理，2006（10）：130-134.

［16］孙锐，石金涛. 知识工作者特征与创新知识团队形成研究［J］. 科学技术与辩证法，2005

(11): 115-119.

[17] Sveiby K. E. What is Knowledge Management [EB/OL]. http://www.sveiby.com.au/Knowledge Management.html, 2001.

[18] Senge P. Sharing Knowledge [J]. Executive Excellence, 1998 (6): 11-12.

[19] Hendriks P. Why Share Knowledge? The Influence of ICT on the Motivation for Knowledge Sharing [J]. Knowledge and Process Management, 1999 (2): 91-100.

[20] 陈国权. 组织行为学"第16章组织学习和学习型组织"[M]. 北京: 清华大学出版社, 2006.

[21] 陈国权, 赵慧群, 蒋璐. 心理安全、团队学习能力与团队绩效关系的实证研究 [J]. 科学学研究, 2008 (6): 1283-1292.

[22] Edmondson A. C. Psychological Safety, Trust, Learning in Organizations: A Group-level Lens [C]//Trust and Distrust in Organizations: Dilemmas and Approaches [A]. Kramer RM, Cook KS (eds). Russell Sage Foundation: New York, 2004.

[23] Kahn W. A. Psychological Conditions of Personal Engagement and Disengagement at Work [J]. Academy of Management Journal, 1990 (4): 692-724.

[24] Baer M., Frese M. Innovation is not Enough: Climates for Initiative and Psychological Safety, Process Innovations, Firm Performance [J]. Journal of Organizational Behavior, 2003 (1): 45-68.

[25] Schein E. H., Bennis W. G. Personal and Organizational Change Through Group Methods [M]. New York: Wiley, 1965.

[26] Fruin M. Knowledge Works [M]. New York: Oxford University Press, 1996.

[27] Abraham Carmeli, Jody Hoffer Gittell. High-quality Relation-ships, Psychological Safety, Learning from Failures in Work Organizations [J]. Journal of Organizational Behavior, 2009 (6): 709-729.

[28] De Witte H. Job Insecurity and Psychological Well-being: Review of the Literature and Exploration of Some Unresolved Issues [J]. European Journal of Work and Organizational Psychology, 1999 (8): 155-177.

[29] Zhou J., George J. M. When Job Dissatisfaction Leads to Creativity: Encouraging the Expression of Voice [J]. Academy of Management Journal, 2001, 44 (4): 682-696.

[30] Nunnally J. C. Psychometric Theory [M]. New York: McGraw-hill, 1978.

[31] Kerlinger F. N. Foundations of Behavioral Research [M]. Rhine Hart and Wisdton, New York, 1973.

[32] Fornell C., D. F. Larcker. Evaluating Structural Equation Models with Unobservable Variables and Measurement Error [J]. Journal of Marketing Research, 1981 (1): 39-50.

[33] 黄芳铭. 结构方程模式理论与应用 [M]. 北京: 中国税务出版社, 2005.

[34] Baron R. M., Kenny D. A. The Moderator-mediator Variable Distinction in Social Psychological Research: Conceptual, Strategic and Statistical Considerations [J]. Journal of Personality and Social Psychology, 1986 (6): 1173-1182.

Empirical Study of Impact of Cross – sector Psychological Safety on Share Knowledge and Organizational Performance

Sun Rui　Chen Guoquan

Abstract: Entering the Knowledge Age, Organizational learning and knowledge sharing have been the important topic for discussion whether in the corporation practice field or management research field. Knowledge sharing activities are ultimately accomplished by employee; therefore, the research on the internal mechanism of employee's knowledge sharing and influencing factors has important significance in the areas of organizational behavior. In recent years, with the flooding of research concerning psychological safety, scholars found it have significant impact on team learning. However, the present research on psychological safety remains on employee level, and we have not yet formed the systematic perception about the inter – departmental psychological safety, and the relationship among psychological safety on department level, share knowledge and organizational performance. There was insufficient empirical research in this theoretical perspective in depth. In response to the inadequate research, using the survey data from cross – regional companies in Chinese context, this empirical research attempt to uncover the relationship mechanism among inter – departmental psychological safety, knowledge sharing and organizational performance in China. The final results show that: first, there are inverted "U" relationship between inter – departmental psychological safety and knowledge sharing, organizational inner knowledge sharing has a direct positive effect on organizational performance; second, there are also inverted "U" relationship between inter – departmental psychological safety and organizational performance, knowledge sharing play a intermediary role between inter – departmental psychological safety and organizational performance. The research extended research concerning psychological safety to inter – departmental level, and will help deepen our understanding about how inter – departmental psychological safety affect. This results show us, except for the "team psychological safety" which traditional research focused on, " inter – departmental psychological safety" also plays a crucial role in organizational operation. Data analysis indicates that at a certain level, inter – departmental psychological safety will have positive effect on knowledge sharing and organizational performance. But, excessive inter – departmental psychological safety have a negative impact on knowledge sharing and organizational performance, which we may call "dead water" effect of high level psychological safety. This research also points out that inter-departmental psychological safety can influence organizational performance through knowledge sharing, which may provide some reference for management practice.

Key Words: Inter-Departmental Psychological Safety; Knowledge Sharing; Organizational Learning; Firm Performance

高管团队薪酬差异与企业绩效关系研究：
行业特征的跨层调节作用*

李绍龙　龙立荣　贺　伟

【摘　要】高管团队薪酬差异与企业绩效关系是公司治理和人力资源管理领域的热点议题之一，但已有的研究结论并不一致。本研究基于锦标赛理论和社会比较理论，以992家上市公司为样本，运用阶层线性模型研究两者之间的关系及行业特征的调节作用。结果发现：①高管团队垂直薪酬差异与企业绩效呈正相关关系；②高管团队垂直薪酬差异与水平薪酬差异对企业绩效具有交互作用；③行业内高管薪酬差异程度对高管团队垂直薪酬差异与企业绩效关系存在跨层负向调节作用，同时对水平薪酬差异与企业绩效关系存在跨层正向调节作用；④行业内技术密集型对高管团队水平薪酬差异与企业绩效关系存在跨层正向调节作用。本研究为不同行业特征下的企业进行合理的高管团队薪酬结构设计提供了借鉴与参考。

【关键词】高管团队；薪酬差异；企业绩效；锦标赛理论；社会比较理论

引言

高管团队（Top Management Team）是企业战略决策的主要制定者与推动者，其薪酬改革是企业薪酬体制改革的重点和难点。如何设置薪酬结构，使其既能够对高管团队形成较强的激励作用、促进企业绩效的稳步提升，同时又兼顾高管团队内部薪酬分配的公平问题，已经成为当下企业界和学术界在公司治理、人力资源管理领域的热点问题。与此同时，面对世界经济"二次探底"的风险，许多企业纷纷缩减成本，降低高管团队的薪酬收入成为其缩减开支的途径之一。在这样的背景下，设置更为有效的薪酬结构以维持高管

---

* 本文选自《南开管理评论》2012年第4期。

团队的薪酬满意度具有很强的现实意义。

在以往的薪酬研究中，部分学者从高管团队薪酬水平的角度切入，着重研究高管团队薪酬的绝对值与企业绩效之间的相互关系。而相对于薪酬水平来说，薪酬结构的设计对于高管团队的影响可能更不容忽视，因此有关高管团队薪酬结构的研究也吸引了诸多学者的目光。其中，高管团队内部的薪酬差异作为薪酬结构设计中非常重要的组成部分，还未受到充分的重视。针对高管团队薪酬差异的研究主要基于锦标赛理论（Tournament Theory）和社会比较理论（Social Comparison Theory），不少学者将上述两种理论作为相互竞争的理论观点，并在实证研究中得出了相互矛盾的结论。基于锦标赛理论的研究发现，高管团队的薪酬差异与企业绩效之间存在显著的正相关关系，而基于社会比较理论的研究则认为薪酬差异导致的合作行为减少会最终降低企业的绩效。锦标赛理论和社会比较理论是否真的存在非此即彼的关系？本研究认为两种理论适用于特定的行业特征和组织情境，需要探究不同行业特征和组织情境下两种理论的有效性。

通过文献回顾，本研究发现以往研究中存在一些问题。首先，对高管团队薪酬差异的内涵缺乏清晰的界定和分类。Siegel 和 Hambrick 根据高管阶层间以及给定阶层内两个维度将高管团队薪酬差异划分为垂直薪酬差异（Vertical Pay Disparities）和水平薪酬差异（Horizontal Pay Disparities）。而不同维度上的高管团队薪酬差异可能适用不同的理论，这或许是导致以往研究结论不一致的原因之一。其次，诸多研究发现，行业特征是影响薪酬分配的结构性因素。企业处于不同行业中，必然受到行业特征的影响，忽略了行业因素的调节作用，可能使得高管团队薪酬差异对企业绩效的预测作用失效。最后，以往研究中存在方法上的局限。高管团队薪酬差异与企业绩效数据嵌套于行业中，采用多元线性回归方法无法融合行业特征的影响，可能导致研究结果缺乏说服力。而阶层线性模型方法能够全面地分析企业和行业两个层次中相关因素的影响，这对于解释高管团队薪酬差异与企业绩效关系可能更为有效。

基于以上分析，本研究以阶层线性模型作为研究工具，分别探讨高管团队垂直薪酬差异和水平薪酬差异与企业绩效之间的关系，并进一步挖掘行业特征变量对以上关系的调节作用，以期对高管团队的薪酬改革提供理论支撑和帮助。

一、理论分析与假设建立

1. 高管团队薪酬差异与企业绩效

高管团队薪酬差异反映了高管团队内部的收入差异程度。根据 Siegel 和 Hambrick 的分类，高管团队薪酬差异可以分为垂直薪酬差异和水平薪酬差异，其中高管团队垂直薪酬差异是指高管团队内部不同阶层之间的薪酬差异，比如总裁与副总裁之间的薪酬差异；而高管团队水平薪酬差异则表示高管团队中同一层级内部的薪酬差异程度，比如副总裁这一阶层内部的薪酬差异程度。以下将对高管团队薪酬差异与企业绩效的关系进行理论回顾和假设建立。

（1）高管团队垂直薪酬差异与企业绩效。

Lazear 和 Rosen 提出了锦标赛理论，该理论的基本思想是将高管人员视为锦标赛中相互竞争的对手，在组织中的晋升和奖励是基于"连续排除对手的竞赛"。在每一轮竞赛后，获胜者能够获得晋升和巨额奖金，而失败者则一无所获。高额的奖金（薪酬差异）会促使竞争者在比赛中竭尽所能地争取胜利。同样，在企业中，高管人员为了晋升到更高的职位和取得更多的薪酬，也必须在业绩竞争中打败竞争对手（其他高管人员），因此在锦标赛设定奖金（薪酬差异）的诱使下，高管人员会更加努力地工作，最终将促使企业绩效的提升。Erikson 等、林浚清等、Lee 等均证实了锦标赛理论对企业绩效存在正向预测作用。同时，根据锦标赛理论的内涵，这种薪酬和晋升的"锦标赛"参赛者是不同层级的高管团队成员，相应地，对于企业绩效的预测变量必须是不同层级之间的薪酬差异，这正契合了 Siegel 和 Hambrick 提出的垂直薪酬差异的概念。该概念在中国情境下有其现实的土壤。中国是一个高权力距离的国家，上级与下级之间在等级、地位方面存在着显著的差异。而张正堂等在2001年的评述中指出，货币薪酬在现代社会不仅代表一种物质财富，而且代表着个人成功与否、社会地位、权力甚至尊严等，具有极其重要的象征意义。因此，上级高管与下级管理者之间不仅在管理层级上存在着差异；同时，上级高管也希望通过薪酬的垂直差异来体现其地位与权威。因此，不同层级之间薪酬差异较大，既能够满足较高层级高管人员彰显地位与权威的心理需要，也能够对较低层级高管人员产生较强的激励作用，企业绩效将会得到相应提升。基于以上分析，本研究提出以下假设：

假设1：高管团队的垂直薪酬差异与企业绩效呈正相关关系。

（2）高管团队水平薪酬差异与企业绩效。

行为学家也对高管团队薪酬差异进行了较为深入的研究，其中较有代表性的理论是社会比较理论，该理论是指个体会通过与他人比较，从而进行自我评价和判断。社会比较会产生公平与否的感知，进而会对个体心理产生积极或消极的影响。在社会比较理论的框架中，较小的薪酬差异可能更能使个体产生公平感知，并由此产生持续的凝聚力，增加个体满意度，从而提高企业绩效；相反地，过大的薪酬差异会导致员工产生薪酬不满意，合作行为减少，并对企业绩效产生负面影响。实证研究为社会比较理论提供了一定的经验支持，如 Cowherd 等研究发现，高管团队与员工间的薪酬差异与公司产品质量存在显著的负向关系。Pfeffer 等发现，大学职员的薪酬差异与满意程度、合作关系及研究成果呈显著负相关。而本研究所关注的是高管团队成员对组织经济性薪酬结构公平性判断的社会比较过程以及对企业绩效的影响。如果高管团队成员通过比较发现自身与其他高管人员的薪酬差异较大，就会感知自己获得的薪酬不公平，进而产生不公平感和薪酬不满意，并由此产生消极怠工等反生产行为，同时会导致企业凝聚力下降，最终无法达成企业的绩效目标。Akerlof 和 Yellen、Siegel 和 Hambrick 发现，薪酬差异与企业绩效确实存在负向关系。

在社会比较过程中，比较对象的选择是一个关键问题，会直接影响到公平与否的判断。那么高管团队成员在进行企业内部的薪酬比较中,最有可能选择哪些人作为比较对象呢?研究表明,人们选择社会比较对象必须具备相似性(Relevance)和可获得性(Availability)这两个基本特征。雇员在进行薪酬比较过程中,通常将具有相同地位的同事作为参照对象。而中国是一个权力距离很大的国家,故企业的非CEO高管团队成员通常情况下不会与CEO进行薪酬比较,因为不具备"相似性"或者"可比性",而同一层级的高管团队成员因为更具有相似性而容易发生薪酬比较。同时,我国传统的"同层级同薪酬"的思想在人们的脑海中根深蒂固,推行同层级不同岗位之间的差异薪酬是对传统平均分配思维的挑战。据此,我们认为高管团队的水平薪酬差异可能会导致同一层级高管团队成员产生不公平感,进而会对企业绩效产生负面影响。基于上述分析,本研究提出以下假设:

假设2:高管团队的水平薪酬差异与企业绩效呈负相关关系。

(3)高管团队垂直薪酬差异和水平薪酬差异对企业绩效的交互作用。

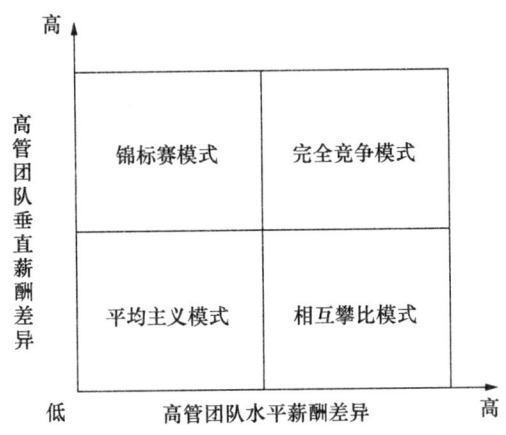

图1 高管团队薪酬结构模式分类图

企业的薪酬体系是一个复杂的结合体,不仅存在着不同层级之间的薪酬差异(垂直薪酬差异),也存在着同层级内不同岗位之间的薪酬差异(水平薪酬差异)。本研究认为,在高管团队薪酬结构的设置过程中,必须对锦标赛理论和社会比较理论进行综合考量。我们按照高管团队垂直薪酬差异和水平薪酬差异这两个维度的高和低,将所有样本企业的薪酬模式分成四种类型,如图1所示。我们将具备高垂直薪酬差异和低水平薪酬差异的薪酬结构命名为锦标赛模式;将具备高垂直薪酬差异和高水平薪酬差异的薪酬结构命名为完全竞争模式;而平均主义模式指的是具备低垂直薪酬差异和低水平薪酬差异的高管团队薪酬结构;具备低垂直薪酬差异和高水平薪酬差异的模式被命名为相互攀比模式。基于锦标赛理论和社会比较理论的综合考量,锦标赛模式由于垂直薪酬差异较大,所以具备较好的激励作用,同时,其水平薪酬差异较小,同层级内部分配公平感较强,能够促进合作行为和信息共享,所以该模式下的企业绩效最好。恰恰相反,相互攀比模式由于垂直薪酬差异较小，激励作用较弱，同时水平薪酬差异较大，同层级内部的分配公平感较低，会削弱合作行为和信息共享，因此这种模式下的企业绩效最差。据此，本研究提出以下假设：

假设3a：高管团队垂直薪酬差异和水平薪酬差异对企业绩效具有交互作用。

假设3b：锦标赛模式下的企业绩效最好，相互攀比模式下的企业绩效最差，完全竞争模式和平均主义模式下的企业绩效介于两者之间。

2. 行业特征的调节作用

高管团队薪酬差异研究结论不稳定，甚至相互冲突，使得部分学者转向对高管团队薪酬差异与企业绩效关系的调节因素进行探讨，如个人薪酬水平在组织整体薪酬分配体系中的相对位置、管理权自主性、董事会独立程度以及高管团队成员间的合作需求等。以往研究显示，行业特征（诸如垄断地位、集中率、平均收入水平、技术密集程度、资金密集程度等）会对个人收入产生重要影响。由此推测，行业特征可能会对高管团队薪酬差异与企业绩效之间的关系产生一定的影响。鉴于本研究的理论框架和构念的可测量性，本研究选取行业内高管薪酬差异程度和行业内技术密集性作为行业特征变量，研究其对高管团队薪酬差异与企业绩效关系的调节作用。

研究发现，个体在进行薪酬比较时，通常会进行内外部的综合比较。处于组织较高层级的高管人员由于与其他企业高管之间频繁的交际活动，使其拥有更多其他企业高管人员的信息。因而，外部的薪酬比较会对其薪酬满意度和分配公平感产生重要影响。将相关理论进行推广，我们认为高管团队成员除了进行同层级薪酬比较外，还会广泛地进行外部薪酬比较，这种比较既包括薪酬水平，同样也包括薪酬结构。而薪酬差异作为薪酬结构的重要方面，也会受到高管团队成员的高度关注。

本研究将行业内高管薪酬差异程度（行业内高管团队平均薪酬的标准差）作为综合反映行业内部各企业薪酬结构设置的指标。对于企业中不同层级的高管团队成员来说，如果收集的信息显示同行业内高管薪酬差异比较小，说明其他企业较为普遍地选择比较平均的高管团队薪酬分配模式，则该企业选择较大垂直薪酬差异的薪酬模式时，高管团队成员感知到的激励性更强，这种薪酬模式的激励效果要优于垂直薪酬差异较小的模式。同时，行业内高管薪酬差异比较大时，高管团队成员会认为企业设置较大垂直薪酬差异是该行业的常态，因此垂直薪酬差异较大的薪酬模式的激励效果会减弱。由此提出以下假设：

假设4a：行业内高管薪酬差异程度反向调节高管团队垂直薪酬差异与企业绩效之间的正向关系。在行业内高管薪酬差异程度较高时，高管团队垂直薪酬差异与企业绩效之间的正向关系更弱。

同样，行业内高管薪酬差异的大小也可能影响高管团队水平薪酬差异与企业绩效之间的关系。当一名高管人员感知到行业内部高管之间存在较大的薪酬差异时，他会认为其他企业较为普遍地采用竞争性薪酬结构，对本企业高管团队内部存在的薪酬差异会持较为容忍的态度；反之，则会因为本企业高管团队内部存在较大薪酬差异而对薪酬不满意。基于以上分析，本研究提出以下假设：

假设4b：行业内高管薪酬差异程度正向调节高管团队水平薪酬差异与企业绩效之间

的负向关系。在行业内高管薪酬差异程度较高时,高管团队水平薪酬差异与企业绩效之间的负向关系更弱。

还有一个重要的行业特征变量是行业内技术密集程度,即该行业是否属于技术密集型行业。根据现有研究发现,企业的技术研究和技术投入需要很高的协作要求。而员工之间的薪酬差异较大在一定程度上会抑制团队内部的合作行为与信息共享,降低团队的凝聚力,甚至会引发负面的组织政治行为。Siegel 和 Hambrick 以及张正堂发现,技术密集型企业中高管团队薪酬差异与企业绩效存在负向关系。因此,行业内技术密集性作为一种行业技术氛围可能会对高管团队薪酬差异与企业绩效关系产生调节作用,相对于技术密集性低的行业,技术密集性高的行业中的企业,较高垂直薪酬差异产生的激励作用可能会由于企业凝聚力下降而被抵消。而对于水平薪酬差异而言,其与企业绩效之间的负向关系将会增强。根据以上分析,得出以下假设:

假设 5a:行业内技术密集性反向调节高管团队垂直薪酬差异与企业绩效之间的正向关系。在行业内技术密集性较高时,高管团队垂直薪酬差异与企业绩效之间的正向关系更弱。

假设 5b:行业内技术密集性反向调节高管团队水平薪酬差异与企业绩效之间的负向关系。在行业内技术密集性较高时,高管团队水平薪酬差异与企业绩效之间的负向关系更强。

本研究的总体研究模型如图 2 所示。

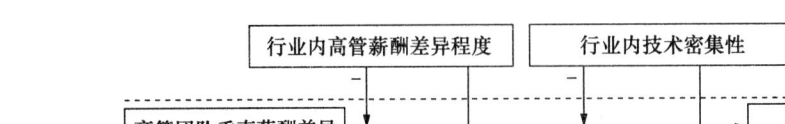

图 2 阶层线性研究模型

二、研 究 设 计

1. 样本选择与数据来源

出于信息有效性和可获得性的考虑,本研究以 2008~2009 年中国沪深两市 A 股上市公司为初选样本,且数据均来源于中信证券至信版网上交易系统和 CCER 数据库,数据补漏主要是通过在巨潮咨询网(http://www.cninfo.com.cn)下载的上市公司年报进行。

在初选样本的基础上,按照以下标准对初选样本进行了剔除和筛选:①由于 ST 和 *ST 公司的生产经营出现了较大的异常,其数据的有效性值得怀疑,因此本研究从初选样本中剔除了 ST 和 *ST 的公司;②剔除了财务和薪酬数据不全的样本。本研究运用了多个途径进行数据的补缺，对经过所有途径数据仍无法补全的样本选择将其剔除；③垂直薪酬差异为负的样本违背了锦标赛理论的基本假设，因此剔除了CEO薪酬小于或等于非CEO薪酬的样本；④剔除了CEO年薪小于8000元的样本。因为当CEO薪酬过小时，说明该公司的薪酬设置不具有代表性，予以剔除。具体样本企业的行业分布情况见表1。样本中位于东部地区的企业有625家，占总样本的62.56%，位于中部地区的企业有205家，占总样本的20.52%，而有169家样本企业位于西部地区，占样本企业的16.92%。同时，样本中国有控股企业占比为51.6%，非国有控股企业占比为48.4%。样本企业高管团队的平均薪酬最高为477.84万元，最低为2.55万元，均值为39.90万元，高管团队规模最大的为14人，最小的为4人，均值为5人。

表1 样本企业的行业分布特征表

行业类型	样本数	频率（%）	行业类型	样本数	频率（%）
玻璃	9	0.91	酒店旅游	14	1.41
传媒娱乐	10	1.01	开发区	7	0.71
道路桥梁	18	1.81	煤炭	16	1.61
电力行业	33	3.33	酿酒	20	2.02
电器行业	22	2.22	农林牧渔	24	2.42
电子器件	46	4.64	农药化肥	21	2.12
电子信息	67	6.75	汽车制造	32	3.23
发电设备	23	2.32	商业百货	40	4.03
房地产	58	5.85	生物制药	80	8.06
纺织	19	1.92	石油	11	1.11
服装鞋类	9	0.91	食品	27	2.72
钢铁	24	2.42	水泥	16	1.61
供水供气	12	1.21	塑料	11	1.11
化工	53	5.34	物资外贸	16	1.61
化纤	15	1.51	仪器仪表	6	0.60
机械	59	5.95	印刷包装	8	0.81
家电	10	1.01	有色金属	37	3.73
建筑	33	3.33	造纸	11	1.11
交通运输	41	4.13	综合	11	1.11
金融	23	2.32	总计	992	100.00

注：以上行业分类参照中信证券行业分类标准。由于阶层线性模型数据处理的需要，样本企业数少于五家的行业类型被删除

2. 变量的选取和衡量方式

本研究的样本企业嵌套于各自行业之中，所以本研究创建了包含企业层和行业层的两

层模型,所选取的变量及其衡量方式如下。

(1)企业层变量。

被解释变量为企业绩效,我们用每股收益(EPS)代表企业绩效,在国外学者 Siegel 和 Hambrick,中国学者林浚清等以及张正堂的研究中,都将 EPS 作为企业绩效的反映。

解释变量为高管团队垂直薪酬差异和水平薪酬差异。以往基于锦标赛理论的研究,许多学者采用高管团队整体的薪酬变异系数(Coefficient of Variance)来进行测量,无法区分出这种变异是由于同一层级高管间的薪酬差异造成的,还是不同层级高管间的薪酬差异造成的,这与锦标赛理论的内涵不符。本研究严格遵照锦标赛理论中不同层级之间薪酬差异这一内涵,用 PAYVD 表示高管团队垂直薪酬差异,计算方式为 CEO 的薪酬减去非 CEO 高管人员的平均薪酬。公式如下:

$$PAYVD = Pay_{max} - Pay_{mean} \tag{1}$$

水平薪酬差异,用 PAYHD 表示,计算方式为非 CEO 高管人员薪酬的标准差除以其薪酬的平均数,即变异系数。公式如下:

$$PAYHD = Pay_{std} / Pay_{mean} \tag{2}$$

根据以往的研究,企业股权性质、股权集中度以及上一年的企业绩效也会对当年企业绩效产生影响,因此在本研究中,将其作为控制变量加以控制。企业股权性质根据该企业是否为国有控股企业取虚拟变量"0"和"1","0"代表非国有控股企业,"1"代表国有控股企业。同时,以上一年度每股收益作为企业上一年绩效的反映指标,以前十大股东占股比例的平方和作为股权集中度的衡量方法。计算公式如下:

$$INSTEQ \sum_{i=1}^{10} P_i^2 = \sum_{i=1}^{10} P_i^2$$

(2)行业层变量。

行业内高管薪酬差异程度采用行业内高管薪酬标准差作为衡量方式,而行业内技术密集性根据是否为技术密集型行业取虚拟变量"0"和"1","0"代表非技术密集型行业,即技术密集性低的行业,"1"代表技术密集型行业,即技术密集性高的行业。

本研究所涉及的主要变量的定义和衡量方法如表 2 所示。

表 2 主要变量定义

变量描述		变量符号	变量说明
被解释变量	企业绩效	EPS_{it}	当年净利润/年末股本总数
解释变量	高管团队垂直薪酬差异	$PAYVD_t$	见公式(1)及其描述
	高管团队水平薪酬差异	$PAYHD_t$	见公式(2)及其描述
企业层 控制变量	股权集中度	$INSTEQ_t$	见公式(3)及其描述
	上一年企业绩效	EPS_{it+1}	上一年净利润/年末股本总数
	股权性质	$CONTROL_i$	企业股权性质哑变量。若属于国有控股企业则取值为 1,否则取值为 0

续表

变量描述		变量符号	变量说明
行业层	调节变量		
		行业内高管薪酬差异 STD_j	行业内高管薪酬的标准差
		行业内技术密集性 $TECH_j$	行业内技术密集性哑变量。若属于技术密集型行业则取值为1,否则取值为0

注：* 表示 $P<0.05$，** 表示 $P<0.01$

三、检验结果与分析

为了分析行业特征变量对高管团队薪酬差异与企业绩效之间关系的影响，本研究中将使用阶层线性模型（Hierarchical Linear Models，HLM）。因此本研究运用 SPSS 13.0 作为数据管理的工具，运用 HLM 6.02 作为统计分析的工具。

1. 描述性统计

表3给出了主要变量的描述性统计结果和企业层主要变量的相关系数，可以看出2009年每股收益均值为0.41，表明上市公司的绩效尚好，但是变异比较大。高管团队垂直薪酬差异和水平薪酬差异的均值也显示，高管团队的垂直薪酬差异和水平薪酬差异都比较明显，不同企业之间变异也比较大。同时，股权集中度比较高，均值为0.18。行业内高管薪酬差异也很明显，均值为27.78。而且从企业层主要变量之间的相关系数中可以发现，高管团队垂直薪酬差异与企业绩效之间存在显著的正向关系。但是高管团队水平薪酬差异与企业绩效的关系不显著。控制变量与企业绩效之间存在较为显著的关系。

表3 主要变量的描述性统计

变量	均值	标准差	EPS_{it}	PAYVD	PAYHD	INSTEQ	EPS_{it-1}	CONTROL
EPS_{it}	0.41	0.46	1.00					
PAYVD	19.03	27.70	0.22**	1.00				
PAYHD	0.14	0.16	0.01	0.20**	1.00			
INSTEQ	0.18	0.14	0.11**	-0.07*	0.01	1.00		
EPS_{it-1}	0.34	0.49	0.63**	0.16**	-0.03	0.10**	1.00	
CONTROL	0.52	0.50	-0.09**	-0.05	-0.06	0.15**	-0.10**	1.00
STD_j	27.78	17.98						
$TECH_j$	0.08	0.27						

注：* 表示 $P<0.05$，** 表示 $P<0.01$

2. 阶层线性模型分析结果

本研究运用阶层线性模型分析软件 HLM 6.02 构建两水平阶层模型（2 - level Multilevel Model)。在分析之前需要说明,本研究所涉及的主要变量每股收益、高管团队垂直薪酬差异、水平薪酬差异、股权集中度等都具有理论上的零值,因此本研究没有对这些变量数值进行中心化处理。下面将详细陈述分析步骤以及结果。

(1) 零模型。

从表 4 零模型分析结果中可以看出,代表组内方差的第一层残差方差 $\sigma^2 = 0.192$ ($p < 0.001$),代表组间方差的随机截距方差 $\tau_{00} = 0.020$ ($p < 0.001$)。经计算 ICC(1) $= \tau_{00}/(\tau_{00} + \sigma^2) = 0.094$,说明在以企业绩效为结果变量的零模型(表 4 中零模型)中,组间方差占总方差的 9.4%,另外,90.6% 的方差来自组内方差。由于企业绩效存在显著的组间方差,可以进行后续的跨层分析。

(2) Level 1 主效应检验(H1,H2)。

表 4 中随机系数回归模型分析结果表明,PAYVD 和 PAYHD 两个企业因素加入方程之后,解释了企业因素所造成变异的 10.94% [(0.192 - 0.171)/0.192]。同时,高管团队垂直薪酬差异对企业绩效具有显著的正向预测效果($B = 0.006$,$p < 0.001$);高管团队水平薪酬差异对企业绩效有负向预测效果,但结果并不显著($B = -0.223$,n.s.)。所以,随机系数回归模型支持了假设 1,假设 2 未得到支持。

表 4　不包括行业变量的零模型与随机系数回归模型分析结果

变量	回归系数与显著性检验			方差成分与显著性检验		
	回归系数	标准误	t 检验	Level - 1	原始方差	χ^2 检验
零模型				0.192		
截距	0.403	0.028	14.646***		0.020	125.019***
随机模型				0.171		
截距	0.331	0.024	13.793***		0.008	43.402
PAYVD	0.006	0.002	3.819***	0.00006	142.767***	
PAYHD	-0.223	0.146	-1.525		0.478	82.183***

注:* 表示 $p < 0.05$,** 表示 $p < 0.01$,*** 表示 $p < 0.001$,由于数据比较小,为了保证较为翔实地展现计算结果,我们将数据保留到了小数点后 3 位,其中 PAYVD 的原始方差比较小,所以保留到了小数点后 5 位

进一步检验中,我们对控制变量股权性质、股权集中度和上一年企业绩效进行控制,所得结果除系数略有区别外,与上述结论基本一致(PAYVD = 0.003,$p < 0.01$;PAYHD = -0.031,n.s.)。其中,股权集中度与企业绩效关系显著正相关($B = 0.213$,$p < 0.05$),与以往的研究结论一致;而上一年绩效对当年企业绩效的预测效果显著为正($B = 0.556$,$p < 0.001$),也与过去的研究以及我们的主观感觉一致。股权集中度和上一年企业绩效与当年企业绩效都存在显著的正向影响,所以我们对其加以控制是有必要的。但是研究发现股权性质与企业绩效之间不存在显著的关系($B = -0.024$,n.s.)。另外,从表 4 中方差成分分析可以看出,高管团队垂直薪酬差异的回归系数的方差成分达到了显著水平(方差为 0.00006,$p < 0.001$),水平薪酬差异的回归系数的方差成分也同样显著

(方差为 0.478，p < 0.001)，说明高管团队垂直薪酬差异和水平薪酬差异对企业绩效的影响在不同行业之间存在着明显的差异，有必要针对这两个变量的回归系数构建二层模型，用以分析行业层次因素对这种差异造成的影响。

(3) Level 1 交互效应检验 (H3a)。

我们将高管团队垂直薪酬差异、水平薪酬差异、交互项 (PAYVD * PAYHD)、企业股权性质、股权集中度以及上一年企业绩效放入模型的第一层方程中，得到结果如表 5 所示。从表 5 中可以看出高管团队垂直薪酬差异和水平薪酬差异在对企业绩效的影响上确实存在着负交互效应 (B = -0.004，p < 0.1)，假设 3a 得到支持。

表 5 Level 1 交互效应分析结果

变量	回归系数与显著性检验		
	回归系数	标准误	t 检验
截距	0.133	0.032	4.133***
PAYVD	0.004	0.001	3.399**
PAYHD	0.057	0.065	0.878
PAYVD * PAYHD	-0.004	0.003	-1.686+
CONTROL	-0.024	0.030	-0.786
INSTEQ	0.215	0.097	2.224*
EPSit-1	0.552	0.090	6.167***

注：+ 表示 p < 0.1，* 表示 p < 0.05，** 表示 p < 0.01，*** 表示 p < 0.001

为了进一步检验高管团队垂直薪酬差异与水平薪酬差异之间的交互效应对企业绩效的影响，本研究将企业样本按照高管团队垂直薪酬差异和水平薪酬差异的大小分成了四组，分别为高垂直薪酬差异和高水平薪酬差异、高垂直薪酬差异和低水平薪酬差异、低垂直薪酬差异和高水平薪酬差异、低垂直薪酬差异和低水平薪酬差异组，分别对应完全竞争模式、锦标赛模式、相互攀比模式和平均主义模式，并画出了交互效应图 (如图 3 所示)，同时进行了事后两两比较 (Post-Hoc Test)。

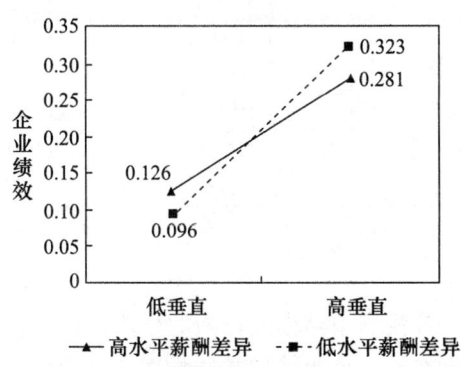

图 3 高管团队垂直薪酬差异和水平薪酬差异对企业绩效的交互作用

经过事后两两比较，锦标赛模式下的企业绩效显著优于完全竞争模式（I-J=0.087，p<0.1），相互攀比模式（I-J=0.285，p<0.01），平均主义模式（I-J=0.284，p<0.01）下的企业绩效，但是相互攀比模式下的企业绩效并没有显著劣于完全竞争模式和平均主义模式下的企业绩效。从图3中也可以明显看出锦标赛模式下的企业绩效是最优的，但是相互攀比模式下的企业绩效并不是最差的，假设3b得到了部分验证。

（4）包括行业层次变量的完整模型。

本研究将高管团队垂直薪酬差异和水平薪酬差异的回归系数作为因变量，用行业层次变量、行业内高管薪酬差异程度和技术密集性作为自变量，构建了包括第二层自变量的完整模型，用以检验行业层次变量是怎样调节高管团队垂直薪酬差异和水平薪酬差异与企业绩效的关系的。

根据表6可以发现，高管团队垂直薪酬差异和企业绩效之间的正向关系会受到行业内高管薪酬差异的影响（$\gamma_{11}=-0.000029$，$p<0.1$）；同时，高管团队水平薪酬差异与企业绩效的负向关系不仅会受到行业内高管薪酬差异程度的影响（$\gamma_{21}=0.009836$，$p<0.001$），还会受到行业内技术密集性的影响（$\gamma_{22}=0.178668$，$p<0.1$）。为了更清晰地解释行业特征变量的调节作用，我们描绘了调节效应图，如图4、图5、图6所示。

表6　行业层次变量对企业层次变量回归系数的预测结果

变量	回归系数与显著性检验		
	回归系数	标准误	t检验
截距企业绩效			
第二层斜率（γ_{00}）	0.150265	0.027361	5.492***
PAYVD - EPS			
第二层斜率（γ_{10}）	0.003532	0.000921	3.835***
STD（γ_{11}）	-0.000029	0.000015	-1.997*
TECH（γ_{12}）	-0.000504	0.001091	-0.461
PAYHD - EPS			
第二层斜率（γ_{20}）	-0.332920	0.092091	-3.615***
STD（γ_{21}）	0.009836	0.002420	4.064***
TECH（γ_{22}）	0.178668	0.091498	1.953*
控制变量			
INSTEQ	0.210322	0.095984	2.191*
EPS_{e-1}	0.556301	0.089919	6.187***
CONTROL	-0.024871	0.030105	-0.826

注：*表示$p<0.1$，**表示$p<0.01$，***表示$p<0.001$。由于部分回归系数和标准误数值非常小，所以我们精确到了小数点后6位

如图4所示，相对于高管薪酬差异程度较高的行业，在高管薪酬差异程度较低的行业中，企业高管团队垂直薪酬差异与企业绩效的正向关系更强，假设4a得到了支持。而如图5所示，在高管薪酬差异程度比较高的行业中，高管团队水平薪酬差异与企业绩效存在

正向关系，但是在低高管薪酬差异程度的行业中，却存在着显著负向关系，假设 4b 得到了支持。从图 6 中我们可以看出，相对于技术密集性低的行业来说，高技术密集性行业中企业的高管团队水平薪酬差异与企业绩效之间的负向关系反而更弱，假设 5b 未得到支持。

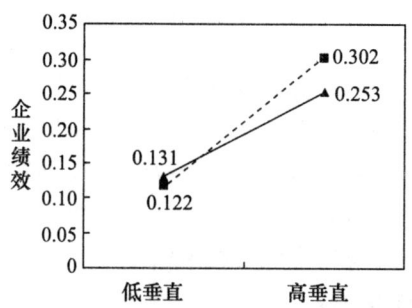

图 4 行业内高管薪酬差异程度在高管团队垂直薪酬差异与企业绩效间的跨层调节作用

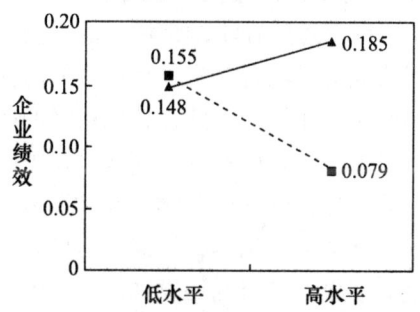

图 5 行业内高管薪酬差异程度在高管团队水平薪酬差异与企业绩效间的跨层调节作用

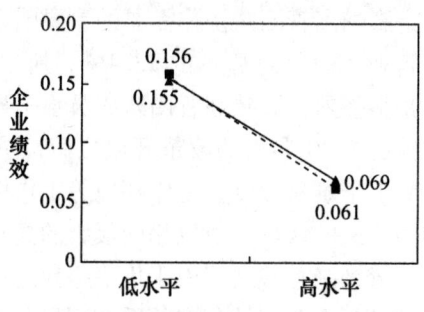

图 6 行业内技术密集性在高管团队水平薪酬差异与企业绩效间的跨层调节作用

四、结论与建议

本研究的目的是从锦标赛理论和社会比较理论出发,先分别探讨高管团队垂直薪酬差异、水平薪酬差异和企业绩效之间的关系,然后进一步总结以往研究结论和本研究结果,将锦标赛理论和社会比较理论进行综合考量,希望探索出一种全面考虑高管团队垂直薪酬差异和水平薪酬差异的企业高管团队薪酬模式,最后为了弥补以往研究没有考虑行业因素的不足,探讨了行业内高管薪酬差异程度以及技术密集性对高管团队垂直薪酬差异和水平薪酬差异与企业绩效关系的影响作用。

1. 理论成果

(1) 本研究整合锦标赛理论和社会比较理论,根据定义将高管团队薪酬差异分为垂直薪酬差异和水平薪酬差异,扩展了高管薪酬差异与企业绩效关系的研究。本研究发现,高管团队垂直薪酬差异与企业绩效呈显著正相关,这与 Erikson 等、林浚清等、Lee 等的研究结论基本一致,再次验证了锦标赛理论在中国情境下的适用性。这可能由于两方面的原因:首先,较低层级的高管团队成员预期晋升到较高层级的高管职位将能够得到一笔可观的收入,而高管人员晋升主要看相对业绩,因此,较低层级的高管人员有很强的动机去努力工作以谋求晋升,企业绩效也会得到相应提升;其次,在中国背景之下,金钱不仅是生活质量的保证,更是一种地位的象征,较大的薪酬差异可以给高管人员带来较高的精神满足感,形成一种很强的精神动力继续努力工作,以保持这种薪酬和地位的优越感,个人努力成果会相应转化为较高的企业绩效。本研究还发现,高管团队水平薪酬差异与企业绩效之间虽然存在负向关系,但是并不显著。原因可能基于两个方面:一是根据 Siegel 和 Hambrick 以及张正堂等的研究,在高管团队成员协作需要较强的企业中(如处于技术密集型行业中的企业),水平薪酬差异的作用效果更强,即水平薪酬差异较大会导致薪酬较低的高管团队成员对薪酬不满意,从而削弱团队合作,进而会降低企业绩效。而企业所处行业是否属于技术密集型行业是影响高管团队协作需要的重要因素,我们所选的样本企业中只有232家属于技术密集型行业,只占总样本的23.4%,所以所选样本中大部分企业的高管团队成员的协作需要不是很强烈,导致高管团队成员水平薪酬差异对企业绩效的负向影响并不显著。二是中国在经历了30多年的改革开放之后,员工的市场意识和管理理念有所进步,不同高管职位之间由于难易程度、工作环境等工作性质不同会造成薪酬差异有一定不同的观念已经得到较为普遍的认可,所以相同层级的高管团队成员,比如主管人事行政的副总裁能够认可自己与营销副总裁之间由于价值差异造成的薪酬差距。这可能也是造成高管团队成员水平薪酬差异与企业绩效负向关系并不显著的原因之一。同时,本研究也发现,高管团队垂直薪酬差异和水平薪酬差异在对企业绩效的影响上存在显著的负交互效应。在进一步对高管团队垂直薪酬差异和水平薪酬差异不同组合下的薪酬模式比较后发现，在较低层级高管团队成员所分管部门差异不大的情况下，企业绩效最佳的薪酬模式是锦标赛模式，即垂直差异较大，水平差异较小的薪酬结构。在这种模式下，较低层级的高管团队成员的主要着眼点是通过自身努力谋求晋升从而获得更高的薪酬，而同层级之内则由于薪酬差异较小，高管团队凝聚力较强，合作更充分，在此情况下，企业高管团队工作积极性较强，内耗较少，有利于企业绩效稳步提高。但是，在较低层级高管团队成员所分管部门差异较大的情况下，锦标赛模式可能因为没有对不同高管团队成员的价值进行区分，而对高管团队成员的公平感知产生负面影响，最终削弱企业绩效。

（2）本研究发掘出了行业内高管薪酬差异程度这一影响高管薪酬差异与企业绩效关系的行业特征，拓展了薪酬比较的相关研究。本研究发现，较低层级的高管团队成员通过与较高层级高管团队成员比较后发现，相互之间存在较大的垂直薪酬差异，会促使较低层级的高管团队成员努力工作谋求晋升以获得较高的薪酬；同时，较高层级的高管团队成员也会因为较大垂直薪酬差异的存在，而感觉到自身具有较高的地位，因而具有较强的薪酬满意度，从而努力工作，有助于企业绩效的提升，所以高管团队垂直薪酬差异与企业绩效呈显著正向关系，说明高管团队成员的内部薪酬比较是存在的。同时在研究中，行业内高管薪酬差异程度在一定程度上代表了高管人员外部薪酬比较的对象，我们发现在高管薪酬差异程度较低的行业中，企业高管团队垂直薪酬差异与企业绩效正向关系比较强，而在高管薪酬差异程度比较高的行业中这种正向关系较弱，与我们的假设完全一致。同时，在高管薪酬差异程度较大的行业中，企业高管团队水平薪酬差异与企业绩效呈正向关系，在高管薪酬差异程度较小的行业中，企业高管团队水平薪酬差异与企业绩效呈负向关系，这与我们的假设基本一致。因此，行业内高管薪酬差异程度这一反映薪酬外部比较的变量会调节高管团队垂直薪酬差异与企业绩效，以及水平薪酬差异与企业绩效的关系，说明高管团队成员在进行薪酬比较时，不仅会进行内部比较，还会进行外部比较。Goodman 和 Shore 都论述到个体会进行薪酬的内部比较和外部比较，这与我们的研究结论基本一致。但是 Goodman 仅从理论上进行了论述，而 Shore 采用的是实验研究方法，本研究运用二手数据进行大样本实证研究，进一步验证了个体不仅会进行内部薪酬比较，同时会进行外部薪酬比较的结论，拓展了薪酬比较的相关研究。

（3）本研究发掘出行业内技术密集性这一影响高管薪酬差异与企业绩效关系的行业特征。本研究发现，在技术密集性高的行业中，高管团队水平薪酬差异对企业绩效的负向预测作用被削弱了。这说明在高技术密集性行业中，企业的高管团队成员之间的岗位性质和贡献差异比较大，特别是分管研发的副总裁可能肩负更大的义务和责任。如果不对研发副总裁等贡献差异较大的高管团队成员进行薪酬上的区分，即适当拉大研发副总裁等高管团队成员与其他成员之间的薪酬差异，则会对研发副总裁等的薪酬公平感知产生负面影响，挫伤其工作积极性，进而不利于企业绩效的提升。

2. 对企业管理实践的建议

目前，中国企业高管团队的薪酬设置，特别是国有企业，在较大程度上尚缺乏应有的激励效率。同时，在全球经济危机和国有企业高管薪酬管制的背景下，通过提高高管团队薪酬水平的方式来提升激励效率可能会引发国民和企业员工的不满。而针对薪酬结构进行最优化设置，在不增加薪酬成本的情况下，可以较大程度地提高高管团队成员的薪酬满意度，从而推动企业绩效的提升。因此这种较为"廉价"的薪酬改革方式在饱受"成本削减困扰"的外资企业、民营企业以及实行高管薪酬管制的国有企业中有其可行性和适用性。针对企业高管团队的薪酬结构设置，本研究提出以下建议：

（1）高管团队内部应当适当拉大不同层级之间的薪酬差距。本研究表明，高管团队垂直薪酬差异和企业绩效之间存在显著的正相关关系，较大的垂直薪酬差异可以使高管团队中形成类似于锦标赛的竞争关系，提高薪酬对高管团队中较低层级成员（如副总裁、总监等）的激励作用。同时本研究还表明，高管团队垂直薪酬差异与水平薪酬差异存在着显著的负交互作用，因此在设置高管团队薪酬结构的时候，不仅要追求"效率"，还要兼顾"公平"，综合考虑不同层级之间的薪酬差异与同层级内部的薪酬差异，在拉开不同层级间薪酬差距的同时，尽量将同层级内相近岗位的薪酬差异控制在较小的范围内。

（2）企业应当定期对同行业中其他企业的薪酬策略进行调查分析。如果其他企业普遍选择差异较大的薪酬模式时，相对于其他企业，本企业应该将高管团队垂直薪酬差异设置得更大，使"锦标赛"式的激励效果不会因为同行业中其他企业也选择同样策略而打折。同时，如果其他企业普遍选择薪酬差异较小的模式时，本企业应该适当缩小高管团队中同层级内部的薪酬差异。因为在此情况下，高管团队成员与其他企业进行比较后会进一步加剧较大薪酬差异带来的不公平感，导致高管人员合作减少，企业绩效下滑。所以，与同行业中其他企业选择较为一致的薪酬结构可能更为有利。

（3）对于高技术密集性行业中的企业来说，不同高管团队成员之间的岗位价值存在着较大的不同，研发副总裁等高管团队成员的贡献可能更大，而且这种差异能够被其他高管团队成员所认可，因此应该对研发副总裁等贡献差异较大的高管团队成员进行薪酬上的区分，即适当拉大研发副总裁等高管团队成员与其他成员之间的薪酬差异。

3. 研究不足与展望

本研究存在样本可获得性的问题，没有将福利和股权收益等纳入薪酬的考虑范围，可能会对研究结果有一定的影响，这是今后研究应该扩展的方面。同时，本研究采用的行业特征变量比较少，仅使用了行业内高管薪酬差异与技术密集性这两个行业变量，还有待学者对影响高管团队薪酬差异与企业绩效关系的行业特征进行深入的研究和发掘。当然，除了行业特征之外，地域、企业过去的经营状况和文化特征等因素都会影响高管团队成员薪酬比较的心态，进而影响企业绩效，今后研究者可以对高管团队的薪酬比较对象进行拓展。另外，在未来的研究中，研究者还可以进一步深入挖掘高管团队薪酬差异的理论内涵、研究方法、调节变量，以深入剖析高管团队薪酬差异与企业绩效之间的关系。

参考文献

[1] Katzenbach J. R. The Myth of the Top Management Team [J]. Havard Business Review, 1997, 75 (6): 83 - 91.

[2] Daniel Z. D., Syed A., Gloria L. G. Effects of Inter – and intrahierarchy Wage Dispersions onfirm Performance in Chinese enterprises [J]. The International Journal of Human Resource Management, 2009, 20 (11): 2370 – 2381.

[3] Balkin D. B., Markman G. D., Gomez – mejia L. R. Is CEO Pay in High – technology Firms Related to Innovation? [J]. Academy of Management Journal, 2000, 43 (6): 1118 – 1129.

[4] Carpenter M. A., Sanders W. M. G. Top Management Team Compensation: The Missing Link Between CEO Pay Andfirm Perfor – mance? [J]. Strategic Management Journal, 2002, 23 (4): 367 – 375.

[5] 魏刚. 高级管理层激励与上市公司经营绩效 [J]. 经济研究, 2003, 38 (3): 32 – 39, 64.

[6] Jensen M. C., Murphy K. J. Performance Pay and Top Management Incentives [J]. Journal of Political Economy, 1990, 98 (2): 225 – 264.

[7] Gerhart B., Milkovich G. T. Organizational Differences in Managerial Compensation and Financial Performance [J]. Academy of Management Journal, 1990, 33 (4): 663 – 691.

[8] Werner S. Ward S. G. Recent Compensation Research: An Eclectic Review [J]. Human Resource Management Review, 2004, 14 (2): 201 – 227.

[9] Main B. G., O'Reilly C. A., Wade J. Top Executive Pay: Tournament or Teamwork? [J]. Journal of Labor Economics, 1993, 11 (4): 606 – 628.

[10] Erikson T. Executive Compensation and Tournament Theory: Empirical Tests on Danish Data [J]. Journal of Labor Economics, 1999, 17 (2): 262 – 280.

[11] Lee K. W., Lev B., Yeo G. H. H. Executive Pay Dispersion, Corporate Governance, and firm Performance [J]. Review of Quantitative Finance and Accounting, 2008, 30 (3): 315 – 338.

[12] Siegel P. A., Hambrick D. C. Pay Disparities within Top Management Groups: Evidence of Harmful Effects on Performance of High – technology Firms [J]. Organization Science, 2005, 16 (3): 259 – 274.

[13] 罗楚亮, 李实. 人力资本、行业特征与收入差距——基于第一次全国经济普查资料的经验研究 [J]. 管理世界, 2007 (10): 19 – 30.

[14] 傅娟. 中国垄断行业的高收入及其原因: 基于整个收入分布的经验研究 [J]. 世界经济, 2008 (7): 67 – 77.

[15] Lazear E., Rosen S. Rank – Order Tournaments as Optimum Labor Contracts [J]. Journal of Political Economy, 1981, 89 (5): 841 – 864.

[16] 林浚清, 黄祖辉, 孙永祥. 高管团队内薪酬差距、公司绩效和治理结构 [J]. 经济研究, 2003 (4): 31 – 40, 92.

[17] Hofstede G. Cultural Constraints in Management Theories [J]. Academy of Management Executive, 1993, 7 (1): 81 – 94.

[18] 张正堂, 范林榜, 陶学禹. 企业家报酬研究述评 [J]. 经济管理, 2001 (11): 10 – 13.

[19] Martin J. Relative Deprivation: A Theory of Distributive Injustice for an Era of Shrinking Resources [C] //L. L. Cummings and B. M. Staw (Eds.), Research in Organizational Behavior (Vol. III) [M]. Greenwich, CT: JAI Press, 1981: 53 – 107.

[20] Festinger L. A Theory of Social Comparison Processes [J]. Human Relations, 1954 (7): 117 – 140.

[21] Akerlof G. A., Yellen J. A. Fairness and Unemployment [J]. American Economic Review, 1988, 78 (2): 44 – 49.

[22] Cowherd D. M., Levine D. I. Product Quality and Pay Equity between Lower – level Employees and Top Management: An Investigation of Distributive Justice Theory [J]. Administrative Science Quarterly, 1992, 37 (2): 302 – 320.

[23] Pfeffer J., Langton N. The Effect of Wage Dispersion on Satisfaction, Productivity, and Working Collaboratively: Evidence from College and University Faculty [J]. Administrative Science Quarterly, 1993, 38 (3): 382 – 407.

[24] Akerlof G. A., Yellen J. A. The Fair Wage – effort Hypothesis and Unemployment [J]. The Quarterly Journal of Economics, 1990, 105 (2): 255 – 283.

[25] Levine J. M., More Land, R. L. Social Comparison and Out – Come Evaluation in Group Context [C] //In J. C. Master, W. P. Smith (Eds). Social Comparison, Justice, and Relative Deprivation: Theoretical, Empirical, and Policy Perspectives [A]. Hillsdale, NJ: Erlbaum, 1987: 105 – 127.

[26] Goodman P. S. An Examination of References Used in the Evaluation of Pay [J]. Organizational Behavior and Human Performance, 1974, 12 (2): 170 – 195.

[27] Goodman P. S. Social Comparison Processes in Organizations [C] //B. Staw & G. Salancik (Eds.). New Directions in Organizational Behavior [M]. Chicago: St. Clair Press, 1977: 97 – 132.

[28] Smith R. H. Assimilative and Contrastive Emotional Reactions to Upward and Downward Social Comparisons [C] //Suls, J., Wheeler, L. Handbook of Social Comparison: Theory and Research [M]. New York: Kluwer Academic Publishers, 2000: 173 – 200.

[29] Dornstein M. The Fairness Judgments of Received Pay and Their Determinants [J]. Journal of Occupational Psychology, 1989, 62 (4): 287 – 299.

[30] Lee R., Martin J. Internal and External Referents as Predictors of Pay Satisfaction among Employees in a Two – tier Wage Setting [J]. Journal of Occupational Psychology, 1991, 64 (1): 57 – 66.

[31] Miceli M., Lane M. C. Antecedents of Pay Satisfaction: A Review and Extension [C] //Research in Personnel and Human Resources Management (Vol. 9) [A]. Greenwich, CT: JAI Press, 1991: 235 – 309.

[32] Henderson A. D., Fredrickson J. W. Top Management Team Coordination Needs and the CEO Pay Gap: A Competitive Test of Economic and Behavior Views [J]. Academy of Management Journal, 2001, 44 (1): 96 – 117.

[33] Bloom M. The Performance Effects of Pay Dispersion on Individuals and Organizations [J]. Academy of Management Journal, 1999, 42 (1): 25 – 40.

[34] 张正堂. 高层管理团队协作需要、薪酬差距和企业绩效：竞赛理论的视角 [J]. 南开管理评论, 2007, 10 (2): 4 – 11.

[35] Brown M. Unequal Pay, Unequal Responses? Pay Referents and Their Implications for Pay Level Satisfaction [J]. Journal of Management Studies, 2001, 38 (6): 879 – 886.

[36] Summers T. P., DeNisi A. S. In Search of Adams' other: Reexamination of Referents used in the Evaluation of Pay [J]. Human Relations, 1990, 43 (6): 497 – 511.

[37] Shore T. D., Tashchian A., Jourdan L. Effects of Internal and External Pay Comparisons on Work Attitudes [J]. Journal of Applied Social Psychology, 2006, 36 (10): 2578 – 2598.

[38] Lee C. L., Lin Y. C., Chuang Y. H. Performance Consequences of Pay Dispersion within Top Management Teams: The Impact of Firm Collaboration Needs [J]. The International Journal of Accounting Studies,

2006(Special Issue): 121-149.

[39] Lazear E. P. Pay Equality and Industrial Politics [J]. Journal of Political Economy, 1989, 97 (3): 561-580.

[40] 张雷, 雷雳, 郭伯良. 多层线性模型应用 [M]. 北京: 教育科学出版社, 2005.

[41] 王济川, 谢海义, 姜宝法. 多层统计分析模型: 方法与应用 [M]. 北京: 高等教育出版社, 2008.

[42] Xu X., Wang Y. Ownership Structure and Corporate Governance in Chinese Stock Companies [J]. China Economic Review, 1999, 10 (1): 75-98.

[43] 徐莉萍, 辛宇, 陈工孟. 股权集中度和股权制衡及其对公司经营绩效的影响 [J]. 经济研究, 2006 (1): 90-100.

[44] 陈冬华, 陈信元, 万华林. 国有企业中的薪酬管制与在职消费 [J]. 经济研究, 2005 (2): 92-101.

A Cross – Level Study of Relationships between Industrial Attributes Pay Dispersion in Top Management Team and firm Performance

Li Shaolong　Long Lirong　He Wei

Abstract: In the field of human resource management and corporate governance, the relationship between pay dispersion in the top management team (TMT) and firm performance is one of the hot topics, but has not yet been obtained unanimous conclusion. Based on the theories of tournament and social comparison, this article tries to use hierarchical linear models to analyze the relationships between top management team's vertical pay dispersion, horizontal pay dispersion and firm performance, and explore the moderating effects of industrial attributes with the data of 992 Chinese listed companies from 39 industries. Results of multilevel analysis showed that: ①vertical pay dispersion in top management team had a positive effect oNFIrm performance; ②TMT's vertical and horizontal pay dispersion had an interactive effect oNFIrm performance; ③variance of executive pay levels within the industry negatively moderated the relationship between TMT's vertical pay dispersion and firm performance, while positively moderated the relationship between TMT's horizontal pay dispersion and firm performance; ④industrial technology intensity had a positive moderating effect on the relationship between TMT's horizontal pay dispersion and firm performance. These findings highlighted the necessity of study on TMT pay dispersion and firm performance. Moreover, some significances and implications can be drawn from this study. First, this study extends the literature on the relationship between pay dispersion in the top management team and firm performance by integrating the tournament theory and social comparison theory. Second, this study has to a certain degree opened the black box of the relationship between TMT's pay dispersion and firm performance by exploring the industrial moderators like variance of executive pay levels and technology intensity within the industry. Third, some theoretical and practical implications on how to design pay structure of TMT preferably in industries with different attributes were provided. Limitations and suggestions for future research are discussed at the end of the article.

Key Words: Top Management Team; Pay Dispersion; Firm Performance; Tournament Theory; Social Comparison Theory

中国企业环境下领导行为的研究述评：
高管领导行为，领导授权赋能及
领导—部属交换*

王 辉 张翠莲

【摘 要】国外有关领导行为的研究已经不胜枚举，而针对中国企业环境下的领导行为的研究则相对较少。近年来，中国情境下的领导行为研究开始逐渐涌现，本文从中国高层管理者的领导行为、领导授权赋能行为以及领导—部属交换理论三个方面对中国企业环境下的领导行为研究进行了述评，总结了相关研究在中国情境下的维度表现、前因后果变量以及中介或调节作用，并指出了中国情境下相关本土化研究的理论与实践贡献。这些研究，从理论贡献上来说，一方面体现出中国情境下领导行为区别于西方情境的独特性，另一方面验证和扩充了西方相关领导行为的研究发现，进一步丰富了领导行为理论；从实践意义上而言，为中国企业领导者提供了一个反思的镜子，进而使他们调整自己的领导行为，为中国企业领导者提供企业决策及管理的参考依据，为人力资源管理人员提供实际操作的手段及工具，而且启发下属注意与领导者建立好关系的方式方法和适宜程度。

【关键词】中国企业环境；高层管理者领导行为；领导授权赋能行为；领导—部属交换

有关领导的研究是组织行为学的重要研究领域，一直是学者们关注的热点问题。截至目前，学术界主要从四方面对领导行为及相关问题进行了探讨：第一，领导行为的类型，比如，Bass（1985），Bass 和 Avolio（1990）的变革型领导（Transformational Leadership），Finkelstein 和 Hambrick（1996）的战略型领导（Strategic Leadership），Konczak、Stelly 和 Trusty（2000）的授权型领导；第二，领导行为的前因后果变量，比如，Rubin、Munz 和 Bommer（2005）从领导者的个性特征和情感认同能力等方面探讨变革型领导的前因变量，Srivastava、Bartol 和 Locke（2006）研究了授权型领导对知识分享、团队效能感、团队绩效的影响；第三，领导行为与下属之间的关系互动，比如 Dansereau、Graen 和 Haga

---

* 本文选自《心理科学进展》2012 年第 10 期。

(1975) 以及 Graen (1976) 等提出的领导—部属交换关系 (Leader - member Exchange, LMX); 第四, 领导行为作为中介或者调节变量的影响, 比如 Shin 和 Zhou (2007) 探讨了变革型领导对团队专业差异与创新之间的调节作用。

以上有关领导行为的研究大部分都是在西方情境下进行的, 如果将这些研究放到中国企业环境下, 其研究结果是否能够被成功复制? 中国情境下会不会产生新的研究发现? 要回答清楚这些问题就需要展开中国企业环境下的系列研究。近年来, 越来越多的学者开始强调本土化研究或情境化研究的重要性。一方面, 中国作为全球经济的主要参与者, 经济的快速腾飞, 不仅为企业创造了发展机会, 也为学者带来了研究机会。Tsui (2009) 指出, 转型中的中国在经济、法律制度等方面都有了很多重大改变, 这些改变会影响企业在吸收西方管理经验时的行为选择, 因此, 中国的管理学研究有必要关注中国企业环境下的问题, 并致力于推进理论知识的积累和有意义的本土问题的解决。Leung (2012) 认为, 中国作为一个重要性与日俱增的市场, 吸引越来越多的外国企业进入中国发展业务, 因此, 中国情境下的企业领导、员工、管理等方面的知识无疑对他们走进中国大有裨益。另一方面, 针对中国企业环境下的研究有助于拓展西方理论, 为其理论的进一步深化发展提供新的视角。Van de Ven 和 Jing (2012) 认为, 本土研究不仅可以帮助理解特定文化情境下的相关知识, 也会扩展跨文化边界的普遍理论知识。Li、Leung、Chen 和 Luo (2012) 指出, 中国管理中出现的现象和问题相比于西方而言, 在某些方面有其独特之处, 这就更需要采用本土化的研究探索中国情境下的管理问题, 哪怕仅是一个概念或变量的差异, 如果体现了对西方理论的改进、丰富和提升的过程, 也可以算是一种贡献。Rodrigues、Duarte 和 Carrieri (2012) 认为, 由于中国的政治和经济格局都与西方国家有所差异, 中国企业环境下的很多管理现象可能在西方人的眼里根本不存在, 也许中国学者能够更好地体会和察觉到这些独特现象的存在并展开相关研究。

那么, 就领导行为的研究而言, 与西方国家相比, 中国企业环境下的领导行为有何异同? 由于中国企业所面临的政治制度、经济体制、法律规范、传统文化等制度环境与西方企业存在很大不同, 中国企业的领导者在管理企业和领导员工的过程中势必形成一些与传统的西方领导行为理论不一致的行为与管理模式。总体来看, 目前学者对具有一定中国特色的领导行为的研究主要反映在三个方面: 中国企业高层管理者的领导行为、领导授权赋能行为以及领导—部属交换理论。值得一提的是, 这些基于中国情境展开的领导行为研究并不仅是为了发现与西方研究的差异, 更为全面地来看, 这方面的研究具有两方面的研究意义: 一方面, 通过对中国企业环境下领导行为的探讨, 找出中国情境下所特有的领导行为表现, 体现出中国情境下领导行为区别于西方情境的独特性; 另一方面, 通过探讨中国企业环境下领导行为的前因后果变量、中介机制以及调节作用等, 验证和扩充西方相关领导行为的研究发现, 进一步丰富领导行为理论。这两个方面共同促成了中国情境下领导行为研究的开展。接下来, 本文将分别从以上三方面对中国企业环境下的领导行为研究进行综述。

一、中国企业高层管理者领导行为的研究

高层管理者领导行为的研究是组织行为学的重要和热点问题。从 20 世纪开始,人们对这一领域一直保持着浓厚的兴趣,试图了解领导的本质、行为表现以及对企业管理实践所产生的影响。

1. 中国企业高层管理者的领导行为表现

由于社会、经济、文化等环境不同,很多学者开始关注中国企业的领导行为与西方的差异这一问题。例如,Silin(1976)、Redding(1990)、Westwood 和 Chan(1992)等国外学者对中国台湾企业中的领导行为进行了观察与研究,发现了一些有异于西方的领导理念和行为模式。在此基础上,Farh 和 Cheng(2000)基于长期对中国台湾企业领导行为的研究,总结出华人组织独特的家长式领导(Paternalistic Leadership)特征,即威权(Authoritarianism)、仁慈(Benevolence)以及德行(Morality)领导,并分析了其深层的社会和文化根源。凌文辁(1991)等在验证日本学者 Misumi(1985)的 PM 理论时,发现了中国管理者的领导行为除了包含日本和美国学者提出的工作导向和人际导向的行为外,还包括一个独特的"个人品德"因素,将其称为中国领导行为的 C(品德)P(业绩)M(人际维系)理论。

上述研究结论深受中国传统文化(如人际导向、泛家族文化等)及企业所面临现实(如"亚洲四小龙"的崛起及中国改革开放)的影响,而中国企业自 20 世纪 80 年代开始经历了一系列脱胎换骨的变化。现代企业制度的逐步确立,行业规范的渐次完善,市场竞争的日益激烈,以及国际化进程的不断深入,这些变化促使人们不得不思考在应对转型经济环境下的企业经营与管理方面,中国企业的领导者,尤其是企业的高层领导者(包括董事长、总裁、CEO 等),应该表现出怎样的领导行为才能带领企业不断发展壮大。

王辉、忻榕、徐淑英(2006)和 Wang、Tsui、Xin(2011)为了进一步厘清转型时期中国企业高层管理者的行为表现,同时探讨这些行为对企业业绩的影响机制,在中国企业环境下开展了系列高管领导行为的研究。采用定性及定量的方法,王辉等归纳性地总结了在转型经济环境下中国企业 CEO 的领导行为表现,建构了一个六维度的 CEO 领导行为测量工具,包括"设定愿景"(Articulating Avision)、"监控运营"(Monitoring Operations)、"开拓创新"(Being Creative and Risk - tasking)、"协调沟通"(Relating and Communicating)、"关爱下属"(Showingbenevolence)和"展示威权"(Being Authoritative)。其中,三个维度("设定愿景"、"监控运营"和"开拓创新")与 CEO 的任务管理行为密切相关,另外三个维度("协调沟通"、"关爱下属"和"展示威权")与 CEO 的人际关系管理行为相关,特别值得一提的是,"关爱下属"维度正好印证了中国环境下人际和谐、人际关系的重要性(Yang、Yu 和 Yeh,1989),"展示权威"维度也反映了中国社会特有的

文化现象，比如高水平的权力距离，而且，这两个维度也印证了之前 Farh 和 Cheng（2000）等提出的中国环境下的家长式领导行为。

2. 中国企业高层管理者的领导风格

王辉、忻榕和徐淑英（2004）采用"构型法"（Configuration Approach）归纳出转型时期中国企业领导者的 4 种领导风格，分别称为"先进型"、"任务导向型"、"员工导向型"和"隐匿型"。"先进型"领导是指在"展示权威"之外所有维度上的得分都超过平均分的领导者，他们富有创意，敢于冒险，善于沟通，传达愿景，关心员工，管理严格。这种领导所带领的企业或部门绩效最好，员工对组织的满意度最高；"任务导向型"领导指的是仅在"展示权威"维度上的得分超过平均分，而其他维度都等于或低于平均分的领导者，他们喜欢独揽企业大权，独自做出重大决定，这种领导所带领的企业或部门绩效处于整体样本的第二位，员工对组织的满意度次之；"员工导向型"领导是指在"关爱下属"和"协调沟通"两个维度上得分相对较高的领导者；"隐匿型"领导除了在"展示权威"维度上得到平均分之外，在其他维度上的得分均大大低于平均分，也就是说，这些领导虽然在企业中担任领导者的职位，但却不行使领导者的责任，因此，在这种类型领导管理下的企业或部门绩效、员工满意度都处在最低的水平。同时，他们还分析了这 4 种领导风格在不同所有制形式下的分布。不同所有制形式的企业倾向于采用不同的领导风格，具体而言，调查显示 52% 的民营企业 CEO 表现出"先进型"领导风格，38% 的国有企业 CEO 和 36% 的外商投资企业 CEO 都倾向于采用"员工导向型"领导风格，也有 11% 的国有企业 CEO 和 14% 的外资企业 CEO 是"任务导向型领导"，26% 的国有企业 CEO 以及 26% 的外商投资企业 CEO 是"隐匿型领导"，而民营企业里则基本上没有"隐匿型领导"。

Tsui、Wang、Xin、Zhang 和 Fu（2004）的研究进一步指出中国企业家"百花齐放"式的领导风格受到诸多因素的影响，比如根深蒂固的儒家文化、共产主义思想、经济改革等。通过收集新闻媒体、公司网页以及案例访谈等方面的资料，Tsui 等用现实中的企业领导者对"先进型"、"任务导向型"、"员工导向型"和"隐匿型"这 4 类领导风格分别进行了例证，比如：海王集团的张思民就是典型的"先进型"领导，他积极为公司设定长期目标和愿景，勤于创新，敢于冒险，加强管理体系建设，强调以人为本的员工关怀；而远大集团的张跃则是典型的"任务导向型"领导，公司的一切决定都由他拍板，并且要求下属绝对服从和执行，平日也鲜有与员工进行工作外的沟通交流。

3. 中国企业高层管理者对企业绩效和组织文化的影响

Wang、Tsui 和 Xin（2011）指出，近年来有关战略型领导的研究大多集中于探讨高层管理者与企业经营业绩之间的关系，但是对于影响这类关系的机制方面的研究尚显不足。通过采用包括企业高层经理人员及员工在内的匹配数据，运用结构方程建模分析的方法，Wang 等（2011）的研究表明任务导向的 CEO 领导行为直接与企业经营业绩正相关，而人际关系导向的 CEO 领导行为与组织关怀、组织承诺、分配公平和程序公平等员工态度直接相关，并通过这些员工态度影响企业的经营业绩。

学者们还探讨了 CEO 领导行为与组织文化之间的关系,以及如何进而影响企业的经营业绩。Tsui、Zhang、Wang、Xin 和 Wu(2006)重点关注了冒险、协调沟通、关爱下属、设定愿景和监控运营 5 个维度的领导行为与和谐雇员导向、客户为本、创新、系统管理控制和社会责任 5 个维度的组织文化之间的关系。他们发现更多的公司存在 CEO 领导行为与组织文化之间的耦合关系,只有较少的公司 CEO 领导行为与组织文化之间没有关联。此外,企业所有制、企业规模和年龄等都会影响 CEO 领导行为,进而对组织文化产生影响,比如,由于国有企业存在根深蒂固的历史传统和强硬的政府控制,其 CEO 的领导自主权最为有限,使得领导行为与企业文化之间关联甚微。同样,年轻、小型的企业受到的企业惰性制约更少,领导者拥有的自主权更大,对企业文化的影响也就更为明显。Tsui 等(2006)通过进一步的访谈,发现中国 CEO 主要有两种类型:绩效构建者(Performance Builder)和制度构建者(Institution Builder),这两种类型的领导在塑造组织文化的过程中扮演着不同的角色。前者直接强调企业的业务运营和绩效增长,而后者则强调通过构建组织文化来间接影响企业业绩。其中,一系列情境因素也会对 CEO 领导行为与企业文化之间的关系产生影响,比如,行业技术标准、法律条文等外部环境的制约,以及企业发展阶段、历史传统等企业内部条件的限制。王辉、张文慧、忻榕和徐淑英(2011)进一步探讨了中国组织情境下战略型领导者的领导行为对企业绩效的影响,以及组织文化在其中所起到的中介作用。组织文化在这里指的是组织在解决外部适应和内部整合问题时所习得的一套价值观和基本信念。研究表明,战略型领导行为对员工态度和企业绩效具有正向作用,内部整合价值观和外部适应价值观在战略型领导行为与员工态度之间具有中介作用,战略型领导行为通过影响内部整合和外部适应的组织文化从而对员工态度产生影响,并进而影响组织绩效。

4. 相关研究的理论和实践意义

以上这些研究具有理论和实践两方面的意义。从理论意义上来讲,首先,这些研究独创性地探析了中国企业高层管理者的领导行为维度,为后续更多中国环境下的企业高管领导行为研究提供了理论基础。在转型时期的中国市场经济环境下,中国企业领导者逐渐呈现出多元导向并存的领导行为模式,相对于 20 世纪 80 年代中国领导行为的 CPM 理论而言,这些研究对中国企业高层管理者领导行为的认识有了进一步的拓展。其次,这些研究通过对中国企业高层管理者领导行为进行"构型",将 4 种类型的领导风格与企业所有制联系起来,为我们认识不同所有制下的领导行为提供了一定的依据。然后,以上研究通过探讨 CEO 领导行为对企业业绩产生影响的作用机制,进而扩展了高层梯队理论。CEO 任务导向的领导行为直接对企业战略选择和财务业绩产生影响,关系导向的领导行为通过影响员工的态度反应,进而影响企业业绩。这些结果帮助我们加深了对 CEO 领导行为与企业业绩之间"黑箱"的了解,为进一步探讨 CEO 领导行为的作用机制奠定了基础。最后,这些研究也丰富了我们对中国企业高管领导行为所产生的影响的认识。高管的领导行为不仅对企业业绩产生影响,还能推动组织文化等无形资源的构建,通过组织文化进一步强化对员工态度和企业绩效的影响。这些都加深了对有关领导者如何影响组织运营的认识，在一定程度上拓展了领导行为理论。

从实践上讲，首先，这些研究能够帮助中国企业高层管理者调整自己的领导行为，做一个高度有效且与时俱进的领导者。在转型时期的中国企业环境下，作为企业的高层管理人员，既要全面了解企业未来发展方向并制定战略规划，又要表现出在技术、产品、服务方面不断的创新行为并勇于承担相应的风险；既要强调权威，有效监控，规范管理，又要注重沟通，和睦相处，关爱下属。其次，这些研究能够为不同所有制下的企业领导者在表现出何种领导风格方面提供一些思考的视角，比如，民营企业的领导，当不清楚应该以什么样的领导风格来带领企业往前发展时，不妨借鉴当前民营企业较为流行的"先进型"领导风格，至少可以确保企业的绩效和员工的认可。最后，这些研究可以帮助推动领导者在组织文化方面积极发挥作用。作为企业的高层管理者，不管是以绩效倡导者还是以制度构建者的身份履责，都应该营造积极的企业文化，促使企业基业长青。

二、中国企业领导授权赋能行为的研究

20世纪80年代，授权赋能方面的研究开始在组织行为学理论和企业管理实践中被广泛提及（Block，1987；Burke，1986）。授权赋能最初被认为是领导者一系列授予决策权的管理行为（Blau 和 Alba，1982；Mainiero，1986）。后来，Conger 和 Kanungo（1987）开始从心理学角度研究授权赋能。他们认为，授权赋能是一个动机性构念（Motivational Construct），它意味着权力的下放可以让下属体验到一个"使能够"（Enable）的过程，进而提高下属的自我效能感（Self‐efficacy）。Thomas 和 Velthouse（1990）进而从认知的角度来探讨授权赋能的概念，在他们看来，权力意味着权威（Authority）、能力（Capacity）以及赋予能量（Energize），而能力和能量正好表达了授权赋能作为一种动机的内涵，可以说授权赋能是个体日渐增强的内在动机（Intrinsic Motivation）。接着有学者开始讨论领导者对于授权的重要性。Konczak 等（2000）率先探讨了授权赋能在领导行为方面的应用，提出了领导授权赋能行为这一概念，认为授权赋能领导行为（Empowering Leader Behavior）指的是领导授予员工权力并保证其实施的一组管理行为，并开发了测量量表。Srivastava 等（2006）认为，授权赋能领导行为这一概念主要包括两方面的含义：一方面是"授权"，领导者将权力授予下属或者说给下属分配更多的工作责任和工作自主性；另一方面是"赋能"，领导者通过授权来提升下属的内在工作动机，使下属感知到的工作效能感等心理能量更高。

1. 中国企业领导授权赋能行为的维度

国外有关领导授权赋能行为概念及其测量的研究较多，比如，Konczak 等（2000）开发了领导授权赋能行为问卷（Leader Empowering Behavior Questionnaire，LEBQ），提出了领导授权赋能行为的6个维度，包括授予权力（Delegation of Authority）、承担责任（Accountability)、自主决策（Self-directed Decision Making）、信息分享（Information Sharing）、技能发展（Skill Development）和对创新绩效的指导（Coaching for Innovation Performance）。Arnold、Arad、Rhoades和Drasgow（2000）也编制了授权赋能的领导行为量表（Empowering Leadership Questionnaire，ELQ），他们发现领导授权赋能行为包括5个维度：指导（Coaching）、提供信息（Informing）、以身作则（Leading by Example）、关心/团队互动（Showing Concern/Interacting with the Team）和参与决策（Participative Decision Making）。

在中国特有的文化和经济背景下，领导授权赋能行为是否和西方情境的领导授权赋能行为有所不同？为了厘清这一问题，王辉、武朝燕、张燕和陈昭全（2008）探讨了中国企业情境下领导授权赋能行为的维度及其测量工具。他们首先通过开放式问卷调查的方法得到领导授权赋能行为的典型表现后，经过编码、归类、探索性因子分析、验证性因子分析，最终发展出适用于中国情境的领导授权赋能行为量表，共计6个维度，24个题目。6个维度分别是"个人发展支持"、"过程控制"、"权力委任"、"结果和目标控制"、"参与决策"以及"工作指导"。其中"个人发展支持"、"权力委任"、"参与决策"和"工作指导"这4个维度与西方领导授权赋能行为较为相似，"过程控制"以及"结果和目标控制"这两个维度则是在中国情境下所特有的。总而言之，中国企业领导授权赋能行为在因素结构上包括权力的分享（"参与决策"、"权力委任"等维度），适当的监控（"过程控制"、"结果和目标控制"等维度），以及有力的支持（"个人发展支持"、"工作指导"等维度），三者共同构成了授权赋能领导行为的核心内容，其中，控制维度是中国情境下所特有的。一方面，由于受到层级制和家长作风等中国传统文化的影响，下属会认为控制是领导的一种职责，甚至是关爱下属的一种体现，因此中国企业的领导授权赋能行为里控制维度不可或缺；另一方面，权力的下放也会给下属带来一些顾虑，比如拥有更大的决策权却无法产生预期的绩效，这时下属可能需要领导适当的指导和反馈，领导的控制行为则正好迎合了下属的这些需求（Zhang、Chen和Wang，2007）。

2. 中国企业领导授权赋能行为的前因变量

在适合中国企业环境的领导授权赋能行为研究的基础上，张文慧和王辉（2009）基于管理者的长期结果考量和自我牺牲精神两项个体特征探讨了领导授权赋能行为的前因变量。其中，长期结果考量指的是人们在选择当前行为时对这些行为的长期结果及其影响的考虑程度。研究结果表明，相比长期结果考量倾向低的个体，长期结果考量倾向高的管理者更偏好授权，环境不确定性对这一关系具有调节作用，当环境不确定性较低时，长期结果考量与领导授权赋能行为之间的正相关关系更为显著。此外，在环境不确定性低的情况下，自我牺牲精神与领导授权赋能行为之间显著正相关，而在环境不确定性高的情况下，自我牺牲精神与领导授权赋能行为之间呈现负相关关系。

国内还有一些学者探讨了领导授权赋能行为的其他前因变量。杨英、龙立荣和周丽芳（2010）从授权风险的角度进行了探讨，研究发现，任务绩效授权风险和组织利益授权风险与领导授权赋能行为负相关，也就是说，当领导认为授权会导致工作任务不能按时按质按量完成,以及授权之后会导致组织利益受损时,领导的授权赋能行为都会减少,而授权的权力地位风险则对领导授权赋能行为没有显著影响。韦慧民和龙立荣(2011)则从信任视角出发,探讨了领导对下属的认知信任和情感信任与领导授权赋能行为之间的关系,研究发现领导对下属的认知信任和情感信任都与领导授权行为正相关,可以说,下属是否能够赢得领导的信任对于领导授权行为具有一定的影响。

3. 中国企业领导授权赋能行为的结果变量

学者对授权赋能行为进行研究的目的是通过领导行为的改善,提升员工态度和工作结果。王辉、张文慧和谢红(2009)的研究表明中国企业领导授权赋能行为对下属心理授权感知和工作满意度具有显著的正效应,通过领导的授权赋能行为,下属可以感知到更高水平的心理授权和工作满意度。Zhang和Bartol(2010)结合领导力、授权赋能、创造力等理论,提出了领导授权赋能与员工创造力之间关系的模型假设,并通过收集中国企业的数据,发现领导授权赋能与员工心理授权感知正相关,进而影响其内在动机和创新过程投入,并最终对创造力产生影响。耿昕(2011)也探讨了领导授权赋能行为对员工创新行为的影响,并进一步探讨了两者之间的内在作用机制,发现领导授权赋能行为对员工创新行为具有显著的正向影响,同时创新自我效能感以及积极和消极情绪在领导授权赋能行为和员工创新行为之间起到了中介作用。

4. 中国企业领导授权赋能行为的调节作用

领导授权赋能行为存在高低差异性,有学者发现在领导授权赋能行为高低有别的情况下,其产生的作用也有所差异。Gao、Janssen和Shi(2011)通过收集、研究中国电信行业的数据发现,下属对领导的信任与下属谏言行为之间的正效应受到领导授权赋能行为的调节,当领导授权赋能行为较高时,领导信任与下属谏言之间的正效应相比领导授权赋能行为较低时更强。Hon、Bloom和Crant(2011)通过收集、研究中国高科技行业、制造业以及服务业的数据表明,下属对变革的抵制会负向影响他们的创新性绩效,其中,领导授权赋能行为显著地调节了这一关系,当领导授权赋能行为较高时,下属的抵制变革对创新性绩效的负向影响会被削弱,当领导授权赋能行为较低时,下属的抵制变革对创新性绩效的负向影响会被强化。

5. 相关研究的理论和实践意义

以上这些研究内容及结果具有理论和实践两方面的意义。从理论意义上来讲,首先,适用于中国情境的授权赋能领导行为量表的产生,有利于丰富国外学者提出的授权赋能领导行为理论,增进对不同文化背景下领导授权赋能行为的趋同性和独特性的了解,以及对转型期经济环境下中国管理者的领导行为的认识,同时,为后续更多中国企业环境下的授权赋能领导行为研究提供了基础。其次,目前关于领导授权赋能行为的研究大多集中于探讨其积极影响,对前因变量的研究相对较少,因此,对中国企业环境下领导授权赋能行为前因变量的研究,进一步丰富了授权赋能领导行为理论。最后,对领导授权赋能行为作为调节变量的研究,帮助探讨了组织行为学相关研究成立的边界条件,同时也是对领导授权赋能行为理论的进一步拓展。

从实践意义上来讲,第一,可以为转型时期的中国企业领导者提供企业决策及管理的参考依据,例如,在领导下属时,不但要适当授予下属权力,同时也要注意对下属工作过程及结果进行适时的监控,这样可以很好地避免"一抓就死,一放就乱"的现象产生。第二,中国企业管理者授权赋能行为的测量可以为人力资源管理人员提供实际操作的手段及工具。第三,为领导者提供了一个反思的镜子,作为企业的核心领袖,领导者应该更多关注长期结果,考虑授权之后任务完成和组织利益方面的风险,为授权行为营造可能的条件。第四,作为中国企业环境下的领导者,如果想让自己的下属工作表现更好,就应该恰当地运用"授权"来使他们感知到"赋能",进而让下属工作满意度更高,创造力更强。

三、中国企业环境下领导—部属交换理论的研究

20世纪70年代,Dansereau和Graen等提出了领导—部属交换理论(Leader - member Exchange,LMX),该理论引发了学术界持久的研究热潮,吸引着大量学者进行相关的理论探讨和实证研究(Dansereau等,1975;Graen和1976;Graen和Cashman,1975)。领导—部属交换代表领导与下属之间形成的亲疏远近的交换关系,是一个由低质量到高质量的连续体,所谓低质量就是说仅限于正式的工作关系范围内的上下级交换关系,此时部属占用领导的时间较少,得到的机会和关照也不多,被称为圈外交换(Out - group Exchange),而高质量则是指超过正式工作说明书范畴之外的上下级交互作用,此时部属会得到领导更多的信任、关怀、特权等,被称为圈内交换关系(In - group Exchange)(Dansereau等,1975;Graen&Uhl - Bien,1995)。LMX理论被提出来以后,学者们开始采用不同的视角和理论对其进行解释,根据任孝鹏和王辉(2005)对于领导—部属交换的研究综述可以发现,学术界大体上产生了三种解释LMX理论的观点,分别是角色扮演理论(Role Playing Theory)、社会交换理论(Theory of Social Exchange)、互惠连续体(Reciprocity)。关于领导—部属交换这一概念的结构问题,学术界也存在着不同的观点,比如,Graen(1976)、Graen和Scandura(1987)、Graen和Uhl - Bien(1995)等认为,领导—部属交换应该是单维的,反映的是领导和部属之间整体工作关系的好坏。而Dienesch和Liden(1986)则认为领导—部属交换应该是多维的,包括情感(Affect)、贡献(Contribution)和忠诚(Loyalty),Liden和Maslyn(1998)还增加了第四个维度:专业尊敬(Professional Respect)。

领导—部属交换理论在西方情境下的研究可谓成果丰硕,近年来,越来越多的学者也开始关注这一理论在中国情境下的运用。相比于西方情境,中国企业环境下的领导—部属交换关系是否存在一些不同的维度?哪些因素会影响中国企业环境下的领导—部属交换关系?领导—部属交换关系能够带来哪些影响?领导—部属交换理论是否是连接某些现有理论之间的机制?领导—部属交换关系的高低程度是否能够产生不同的作用?接下来,本文

将从这些方面，对近年来中国情境下的领导—部属交换研究进行回顾。具体而言，本文将主要探讨中国企业环境下的领导—部属交换的概念维度、前因后果变量、中介以及调节作用。

1. 中国企业环境下领导—部属交换的维度

中国与西方国家存在显著的文化差异，中国文化下的人际关系具有丰富且复杂的内涵，领导和下属的关系也必然与西方情境中有所差异，在西方文化下开发的领导—部属交换量表很可能不适用于中国。因此，Wang、Liu 和 Law（2007）针对中国企业环境下领导—部属交换的概念结构、测量工具进行了探讨，发现了一些与西方有关研究不一致的地方。Wang 等（2007）的研究表明中国情境下领导—部属交换的结构中包含了"互动"和"亲近"两个独特的中国维度，这表明西方领导—部属交换主要集中在工作范畴，而中国人将工作与生活分得不是很清楚，工作中有生活，生活中也有工作。更早之前，王辉、牛雄鹰和 Law（2004）在中国文化背景下对领导—部属交换的维度结构也进行过探讨，形成了适用于中国情境的 16 个题目的多维度领导—部属交换测量工具，包括情感、忠诚、贡献和专业尊敬 4 个维度，对 Liden 和 Maslyn（1998）多维度领导—部属交换量表中的 12 个题目进行了本土化修订和拓展，同时，王辉等（2004）的结果表明，尽管单维度领导—部属交换和多维度领导—部属交换都对下属的工作绩效和情境绩效具有预测作用，但是多维度领导—部属交换的预测作用更强。Wang、Law 和 Chen（2008）进一步研究发现，领导—部属交换不同维度所产生的影响也不尽相同，领导—部属交换的情感维度与任务绩效和情境绩效正相关，贡献维度与情境绩效中的工作贡献正相关。

2. 中国企业环境下领导—部属交换的前因变量

一些学者对中国情境下领导—部属交换的前因变量进行了研究。Law、Wang 和 Hui（2010）通过对两个不同的研究样本进行分析，发现代表了多维度领导—部属交换的情感、忠诚、贡献和专业尊敬与单维度的领导—部属交换正相关，而且，单维度领导—部属交换对情感、忠诚、贡献和专业尊敬这四个维度与工作绩效和组织公民行为之间的关系具有中介作用。Law 等（2010）的研究表明单维度的领导—部属交换反映了领导—下属之间关系质量的总体水平，而多维度的领导—部属交换则是发展和维持这种关系的交换工具。马力和曲庆（2007）探讨了下属的公平敏感度对领导—部属交换的影响，研究表明下属在公平取向方面的个人差异会影响领导—部属交换，当下属是倾向于惠及他人的仁慈者时，比计较者更容易与领导建立起密切的关系。Aryee 和 Chen（2006）则从情境变量的视角，探讨了领导者对奖励的控制情况和小组工作氛围对领导—部属交换关系的影响，他们发现领导者对奖励的控制越大，领导—部属交换关系水平越高，同样，小组工作氛围越好，领导—部属交换关系水平越高。

3. 中国企业环境下领导—部属交换的结果变量

一些学者对领导—部属交换的结果变量进行了探讨。王震、孙健敏和赵一君（2012）的研究表明领导—部属交换会影响员工的积极性态度，包括工作满意度、情感承诺和留职意愿等，而且在对下属这些态度的影响上，领导—部属交换的作用最强，变革型领导次之，破坏型领导最弱。李燕萍和涂乙冬（2011）发现领导—部属交换对下属的职业成功具有显著的正向影响，而且下属的心理授权感知对这一影响起了中介作用，同时，以上关系还受到网络能力、人际影响、社会机敏性和外显真诚4种政治技能的调节。仲理峰、周霓裳、董翔和宋广文（2009）认为，领导—部属交换不仅会对员工的工作结果产生影响，对领导者的工作结果也存在影响，于是他们从领导和部属的双向视角提出了领导—部属交换对领导和部属工作结果的双向影响机制。当然，领导—部属交换也可能带来一些负面影响，比如，马力和曲庆（2007）的研究表明领导与部属之间的关系质量可能在组织中带来不公平的结果，在高质量的领导—部属交换关系下，一方面领导会抬高对这些下属的绩效评价，另一方面这些下属对领导的互动公平也会给予更高的评价，尤其是在关系盛行的组织里，这种互惠现象可能更为严重。

4. 中国企业环境下领导—部属交换的中介作用

学者们还对中国企业环境下的领导—部属交换所起的中介作用进行了研究。Wang、Law、Hackett、Wang和Chen（2005）探讨了领导—部属交换在变革型领导与员工工作绩效及组织公民行为之间所起的中介作用，结果表明，领导—部属交换完全中介了变革型领导与下属工作绩效及组织公民行为之间的关系。王震等（2012）的研究同样表明领导—部属交换在变革型和破坏型领导与下属态度和行为之间的关系中起到了部分中介的作用。Walumbwa、Mayer、Wang、Wang、Workman和Christensen（2012）通过收集中国企业领导—下属的配对数据，运用跨层次分析模型，研究表明领导—部属交换在伦理型领导与下属任务绩效之间的关系中具有中介作用，伦理型领导通过影响下属感知到的领导—部属交换关系进而影响他们的工作绩效。李秀娟和魏峰（2006）发现领导—部属交换在变革型领导与员工绩效、满意度和组织承诺之间具有部分中介作用，另外，领导—部属交换在权变性奖励、例外管理、放任性领导与员工绩效、满意度和组织承诺之间起到完全中介的作用。余琼和袁登华（2008）的研究还表明领导—部属交换在管理者情绪智力与员工情境绩效和任务绩效之间的关系中起到中介的作用。

5. 中国企业环境下领导—部属交换的调节作用

学术界对中国情境下领导—部属交换的调节作用也进行了探讨。姚琦和乐国安（2011）通过纵向研究设计探讨了领导—部属交换对新员工工作期望与适应性之间关系的调节作用，研究表明，当领导—部属交换关系较低时，期望未实现对适应性有破坏作用，而当领导—部属交换关系较高时，期望未实现对适应性的破坏作用则会被抵消，此外，领导—部属交换关系的不同维度具有不同的调节作用，"贡献"维度调节工作责任期望落差与角色清晰之间的关系，"尊敬"和"情感"维度则对工作回报期望落差与组织理解之间的关系产生调节作用。王辉等（2009）的研究表明领导—部属交换对授权赋能领导行为与下属心理授权感知以及工作满意度之间的关系具有调节作用，当领导—部属交换关系较低时，授权赋能领导行为对下属的心理授权感知以及工作满意度的正向影响相比高质量的领导—部属交换关系更为明显。杨英等（2010）还发现了领导—部属交换对于任务绩效风险以及组织利益风险与领导授权赋能行为之间关系的调节作用，当领导—部属交换较低时，感知到的任务绩效授权风险或组织利益风险对领导的授权行为影响较大，此时，当领导认为存在较大的授权风险时，他们的授权行为会急剧减少，而当领导—部属交换较高时，感知到的授权风险则对领导授权行为的影响不大。

6. 相关研究的理论和实践意义

以上这些研究在理论和实践中都有一定的贡献。从理论上讲，首先，揭示了领导—部属交换在中国企业环境下的独特维度，看到了中国企业领导在与员工互动过程中与西方不一致的地方，初步形成了中国企业环境下领导—部属交换的理论，这对西方理论中的领导—部属交换是一种有力的验证和补充。其次，对中国企业环境下领导—部属交换的前因后果变量进行了探讨，进一步丰富和完善了领导—部属交换理论，值得关注的是，领导—部属交换可能带来负面影响，尤其是在中国这样一个重关系的国家，领导—部属交换的过度互惠可能会带来组织不公平。最后，有关中国企业环境下的领导—部属交换中介机制和调节作用的研究，对现有的西方领导理论进行了有力的补充和拓展，尤其是变革型领导理论和领导—部属交换理论。

从实践上讲，这些研究对中国企业管理者的管理实践具有指导意义。首先，领导如果要想获得下属高水平的工作绩效和更积极的员工态度，那么，提升领导—部属交换水平是一个重要而有效的方式。其次，下属如果想要和领导建立高质量的领导—部属交换关系，那么可以从情感、忠诚、贡献和专业度这几个方面不断提高，但是在中国这样一个注重集体主义的文化背景下，下属也要注意与领导者建立好关系的方式方法和适宜程度，比如不顾一切地讨好、逢迎、拍马屁常常会适得其反，领导可能反而与宽厚仁慈的"好公民"关系密切。而且，领导和下属应该客观评价对方的业绩表现，不能因为领导—部属交换质量的高低而断然抛弃组织的行事准则。最后，在评估员工的态度及行为表现时，或者在考虑采纳某些管理措施之前，有必要对领导—部属交换关系质量的高低水平进行考量，从而让员工的态度和行为实现最优化，让管理举措的效用达到最大化。

四、总　结

随着学术界对情境化研究的热切呼吁，组织行为学家在吸收西方理论的基础上，结合中国经济、社会、文化等背景，针对中国企业环境下的领导行为进行了很多研究。上文分别从中国高层管理者的领导行为、领导授权赋能行为以及领导—部属交换理论这三方面对近年来有关中国企业环境下领导行为方面涌现出的主要研究进行了综述。一方面，这些研究体现了中国情境化的独特方面，比如，中国企业 CEO 的领导行为 6 维度中，"关爱下属"和"展示权威"就正好印证了中国环境下涌现出的家长式领导行为，中国企业领导授权赋能行为中的"过程控制"与"结果和目标控制"这两个维度也体现出层级制和家长作风等中国传统文化对企业领导者的影响，以及中国企业领导者对处于发展阶段的尚不成熟的企业管理方面的独特心态,同时,领导—部属交换中的"亲近"和"互动"维度,体现了中国企业情境中领导与部属交换过程中,不可避免的且超过工作范畴之外的个人交往内容。另一方面,中国企业环境下的领导行为研究也有力地实现了对西方理论的本土化完善与补充。由于中国企业所面临的政治、经济、文化、社会、劳动力结构等都具有转型期特征,所以中国企业环境下系列研究的开展,不但是对自身管理经验的总结,无疑也是对西方理论和研究发现的进一步拓展。

参考文献

[1] 耿昕. 领导授权赋能行为对员工创新行为的影响研究——基于创新自我效能感、情绪及团队创新气氛的视角 [D]. 上海交通大学博士学位论文,2011.

[2] 李秀娟,魏峰. 打开领导有效性的黑箱:领导行为和领导下属关系研究 [J]. 管理世界,2006 (9):87-93.

[3] 李燕萍,涂乙冬. 与领导关系好就能获得职业成功吗?一项调节的中介效应研究 [J]. 心理学报,2011,43 (8):941-952.

[4] 凌文辁. 中国的领导行为 [C] //杨中芳,高尚仁. 中国人·中国心——人格与社会篇 [A]. 台北:远流出版社,1991.

[5] 马力,曲庆. 可能的阴暗面:领导—成员交换和关系对组织公平的影响 [J]. 管理世界,2007 (11):87-95.

[6] 任孝鹏,王辉. 领导—部属交换(LMX)的回顾与展望 [J]. 心理科学进展,2005,13 (6):788-797.

[7] 王辉,牛雄鹰,Law,K. S. 领导—部属交换的多维结构及对工作绩效和情境绩效的影响 [J]. 心理学报,2004,36 (2):179-185.

[8] 王辉,武朝艳,张燕,陈昭全. 领导授权赋能行为的维度确认与测量 [J]. 心理学报,2008,40 (12):1297-1305.

[9] 王辉,忻榕,徐淑英. 你像谁?——中国企业领导人素描 [J]. 哈佛商业评论,2004 (5):28-31.

[10] 王辉,忻榕,徐淑英. 中国企业 CEO 的领导行为及对企业经营业绩的影响 [J]. 管理世界,2006 (4):87-96.

[11] 王辉,张文慧,谢红. 领导—部属交换对授权赋能领导行为的影响 [J]. 经济管理,2009,31 (4),99-104.

[12] 王辉,张文慧,忻榕,徐淑英. 战略型领导行为与组织经营效果:组织文化的中介作用 [J]. 管理世界,2011 (9):93-104.

[13] 王震,孙健敏,赵一君. 中国组织情境下的领导有效性:对变革型领导、领导—部属交换和破坏型领导的元分析 [J]. 心理科学进展,2012,20 (2):174-190.

[14] 韦慧民,龙立荣. 认知与情感信任、权力距离感和制度控制对领导授权行为的影响研究 [J]. 管理工程学报,2011,25 (1):10-16.

[15] 杨英,龙立荣,周丽芳. 授权风险考量与授权行为:领导—成员交换和集权度的作用 [J]. 心理学报,2010,42 (8):875-885.

[16] 姚琦,乐国安. 企业新员工工作期望与组织社会化早期的适应:领导—部属交换的调节作用

［J］. 南开管理评论, 2011, 14 (2): 52 – 60.

［17］ 余琼, 袁登华. 员工及其管理者的情绪智力对员工工作绩效的影响［J］. 心理学报, 2008, 40 (1): 74 – 83.

［18］ 张文慧, 王辉. 长期结果考量、自我牺牲精神与领导授权赋能行为: 环境不确定性的调节作用［J］. 管理世界, 2009 (6): 115 – 123.

［19］ 仲理峰, 周霓裳, 董翔, 宋广文. 领导—部属交换对领导和部属工作结果的双向影响机制［J］. 心理科学进展, 2009, 17 (5): 1041 – 1050.

［20］ Arnold J. A., Arad S., Rhoades J. A., Drasgow F. The empowering leadership questionnaire: The construction and validation of a new scale for measuring leader behaviors［J］. Journal of Organizational Behavior, 2000 (21): 249 – 269.

［21］ Aryee S., Chen Z. X. Leader – member exchange in a Chinese context: Antecedents, the mediating role of psychological empowerment and outcomes［J］. Journal of Business Research, 2006 (59): 793 – 801.

［22］ Bass B. M. Leadership and performance beyond expectations［M］. New York: Free Press, 1985.

［23］ Bass B. M., Avolio B. J. Developing transformational leadership: 1992 and beyond［J］. Journal of European Industrial Training, 1990 (14): 21 – 27.

［24］ Blau J. R., Alba R. D. Empowering nets of participation［J］. Administrative Science Quarterly, 1982 (27): 363 – 379.

［25］ Block P. The empowered manager［M］. San Francisco: Jossey – Bass, 1987.

［26］ Burke W. Leadership as empowering others［C］//S. Srivastra (Ed.), Executive power［A］. SanFrancisco: Jossey – Bass, 1986.

［27］ Conger J. A., Kanungo R. N. Toward a behavior theory of charismatic leadership in organizational settings［J］. Academy of Management Review, 1987 (12): 637 – 647.

［28］ Dansereau F., Jr. Graen G., Haga W. J. Avertical dyad linkage approach to leadership within formal organizations: A longitudinal investigation of the role making process［J］. Organizational Behavior and Human Performance, 1975 (13): 46 – 78.

［29］ Dienesch R. M., Liden R. C. Leader – member exchange model of leadership: A critique and further development［J］. Academy of Management Review, 1986 (11): 618 – 634.

［30］ Farh J. L., Cheng B. S. A cultural analysis of paternalistic leadership in Chinese organization［J］. Indigenous Psychological Research in Chinese Societies, 2000 (13): 127 – 180.

［31］ Finkelstein S., Hambrick D. C. Strategic leadership: Top executives and their effects on organizations［M］. Minneapolis: West, 1996.

［32］ Gao L. P., Janssen O., Shi K. Leader trust and employee voice: The moderating role of empowering leader behaviors［J］. Leadership Quarterly, 2011 (22): 787 – 798.

［33］ Graen G. B. Role making processes within complex organization［C］//M. D. Dunnette (Ed.), Handbook of industrial and organizational psychology［A］. Chicago: Rand – McNally, 1976.

［34］ Graen G. B., Cashman C. J. A role – making model of leadership in formal organizations: A developmental approach.［C］//J. Hunt, L. Larson (Eds.), Leadership frontiers［M］. Kent, OH: Kent State University Press, 1975.

［35］ Graen G. B., Scandura T. A. Toward apsychology of dyadic organizing［C］//L. L. Cummings,

B. M. Staw (Eds.), Research in organizational behavior [A]. Greenwich, CT: JAI Press, 1987.

[36] Graen G. B., Uhl‐Bien M. Relationship‐based approach to leadership: Development of leader‐member exchange (LMX) theory of leadership over 25 years: Applying a multi‐level multi‐domain perspective [J]. Leadership Quarterly, 1995 (6): 219-247.

[37] Hon A. H. Y., Bloom M., Crant J. M. Overcoming resistance to change and enhancing creative performance [J]. Journal of Management, 2011 (38): 1-23.

[38] Konczak L. J., Stelly D. J., Trusty M. L. Defining and measuring empowering leader behaviors: Development of an upward feedback instrument [J]. Educational and Psychological Measurement, 2000 (60): 302-308.

[39] Law K. S., Wang H., Hui C. Currencies of exchange and global LMX: How they affect employee task performance and extra‐role performance [J]. Asia Pacific Journal of Management, 2010 (27): 625-646.

[40] Leung K. Indigenous Chinese management research: Like it or not, we need it [J]. Management and Organization Review, 2012 (8): 1-5.

[41] Li P. P., Leung K., Chen C. C., Luo, J.‐D. Indigenous research on Chinese management: What and how [J]. Management and Organization Review, 2012 (8): 7-24.

[42] Liden R. C., Maslyn J. M. Multidimensionality of leader‐member exchange: An empirical assessment through scale development [J]. Journal of Management, 1998 (24): 43-72.

[43] Mainiero L. A. Coping with powerlessness: The relationship of gender and job dependency to empowerment‐strategy usage [J]. Administrative Science Quarterly, 1986 (31): 633-653.

[44] Misumi J. The behavioral science of leadership [M]. Ann Arbor, ML: University of Michigan Press, 1985.

[45] Redding S. G. The spirit of Chinese capitalism [M]. New York: de Gruyter, 1990.

[46] Rodrigues S. B., Duarte R. G., Carrieri A. P. Indigenous or imported knowledge in Brazilian management studies: A quest for legitimacy? [J]. Management and Organization Review, 2012 (8): 211-232.

[47] Rubin R. S., Munz D. C., Bommer W. H. Leading from within: The effects of emotion recognition and personality on transformational leadership behavior [J]. Academy of Management Journal, 2005 (48): 845-858.

[48] Shin S. J., Zhou J. When is educational specialization heterogeneity related to creativity in research and development teams? Transformational leadership as a moderator [J]. Journal of Applied Psychology, 2007 (92): 1709-1721.

[49] Silin R. H. Leadership and value: The organization of large‐scale Taiwan enterprises [M]. Cambridge, MA: Harvard University Press, 1976.

[50] Srivastava A., Bartol K. M., Locke E. A. Empowering leadership in management teams: Effects on knowledge sharing, efficacy, and performance [J]. Academy of Management Journal, 2006 (49): 1239-1251.

[51] Thomas K. W., Velthouse B. A. Cognitive elements of empowerment: An "interpretive" model of intrinsic task motivation [J]. Academy of Management Review, 1990 (15): 666-681.

[52] Tsui, A. S. Editor's introduction‐autonomy of inquiry: Shaping the future of emerging scientific communities [J]. Management and Organization Review, 2009 (5): 1-14.

[53] Tsui A. S., Wang H., Xin K. R., Zhang L., Fu P. P. "Let a thousand flowers bloom": Variation

of leadership styles among Chinese CEOs [J]. Organizational Dynamics, 2004 (33): 5 - 20.

[54] Tsui A. S., Zhang Z. X., Wang H., Xin K. R., Wu J. B. Unpacking the relationship between CEO leadership behavior and organizational culture [J]. Leadership Quarterly, 2006 (17): 113 - 117.

[55] Van de Ven A. H., Jing R. Indigenous management research in China from an engaged scholarship perspective [J]. Management and Organization Review, 2012 (8): 123 - 137.

[56] Walumbwa F. O., Mayer D. M., Wang P., Wang H., Workman K., Christensen A. L. Linkingethical leadership to employee performance: The roles of leader - member exchange, self - efficacy, and organizational identification [J]. Organizational Behavior and Human Decision Processes, 2012 (115): 204 - 213.

[57] Wang H., Law K. S., Chen Z. X. Leader - member exchange, employee performance, and work outcomes: An empirical study in the Chinese context [J]. International Journal of Human Resource Management, 2008 (19): 1809 - 1824.

[58] Wang H., Law S. K., Hackett R. D., Wang D. X., Chen Z. X. Leader - member exchange as a mediator of the relationship between transformational leadership and followers' performance and organizational citizenship behavior [J]. Academy of Management Journal, 2005 (48): 420 - 432.

[59] Wang H., Liu X. F., Law S. K. Leader - member exchange in People's Republic of China: A preliminary research on the contents and dimensions. [C] //G. Graen (Ed.). New national network sharing [A]. charlotte, NC: Information Age. Pubushing, 2007.

[60] Wang H., Tsui A. S., Xin K. R. CEO leadership behaviors, organizational performance, and employees' attitudes [J]. Leadership Quarterly, 2011 (22): 92 - 105.

[61] Westwood R., Chan A. Headship and leadership [C]. R. Westwood (Ed.) Organizational behavior: Southeast Asian perspectives, 1992, 118 - 143.

[62] Hong Kong: Longman. Yang K. S., Yu A. B., Yeh M. H. Chinese individual modernity and traditionality: Construct definition and measurement. [C] //K. S. Yang, A. B. Yu (Eds.), Chinese psychology and behavior, 1989: 241 - 306.

[63] Taipei, Taiwan: Laureat. Zhang X. M, Bartol K. M. Linking empowering leadership and employee creativity: The influence of psychological empowerment, intrinsic motivation, and creative process engagement [J]. Academy of Management Journal, 2010 (53): 107 - 128.

[64] Zhang Y., Chen C. C., Wang H. Bounded empowerment: Main and joint effects of supervisory power sharing and management control [R]. Paper presented at the annual meeting of Academy of Management, Philadelphia, 2007.

Leadership Behaviors in the Chinese Context: CEO Leadership Behaviors, Empowering Leadership, and Leader – Member Exchange

Wang Hui   Zhang Cuilian

Abstract: Western studies on leadership behaviors are numerous, while there are relatively few in the Chinese context. Recently, scholars have begun to explore this issue in the Chinese context. This paper reviewed the related studies conducted in the Chinese context from three aspects, including CEO leadership behaviors, empowering leadership behaviors, and leader – member exchange theory, summarizing the emic dimensions, antecedents and outcomes, mediating or moderating roles of the three leadership behaviors, andfurther discussed the widespread implications ranging from theory development and enhancement to practical application of these studies in the Chinese context. Theoretically, on the one hand, these studies explored the Chinese emic dimensions; on the other hand, they enriched the related leadership studies in the western context. Practically, they served as reflection mirrors and then promoted Chinese leaders to adjust their leadership behaviors, provided practical methods and tools for human resource managers, moreover, enlightened subordinates to pay attention to appropriate methods to build relationship with their supervisors.

Key Words: Chinese Context; CEO Leadership Behaviors; Empowering Leadership Behaviors; Leader – member Exchange

程序公正对创新行为的影响：积极情绪的中介效应研究*

李 悦　王重鸣

【摘　要】 本文以实证方式探讨了程序公正对员工创新行为的影响及其影响机制。研究结果发现，程序公正对员工创新行为有显著的正向影响，而积极情绪则在其中起中介作用。程序公正通过激发员工的积极情绪反应，从而促进员工的创新行为。此外，程序公正对员工积极情绪和创新行为的影响效应还会被领导成员交换所调节。在高层领导成员交换的情形下，程序公正对员工积极情绪和创新行为的影响效应会得到增强。

【关键词】 程序公正；领导成员交换；积极情绪；员工创新行为

员工创新行为不仅是组织创新的重要基石，也是组织竞争优势的重要来源。过去的研究大多关注个性特征对创新行为的影响，而近来的研究则开始更多关注组织情境特征对员工创新行为的影响。

大量的研究表明，作为一个重要的组织情境特征，程序公正会极大地影响员工的工作态度和行为。比如研究发现，程序公正可以提高员工的满意度和归属感，让员工表现出更多的组织公民行为以及更高的绩效表现。那么，程序公正是否也与员工的创新行为存在联系？回顾已有文献可以发现，目前还鲜有研究对它们之间的关系进行探讨，仅有的有关研究也只是探讨了程序公正在其他影响因素与创新行为关系之间所起的调节作用。此外，尽管程序公正和员工行为结果之间的显著关系已经得到了证实，却很少有研究对其中的影响机制进行深入探讨。

程序公正和人际公正都是组织公正的重要成分，研究表明，程序公正更多产生与组织相关的结果变量，如组织承诺和指向组织的公民行为；而人际公正则更多产生与主管相关的结果变量，如主管满意度等。由于员工的创新行为更多被视为一个与组织相关的行为变量，因此本文将围绕程序公正进行分析。探讨程序公正对员工创新行为的影响具有重要的理论与现实意义。此外，由于长久以来学者们都是从认知的视角来研究人们的公正判断过

---

* 本文选自《软科学》2012年第2期。

程,从情绪视角对公正感进行研究是近几年才出现的前沿理论研究课题,尤其是国内研究在这一领域还非常匮乏。综上,本文将从情绪的视角,基于实证研究来探讨程序公正对员工创新行为的影响机制,以期为该领域的现有研究与管理实践提供借鉴。

一、理论分析和研究假设

1. 程序公正和创新行为

程序公正(Procedural Justice,PJ)问题始于 Thibaut 和 Walker 对法律程序的研究。他们发现人们不仅关心资源分配的结果公正与否,还关心资源分配的过程是否公正。程序公正理论认为,人们对冲突解决过程是否公正的评价与两种控制有关:过程控制和决策控制。前者指是否能够在程序中发表自己的观点并进行论述;后者指是否能够影响结果。

Zapata - Phelan 等认为,程序公正能影响个体的内部动机。当个体感知被公正对待时,会对工作任务产生更多的兴趣以及更高的内部动机;反之,则会降低对工作的兴趣和内部动机,他们的研究也证实了程序公正对内部动机的正向影响。而内部动机一直以来都被认为是影响员工创新行为的重要机制,内部动机越高的个体会表现出更多的创新行为。内部动机能够加速个体的认知进程,内部动机驱动的个体对工作有更多的热情,充满好奇心,更加倾向于搜索和使用非常规的问题解决方案。由于创新需要突破已有的框架并且承担相应的风险,因此在开展创新行为的时候个体常常需要付出更多以及更持久的努力和精力,而这需要有较强的内部动机来予以推动。此外,基于社会交换理论(Social Exchange Theory,SET),程序公正会向员工传递一种有关自己在组织中的价值、地位以及未来发展的信息,而员工则会通过这些信息来判断自己与组织的交换关系。当感到受到公正对待时,员工就会在工作中通过投入更多的时间和努力来回报组织。因而本文推断,感知到程序公正的员工会付出更多的努力来进行创新。因此,提出以下假设:

H1:程序公正对员工的创新行为有正向影响。

2. 程序公正、积极情绪和创新行为

公正理论(Fairness Theory)认为,个体对事件是否公正的感知会对情绪反应产生影响。在公正感知下,个体会认为,如果事件按照另一种程序发生,则不会出现积极的结果。上述这种反事实思维(Counter Factual Thinking)会使个体形成诸如愉悦等积极的情绪,相反的情形则不会带来积极的情绪反应。研究表明,程序公正能够引起积极的情绪反应。Murphy 等在健康护理情境中所做的研究发现,感受到公正对待(程序公正)的个体会经历更多的自豪、喜悦以及更少的愤怒。Murphy 和 Tyler 研究发现,程序公正会给个体带来更多的积极情绪,如高兴等。Decremer 和 Stouten 发现,高程序公正情境中的个体比低程序公正情境中的个体表现出了更加强烈的积极情绪。因此,提出以下假设:

H2：程序公正对员工的积极情绪有正向影响。

积极情绪能够增强个体的认知或动机过程，从而提高创新行为。Isen 认为，积极情绪能够增强个体的认知复杂性，当个体经历积极的情绪体验时，会在发散的事物之间找到更多的联结，能发现事物之间更多的相似性和差异，因而更有可能发现问题并整合各种多样化的资源，从而表现出更多的创新行为。Vosburg 发现，在完成一项创造性的实验任务时，积极情绪与任务表现有显著的正相关关系。Schwarz 的信息感受理论（Feelings – as – Information Theory）认为，积极情绪会作为一种信号引发个体对创造性任务的加工策略。积极情绪代表着一种舒适的状态，因而会引发个体采取更加放松（Relaxed and Playful）的策略，而这些策略则有利于对新事物的探索以及对各种想法进行创造性重组。因此，提出以下假设：

H3：积极情绪对员工的创新行为有正向影响。

3. 领导成员交换的调节作用

过去的研究者认为，公正感是领导行为有效性的机制，而现在更多的研究开始关注程序公正如何与领导行为形成交互作用影响工作结果。这种转变的原因在于，研究发现虽然人际公正与领导相关的过程相联系，而程序公正则可能更多与组织相关的过程相联系。目前，有关领导成员交换（Leader – Member – Exchange，LMX）如何调节公正感影响的研究还非常缺乏；而且 LMX 对公正感的调节作用是增强还是减弱，已有的相关研究也未得出一致的结论。有的研究发现，公正感的作用在低 LMX 的情况下更加显著；而有的研究则发现公正感的作用在高 LMX 的情况下更显著。

基于社会交换理论（SET），Piccolo 等认为，在高 LMX 的情况下，员工由于得到更多的关心和尊重，因而也会对组织形成类似的期待，从而对受到组织的公正对待有更高的期望，这种期望会使得员工更加关注自己是否受到了公正的对待，从而增强程序公正的影响效应。此外，高 LMX 会增加员工对组织的认同，而这种认同感则会增强组织政策对员工的影响。De Cremer 和 Tyler 发现，程序公正对合作行为的影响会受到员工对主管的信任的调节，而信任是高 LMX 的一个核心特征。Piccolo 等的研究发现，在高 LMX 的情况下，程序公正会引起更多的回报义务感和组织公民行为，因而证实了 LMX 对程序公正影响效应的增强作用。

基于不确定性管理理论（Uncertainty Management Theory，UMT），Rosen 等则提出了相反的假设。UMT 认为，出于安全的需要，每个人都期望能够预测环境，环境不确定性会导致焦虑和不可控感。因此为了降低不确定性，个体会将社会情境以及过去的组织经历作为线索来判断自己在组织中的价值、地位和未来的发展，其中领导则是员工最常用作判断的主要信息来源。在低 LMX 的情况下，由于缺乏与领导的有效互动，员工获得来自领导的相关信息非常有限，因而他们会更多诉诸组织情境来作为自己认知判断的线索。因此在这种情况下，程序公正作为一种重要的组织信息来源，会受到员工更多的关注，因而具有更加显著的影响。但是，Rosen 等的实证研究结果并没有支持上述推断。

基于 SET 理论和 Piccolo 等的研究，本文推断，在高 LMX 的情况下，程序公正对积极情绪的影响效应会增加而不是减弱。因此，提出以下假设：

H4：LMX 会增强程序公正对积极情绪的影响。

H5：LMX 会增强程序公正对员工创新行为的影响。

4. 积极情绪的中介作用

研究已经证实，积极情绪在组织情境特征对员工创新行为的影响中间具有中介效应。Madjar 发现，积极情绪中介了来自工作情境的支持对员工创新行为的影响。同时，已有的研究表明，情绪在程序公正和个体的行为反应之间也会起中介作用，然而这些研究并没有探讨情绪是否也会中介程序公正对创新行为的影响。程序公正是影响员工行为的重要组织情境特征，基于前面部分的讨论本文推断，积极情绪在程序公正对员工创新行为的影响中也会起中介作用。因此，提出以下假设：

H6：积极情绪会中介程序公正和 LMX 交互作用对创新行为的影响。

综合上述假设，本文的理论模型如图 1 所示。

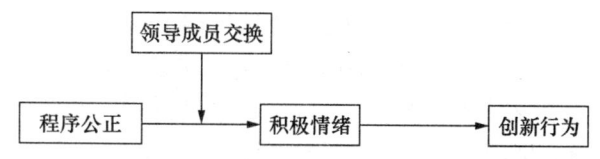

图 1　程序公正对员工创新行为的作用机制模型

二、研究设计

1. 样本选择与数据收集

本文选取了上海、江苏和北京三地的高科技企业进行问卷调查。有关程序公正、领导成员交换和积极情绪的条目由员工填写，而对于员工创新行为的评价则由其直属主管进行填写，这样能保证在一定程度上控制和减少同源偏差。事先对问卷编号，具体操作时把特定的编号问卷分给特定评分者，从而实现管理者与下属之间的问卷配对。共发放配对问卷 257 份，回收 211 份，回收率为 82.1%。经过筛选，最后得到有效配对问卷为 177 份，有效率为 83.9%。调查员工中男性占 65%，女性占 35%；25 岁及以下员工占 53.7%，26～35 岁员工占 41.3%，36 岁及以上员工占 5%；工作年限 3 年及以下占 32.8%，4～9 年为 59.2%，9 年及以上占 8%；教育程度方面，本科以下占 17.5%，本科占 63.3%，本科以上为 19.2%。

2. 变量测量

本文使用问卷调查的实证研究方法。调查问卷的内容包括程序公正、领导成员交换、积极情绪和员工创新行为。程序公正采用 Colquitt 的 7 个题项量表进行测量,根据实际情况选取了其中 6 个题项。LMX 采用 Liden 和 Maslyn 的四维结构进行测量,包括情感、忠诚、贡献和尊敬四个维度,共 12 个题项。积极情绪采用 Brief 等的工作情感量表,包括 6 个题项。员工创新行为基于 Tierney 等的员工创新行为量表,根据研究的组织情境进行了修订,包括 8 个题项。同时加入了性别、年龄、工作年限和受教育程度。

三、结果分析

1. 信度和效度检验

问卷中的绝大部分量表采用的是国外研究人员使用过的成熟量表。尽管如此,本文仍对所采用的量表进行了信度和效度检验。采用 Cronbach α 系数对量表进行了信度检验,采用主成分分析法和最大方差法进行因素分析以确定因子结构。经检验,所有量表都适合做因子分析(KMO > 0.8,Bartlett Sig. < 0.01)。程序公正析出一因结构,解释了 61.8% 的变异,且每个因子负荷都在 0.7 以上,该量表的信度系数为 0.875。LMX 析出四因结构,4 个维度累积解释了 80.5% 的变异,且每个因子负荷都在 0.7 以上。已有的研究已经验证了可以使用一个因子总分来代表 LMX(Kraimer 等,2001),本文也使用 4 个维度进行加总的总量表来代表 LMX,在本文中该总量表的信度系数为 0.905。积极情绪析出一因结构,解释了 63.1% 的变异,且每个因子负荷都在 0.75 以上,该量表的信度系数为 0.883。员工创新行为析出一因结构,解释了 65.9% 的变异,且每个因子负荷都在 0.75 以上,该量表的信度系数为 0.923。综上表明,研究量表具有较好的信度和效度,适合进行下一步的数据分析。

2. 描述性及相关分析

表 1 给出了本文各变量的均值、标准差以及相关系数。由表 1 可知,程序公正、领导成员交换以及积极情绪都与员工创新行为显著相关;此外,程序公正和领导成员交换也与积极情绪显著相关。从而为进一步论证假设提供了一定依据。

表 1 变量的均值、标准差以及相关系数分析

变量	均值	标准差	1	2	3	4	5	6	7
性别	1.650	0.478	—						
年龄	1.514	0.595	−0.040	—					
工龄	1.751	0.589	0.057	0.184*	—				
学历	2.017	0.607	−0.060	−0.087	0.107	—			
程序公正	2.990	0.642	−0.035	−0.002	0.147	0.005	—		

续表

变量	均值	标准差	1	2	3	4	5	6	7
领导成员交换	3.647	0.596	0.068	0.001	0.114	0.052	0.492**	—	
积极情绪	3.450	0.610	0.015	0.052	-0.077	-0.039	0.375**	0.314**	
员工创新行为	3.440	0.631	0.051	0.012	0.168*	0.040	0.392**	0.319**	0.493**

注:***代表 $p<0.001$,**代表 $p<0.01$,*代表 $p<0.05$(下同)。

3. 回归以及中介效应和调节效应分析

由于本文需要检验的是一个有调节效应的中介问题,因此为了逻辑上分析和描述的方便,首先对假设2和假设4进行检验,即检验程序公正(PJ)对积极情绪的影响以及LMX在其中的调节效应。本文采用SPSS 13.0做层次线性回归以验证假设。第一步将控制变量和自变量(程序公正PJ)引入回归方程构建Model1;第二步将调节变量(LMX)以及PJ和LMX的乘积项引入回归方程以考察调节作用。在每一步骤中,分别对模型的回归系数β、调整后的 R^2 以及F值进行检验,以判断其显著性,具体结果见表2(Model 1和Model 2)。由于需要验证调节作用,为减小多重共线性问题,本文对乘积项变量进行了中心化处理。

从表2可以看出,在Model 1中,在控制了性别、年龄、工龄和学历的情况下,程序公正(PJ)对积极情绪有显著的正向影响(β = 0.399,$p<0.001$),说明程序公正越高,则员工的积极情绪越高,假设2得到验证。此外,从Model2中可以看出,在引入调节变量后,交互作用项对积极情绪有显著的正向影响(β = 0.193,$p<0.01$),说明LMX有正向的调节作用,即LMX增强了程序公正对积极情绪的影响作用,因此假设4得到验证(如图2所示)。

表2 回归及调节和中介效应分析

变量	因变量:积极情绪			因变量:创新行为		
	Model1	Model2	Model3	Model4	Model5	Model6
控制变量						
性别	0.043	0.065	0.057	0.027	0.089	0.064
年龄	0.081	-0.085	-0.003	-0.050	0.003	-0.030
工龄	-0.151	-0.156	0.107	0.212	0.103	0.163
学历	-0.020	-0.023	0.023	0.031	0.021	0.030
自变量						
程序公正	0.399***	0.328***	0.378***		0.323***	0.196*
领导成员交换		0.212**			0.196*	0.115
程序公正×领导成员交换		0.193**			0.232*	0.158*
积极情绪				0.513***		0.385***
调整后的 R^2	0.142	0.192	0.146	0.270	0.205	0.321
F值	6.840***	6.968***	7.008***	13.990***	7.489***	11.387***

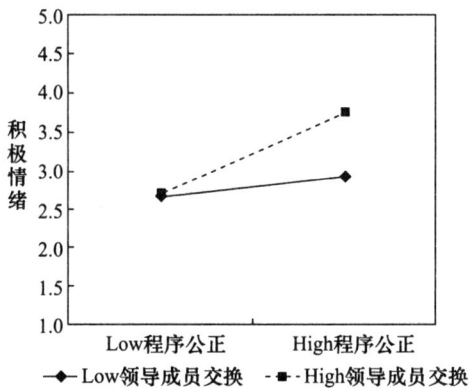

图 2　LMX 对程序公正和积极情绪之间关系的调节

在 Model 3 中，检验了 PJ 对创新行为的主效应，从结果可以看出 PJ 对创新行为有显著的正向影响（$\beta = 0.378$，$p < 0.001$），假设 1 得到验证。

接下来进一步检验积极情绪的中介效应假设，首先在 Model 4 中引入了积极情绪作为自变量，结果表明积极情绪对创新行为有显著的正向影响（$\beta = 0.513$，$p < 0.001$），假设 3 得到验证。从 Model 5 中可以看到，交互效应（PJ×LMX）对创新行为有显著的影响（$\beta = 0.232$，$p < 0.05$），假设 5 得到验证（如图 3 所示）。然而在 Model 6 中引入积极情绪后发现，不但调整后的 R^2 有了显著提升，而且当积极情绪的回归系数显示显著正效应的时候（$\beta = 0.385$，$p < 0.001$），交互效应（PJ×LMX）的回归系数显著降低（$\beta = 0.158$，$p < 0.05$），说明积极情绪在这时起到了部分的中介作用，因此假设 6 得到部分验证。

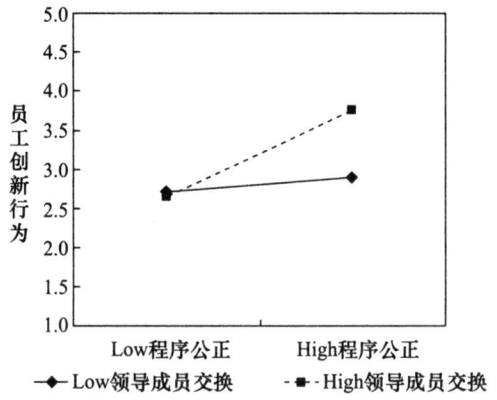

图 3　LMX 对程序公正和创新行为之间关系的调节

四、总结和讨论

本文探讨了程序公正如何影响员工的创新行为。研究结果发现,程序公正会引起员工积极的情绪反应,从而推动他们表现出更多的创新行为。尤其是在高层领导成员交换的情境中,这一效应更加显著。这一结果对于理解和完善组织公正感对员工创新行为的影响机制具有理论和实践意义。

虽然有关程序公正和员工创新行为的研究都已经开展了不短时间,然而通过文献回顾我们却发现,目前还很少有研究直接对程序公正和员工创新行为之间的关系进行探讨。因此为了弥补理论研究在这方面的不足,本文主要有以下三个方面的进展:①证实了程序公正对员工创新行为有正向的影响作用;②证实了积极情绪在程序公正和员工创新行为之间的中介作用;③证实了 LMX 对程序公正影响作用的增强效应,印证了社会交换理论的推断。

首先,过去有关程序公正对行为结果影响的研究大多聚焦在组织公民行为、工作绩效、顺从行为等方面。本研究发现,除上述行为结果外,程序公正也会对员工的创新行为产生影响。当员工感受到组织公正的对待时,会表现出更多的创新行为。其次,与以往的研究类似,本文也证实了积极情绪对创新行为的影响;更为重要的是,发现积极情绪是程序公正影响创新行为的一个重要中介机制,即程序公正对员工创新行为的影响在于,程序公正能够唤起员工积极的情绪反应,从而激发更多的创新行为。最后,在有关 LMX 对程序公正的调节机制方面,不同的研究者基于社会交换理论和不确定性管理理论提出了截然相反的假设。社会交换理论认为 LMX 会增强程序公正的影响效应;而不确定性管理理论则认为 LMX 会降低程序公正的影响效应。本研究结果支持了社会交换理论的假设,即高 LMX 会使程序公正对员工的积极情绪和创新行为产生更大的影响。

此外,在员工的创新行为逐渐成为组织核心竞争优势来源的今天,本研究也为如何提高员工创新行为的管理实践提供了一些思路。首先,本研究表明,除了通过资源支持、自主授权等途径来提高员工的创新行为,管理者还可以通过对员工情绪的管理来推动他们的创新行为。因此,在日常行为管理中,不能忽略对员工情绪的管理,尤其应该多考虑如何为他们营造一个能够唤起积极情绪的组织环境。其次,除了通过积极的信息反馈和组织的社会支持等方式提升员工的积极情绪外,管理者还可以通过确保决策过程的公正性以及始终如一地坚持公正的流程来激发员工的积极情绪。最后,除了关注组织流程方面的公正因素,管理者也不能忽略领导者行为所起的重要作用。研究结果表明,如果只是关注组织流程的公正程度,而忽略了主管与下属之间形成的积极互动和良好的社会交换关系,程序公正的有效性将会被大大降低。

本文的局限主要在于,只探讨了程序公正对创新行为的影响效应。而程序公正只是组织公正的一个方面，已有的研究表明组织公正的其他方面（如互动公正，分配公正）都会对员工行为产生影响。因此，未来的研究可以考虑探讨其他这些公正维度是否也对员工创新行为有类似的影响。同时，本研究发现，积极情绪只是部分中介了程序公正对创新行为的影响，说明程序公正和创新行为之间还存在其他的复杂关系，以后的研究也可以在这方面进行更深一步的探讨。

参考文献

［1］ Amabile T. M. A Model of Creativity and Innovation in Organizations ［M］. Greenwich, CT：JAI Press, 1988.

［2］ Shalley C. E., Gilson L. L. What Leaders Need to Know：A Review of Social and Contextual Factors that can Foster or Hinder Creativity ［J］. Leadership Quarterly, 2004, 15：33 – 53.

［3］ Conlon D. E., Meyer C. J., Nowakowski J. M. How does Organizational Justice Affect Performance, Withdrawal, and Counterproductive Behavior? ［M］. Mahwah, NJ：Erlbaum, 2005.

［4］ Colquitt J. A. On the Dimensionality of Organizational Justice：A Construct Validation of a Measure ［J］. Journal of Applied Psychology, 2001, 86：386 – 400.

［5］ Zapata – Phelan C. P., Colquitt J. A., Scott B. A., Livingston B. Procedural Justice, Interactional Justice, and Task Performance：The Mediating Role of Intrinsic Motivation ［J］. Organizational Behavior and Human Decision Processes, 2009, 108：93 – 105.

［6］ Janssen O. Job Demands, Perceptions of Effort – reward fairness and Innovative Work Behaviour ［J］. Journal of Occupational and Organizational Psychology, 2000, 73：287 – 302.

［7］ 彭正龙, 赵红丹. 研发团队领导成员交换、心理感知与员工创新 ［J］. 2011, 29（2）：283 – 290.

［8］ 方雪梅. 基于情绪的公正感研究 ［D］. 华东师范大学博士学位论文, 2009.

［9］ Thibaut J., Walker L. Procedural Justice：A Psychological Analysis ［M］. Hillsdale, NJ：Erlbaum, 1975.

［10］ 王端旭, 洪雁. 领导支持行为促进员工创造力的机理研究 ［J］. 南开管理评论, 2010, 13（4）：109 – 114.

［11］ Cropanzano R., Prehar C. A., Chen P. Y. Using Social Exchange Theory to Distinguish Procedural from Interactional Justice ［J］. Group and Organization Management, 2002, 27：324 – 351.

［12］ Folger R., Cropanzano R. Fairness Theory：Justice as Accountability ［M］. Stanford, CA：Stanford University Press, 2001.

［13］ Murphy – Berman V., Cross T., Fondacaro M. Fairness and Health Care Decision Making：Testing the Group Value Model of Procedural Justice ［J］. Social Justice Research, 1999, 12：117 – 129.

［14］ Murphy K., Tyler T. Procedural Justice and Compliance Behaviour：The Mediating Role of Emotions ［J］. European Journal of Social Psychology, 2008, 38：652 – 668.

［15］ DeCremer D., Stouten J. When does Giving Voice or Not Matter? Procedural Fairness Effects as a Function of Closeness of Reference Points ［J］. Current Psychology, 2005, 24：203 – 213.

［16］ Hirt E. R., Levine G. M., McDonald H. E., et al. The Role of Mood in Quantitative and Qualitative Aspects of Performance：Single or Multiple Mechanisms? ［J］. Journal of Experimental Social Psychology, 1997, 33：602 – 629.

［17］ Isen A. M. On the Relationship between Affect and Creative Problem Solving ［M］. Philadelphia：

Brunner/Mazel, 1999.

[18] Vosburg S. K. The Effects of Positive and Negative Mood on Divergent-thinking Performance [J]. Creativity Research Journal, 1998, 11: 165-172.

[19] Schwarz N. Feelings as Information: Informational and Motivational Functions of Affective States [M]. New York: Guilford Press, 1990.

[20] Rosen C. C., Harris K. J., Kacmar K. M. LMX, Context Perceptions, and Performance: An Uncertainty Management Perspective [J]. Journal of Management, 2011, 37: 819-838.

[21] Piccolo R. F., Bardes M., Mayer D. M., Judge T. A. Does High QualityLeader-member Exchange Accentuate the Effects of Organizational Justice [J]. European Journal of Work and Organizational Psychology, 2008, 7: 273-298.

[22] De Cremer D., van Knippenberg D. How do Leaders Promote Cooperation? The Effects of Charisma and Procedural Fairness [J]. Journal of Applied Psychology, 2002, 87: 858-866.

[23] Lipponen J., Koivisto S., Olkkonen M. E. Procedural Justice and Status Judgments: The Moderating Role of Leader In Group Prototypicality [J]. Leadership Quarterly, 2005, 16: 517-528.

[24] De Cremer D., Tyler T. R. The Effects of Trust in Authority and Procedural Fairness on Cooperation [J]. Journal of Applied Psychology, 2007, 92: 639-649.

[25] Graen G. B., Uhl-Bien M. Relationship-based Approach to Leadership: Development of Leader-member Exchange (LMX) Theory of Leadership over 25 Years [J]. Leadership Quarterly, 1995, 6: 219-247.

[26] Madjar N., Oldham G., Pratt M. There's No Place Like Home? The Contributions of Work and Non-work Sources of Creativity Support to Employees' Creative Performance [J]. Academy of Management Journal, 2002, 4: 757-767.

[27] Gordijn E., Yzerbyt V., Wigboldus D., Dumont M. Emotional Reactions to Harmful Inter group Behaviour [J]. European Journal of Social Psychology, 2006, 36: 15-30.

[28] Liden R. C., Maslyn J. Multidimensionality of Leader-member Exchange: An Empirical Assessment Through Scale Development [J]. Journal of Management, 1998, 24: 43-47.

[29] Brief A. P., Burke M. J., George J. M., Robinson B. S., Webster J. Should Negative Affectivity Remain an Unmeasured Variable in the Study of Job Stress? [J]. Journal of Applied Psychology, 1988, 73: 193-198.

[30] Tierney P., Farmer S. M., Graen G. B. An Examination of Leadership and Employee Creativity: The Relevance of Traits and Relations [J]. Personnel Psychology, 1999, 52: 591-620.

[31] 温忠麟, 张雷, 侯杰泰. 有中介的调节变量和有调节的中介变量 [J]. 心理学报, 2006, 38 (3): 448-452.

The Influence of Procedural Justice and Innovative Behavior: The Mediating Role of Positive Mood

Li Yue　Wang Chongming

Abstract: This paper explores the impact of procedural justice on employees' creative behavior. Procedural justice is positively associated with employee's positive mood. Positive mood, in turn, plays mediating role. Procedural justice promotes employee's innovative behavior. Furthermore, the effect of procedural justice on positive mood is stronger among the higher level of leader – member exchange.

Key Words: Procedural Justice; Leader – member Exchange; Positive Mood; Innovative Behavior

领导对员工创新影响的综述*

曲如杰　孙军保　杨　中　司国栋　时　勘

【摘　要】 近年来，领导对员工创新的影响得到了国内外学者的广泛关注。本文对相关研究成果进行了梳理，从领导者自身因素（特质、行为和新型领导理论）对员工创新的作用，领导通过影响员工创新特征（认知、能力、动机和自我概念）来作用于员工创新，以及不同层次领导对员工创新的影响三个方面进行了综述，并对未来研究方向进行了展望。

【关键词】 领导；员工创新；影响因素

一、引言

　　现代企业正面临着一个变化越来越快、竞争日趋激烈而又充满不确定性的经济环境。在这样的环境中，员工创新是企业获得竞争优势、抢占市场先机的重要基础。在众多影响因素中，领导行为是对员工创新有实质影响的关键因素。因此，越来越多的研究者开始关注领导创新这个课题。研究者们试图从理论与实证两方面探索领导如何影响创新，但是迄今为止，这方面的研究仍处于初级阶段。本文试图对以往有关领导和员工创新的研究做一个梳理。通过归纳和总结，本文将从以下三个方面就领导对员工创新的影响进行综述：①领导者自身因素（特质、行为等）对员工创新的作用；②领导通过影响员工的创新认知、能力、动机和自我概念来作用于员工创新；③不同层次领导对员工创新的影响。尽管上述内容并不能覆盖领导对员工创新影响研究的各个方面，但是方便我们对以往的研究进行归类，同时比较容易发现当前研究的空白之处，为将来的研究提供可能的方向。下面本文将逐一介绍上文中提到的这三方面内容，在文章的最后讨论目前领导员工创新研究的空白之处并对未来的研究方向进行了展望。

---

*　本文选自《管理评论》2012 年第 2 期。

二、领导自身因素对员工创新的影响

从领导理论发展的历史沿革以及领导的定义出发,本节我们将从领导个性特质、领导行为以及典型的新型领导理论三个方面阐述领导自身要素对员工创新的影响,实证研究表明这三个方面均会在某种程度上对员工创新产生影响。

1. 领导特质对员工创新的影响

研究者普遍认为个性特征是创新产生的基础。如果说员工的某些个性特征能够帮助他们产生创新行为,那么相应地领导者似乎也应具备某些特征来促使员工创造性地工作。尽管有研究者较为全面地提出了可能对创新产生作用的各项领导特征,但同时探讨多种领导特质对创新影响的实证研究还相对较少。

对以往实证研究的总结发现,以下几种领导特质会影响员工创新:

(1) 对创新的敏感性。研究者认为创新型领导必须清楚地了解员工在创新过程中需要经历哪几个阶段,以及在此过程中促使他们产生创新行为的认知需要有哪些,并在此基础上加以引导。Basadur 进一步指出创新型领导者必须具有直觉和敏感性,能够感知到员工不同于他人的认知过程以及他们创造性的问题解决方式,并能够将不同员工的创新潜能整合起来,调动所有员工一起参与创新。

(2) 领导者的智力。Gibson 等证实领导者的一般智力对员工创新有影响。另外,Zhou 和 George 的研究结果表明在员工参与创新过程的各个阶段,领导的情绪智力也会通过多种方式促进创新行为的产生。

(3) 领导者自身的创新能力,即创造性解决问题的技能。拥有这一技能,领导者才能恰当地评价员工的创新,并对员工的创新想法给予有效反馈,才能成为创新的榜样,为员工敢于创新、勇于创新提供支持。

(4) 领导者的认知风格。众多研究已证实员工的认知风格对其创新行为有重要影响,那么相应地,Kirton 和 Marta 等预期具有创新认知风格的领导会重视、理解,并激励员工的创新行为。但是,初步的实证研究结果显示,在研发部门中,领导的认知风格与创新无关。有研究者认为在创新不是本职要求的其他工作环境中,领导的认知风格可能会对创新发挥更大的作用。

(5) 计划能力。包括领导者感知环境变化的能力,识别问题产生原因,以及预期解决方案成效的能力。有效的计划能力能够促进创新型领导者提供高质量的创新方案。

此外,个人动机也是促进创新的关键因素之一。领导者自身也需要动机去指导下属进行创新活动。然而,很少有实证研究涉及领导者对员工创新的动机导向。Farris 指出领导有效激励创新是他们工作热情的一种表现。Tierney 等的一项研究探讨了领导及员工创新内在动机对员工创新绩效的影响,其研究结果发现以下交互作用:当具有内在动机的员工遇到具有内在动机的上级，他们会得到较高的创新绩效。但是，当员工缺乏创新动机时，具有内在动机的上级会对员工的创新绩效产生负面影响。

2. 领导行为对员工创新的影响

领导行为是影响创新的另一个重要方面。那么与创新活动相关的领导的具体行为究竟是怎样的？以往研究者分别探讨了大量不同的领导行为。近期有两项研究试图运用量化研究来较为全面完整地探讨影响创新的领导行为，结果均表明领导创新行为是一个复杂的、多维度的行为现象。

第一，领导授权对员工创新的影响。关注领导行为的实证研究探讨了领导者在多大程度上向员工授权，以及在多大程度上允许员工参与创新活动。除了授权之外，创新还需要适当的配套政策和措施作为保障。领导的一大职责就是为下属提供这些配套措施，比如澄清定义不清晰的复杂任务并提供指导，以及为解决复杂问题创造条件等。

第二，领导支持对员工创新的影响。最近一项研究印证了领导支持对下属创新有积极作用。Mumford 等认为，领导需要从三方面给予员工支持，即创新想法支持、工作支持和社会支持。员工必须感知并得到这三方面的支持，才会在工作环境中保持创新。主要的支持类型有社会情绪支持和资源支持。尽管大多数研究只关注其中一种支持，但最终证实，这两种支持都是创新所必需的。Amabile 等将领导支持看作提高员工创新技能、提升员工创新内在动机的重要源泉。Kanter 认为，参与创新活动对于员工来说有潜在风险。因此，为了消除员工的顾虑，并激励员工在工作过程中寻求创新，领导应该提供相应的支持。研究表明，领导为员工提供的具有启发性的反馈，以及适当的信息、资源和资金都对创新绩效有促进作用。另外，许多实证研究也证实适当的领导支持对员工实际参与的创新活动有积极影响。Madjar 等发现许多不同形式的上级支持都对员工的创新绩效有正向作用，如讨论如何提高工作效率，为新想法提供反馈等。类似地，Janssen 最近的一项研究表明员工在多大程度上感知到创新行为对工作的影响力，取决于他们是否认为上级为他们的创新想法提供支持。

第三，领导者对创新的重视和期待对员工创新的影响。现有研究表明，领导者有责任对员工的创新努力及结果提供奖励并表示认可，这反映了领导对创新的重视。其他研究还发现领导对员工的创新期待不仅对员工创新绩效有直接作用，还会通过领导支持和创新自我效能间接作用于员工创新。考虑到创新过程的复杂性和不确定性，员工必须具备坚定的自信心和创新自我效能，领导应该在其中提供支持和鼓励，帮助员工提高自信心。而且，实证研究的结果也发现在领导的帮助下，员工容易对自己的创新能力建立较强的自信心；同时，领导可以为员工提供榜样作用并对他们的创新努力给予言语上的鼓励。目标设置是重视与期待创新的另一种表现方式，研究表明领导在一定程度上，通过鼓励员工设置创新目标来激励员工的创新行为。

3. 典型的新型领导理论对员工创新的影响

在众多领导类型中，变革型领导被认为是与员工创新紧密相连的一种领导风格。研究者认为变革型领导会通过智能激发、愿景激励、榜样示范，激发下属的高层次需要，来促使下属提升创新能力。现有实证研究大多关注变革型领导如何在个体和团队层次,影响创新过程和创新结果。总的来说,研究结果并不统一:大部分研究发现变革型领导影响创新过程和创新结果,有些研究没有发现类似结果;还有一些研究认为在员工匿名的情况下,变革型领导对创新有推动作用;或者变革型领导的某个子维度(如智能激发)对创新有突出作用。

另有一些研究发现最高层管理者的变革型领导行为,有利于提供一个支持创新的工作环境,并倾向于授权给员工,这些行为进而对创新起到一定的促进作用。另外,实证研究表明领导与成员关系对创新绩效也有一定的影响作用。Kahn 的研究发现,当员工得到较多的领导关照时,他们能更为有效地应对不确定性事件,并将更大的热情投入到创新活动中。领导成员关系理论(LMX)关注领导与个体员工间不同的配对关系。有关 LMX 和创新的实证研究结果发现:当领导与成员建立高质量的关系时,更容易激发员工产生高水平的创新绩效。首先,具有高质量 LMX 的员工的一大特点是期望超越本职工作的要求,而且和低质量 LMX 的员工相比,他们更喜欢参与有挑战性的工作。而具有一定挑战性和意义的工作很有可能会增强员工投入创新工作的努力。其次,一项研究证实与领导关系好(具有高质量 LMX)的员工,通常会感受到较高的领导授权,进而对创新绩效产生积极影响。最后,如果领导成员间关系较好(LMX 较高),领导通常在资源供给、奖励甚至是冒险方面给予较大的支持。因此,与领导关系好的员工通常会认为他们所在组织是支持创新的。鉴于具有高 LMX 的领导和成员间的对偶关系以及互相支持的本质,员工认为所在组织是安全的、可信任的,因而容易打消顾虑,以更大的热情投入到创新活动中。

此外,实证研究证实高质量的 LMX 关系对员工创新不但有直接预测作用,还有调节作用。Tierney 等报告称具有适应性认知风格的员工通常不会参与创新活动;但是,假如他们和上级的关系好,这些员工会投入到高水平的创新活动中。另一个有关 LMX 调节作用的研究考察了工作家庭压力和创新绩效的关系。结果显示,对于拥有高质量 LMX 关系的员工,工作和家庭压力对创新的负面影响均有所缓解;但是低质量员工的压力并没有得到缓解。

三、领导对员工创新特征的影响

除了直接影响外,实证研究证实领导还会通过多种中介变量影响员工创新绩效。由于创新工作的复杂性,领导影响员工创新的机制也不那么简单。如果说领导会在很多方面影响员工创新,那么对于创新研究工作者来说重要的是透过现象看本质,通过深入探讨找到能够说明领导—创新关系的复杂模式。搞清楚领导影响创新的内在机制是我们理解创新如何形成的重要一步。那么,哪些影响因素可能中介领导对员工创新绩效的影响呢?

员工认知、能力、动机和自我概念也是影响创新工作的四大因素。考虑到员工创新不是孤立的，组织应该为员工提供必要的创新工作环境。而作为工作情境中的核心人物，领导者有义务为员工提供一个有利于产生创新想法、能力、动机和自我概念的环境。

1. 领导对员工创新认知的影响

认知是创新的最基本要求。理解创新最有效的方法是重点探讨对创新形成有决定性作用的几个认知阶段。认知领域的最新研究表明：对于员工来说，在做出投入创新的决定前，必然先对工作场所中与创新相关的各种因素进行复杂的意义建构活动。也就是说，对于工作环境中的可用信息，员工有自己的理解，而这些理解决定了员工对创新相关问题的认识。比如，在工作领域中哪些创新活动是合时宜的而且容易被接受的，以及有多大的可能性得到奖赏。

研究表明：领导可以通过自身行为方式来影响员工创新的观念和认识。在鼓励创新的环境中，领导是帮助员工准确理解创新的意义和重要性的关键人物，领导所从事的这些活动是非常有意义而且是跨组织层级的。比如说，员工可能会通过团队领导提供的信息，来判断组织的创新导向，进而决定是参与还是回避创新。最近的实证研究还表明，团队层次的领导会在以下两方面影响员工的创新认知系统：①员工在多大程度上认为自己有创新能力；②员工在多大程度上相信自己的领导期望他们在工作中积极创新。组织的高层领导者可以通过发展共同的创新愿景来引导员工创新；领导者公开宣讲清晰而激动人心的创新愿景也是向员工宣传创新活动的一种手段。由于创新的重要意义在组织中各个层级的侧重点均有所不同，因而，要考察领导对创新认知的影响需要考虑领导如何在多个层级上帮助员工认识到创新的意义，以及这些认知过程是如何相互作用的。

2. 领导对员工创新能力的影响

作为创新的一些个人要求，员工必须具备以下两方面能力。首先，员工必须熟练地掌握完成工作所需要的技能。研究者认为这些技能为创新提供了必要的知识、经验以及对现有工作本质的深入理解，因而是创新的基础和前提条件。同时，领导理论认为组织领导应负责培养员工的专业技能，从而帮助员工顺利完成工作任务。员工创新所必需的专业知识和技能的培养，要求领导者树立典范和榜样，提供适宜的培训，并适当根据员工的技能和特长安排工作任务。其次，领导也可以通过提供适当的任务反馈来增强员工技能和知识。研究表明上级的启发式反馈（关注学习、发展和绩效提升）是预测创新的一项关键因素。另外，创新实践和投入的重要性也要求领导为员工提供时间和空间上的自由和支持。尽管参与式领导对员工创新的积极作用被认为是激发动机的一大功能，但是给员工提供机会使得他们通过参与大量的工作活动来发展技能也是非常重要的。

除了一般性的专业技能之外，员工还必须具备一系列与创新相关的技能。因此，研究考察了领导在鼓励员工进行创造性思维过程中的多种作用。具体来说，领导有能力影响问题构建、信息收集与集成以及创新的实施过程。领导者处理问题的方式会帮助员工发展创造性解决问题的技能。领导对决策时间的分配以及适当的信息同样会影响员工对创新技能的使用。

3. 领导对员工创新动机的影响

工作情境中的创新激励导向也是员工投入创新的必要条件。研究者认为：像领导这样的情境因素，可能主要通过员工内在动机来影响其创新绩效。具体来说，"众多社会因素都可能通过动机的中介作用来影响创新"。现有的实证研究也证实了动机对领导和创新绩效关系的中介作用。以下两项实证研究探讨了变革型领导对创新动机的激发作用：一项实验室研究表明，如果被试的上级表现出较多的变革型领导行为，那么这些被试通常有积极创新的动机。同样地，另一项现场研究也发现变革型领导的下属通常有较高层次的内在动机，而内在动机对创新绩效有正向作用。研究者认为智能激发、领导魅力、个性化关怀和感召力（变革型领导的四个维度）的综合作用能够鼓励员工敢于挑战现有模式，以创新的方式方法完成任务，解决问题。郭桂梅等的研究也证实变革型领导行为与员工创造性正相关，内在动机和创造性工作氛围均对变革型领导行为与员工创造性之间的关系具有部分中介作用。

4. 领导对员工自我概念的影响

我们的自我概念，或者说我们看待自己的方式，对我们如何感知、思考和行为具有至关重要的作用。研究者证实领导可以通过持久的改变员工看待自己的方式来影响员工的工作态度和行为。自我概念包括自我认同、自我效能、自信以及自我一致性等。Ford 认为创新动机和以下几方面因素有关：创新自我效能、目标以及情绪；即领导通过外在支持和鼓励提高员工的自信心，进而提高员工的创新动机，使得他们深入且持续地投入到工作活动和创新工作中。Ford 的这一理论得到了两项实证研究的支持，即领导对创新努力的认同和奖励能够成功提升员工的创新自我效能。此外，Choi 的研究考察了创新的心理过程，该研究探讨了创新自我效能和创新倾向对支持型领导和创新的中介作用，结果表明支持型领导会通过开放式的团队氛围对创新自我效能和创新倾向产生正向作用，进而促进创新绩效的提高。

四、不同层次领导对员工创新的影响

很多著名理论研究都探讨了创新影响因素的多层次性。Drazin 等的研究重点从理论方面阐释了创新过程的多层次特性，并指出领导能够在多个层次上对员工创新发挥作用。因此，研究者需要具体在每个层次上对领导进行操作化定义并在此基础上探讨领导对创新的作用。Yammarino 等建议将领导分成四个主要层次，即个体层次（如上级）、对偶层次（如两个个体间一对一的关系）、团队层次（如工作小组）和组织层次。因为之前有关领导对员工创新影响的实证研究多局限在某一个层次内，要么是探讨个体层次领导对个体员工创新的影响，要么探讨团队层次领导对团队创新结果的影响，因此有的研究者建议将领导对员工创新的作用进行跨层次研究。

另外，尽管组织中各层次的领导都对创新有影响，但到目前为止，大多数领导对员工创新影响的实证研究多集中在较低层次的领导，如工作团队的负责人。这可能是因为在多数情况下，工作小组是员工创新活动的一线。但 Sparrowe 和 Liden 认为领导存在于整个组织环境中，是一种嵌套式的系统，所以他提出关于领导者作用的调查应考虑相关的多个层次。进一步地，研究者发现工作小组领导与员工创新之间的关系可能会受到更大范围领导的影响：由于组织的文化、结构和流程往往是由最高领导集团制定形成的，因而较低层次的领导激发员工创新的能力和动机在很多方面是由这些最高领导者决定的。

创新绩效最有力的保障条件是每个层次的领导都能相互协调，支持创新。但是不同层次的领导对于创新的支持很有可能不一致，甚至是相互抵触的。较高层次的领导者可能为较低层次的领导者订立边界条件。具体来讲，如果最高领导层没有将创新绩效纳入公司正式的评估系统中，那么一线领导不大可能会关注员工的创新绩效，进而员工会认为创新是不被支持和尊重的。从这种意义上说，组织层次领导的行为不仅会直接影响员工创新，还会通过一线领导间接影响创新。当然，也有可能直接上级对员工创新的影响行为与最高领导的影响是相互独立的。比如，直接上级会运用公司正式奖励系统之外的方式来奖赏员工的创新努力；相反地，较低层次的领导也可能阻碍最高领导层促进创新的意图。如果最高领导层促进创新的努力多次被一线管理者阻碍，员工创新活动屡屡受挫，最高领导层可能会怀疑他们的员工不大具备创新能力，因而放弃对创新的支持。

鉴于这种动态特性，较低层次的领导对员工创新的影响也可能显现出一种"自下而上的过程"，在此过程中，其特性以不同的方式在较高层次中显现。也就是说，在个体主管层次，与创新相关的领导实践很可能会出现在更高层次中。研究者认为：既然在个体层次上，主管的创新型领导行为作用于每个团队成员，那么随着时间的推移，整个团队的创新领导行为均有所增强；于是，个体层次的创新领导行为上升到了团队层次甚至更高的层次。

五、对未来研究的展望

从已有研究进展和本文所描述的上述三方面研究内容来看，在领导对员工创新影响这一领域，未来仍有许多值得研究的方向。

首先，领导者的人格特质如何影响员工创新需要做进一步深入的探讨。已有实证研究证实，具有某些人格特征的领导（如冒险倾向、开放性、创新认知风格以及创新内在动机），被看作工作团队中追求创新、坚持不懈的榜样，而且他们很可能通过引导创新行为和鼓励创新实践来增强员工的创新能力和创新效能。与创新绩效相关的员工自我概念也是目前研究的一个热点。考察领导如何影响创新相关的自我概念可能是一个值得研究的课题。

其次，近期研究让我们认识到创新有很多不同的方式和种类，那么，创新领导的表现方式因而也可能是不一样的，这取决于创新的不同种类，也就是说，各种不同的创新种类需要与之相适应的不同的创新领导者来引导。因此，我们需要在研究中考虑到这些差异，以便得出更为准确的结论。

同样地，尽管大多数探讨创新领导的早期实证研究集中在重视创新绩效的工作环境中，但也有研究是在"不大需要创新"的工作环境中（如制造型企业）进行的。有趣的是，研究发现如今创新不仅局限在研发等相关部门，许多不同的组织和职能部门都需要创新。最近一项研究在两个不同的组织探讨了创新绩效，结果发现影响员工创新的个人和情境因素在这两个组织中是不同的。因此，进一步在不同的组织环境和职能部门中探讨创新领导对于管理者促进创新具有重要的指导意义。

另外，研究者考察了多种不同的领导行为与创新的关系。由于创新是一种复杂而独特的绩效形式，那么引导创新就需要一种针对创新本质的特定的领导形式。探讨一种对创新有针对性的特定的领导风格有利于我们进一步理解个体引导创新的机制，那么，如何开发一套测量这种特定领导风格的工具也是非常有意义的。到目前为止，在以往的领导对创新影响的研究中，大多采用已有的领导范式及测量工具。但前期探讨创新领导本质和测量工具的研究表明似乎存在一种专门的创新型领导，这种创新型领导可能主要体现在高层领导者身上，具有多维度的特点，与员工的创新认知、情感投入和创新能力相关。对创新领导本质的深入探索是日后开展创新型领导研究的基础。

此外，有关最高层领导者对员工创新影响的实证研究整体上较为缺失，因此今后对这方面的研究还有待加强。可能的研究课题有以下几点：高层领导如何通过他们的个性特征和行为影响员工的创新认知、动机和创新相关技能的运用。比如，智能激发是变革型领导的一个重要维度，通过智能激发，变革型领导鼓励员工质疑现有的观念和假设，以及过去所形成的刻板印象。但是，高层领导者的智能风格不尽相同，而不同的风格产生不同的问题解决导向，有些如上文所述强调创新，而有些更重视速度、效率和规则。前一种风格可能更易于员工发展和运用创新技能，而后者可能与现有的规章制度更一致，更强调规则。

除了考察不同领导层次、领导者自身以及领导如何影响员工创新特征这几个方面外，未来研究还应该直接考察有创新导向并积极参与创新的员工如何最终影响组织的领导。为此我们需要扩展现有的研究方法。质化研究方法如深度访谈、观察法以及案例研究的运用很可能丰富我们对领导影响员工创新的认识。另外，纵向研究设计也有利于我们发现领导影响员工创新复杂现象背后的本质以及它是怎样随着时间和事件的变化而形成的。

最后，需要注意的是，随着经济贸易的全球化，越来越多的经济体融入全球经济发展的浪潮中，跨国公司在快速成长的同时，也面临着不同文化的冲击。因此研究者更多地开始关注在不同的文化背景下，工作情境和个人因素如何影响创新。但是，到目前为止，在除美国之外的其他文化背景下，探讨领导对员工创新影响的实证研究还比较少。因而，在国内及跨国公司中开展这方面的跨文化研究也是非常有意义的。

参考文献

[1] Shalley C. E., J. Zhou, G. R. Oldham. The Effects of Personal and Contextual Characteristics on Creativity: Where Should We Go from Here? [J]. Journal of Management, 2004, 30 (6): 933 – 958.

[2] Tierney P. Work Relations as a Precursor to a Psychological Climate for Change—The Role of Work Group Supervisors and Peers [J]. Journal of Organizational Change Management, 1999, 12 (2): 120 – 133.

[3] Tierney P., S. M. Farmer, G. B. Graen. An Examination of Leadership and Employee Creativity: The Relevance of Traits and Relationships [J]. Personnel Psychology, 1999, 52 (3): 591 – 620.

[4] Mumford M. D., et al. Leading Creative People: Orchestrating Expertise and Relationships [J]. Leadership Quarterly, 2002, 13 (6): 705 – 750.

[5] Reiter – Palmon R., J. J. Illies. Leadership and Creativity: Understanding Leadership from a Creative Problem – Solving Perspective [J]. Leadership Quarterly, 2004, 15 (1): 55 – 77.

[6] Basadur M. Leading Others to Think Innovatively Together: Creative Leadership [J]. Leadership Quarterly, 2004, 15 (1): 103 – 121.

[7] Gibson F. W., Fiedler F. E., Barrett K. M. Stress, Babble, and the Utilization of the Leader's Intellectual Abilities [J]. Leadership Quarterly, 1993, 4 (2): 189 – 208.

[8] Zhou J., J. M. George. Awakening Employee Creativity: The Role of Leader Emotional Intelligence [J]. Leadership Quarterly, 2003, 14 (4 – 5): 545 – 568.

[9] Kirton M. Adaptors and Innovators: Description and Measure [J]. Journal of Applied Psychology, 1976, 61 (5): 622 – 629.

[10] Marta S., L. E. Leritz M. D. Mumford. Leadership Skills and the Group Performance: Situational Demands, Behavioral Requirements, and Planning [J]. Leadership Quarterly, 2005, 16 (1): 97 – 120.

[11] Zhou J., Shalley C. E. Handbook of Organizational Creativity [M]. New York: Lawrence Erlbaum Associates, 2008.

[12] Halbesleben J. R. B., et al. Awareness of Temporal Complexity in Leadership of Creativity and Innovation: A Competency – Based Model [J]. Leadership Quarterly, 2003, 14 (4 – 5): 433 – 454.

[13] Amabile T. M. A Model of Creativity and Innovation in Organizations [J]. Research in Organizational Behavior, 1988, 10: 123 – 167.

[14] Sternberg R. J., J. C. Kaufman, J. E. Pretz. A Propulsion Model of Creative Leadership [J]. Leadership Quarterly, 2003, 14 (4 – 5): 455 – 473.

[15] Farris G. F. Technical Leadership: Much Discussed but Little Understood [J]. Research – Technology Management, 1988, 31 (2): 12 – 16.

[16] Amabile T. M., et al. Leader Behaviors and the Work Environment for Creativity: Perceived Leader Support [J]. Leadership Quarterly, 2004, 15 (1): 5 – 32.

[17] Krause D. E. Influence – Based Leadership as a Determinant of the Inclination to Innovate and of Innovation – Related Behaviors—An Empirical Investigation [J]. Leadership Quarterly, 2004, 15 (1): 79 – 102.

[18] Zhou J. When the Presence of Creative Coworkers is Related to Creativity: Role of Supervisor Close Monitoring, Developmental Feedback, and Creative Personality [J]. Journal of Applied Psychology, 2003, 88 (3): 413 – 422.

[19] Choi J. N. Individual and Contextual Predictors of Creative Performance: The Mediating Role of Psychological Processes [J]. Creativity Research Journal, 2004, 16 (2-3): 187-199.

[20] Redmond M. R., M. D. Mumford, R. Teach. Putting Creativity to Work: Effects of Leader Behavior on Subordinate Creativity [J]. Organizational Behavior and Human Decision Processes, 1993, 55 (1): 120-151.

[21] Amabile T. M., et al. Assessing the Work Environment for Creativity [J]. Academy of Management Journal, 1996, 39 (5): 1154-1184.

[22] Kanter R. M. When a 1000 Flowers Bloom: Structural, Collective, and Social Conditions for Innovation in Organization. [J]. Research in Organizational Behavior, 1988 (10): 169-211.

[23] George J. M., J. Zhou. Dual Tuning in a Supportive Context: Joint Contributions of Positive Mood, Negative Mood, and Supervisory Behaviors to Employee Creativity [J]. Academy of Management Journal, 2007, 50 (3): 605-622.

[24] Tierney P., S. M. Farmer. The Pygmalion Process and Employee Creativity [J]. Journal of Management, 2004, 30 (3): 413-432.

[25] Frese M., E. Teng, C. J. D. Wijnen. Helping to Improve Suggestion Systems: Predictors of Making Suggestions in Companies [J]. Journal of Organizational Behavior, 1999, 20 (7): 1139-1155.

[26] Madjar N., G. R. Oldham, M. G. Pratt. There's No Place Like Home? The Contributions of Work and Nonwork Creativity Support to Employees' Creative Performance [J]. Academy of Management Journal, 2002, 45 (4): 757-767.

[27] Janssen O. The Joint Impact of Perceived Influence and Supervisor Supportiveness on Employee Innovative Behaviour [J]. Journal of Occupational and Organizational Psychology, 2005, 78 (4): 573-579.

[28] Mumford M. D., S. B. Gustafson. Creativity Syndrome: Integration, Application, and Innovation [J]. Psychological Bulletin, 1988, 103 (1): 27-43.

[29] Tierney P., S. M. Farmer. Creative Self-Efficacy: Its Potential Antecedents and Relationship to Creative Performance [J]. Academy of Management Journal, 2002, 45 (6): 1137-1148.

[30] Scott S. G., R. A. Bruce. Determinates of Innovative Behavior: A Path Model of Individual Innovation in the Workplace [J]. Academy of Management Journal, 1994, 37 (3): 580-607.

[31] Ford C. M. Theory of Individual Creative Action in Multiple Social Domains [J]. Academy of Management Review, 1996, 21 (4): 1112-1142.

[32] Shin S. J, J. Zhou. Transformational Leadership, Conservation, and Creativity: Evidence from Korea [J]. Academy of Management Journal, 2003, 46 (6): 703-714.

[33] Sosik J. J., S. S. Kahai B. J. Avolio. Transformational Leadership and Dimensions of Creativity: Motivating Idea Generation in Computer-Mediated Groups [J]. Creativity Research Journal, 1998, 11 (2): 111-121.

[34] 郭桂梅, 段兴民. 不同领导行为对员工创造性差异化影响的实证研究 [J]. 管理科学, 2008, 21 (1): 49-57.

[35] Kahai S. S., J. J. Sosik, B. J. Avolio. Effects of Leadership Style, Anonymity, and Rewards on Creativity-Relevant Processes and Outcomes in an Electronic Meeting System Context [J]. Leadership Quarterly, 2003, 14 (4-5): 499-524.

[36] Sosik J. J., S. S. Kahai, B. J. Avolio. Leadership Style, Anonymity, and Creativity in Group Decision Support Systems: The Mediating Role of Optimal Flow [J]. Journal of Creative Behavior, 1999, 33 (4): 227 – 256.

[37] Jung D. I., C. Chow, A. Wu. The Role of Transformational Leadership in Enhancing Organizational Innovation: Hypotheses and Some Preliminary Findings [J]. Leadership Quarterly, 2003, 14 (4 – 5): 525 – 544.

[38] Kahn W. A. Relational Systems at Work [J]. Research in Organizational Behavior, 1998 (20): 39 – 76.

[39] Basu R., S. G. Green. Leader – Member Exchange and Transformational Leadership: An Empirical Examination of Innovative Behaviors in Leader – Member Dyads [J]. Journal of Applied Social Psychology, 1997, 27 (6): 477 – 499.

[40] 孙悦, 王乃静, 石金涛. 中国企业领导成员交换关系影响实证研究 [J]. 经济管理, 2008, 30 (4): 85 – 90.

[41] Van Dyne L., K. A. Jehn A. Cummings. Differential Effects of Strain on Two Forms of Work Performance: Individual Employee Sales and Creativity [J]. Journal of Organizational Behavior, 2002, 23 (1): 57 – 74.

[42] Drazin R., M. A. Glynn, R. K. Kazanjian. Multilevel Theorizing about Creativity in Organizations: A Sense Making Perspective [J]. Academy of Management Review, 1999, 24 (2): 286 – 307.

[43] Hill R. C., M. Levenhagen. Metaphors and Mental Models: Sense Making and Sense Giving in Innovation and Entrepreneurial Activities [J]. Journal of Management, 1995, 21 (6): 1057 – 1074.

[44] Gioia D. A., K. Chittipeddi. Sense making and Sense giving in Strategic Change Initiation [M]. Strategic Management Journal, 1991, 12 (6): 433 – 448.

[45] Bass B. M. Handbook of Leadership: Theory, Research, and Managerial Applications (3Rd Ed.) [M]. New York: Free Press, 1990.

[46] Oldham G. R., A. Cummings. Employee Creativity: Personal and Contextual Factors at Work [J]. Academy of Management Journal, 1996, 39 (3): 607 – 634.

[47] 郭桂梅, 段兴民. 变革型领导行为与创造性: 内在动机和创造性工作氛围的中介作用——针对中国企业管理实践的分析 [J]. 科学学与科学技术管理, 2008, 15 (3): 189 – 196.

[48] Leary M. R., R. F. Baumeister. The Nature and function of Self – Esteem: Sociometer Theory [C] // M. Zanna. Advances in Experimental Social Psychology [A]. San Diego, CA: Academic Press, 2000.

[49] Van Knippenberg D., et al. Leadership, Self, and Identity: A Review and Research Agenda [J]. Leadership Quarterly, 2004, 15 (6): 825 – 856.

[50] Yammarino F. J., et al. Leadership and Levels of Analysis: A State – of – The – Science Review [J]. Leadership Quarterly, 2005, 16 (6): 879 – 919.

[51] Woodman R. W., J. E. Sawyer, R. W. Griffin. Toward a Theory of Organizational Creativity [J]. Academy of Management Review, 1993, 18 (2): 293 – 321.

[52] Baer M., G. R. Oldham. The Curvilinear Relation between Experienced Creative Time Pressure and Creativity: Moderating Effects of Openness to Experience and Support for Creativity [J]. Journal of Applied Psychology, 2006, 91 (4): 963 – 970.

经济管理学科前沿研究报告

[53] Sparrowe R. T., R. C. Liden. Process and Structure in Leader – Member Exchange [J]. Academy of Management Review, 1997, 22 (2): 522 – 552.

[54] Farmer S. M., P. Tierney, K. Kung – Mcintyre. Employee Creativity in Taiwan: An Application of Role Identity Theory [J]. Academy of Management Journal, 2003, 46 (5): 618 – 630.

[55] Unsworth K. Unpacking Creativity [J]. Academy of Management Review, 2001, 26 (2): 289 – 297.

[56] Elkins T. R. T. Keller. Leadership in Research and Development Organizations: A Literature Review and Conceptual Framework [J]. Leadership Quarterly, 2003, 14 (4 – 5): 587 – 606.

An Overview of the Effect of Leadership on Employees' Creativity

Qu Rujie Sun Junbao Yang Zhong Si Guodong Shi Kan

Abstract: The topic of the effect of leadership on employees' creativity has received increasing attention in the literature. The present article gives a general overview of three aspects relevant to leading for creativity, and these are leader facets (traits, behaviors, and new leadership theories), four spheres of leadership influence (cognition, capacity, motivation and self – concept) and leadership levels. Finally, the present article provides some suggestions for future inquiry.

Key Words: Leadership; Employee Creativity; Influencing Factor

CPM 领导行为模式对员工利他行为及工作投入的作用机制[*]

李 明 凌文辁

【摘 要】通过对我国 26 个省市企事业单位员工的问卷调查,探讨了 CPM 领导行为模式对员工利他行为和工作投入的影响途径。采用潜变量路径分析的方法,对两个阶段的模型进行检验和比较,结果表明:①C 因素和 M 因素通过信任上司的完全中介作用影响利他行为和工作投入,而 P 因素则通过信任上司的部分中介作用对它们产生影响。②信任上司通过情感承诺的完全中介作用影响工作投入,通过情感承诺的部分中介作用影响员工的利他行为。

【关键词】CPM 领导行为模式;信任上司;情感承诺;利他行为;工作投入

一、引言

领导(Leadership)一直以来都是一个迷人的话题,吸引着来自社会学、管理学、心理学等不同领域学者们的研究兴趣。西方领导理论丛林异常茂盛,而中国历史上也沉淀了丰富的政治、社会、经济管理经验和领导模式(席酉民、韩巍,2010)。领导行为及其有效性受文化的影响。曹仰锋等(2010)对中国领导力的本土研究现状进行了分析,认为中国领导力的研究仍然处于本土化的初级阶段,即强调对西方领导理论的检验、修订和改良。在构建新的本土领导理论方面,近十年的研究半数以上和家长式领导有关,鲜有其他符合中国文化特征的领导理论出现。如何在全球化背景下开展中国本土领导理论研究,已成为海内外华人管理学者共同关心的问题,也是关心中国领导理论研究的国际学者越来越感兴趣的话题。

在中国文化背景下,人们从古至今一直强调领导者品德的重要性。凌文辁等(1987)

---

[*] 本文选自《心理科学》2012 年第 6 期。

提出了中国文化背景下的 CPM 领导行为模式，认为中国的领导行为评价模式由三个因素构成：C 因素（Character and Morals，个人品德）、P 因素（Performance，工作绩效）和 M 因素（Maintenance，团体维系）。P 因素和 M 因素反映着与西方类似的管理共性，而 C 因素则反映着管理中的个性，即中国文化特异性。作为中国本土领导理论的代表之一，CPM 领导模式受到国内外学者的关注和认可。但由于时代的限制，当时并未对 CPM 领导模式的影响效果及其作用机制进行实证研究。基于此，本研究拟在我国当前组织情境中考察 CPM 领导行为模式对员工行为态度的影响，并将关注点放在利他行为（Altruism）和工作投入（Job Involvement）上，以期丰富和扩展中国本土领导行为的理论研究。

二、假设的提出

同事间利他行为是组织公民行为的一个重要维度，表现在对同事的帮助，愿意在必要时分担同事的工作任务，主动帮助解决工作中的一些问题等。它是和谐组织氛围的一个重要体现，而组织氛围在很大程度上又受到领导行为的影响。Chen 等（1998）通过元分析研究表明，变革型领导行为与利他行为呈显著正相关。而 Hui 等（2000）的研究认为，领导—成员交换（LMX）与利他行为、总体组织公民行为呈显著负相关，说明领导行为对利他行为有显著的影响作用。工作投入是指个体对目前工作的认同（Identify）与投入（Engaged in）程度，以及个体对工作的重要程度所持的信念（吴宗佑、郑伯壎，2006）。它反映了个人为工作付出的意愿，是一种工作态度。工作投入与组织绩效息息相关，提高工作投入程度可以使员工更全力以赴地投入工作，从而提升组织的效能及生产力（Brown&Steven，1996）。Avolio 等（2004）的研究表明，诚信领导会影响下属的工作投入。Brown 等（2005）的研究发现，伦理领导能够预测下属的工作投入程度、角色外行为等。魏蕾等（2010）研究了家长式领导对工作投入的影响，发现仁慈领导和威权领导对工作投入分别具有显著的预测作用。

CPM 领导行为模式中的 C 因素是指领导者能正确对待自己、诚实正直、廉洁无私、以身作则等，这与诚信领导和伦理型领导的要求是相似的；P 因素要求领导者有周密可行的计划，精通专业知识，制定规章制度，协调各方面的工作等。这些都与实现组织目标有关，与家长式领导中的威权领导类似；M 因素通过对被领导者的体贴关心、信任尊重、激励支持，来消解上下级关系中不必要的紧张感，缓和工作中所产生的对立和抗争。这种对部下的关怀和体贴在变革型领导和家长式领导的仁慈领导中都有所体现。可以推论，CPM 领导行为模式的三因素与利他行为和工作投入是正向相关的。

员工对上司的信任，往往代表了员工对于组织或公司的信任（Costigan，Ilter 和 Berman，1998）。信任是社会交换的前提和基础，根据社会交换理论及互惠原则，下属对上司信任的增强，会增加下属回报上司的责任感和义务感（李锐、凌文辁，2010）。有实证研究表明，对于直接领导的信任会使得员工对工作更加投入、产生更多的组织公民行为（凌玲、申鹏，2009）。因此，我们提出以下假设：

假设1：CPM领导行为模式通过信任上司的中介作用影响员工的利他行为。

假设1a：C因素通过信任上司影响下属的利他行为。

假设1b：P因素通过信任上司影响下属的利他行为。

假设1c：M因素通过信任上司影响下属的利他行为。

假设2：CPM领导行为模式通过信任上司的中介作用影响员工的工作投入。

假设2a：C因素通过信任上司影响下属的工作投入。

假设2b：P因素通过信任上司影响下属的工作投入。

假设2c：M因素通过信任上司影响下属的工作投入。

由于情感性承诺包含了员工对组织的情感依附，最贴近组织承诺定义中对组织情感牵系、认同和投入的本意，所以国内外很多研究者把情感承诺作为组织承诺的代表性构念（李超平等，2006）。情感承诺代表着个人对组织目标及价值的信念与接受，愿意为组织做贡献并留在该组织中。实证研究发现，当组织成员建立了对上司的信任，他们就更愿意接受领导分配的任务，并对于任务完成的数量和质量指标有更高水平的承诺（Mayer和Gavin，2005；李宁、严进，2007）。中国人深受儒家文化的影响，对直属上司的信任更容易发展成为对上司的忠诚。当上司表现出对下属的关怀和利益的照顾，作为对这种善意的回报，下属就会表现出高绩效行为和高承诺（Ng和Chua，2006）。实证研究表明，当组织成员对高层管理者产生信任，会提高他们对组织的认同和承诺，致使他们对工作更加投入，愿意付出更多努力和时间（凌玲、申鹏，2009）。

根据社会身份理论，员工对组织的认同和依附感越强，就越有更强的动机使自己的组织比其他组织更优秀（郑新夷、连榕，2010），因此会更加投入到工作中，并在工作中表现出对同事的利他行为。由上可以推论，信任上司通过影响情感承诺，在情感的权衡基础上进而对工作投入和利他行为产生影响。我们提出以下假设：

假设3：信任上司通过情感承诺影响下属的利他行为。

假设4：信任上司通过情感承诺影响下属的工作投入。

三、研究方法

1. 被试

为保证中国本土化领导行为研究样本的代表性，本研究通过现场填答、发送邮件等多种渠道在全国范围内开展调查。为了避免测量过程中的共同方法偏差效应，我们分两次进行样本数据收集，两次施测的间隔时间在一年以上。在第二次施测中，对各变量的测量顺序进行了调整，并把情感承诺做反向计分处理。最终收回包括广东、山东、北京、浙江、上海等26个省市的企事业单位员工的750份问卷,涵盖制造、金融、通信及服务等诸多行业。其中有效问卷602份,问卷有效率80.3%。其中:男性占55.6%,女性占44.4%;私营企业占23.6%,民营企业占14.5%,国有企业占27.1%,三资企业占15.8%,事业单位占19.1%;普通员工占63.2%,基层管理人员占27.9%,中高层管理人员占8.8%。

本研究中涉及对直属上司评价这一较为敏感的问题的调查。为保护受调查者的隐私,以尽量获得他们的真实想法,所有问卷均匿名填写,且多数问卷通过网络邮件形式发送到被试那里,填好后直接回复。

2. 研究工具

CPM领导行为模式。采用凌文辁等(1987)编制的中国领导行为CPM量表。该量表将领导行为分为三种不同的机能:C因素(个人品质)、P因素(工作绩效)和M因素(团体维系),本研究分别选出三种机能中因素负荷最高的五个项目进行测量。

信任上司。采用Ng和Chua(2006)研究中所使用的中文版情感信任量表。

情感承诺。采用李锐等(2010)研究中所使用的情感承诺量表,原量表使用Allen和Meyer编制的六个情感承诺的项目来测量组织承诺的构念。

同事间利他行为。本研究借鉴Cheng等(2003)采用的樊景立等(1997)编制的中国组织公民行为量表中的同事间利他行为维度。

工作投入。采用Wu和Cheng(2006)研究中所使用的工作投入问卷。该量表来自Cammann等(1983)所编制的Michigan组织测评问卷。

3. 统计方法

主要采用结构方程模型中的潜变量路径分析方法探讨各变量之间的关系。

4. 结果与分析

(1)变量的描述性统计分析结果。

表1的结果显示,本研究所采用量表的内部一致性系数均在0.81~0.92,说明测量工具具有较高的信度。变量的相关矩阵结果表明,C因素、P因素、M因素、信任上司、情感承诺、利他行为和工作投入之间均呈显著正相关。

表1 变量的描述性统计分析结果($N = 602$)

变量	M	SD	1	2	3	4	5	6	7
C因素	4.30	0.98	(0.91)						
P因素	4.38	0.85	0.674**	(0.88)					
M因素	4.28	0.89	0.770**	0.737**	(0.91)				
信任上司	4.36	1.02	0.818**	0.744**	0.809**	(0.92)			
情感承诺	3.81	1.10	0.564**	0.519**	0.557**	0.574**	(0.86)		
利他行为	4.66	0.74	0.499**	0.488**	0.484**	0.514**	0.375**	(0.81)	
工作投入	4.29	0.94	0.495**	0.511**	0.474**	0.525**	0.602**	0.424**	(0.82)

注:**表示$p < 0.01$;对角线上括号内数字为量表的内部一致性系数(alpha系数)

(2) 验证性因素分析结果。

对研究数据进行验证性因素分析，以确定研究中所使用的各个变量之间的区分效度。

从表2可以看出，与另外五个模型（单因素、三因素、五因素、六因素A和六因素B）相比，七因素模型对实际数据拟合最为理想，说明本研究所涉及的七个变量具有较好的区分效度，代表着七个不同的构念。因此可以进行下一步的结构模型分析。

表2 概念区分的验证性因素分析结果和共同方法偏差的检验（N = 602）

模型	χ^2	df	χ^2/df	GFI	CFI	NNFI	RMSEA
单因素模型	2743.1	344	7.97	0.72	0.81	0.79	0.108
三因素模型	2310.3	341	6.78	0.75	0.84	0.83	0.098
五因素模型	1393.4	334	4.17	0.84	0.92	0.91	0.073
六因素模型A	1502.5	329	4.57	0.83	0.91	0.89	0.077
六因素模型B	1320.6	329	4.01	0.85	0.92	0.91	0.071
七因素模型	934.0	323	2.89	0.90	0.95	0.94	0.056
控制后的模型	751.9	295	2.55	0.92	0.96	0.95	0.051

注：单因素模型：C因素 + P因素 + M因素 + 信任上司 + 情感承诺 + 利他行为 + 工作投入

三因素模型：C因素 + P因素 + M因素；信任上司 + 情感承诺；利他行为 + 工作投入

五因素模型：C因素 + P因素 + M因素；信任上司；情感承诺；利他行为；工作投入

六因素模型A：C因素；P因素；M因素；信任上司 + 情感承诺；利他行为；工作投入

六因素模型B：C因素；P因素；M因素；信任上司；情感承诺；利他行为 + 工作投入

七因素模型：C因素；P因素；M因素；信任上司；情感承诺；利他行为；工作投入

控制后的模型：在七因素模型中加入一个共同方法因子

(3) 共同方法偏差的控制与检验。

由于本研究各变量均由同一被试提供信息，可能会存在共同方法偏差效应。为避免共同方法偏差带来的影响，我们在问卷设计和施测过程中就进行了程序性控制，如第二次施测的各变量顺序调整、对情感承诺反向计分，将具有相同反应语句的变量分散隔开等。同时，根据周浩和龙立荣（2004）所介绍的方法，首先采用Harman单因素检验技术对共同方法偏差效应进行检验。从单因素模型的各项拟合指数来看，各变量之间不存在严重的共同方法偏差。但对于不同变量的测量，一般不太可能同属于一个因素。所以，我们还采用"加入非可测潜在方法因子"的方法进行检验。当在七因素模型中加入一个共同方法因子后，新模型得到了χ^2显著的改变（$\Delta\chi^2 = 182.1$，$\Delta df = 28$）。但由于χ^2同样受到样本容量的影响，并不能据此来判定本研究中的变量之间存在明显的共同方法偏差效应。借鉴谢宝国和龙立荣（2008）、郑建军和金盛华等（2009）的做法，我们还对比了两个模型的其他拟合指标（如ΔNNFI、ΔCFI等）。从表2可以看出，当在模型中加入公共方法因子后，GFI、CFI、NNFI和RMSEA的改善程度均在0.01 ~ 0.02。这就说明，控制方法因子的模型相对于七因素模型而言，模型的拟合程度并未出现较大程度的改善。由此可判定，本研究的各变量之间并不存在共同方法偏差问题。

(4) 信任上司的中介作用。

本研究采用潜变量路径分析的方法对研究假设进行验证。根据 Shrout 和 Bolger 的建议,在检验一个复杂路径关系模型时,应先从简单的一个中介模型开始检验,这样可以有效避免设置大量的备选模型(Shrout 和 Bolger,2002;李宁、严进,2007)。因此,我们首先构建一个简单中介模型(如图 1 所示)和与其嵌套的模型 1 和模型 2,以此来对假设 1 和假设 2 进行验证。

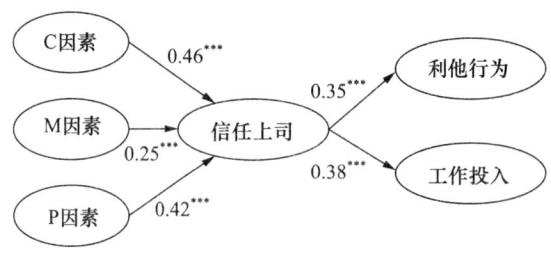

图 1 简单中介模型

根据 Baron 和 Kenny (1986) 提出的检验中介变量的步骤,首先检验各变量之间的关系是否满足以下条件:①自变量和因变量相关显著;②自变量和中介变量相关显著;③中介变量与因变量相关显著。根据表 1 所示的 C 因素、P 因素、M 因素、信任上司、利他行为和工作投入的相关模式,中介检验的前三个条件得以满足。图 1 的简单中介模型的结果表明,C 因素、P 因素和 M 因素对信任上司的路径(分别为 $\beta = 0.46$、$p < 0.001$,$\beta = 0.25$、$p < 0.001$,$\beta = 0.42$、$p < 0.001$),以及信任上司对利他行为和工作投入的路径($\beta = 0.35$、$p < 0.001$,$\beta = 0.38$、$p < 0.001$)均达到显著水平。把简单中介模型与模型 1 (非中介模型) 比较,如表 3 所示,非中介模型的拟合度明显变坏 ($\Delta\chi^2 = 872.3$,$\Delta df = 1$,$p < 0.001$)。同时,两个模型的各拟合指标也表明中介模型要比非中介模型更好。

然后,根据 Baron 和 Kenny (1986) 建议的第四个条件来检验信任上司能否完全中介领导行为对同事间利他行为和工作投入的影响。我们通过简单中介模型(完全中介)和模型 2 (部分中介) 对数据的拟合度来检验。从表 3 可以看出,模型 2 在简单中介模型基础上增加 C 因素、P 因素和 M 因素分别到利他行为和工作投入的直接路径后,其拟合度的改善达到了显著性水平 ($\Delta\chi^2 = 21.1$,$\Delta df = 6$,$p < 0.01$)。同时,我们对模型 2 进行简化,去除不显著的路径(C 因素和 M 因素分别到利他行为、工作投入的直接路径),形成模型 3。将模型 3 与模型 2 比较,发现两模型差异不显著 ($\Delta\chi^2 = 6.5$,$\Delta df = 4$,$p > 0.05$)。根据拟合指标和节俭性原则,我们认为在第一阶段简单中介模型的比较中,模型 3 是最佳匹配模型。可知,信任上司在 C 因素和 M 因素影响利他行为和工作投入的过程中,起到完全中介作用,假设 1a、假设 1c、假设 2a、假设 2c 得到验证;信任上司在 P 因素与利他行为和工作投入之间起部分中介作用,即 P 因素除了通过信任上司的中介效应对利他行为和工作投入产生间接影响外,也能直接对它们产生影响(β = 0.17、p < 0.01, β = 0.19、p < 0.01)。假设 1b 和假设 2b 得到了验证。

表 3 假设模型与嵌套模型的拟合指标比较结果(N = 602)

模型	χ^2	df	χ^2/df	GFI	CFI	TLI	RMSEA	$\Delta\chi^2$ (Δdf)
简单中介模型	820.4	261	3.14	0.90	0.95	0.94	0.060	
模型 1	1692.7	260	6.51	0.86	0.87	0.85	0.096	872.3*** (1)
模型 2	799.3	255	3.14	0.90	0.95	0.94	0.060	21.1** (6)
模型 3	805.8	259	3.11	0.90	0.95	0.94	0.059	6.5 (4)
假设模型	1049.8	335	3.13	0.89	0.94	0.94	0.060	
模型 4	964.8	333	2.90	0.90	0.95	0.94	0.056	85** (2)
模型 5	956.2	330	2.90	0.90	0.95	0.94	0.056	
模型 6	1356.3	334	4.06	0.87	0.92	0.91	0.071	391.5*** (1)
模型 7	964.7	332	2.91	0.90	0.95	0.94	0.056	0.1 (1)
模型 8	956.3	332	2.88	0.90	0.95	0.94	0.056	8.5** (1)

注:模型 1:在简单中介模型的基础上,删除 C、P、M 到信任的直接路径和信任到利他行为和工作投入的直接路径,增加 C、P、M 分别到利他行为和工作投入的直接路径;

模型 2:在简单中介模型的基础上,加上 C、P、M 分别到利他行为和工作投入的直接路径;

模型 3:在模型 2 基础上,删除不显著的路径(C、M 分别到利他行为和工作投入的直接路径);

模型 4:在假设基础上增加 P 对利他行为和工作投入的直接路径;

模型 5:在模型 4 基础上增加 C、P、M 分别对情感承诺的路径,作用不显著;

模型 6:在模型 4 基础上增加信任上司对利他行为和工作投入的路径,删除信任上司对情感承诺的路径、情感承诺到利他行为和工作投入的路径;

模型 7:在模型 4 基础上增加信任上司对工作投入的路径;

模型 8:在模型 4 基础上增加信任上司对利他行为的路径

(5)情感承诺的中介作用。

中介效应检验的第二个阶段是检验情感承诺在信任上司影响利他行为和工作投入过程中的中介作用。同样依据 Baron 和 Kenny(1986)建议的检验步骤,首先根据表 1 所示的信任上司、情感承诺、利他行为和工作投入的相关模式,中介检验的前三个条件均得到了满足。

通过简单中介模型的分析,我们对假设模型进行了优化,即增加 P 因素对利他行为和工作投入的直接路径,由此得到模型 4。将模型 4 与假设模型比较,发现模型 4 比假设模型明显变好($\Delta\chi^2$ = 85, Δdf = 2, p < 0.01)。因此,下面我们将基于模型 4 做进一步的分析。

在检验情感承诺的中介效应之前,我们首先检验 C 因素、P 因素和 M 因素对情感承诺有无直接作用。模型 5 是在模型 4 的基础上增加了 C 因素、P 因素和 M 因素分别对情感承诺的直接路径,三条路径均不显著,由此排除C因素、P因素和M因素对情感承诺的直接作用。为了检验信任上司对利他行为和工作投入产生作用过程中情感承诺的独立性和必要性,我们构建了模型6(非中介模型),即信任上司对利他行为和工作投入产生直接作用。将模型6与模型4相比较,如表3所示,非中介模型的拟合度明显变坏($\Delta\chi^2 = 391.5$,$\Delta df = 1$,$p < 0.001$),且两个模型的各拟合指标也表明中介模型要比非中介模型更好。

最后,我们检验情感承诺能否完全中介信任上司对利他行为和工作投入的影响。为此,我们构建了模型7(部分中介)和模型8(部分中介)。模型7是在模型4的基础上增加了信任上司对工作投入的直接路径。将模型7与模型4比较,发现两模型差异不显著($\Delta\chi^2 = 0.1$,$\Delta df = 1$,$p > 0.05$);模型8是在模型4基础上增加信任上司对利他行为的直接路径,如表3所示,模型8的拟合度明显变好($\Delta\chi^2 = 8.5$,$\Delta df = 1$,$p < 0.05$)。根据拟合指标和节俭性原则,最为理想的是模型8。由此,我们得到了如图2所示的最佳匹配模型。

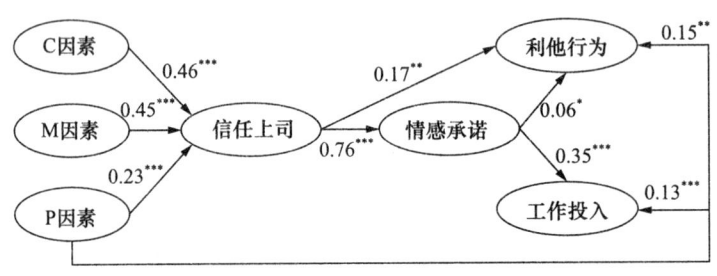

注:*表示p<0.05,**表示p<0.01,***表示p<0.001

图2 修正后的中介模型

由图2可见,情感承诺在信任上司与工作投入之间起完全中介作用;情感承诺在信任上司与利他行为之间起部分中介作用,即信任上司除了通过情感承诺的中介效应对利他行为产生间接影响外,也能直接对其产生影响($\beta = 0.17$,$p < 0.01$)。由此,假设3和假设4得到了实证支持。

四、讨论

1. 信任上司的中介作用

本研究结果发现,信任上司在C因素与后果变量之间以及M因素与后果变量之间均发挥完全中介效应,而在P因素与后果变量之间则发挥部分中介效应。这是与CPM领导理论的假设相符的。凌文辁(1987)认为,C、P、M三种领导机能分别起着不同的作用。P针对的是工作,一方面要求领导者有周密可行的计划,精通专业知识,具备强有力的组织能力，另一方面要求领导者规定各级职责范围和权限，协调各方面的工作，对执行情况进行检查等。领导者表现出优秀的专业技能、计划能力和组织能力，必然会令下属信服和钦佩，从而产生对上司的信任；而规定权限时限、协调工作和对执行情况的检查，这种督促必然会使员工更加投入到工作中完成指派的任务，并为同事提供一些帮助，以共同实现组织目标。M 针对的是他人，即下属，通过对下属的体贴关心，信任尊重，激励支持，来消解上下级关系中不必要的紧张感，缓和工作中所产生的对立和抗争。这种信任和支持也理所当然地换来下属的信任，进而对员工的行为态度产生影响。C 针对的是领导者自己，领导者应诚实正直，实事求是，廉洁无私，以身作则。这种模范表率作用能使下属信服和认同，进而内化为自己对组织积极的行为和态度。由此，可以说明，P 因素是直接影响力，不仅会通过增加员工对上司的信任，使员工表现出积极的行为和态度，还可以直接对利他行为和工作投入产生影响。而 C 因素和 M 因素对利他行为和工作投入的影响是建立在员工对上司信任的基础上的，是一种间接影响力。

2. 情感承诺的中介作用

信任上司、情感承诺和工作投入都是员工正向的、积极的工作态度。这就不难理解信任上司通过情感承诺的完全中介作用对工作投入产生影响。上司代表组织来实施管理，是组织政策、制度和措施的执行者。员工对上司的信任，除了对其个人品德和人格的敬重外，也是对他执行组织政策的认可。因此，员工会认可所在的组织，产生更强的情感承诺，愿意留在该组织中。中国人重感情，"滴水之恩当涌泉相报"，员工感觉上司对自己"好"，关心自己，就会产生一种义务感和责任感，要对上司回报（韦慧民、龙立荣，2009）。人们总是带有一种感情去工作的，员工之所以愿意留在组织中并努力地工作，主要是由于对组织有深厚的感情。这种感情可以促进为工作而付出的意愿增强，即更加专心投入到自己的工作，以此作为对上司的回报。可见，对上司的信任可以增加员工的情感承诺，最终增强员工的工作投入程度。

员工表现出利他行为，既可以看作为了让上司省心而对上司的一种回报，也可以认为是员工把对组织的情感泛化到每一个组织成员身上，从而形成和谐互助的良好氛围。对上司的信任可以排除员工对上司和同事之间的猜忌，这也利于营造良好的工作氛围，促进同事之间的互帮互助。利他行为既可能是一种主动行为，也可能是源于外界因素的影响。古人云，"德高为范"。上司关心下属的工作和成长，待人诚恳，为人和善，在这样的领导者影响下，下属也会产生关心、助人、与人为善的意愿和倾向。

五、结论

CPM 领导行为模式对员工利他行为和工作投入的影响机制为：①C 因素和 M 因素通过信任上司的完全中介作用对利他行为和工作投入产生影响，而 P 因素除了通过信任上司的部分中介作用影响利他行为和工作投入外,还对它们具有直接影响作用。②信任上司通过情感承诺的完全中介作用影响工作投入;信任上司除了通过情感承诺的部分中介作用对利他行为产生影响外,也能直接对利他行为产生影响。

参考文献

[1] 曹仰锋,李平. 中国领导力本土化发展研究:现状分析与建议 [J]. 管理学报,2010,7(11):1704-1709.

[2] 李超平,李晓轩,时勘. 授权的测量及其与员工工作态度的关系 [J]. 心理学报,2006,38(1):99-106.

[3] 李宁,严进. 组织信任氛围对任务绩效的作用途径 [J]. 心理学报,2007,39(6):1111-1121.

[4] 李锐,凌文辁. 上司支持感对员工工作态度和沉默行为的影响 [J]. 商业经济与管理,2010(5):31-39.

[5] 凌玲,申鹏. 组织信任对工作满意度和组织承诺关系影响的实证研究 [J]. 科技管理研究,2009(8):505-508.

[6] 凌文辁,陈龙,王登. CPM领导行为评价量表的构建 [J]. 心理学报,1987(2):199-207.

[7] 韦慧民,龙立荣. 主管认知信任和情感信任对员工行为及绩效的影响 [J]. 心理学报,2009,41(1):86-94.

[8] 魏蕾,时勘. 家长式领导与员工工作投入:心理授权的中介作用 [J]. 心理与行为研究,2010,8(2):88-93.

[9] 吴宗佑,郑伯壎. 工作投入、调节他人情绪能力与情绪劳动之交互作用对情绪耗竭的预测效果 [J]. 中华心理学刊,2006,48(1):69-87.

[10] 席酉民,韩巍. 中国管理学界的困境和出路:本土化领导研究思考的启示 [J]. 西安交通大学学报(社会科学版),2010,30(2):32-40.

[11] 谢宝国,龙立荣. 职业生涯高原对员工工作满意度、组织承诺、离职意愿的影响 [J]. 心理学报,2008,40(8):927-938.

[12] 郑建君,金盛华,马国义. 组织创新气氛的测量及其在员工创新能力与创新绩效关系中的调节效应 [J]. 心理学报,2009,41(12):1203-1214.

[13] 郑新夷,连榕. 影响公平感和组织公民行为关系的理论机制和媒介变量 [J]. 人类工效学,2010,16(1):39-43.

[14] 周浩,龙立荣. 共同方法偏差的统计检验与控制方法 [J]. 心理科学进展,2004(12):942-950.

[15] Avolio B. J., Gardner W. L., Walumbwa F. O., Luthans F., May D. R. Unlocking the mask: A look at the process by which authentic leaders impact follower attitudes and behavior [J]. The Leadership Quarterly, 2004 (15): 801-823.

[16] Baron, R. M., Kenny, D. A. (1986). The moderator-mediator variable distinction in social psychological research: Conceptual, strategic, and statistical considerations [J]. Journal of Personality and Social Psychology, 1986 (51): 1173-1182.

[17] Brown, M. E. Brown, L. K., Treviño Harrison, D. A.. Ethical leadership: A social learning per-

spective for construct development and testing [J]. Organizational Behavior and Human Decision Processes, 2005 (97), 117 – 134.

[18] Brown, S. P.. A meta – analysis and review of organizational research on job involvement [J]. Psychological Bulletin, 1996, 120 (2): 235 – 255.

[19] Chen, X. P., Hui, C., Sego, D. J.. The role of organizational citizenship behavior in turnover: Conceptualization and preliminary tests of key hypothesis [J]. Journal of Applied Psychology, 1998 (83): 922 – 931.

[20] Cheng, B. S., Jiang, D. Y., Riley, J. H.. Organizational commitment, supervisory commitment, and employee outcomes in the Chinese context: proximal hypothesis or global hypothesis? [J]. Journal of Organizational Behavior, 2003 (24): 313 – 334.

[21] Costigan, R. D., Ilter, S. S., Berman, J. J. A multidimensional study of trust in organizations. Journal of Managerial Issues, 1998, 10 (3): 303 – 317.

[22] Hui, C., Lam, S., Law, K. Instrumental values of organizational citizenship behavior for promotion: A field quasi experiment [J]. Journal of Applied Psychology, 2000 (85): 822 – 828.

[23] Ling, W.. Pattern of leadership behavior assessment in China [J]. Psychologia, 1989, 32 (2): 129 – 134.

[24] Mayer, R. C., Gavin, M. B.. Trust in management and performance: Who minds the shop while the employees watch the boss? [J]. Academy of Management Journal, 2005 (48): 874 – 882.

[25] NG, K. Y., Chua, R. Y.. Do I Contribute More When I Trust More? Differential Effects of Cognition and Affected based Trust [J]. Management and Organization Review, 2006 (2): 43 – 66.

[26] Shrout, P. E., Bolger, N.. Mediation in Experimental and Non experimental Studies: New Procedures and Recommendations [J]. Psychological Bulletin, 2002, 7 (4): 422 – 445.

The Impact Mechanisms of CPM Leadership on Employees' Altruism and Job Involvement

Li Ming   Ling Wenquan

Abstract: Leadership has increasingly attracted the attention of researchers in different fields. Though researchers have carried out a large number of empirical studies, people still do not have an adequate understanding of the mechanisms of leadership. The effectiveness of leadership theory is based on certain cultural contexts. With traditional culture and modern culture integrated, people are more involved in the quest of what kinds of leadership will be more efficient, and how leadership functions in Chinese culture. In 1980s, Ling Wenquan put forward the CPM leadership theory, which reflects typical Chinese characteristics and provides a theoretical framework to under stand the leadership effectiveness in Chinese organizations. But the function of CPM leadership has never been studied empirically.. Hence, the purpose of this study was to discuss the mechanisms in which CPM leadership affects employees' attitude and behavior, especially on employees' altruism and job involvement. A questionnaire that included the CPM leadership scale, trust in supervisor, affective commitment, job involvement and altruism was employed as the tool in this study. A total of 602 valid samples were collected from enterprises and institutions of more than 26 provinces and cities in China. The data were analyzed with SPSS 15.0 and AMOS 7.0. Cronbach's alpha coefficients indicated acceptable measurement reliabilities, and confirmatory factor analysis showed that the discriminated validity of the measurement was also satisfactory. The procedure of testing mediators proposed by Baron and Kendy (1986) was employed to examine the relations between variables. Path analysis was used to examine the hypotheses. Alternative nested models were established and compared with the hypothesized model in two stages. In the first stage, we tested the hypothesis that trust in supervisors mediated the relationship between CPM leadership and employees' job involvement and altruism. In order to get a stringent examination of our hypothesis, two alternative nested models were constructed and compared with the hypothesized model. The results indicated that CPM leadership had a positive effect on altruism and job involvement, C and M were fully mediated by trust in supervisors, while P was partially mediated by trust in supervisors. Through comparison and simplification in the first stage, we found that model 4 is superior to the hypothesized model. So the following analyses were based on model 4. In the second stage of data analysis, we examined the mediating role of affective commitment in the process of trust in supervisors and how it impacted employees' job involvement and altruism. Following the same logic used in the first stage, four nested alternative models were established for comparisons. It was revealed that affective commitment had a fully mediating effect on the relation between trust in supervisors and job involvement, and a partial mediating effect on the relation between trust in supervisors and altruism.

Key Words: CPM Leadership; Trust in Supervisor; Affective Commitment; Altruism; Job Involvement

变革型领导对下属进谏行为的影响：组织心理所有权与传统性的作用[*]

周 浩 龙立荣

【摘 要】 以373对上级—下属配对数据为样本，分析了上级的变革型领导对下属进谏行为的影响以及组织心理所有权的中介效应和传统性的调节效应。结果发现：变革型领导对下属进谏上司和进谏同事均有积极影响；变革型领导通过组织心理所有权的中介效应影响下属进谏上司、进谏同事；传统性对组织心理所有权与进谏上司、进谏同事之间的关系具有调节效应，员工的传统性越高，组织心理所有权对进谏上司、进谏同事的影响越小。

【关键词】 变革型领导；进谏上司；进谏同事；组织心理所有权；传统性

一、问题提出

面对快速变化的市场和日益激烈的竞争环境，组织需要在方方面面持续改进，从而更具灵活性、创新性与适应性。为了实现这个目标，组织希望员工能够积极主动地提供意见和建议，贡献自己的聪明才智，而不是仅完成自己分内的工作（Van Dyne 和 LePine，1998；Morrison 和 Phelps，1999）。员工的进谏行为（Voice Behavior）能够为组织提供创新思想的来源，有利于保持和提升组织竞争力，因而得到越来越多学者以及管理实践者的关注，Whiting、Podsakoff 和 Pierce（2008）甚至提出应将进谏行为纳入员工的绩效考核之中。

进谏行为指的是不仅以批判的态度，而且以改进为目的，员工表现出的并非个人必须做出的对建设性意见的表达行为（Van Dyne、Ang 和 Botero，2003）。组织通过鼓励进谏行为，可以将员工的工作不满意感转化为创新（Zhou 和 Geroge，2001），减少实习医生的

---

[*] 本文选自《心理学报》2012年第6期。

医疗事故（Stern、Katz-Navon 和 Naveh，2008），并提高组织的经营绩效（梁建、唐京，2009）。

在组织中，领导不但规定员工的角色行为，而且通过影响工作环境、模范作用等影响员工的角色外行为（Piccolo 和 Colquitt，2006；Detert 和 Burris，2007；Kwan、Liu 和 Yim，2011），因而对员工的进谏行为具有重要的影响。Burris、Detert 和 Chiaburu（2008）研究发现领导—成员交换（LMX）对下属的进谏行为具有积极的影响，上级的辱虐管理对下属的进谏行为则有消极的影响。领导者的诚信会影响下属的心理安全感，进而影响进谏行为（Walumbwa 和 Schaubroeck，2009）。国内学者新近的研究则发现上级的不当督导、对下属的支持能够影响下属的进谏行为（李锐、凌文辁和柳士顺，2009；李锐、凌文辁和方俐洛，2010）。

与传统的领导方式（如交易型领导）不同，变革型领导不是单纯地通过物质奖惩来影响下属，而是通过强调工作和组织的愿景与价值，赋予工作意义感和承诺感，使下属由关注个人利益转变为关注集体利益，从而获得下属超出工作职责要求的角色外行为，甚至自我牺牲（Shamir、House 和 Arthur，1993）。基于自我调节定向理论（Self-regulatory Focustheory），变革型领导能够激发下属的促进定向（Promotion Focus），从而表现出积极创新并敢于承担风险（Kark 和 Van Dijk，2007）。进谏行为按照所指对象可以区分为进谏上司（Speaking Up）和进谏同事（Speaking Out），无论进谏的对象是谁，进谏都具有三个特征：角色外行为，以挑战现状为目的，风险性（Liu、Zhu 和 Yang，2010）。可见，从理论上分析，上级变革型领导能够满足下属进谏行为的特征要求。因此，本研究的第一个目的是检验变革型领导对进谏上司、进谏同事的影响。

以往有关变革型领导作用机制的研究涉及三类中介变量：心理认知的重新定位，比如心理授权、认同感、效能感；对社会关系的重新评价，比如 LMX、社会交换；对工作环境的重新诠释，比如信任、心理安全感（宋继文、孙志强和孟慧，2009）。变革型领导通过怎样的作用机制影响下属的进谏行为呢？

无论是进谏上司还是进谏同事，都是为了组织改进和提高竞争力，获益的是组织，而进谏行为是角色要求之外的，员工除了要付出额外的努力，还要承担风险。中国人常说"事不关己，高高挂起"，对于进谏这种"吃力不讨好"的事，员工对组织是否具有主人翁的感受，是否把组织的事当作自己的事可能是重要的影响因素。心理所有权是种占有感，它使得人们把占有物视为自我的延伸，进而影响对占有物的态度、动机和行为（Furby，1991）。当员工将整个组织视为占有物时，会有"这个组织是我的"的感觉，即组织心理所有权（Van Dyne 和 Pierce，2004）。Shamir 等（1993）提出的理论模型认为，变革型领导能够影响下属的自我概念（Self-concept），使得下属在组织中清晰地界定自我并提高自我效能感。同时，上级作为组织的代理人，通过对下属的个性化关怀、道德垂范能够使下属感受到组织的温暖和安全。基于心理所有权理论，上级变革型领导的这些影响能够激发下属的组织心理所有权。员工对组织的心理所有权会使员工将组织作为自己的一部分，对组织产生积极情感和责任感（Pierce Rubenfeld 和 Morgan，1991；Van Dyne 和

Pierce,2004)。当员工具有"这个组织是我的"的信念时,组织的事就是自己的事,如果有意见和建议,员工会积极地进言献策。因此,本研究的第二个目的是从心理所有权的视角来分析变革型领导影响下属进谏行为的内在机制,检验组织心理所有权的中介效应,从理论上扩展对变革型领导作用机制的认识。

国内学者新近关于进谏行为的研究探讨了诸如表面和谐(魏昕、张志学,2010)、与高层领导的关系(汪林、储小平、黄嘉欣和陈戈,2010)等本土概念的作用,可见对中国组织员工进谏行为的分析应充分考虑中国文化背景因素。如前所述,组织心理所有权是员工产生进谏行为的关键所在,对于不同员工而言,组织心理所有权对进谏行为具有相同的影响。在中国文化背景下,员工进谏上司和进谏同事时存在一定的顾虑:进谏上司时可能要考虑上下级地位的差异、上级的权威等因素;进谏同事时则可能要考虑是否会危害人际关系。中国组织员工进谏时的这些顾虑与员工的传统性(Traditionality)有很大的关系,组织心理所有权对进谏上司、进谏同事的影响可能因员工传统性的差异而不同。因此,本研究的第三个目的是以中国文化为背景,考察传统性的调节效应。

澄清上述问题在理论上可以深入剖析上级变革型领导对下属进谏行为的影响及其机制,实践上则有助于组织制定激发员工进谏行为的管理对策。

二、文献综述与研究假设

1. 变革型领导对进谏行为的影响

变革型领导指的是通过让员工意识到所承担任务的重要意义,激发下属的高层次需要,建立相互信任的氛围,促使下属为了组织的利益牺牲自己的利益,并达到超过原来期望的结果(Bass,1995)。Bass和Avolio(1990,1996)研究发现变革型领导包括四个维度:领导魅力(Charisma or Idealizedinfluence)、愿景激励(Inspirational Motivation)、智能激发(Intellectual Stimulation)和个性化关怀(Individualized Consideration)。

李超平和时勘(2005)研究发现在中国文化背景下,变革型领导包括愿景激励、领导魅力、个性化关怀和德行垂范四个维度。愿景激励指的是向员工描述未来,让员工了解组织的前景,为员工指明奋斗目标和发展方向,向员工解释所做工作的意义等。领导魅力指的是领导者业务能力过硬、思想开明,具有较强的事业心和创新意识,工作上非常投入,能用高标准要求自己的工作等。这两个维度与Bass理论中的愿景激励和领导魅力内涵一致。与Bass理论中的个性化关怀相比,中国式变革型领导中的个性化关怀内涵更广,除了强调对员工工作和个人发展的关注外,还强调对员工家庭和生活的关注。中国式变革型领导中最有中国文化特色的是德行垂范,指的是领导者的奉献精神、牺牲精神、言行一致、以身作则,体现了中国文化中以德服人的传统。Bass理论中的智能激发在中国组织情境中一部分归于领导魅力,另一部分则归于个性化关怀。这是因为中国的组织员工会把领导者的智能激发知觉为领导魅力或者个性化关怀。

如上所述,具有变革型领导风格的领导者为下属创建富有吸引力的愿景,对下属进行个性化的关怀、指导和帮助,严于律己、以身作则,并鼓励下属大胆创新。上级的这些做法能够提高下属对工作、对组织的热情,不但促使下属完成角色内的任务,更重要的是能够激发下属的角色外行为,比如组织公民行为(Wang、Law、Hackett、Wang 和 Chen,2005;Piccolo 和 Colquitt,2006)。

进谏也是角色外行为,需要员工付出额外的努力,甚至承担一定的风险。变革型领导通过树立愿景和以身作则,使下属接受和认同组织的整体目标,超越个人利益,为组织的事业和目标而努力,将组织的兴衰成败与自己紧密相连(Shamir 等,1993;Kark、Shamir 和 Chen,2003)。同时,基于自我调节定向理论,上级领导行为能够影响下属的调节定向(Brockner 和 Higgins,2001)。变革型领导通过愿景激励、个性化关怀、角色榜样等能够使下属形成促进定向,更加关注工作的积极结果并且对工作中的变化保持开放性,从而表现出积极创新并敢于承担风险(Kark 和 Van Dijk,2007)。另外,有关员工创造力的研究发现,变革型领导鼓励下属创新,使下属相信自己有能力提出挑战现状的新想法、新观点(Shin 和 Zhou,2003;Gong、Huang 和 Farh,2009)。可见,上级的变革型领导使得下属愿意而且相信自己有能力进言献策。

按照所指对象,进谏行为可以区分为进谏上司和进谏同事,以往的研究对于进谏上司关注较多,相对而言忽视了进谏同事(Liu 等,2010)。同事之间熟悉彼此的工作,而且"旁观者清",因此同事间的进谏行为具有很高的价值,有助于同事及时发现和解决问题、改进工作方法、提高工作效率,对于提高组织效能与竞争力具有重要作用(Edmondson,2003;Milliken 和 Morrison,2003)。无论进谏的对象是上司还是同事,同样具有角色外行为、挑战现状、风险性的特征,因此上级的变革型领导风格对于下属进谏上司和进谏同事都有积极的影响。得到以下假设:

假设 1a:变革型领导对下属进谏上司有积极影响。

假设 1b:变革型领导对下属进谏同事有积极影响。

2. 组织心理所有权的中介效应

心理所有权指的是人们对客体(物质形态或非物质形态)所产生的占有感(Pierce、Kostova 和 Dirks,2003)。在组织行为学领域,研究者关注的是组织心理所有权,即把整个组织作为目标的占有感(Pierce、Kostova 和 Dirks,2001)。组织之所以能够使员工产生心理所有权是因为满足了员工的三种需要:"家"、自我效能感、自我认同(Van Dyne 和 Pierce,2004)。

家的感觉属于归属感的需要。在泛家族化的背景下,中国组织员工对于组织的设想与家有很多相似之处,比如都应该是温暖、舒适并且安全的(周浩、龙立荣,2011)。变革型领导通过对下属的个性化关怀,考虑员工的个人实际情况,为员工创造成长的环境,关心员工的发展、家庭和生活等,使员工感到温暖和舒适。变革型领导的德行垂范通过以身作则、牺牲自我利益、言行一致等,使下属感到可信任和安全。可见,上级作为组织的

"代理者",其变革型领导风格能够使下属感受到组织的温暖和安全,对组织产生"家"的感觉,满足归属感的需要。

自我效能感反映了人们在某个领域具有行为能力的需要(Van Dyne 和 Pierce,2004)。在中国组织情境下,变革型领导风格中的领导魅力和个性化关怀蕴含着对下属的智能激发,通过鼓励下属创新,挑战自我,包括向下属灌输新观念,启发下属发表新见解和鼓励下属用新手段、新方法解决工作中遇到的问题,能够提高下属的自我效能感。

自我认同反映了人们对清晰的自我感的需要,明确与占有物的关系有助于认识自己(van Dyne 和 Pierce,2004)。变革型领导通过愿景激励向员工解释所做工作的意义,让员工了解组织的前景,为员工指明奋斗目标和发展方向。这可以使员工对自己、工作、组织的关系有更清晰的认识,认识到工作的意义,自己和组织的未来紧密相关,从而获得自我认同。综合上述分析,上级的变革型领导能够使下属产生"家"的感觉,获得自我效能感和自我认同,从而激发下属的组织心理所有权,产生"这个组织是我的"的信念。

组织员工进谏与否会考虑风险和收益两方面(Premeaux 和 Bedeian,2003;Detert 和 Burris,2007)。员工对于进谏风险的考虑与心理安全感有关,心理安全感越强,员工感知进谏的风险就越低(Edmondson,2003;Piderit 和 Ashford,2003;Milliken、Morrison 和 Hewlin,2003)。组织心理所有权包含了"家"的感觉,能够使员工感到在组织中是安全的,从而降低进谏的风险。另外,组织心理所有权使得员工把组织作为自己的一部分,对组织产生积极的情感和责任感,从而激发保护和改善组织的角色外行为(Vande Walle、van Dyne 和 Kostova,1995;Pierce 等,2001;吕福新、顾姗姗,2007)。对于进谏行为而言,当员工具有"这个组织是我的"的信念时,组织的事就是自己的事,组织的利益就是自己的利益,通过进谏上司和进谏同事,能够提高组织效能与竞争力,最终获益的是自己。可见,从风险、收益两方面考虑,组织心理所有权能够激发员工的进谏行为。

综合而言,上级的变革型领导能够影响下属的组织心理所有权,进而对进谏行为产生影响,得到以下假设:

假设 2a:变革型领导通过组织心理所有权的中介作用影响下属进谏上司。
假设 2b:变革型领导通过组织心理所有权的中介作用影响下属进谏同事。

3. 传统性的调节效应

传统性指的是在中国传统文化对人的要求下个人所具有的认知态度与行为模式,具体而言包括五个方面:遵从权威、孝亲敬祖、安分守成、宿命自保、男性优越(杨国枢、余安邦和叶明华,1989)。以往的研究发现传统性是一个重要的调节变量,可以分析相同情境下中国组织员工行为表现的差异(Farh、Earley 和 Lin,1997;Hui、Lee 和 Rousseau,2004;Farh、Hackett 和 Liang,2007)。对于高传统性员工与低传统性员工行为模式的差别,Farh 等(2007)认为根本原因在于高传统性员工遵从传统性的社会角色义务(Social Role Obligation),低传统性员工则遵从诱因—贡献平衡(Inducement - contribution Balance)的原则。

中国人的传统性体现在上下级关系中常常表现为传统社会所强调的"上尊下卑"的

角色关系与义务,下级应无条件地尊敬和服从上级(刘军、富萍萍和张海娜,2008)。在组织情境中,员工的传统性越强,越会恪守自己"卑"者的角色,遵从处于"上"位的领导者,不会轻易有犯上越矩的举动(吴隆增、刘军和刘刚,2009)。当员工要进谏上司时,上下级之间地位的差异使得进谏上司具有挑战上级权威的意味(Liu等,2010)。可以推论,对于高传统性的员工而言,遵从权威的社会角色定位会抑制组织心理所有权对进谏上司的影响,即使具有高组织心理所有权,高传统性的员工也较少进谏上司。低传统性的员工对于上下级地位的差异则不那么敏感,遵从权威的观念也比较少,组织心理所有权越强,其对组织的责任感就越强,只要对上司有意见和建议就会主动说出来。所以,对于低传统性的员工,组织心理所有权对进谏上司有较强的积极影响。综合得到以下假设:

假设3a:传统性对组织心理所有权与进谏上司之间的关系具有调节效应,员工的传统性越高,组织心理所有权对进谏上司的积极影响越小。

中国人的传统性体现在同事关系中常常表现为尽力避免人际冲突的角色义务,比如在团队内进行奖酬分配的时候,高传统性的员工会更倾向于平均分配(Pillutla、Farh、Lee和Lin,2007)。对同事的进谏是角色要求之外的,而且要求改变现状,这会挑战同事的习惯看法,甚至威胁同事的利益,因此可能引起同事的不快、同事之间的冲突、破坏与同事的关系(Liu等,2010)。可以推论,对于高传统性的员工而言,避免人际冲突的社会角色定位会抑制组织心理所有权对进谏同事的影响,即使具有高组织心理所有权,高传统性的员工也较少进谏同事。低传统性的员工则较少考虑进谏行为可能带来的对人际关系的消极影响,组织心理所有权越高,"这个组织是我的"的信念就越强,这会促使员工积极关注组织的问题和改进措施,当这些问题与同事相关时就会自然而然地提出自己的想法和建议。因此,对于低传统性的员工,组织心理所有权对进谏同事有较强的积极影响。综合得到以下假设:

假设3b:传统性对组织心理所有权与进谏同事之间的关系具有调节效应,员工的传统性越高,组织心理所有权对进谏同事的积极影响越小。

综合而言,本研究的理论假设模型如图1所示。

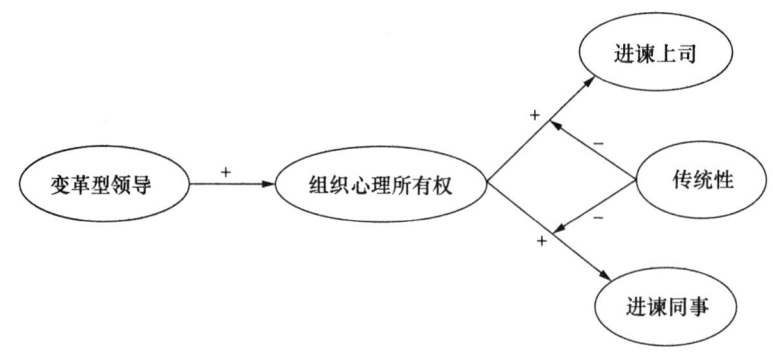

图1 研究假设理论模型

三、方法

1. 程序与样本

为避免产生共同方法偏差（Common Method Bias），调查分为员工问卷和上级问卷。员工问卷包括变革型领导、组织心理所有权以及传统性，上级问卷则包括进谏上司和进谏同事。员工问卷和上级问卷事先统一编号。员工问卷由被试当场填答并收回，上级问卷则由被试带回交由直接上级填答。上级问卷装在写好回邮地址并贴足邮票的信封中，信封口事先贴好双面胶，为保密起见封装在一个更大的信封里，直接上级填答、密封之后可以寄给研究者或者交由被试带回。

以在职 MBA 学员为被试，发放问卷 810 套。当场收回员工问卷 697 份，有效问卷 632 份，有效回收率 78.0%。总共收到上级问卷 389 份，有效问卷 382 份，有效回收率 47.2%。对员工问卷和上级问卷按照事先标注的编号进行配对，获得 373 套有效问卷，总的有效回收率 46.0%。员工样本中男性居多（占 59.8%），年龄分布以 30 岁以下为主（占 58.7%），在本企业工作年限 1~5 年的超过一半（占 51.7%）；直接上级样本中同样以男性居多（占 70.5%），年龄分布以 30~39 岁以及 40~49 岁为主（分别占 38.3% 和 36.2%），超过一半在本企业有 5~10 年的工作经验（68.4%）。

2. 测量工具

（1）变革型领导。采用李超平和时勘（2005）编制的变革型领导量表，总共 26 个项目，其中 8 个项目测量德行垂范（如能与员工同甘共苦）、6 个项目测量愿景激励（如会向员工解释所做工作的长远意义）、6 个项目测量领导魅力（如对工作非常投入，始终保持高度的热情）、6 个项目测量个性化关怀（如注重创造条件，让员工发挥自己的特长）。均采用 5 点计分，从"非常不同意"到"非常同意"，由员工对直接上级进行评价。采用 Piccolo 和 Colquitt（2006）的方法，将德行垂范、愿景激励、领导魅力和个性化关怀四个维度所包括的项目分别进行打包处理，再进行相关的统计分析。本研究中，量表的 Cronbach α 系数为 0.89。

（2）组织心理所有权。采用 Chi 和 Han（2008）的中文版组织心理所有权量表，该量表根据 van Dyne 和 Pierce（2004）的量表翻译、修订而来，共 4 个项目，比如"我感觉公司是我的"，采用 6 点计分，从"非常不同意"到"非常同意"。在本研究中，量表的 Cronbach α 系数为 0.84。

（3）进谏行为。采用 Liu 等（2010）开发的进谏行为量表，其中 9 个项目测量进谏上司（如他（她）会向我提供建设性的意见来改进我的工作），6 个项目测量进谏同事（如对于影响到公司的事务，他（她）会给同事们提供建议或劝告）。本研究采用该量表的中文版，采用 6 点计分，从"非常不同意"到"非常同意"。在本研究中，进谏上司和进谏同事的 Cronbach α 系数分别是 0.94 和 0.92。

进谏上司指向直接上级，所以采用直接上级评价。在现实组织情境中，直接上级要对下属进行监督、指导，甚至在一起工作，可以很好地观察下属进谏同事的行为。作为员工进谏同事的"第三方"，直接上级能够综合日常的观察做出整体、客观的评价，因此对于进谏同事的测量也采用直接上级评价。

（4）传统性。本研究选取由 5 个项目组成的中国人传统性简版问卷（Farh 等，1997；Hui 等，2004；Farh 等，2007），比如"要避免发生错误，最好的办法是听从长者的话"，采用5点计分，从"非常不同意"到"非常同意"。在本研究中，量表的 Cronbach α 系数为 0.84。

3. 统计分析

本研究采用 SPSS 15.0 和 LISREL 8.30 进行统计分析。分析策略如下：第一步，进行验证性因子分析和基本的描述性统计检验；第二步，采用结构方程模型检验变革型领导对下属进谏上司和进谏同事的影响；第三步，采用结构方程模型对理论假设模型（如图1所示）进行验证，考察组织心理所有权的中介效应和传统性的调节效应。具体而言，首先，采用无均值的调节效应建模方法构造调节效应潜变量（吴艳、温忠麟和林冠群，2009；温忠麟、吴艳，2010），对组织心理所有权和传统性的每个项目进行中心化（Centering），并且按照因子负荷"大配大、小配小"的原则配对相乘构建出调节效应潜变量的 4 个观测指标（组织心理所有权有 4 个项目，传统性有 5 个项目，数量不一致，将传统性负荷最低的两个项目打包为一个项目）。其次，以理论假设模型（图1，完全中介模型）为基准和三个竞争模型（部分中介模型）进行比较，考察模型拟合度的差异，从而检验组织心理所有权的中介效应。最后，考察调节效应潜变量对进谏上司、进谏同事的影响，检验传统性的调节效应。

四、结果

1. 验证性因子分析结果

采用验证性因子分析考察变革型领导、组织心理所有权、传统性、进谏上司、进谏同事的区分效度。结果如表1所示，五因子模型与另外几个模型相比，对于数据的拟合最佳，RMSEA 低于 0.1，CFI、NNFI 都高于 0.90，卡方与自由度的比值小于 3，说明上述变量具有良好的区分效度，确实是 5 个不同的构念。

2. 描述性统计检验结果

表2总结了各变量的平均数、标准差以及相关系数。变革型领导与组织心理所有权、进谏上司、进谏同事显著相关；组织心理所有权与进谏上司、进谏同事显著相关。这些结果为分析组织心理所有权的中介效应提供了必要的前提。

表1 验证性因子分析结果（n=373）

模型	χ^2	df	χ^2/df	RMSEA	CFI	NNFI
虚模型	19571.95	378				
五因子模型	701.96	340	2.06	0.059	0.98	0.98
四因子模型	2005.66	344	5.83	0.134	0.81	0.80
三因子模型	3580.72	347	10.32	0.159	0.68	0.67
单因子模型	8787.96	350	25.11	0.255	0.46	0.46

注：五因子模型：变革型领导、组织心理所有权、传统性、进谏上司、进谏同事；
四因子模型：变革型领导、组织心理所有权、传统性、进谏上司+进谏同事；
三因子模型：变革型领导、传统性、组织心理所有权+进谏上司+进谏同事；
单因子模型：变革型领导+传统性+组织心理所有权+进谏上司+进谏同事。

表2 变量的平均数、标准差与相关系数（n=373）

变量	M	SD	1	2	3	4	5
变革型领导	3.14	0.91	(0.89)				
组织心理所有权	3.52	1.26	0.54**	(0.84)			
传统性	3.02	0.99	0.02	0.05	(0.84)		
进谏上司	3.47	1.16	0.24**	0.49**	0.03	(0.94)	
进谏同事	3.72	1.27	0.28**	0.55**	0.09	0.30**	(0.92)

注：*表示$p<0.05$，**表示$p<0.01$，下同；对角线为内部一致性信度

3. 假设检验

（1）变革型领导对进谏行为的影响。采用潜变量路径分析检验变革型领导对下属进谏上司和进谏同事的影响，结果如图2所示。该模型的拟合指数比较理想，χ^2/df、RMSEA、CFI、NNFI分别为2.59（388.44/150）、0.06、0.98、0.98。变革型领导对下属进谏上司和进谏同事均具有显著的积极影响，路径系数分别为0.28（$p<0.01$）和0.31（$p<0.01$），假设1a和假设1b得到验证。

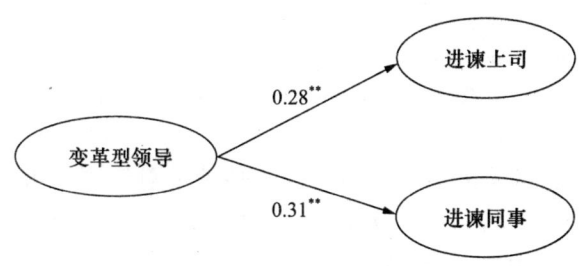

图2 直接关系模型

（2）中介效应检验。Baron和Kenny（1986）提出中介效应需满足四个条件：①自变

量对因变量存在显著影响；②自变量对中介变量存在显著影响；③中介变量对因变量存在显著影响；④控制中介变量的效应，自变量对因变量的影响不显著（完全中介）或显著减弱（部分中介）。如图2所示，变革型领导对下属进谏上司和进谏同事均有显著影响，条件1得到满足。对基准模型的检验则发现变革型领导对下属的组织心理所有权有显著积极影响，路径系数为0.52（$p<0.01$），条件2得到满足；组织心理所有权对进谏上司、进谏同事均有显著积极影响，路径系数分别为0.53（$p<0.01$）和0.59（$p<0.01$），条件3得到满足。

在基准模型的基础上，通过与部分中介模型的比较，进一步检验组织心理所有权的中介效应，结果如表3所示。模型比较采用卡方准则，并根据样本量选取临界值：$N \leqslant 150$，$\alpha=0.01$；$N=200$，$\alpha=0.001$；$N=250$，$\alpha=0.0005$；$N \geqslant 500$，$\alpha=0.0001$（温忠麟、侯杰泰和马什赫伯特，2004）。本研究的样本量为373，应取$\alpha=0.0005$为临界值。在基准模型的基础上增加变革型领导影响进谏上司的直接路径后（部分中介模型1），模型拟合度并未显著改善（$\Delta\chi^2=3.45$，$\Delta df=1$，$p=0.06>0.0005$，ns）。在基准模型的基础上增加变革型领导影响进谏同事的直接路径后（部分中介模型2），模型拟合度并未显著改善（$\Delta\chi^2=2.72$，$\Delta df=1$，$p=0.10>0.0005$，ns）。在基准模型的基础上同时增加变革型领导影响进谏上司、进谏同事的直接路径后（部分中介模型3），模型拟合度并未显著改善（$\Delta\chi^2=5.54$，$\Delta df=2$，$p=0.06>0.0005$，ns）。综合上述结果，说明变革型领导通过组织心理所有权的完全中介作用影响下属进谏上司、进谏同事，假设2a和假设2b得到验证。

表3 结构方程模型比较结果（n = 373）

模型	χ^2	df	χ^2/df	RMSEA	CFI	NNFI	$\Delta\chi^2$	Δdf	p
虚模型	19892.7	496							
基准模型	901.88	459	1.96	0.053	0.98	0.98			
部分中介模型1	898.43	458	1.96	0.051	0.98	0.98	3.45	1	0.06
部分中介模型2	899.16	458	1.96	0.052	0.98	0.98	2.72	1	0.10
部分中介模型3	896.34	457	1.96	0.051	0.98	0.98	5.54	2	0.06

注：部分中介模型1：在基准模型基础上增加变革型领导→进谏上司；
部分中介模型2：在基准模型基础上增加变革型领导→进谏同事；
部分中介模型3：在基准模型基础上增加变革型领导→进谏上司、变革型领导→进谏同事；
$\Delta\chi^2$：与基准模型相比，χ^2的变化值；Δdf：与基准模型相比，df的变化值；p：$\Delta\chi^2$（Δdf）的显著性

（3）调节效应检验。对基准模型的检验发现传统性对进谏上司、进谏同事均无显著影响（路径系数分别为0.02，ns；0.06，ns）。进一步考察调节效应潜变量对进谏上司、进谏同事的影响，检验传统性的调节效应。结果发现，传统性对组织心理所有权与进谏上司之间的关系具有显著的调节效应（$\beta \approx 0.11$，$p<0.05$）；较之高传统性的员工，对于低传统性的员工而言，组织心理所有权对进谏上司有更强的积极影响。假设3a得到验证。

传统性对组织心理所有权与进谏同事之间的关系也具有显著的调节效应（$\beta \approx$

-0.13，p<0.01），调节效应如图4所示：较之高传统性的员工，当员工具有低传统性时，组织心理所有权对进谏同事有更强的积极影响。假设3b得到验证。

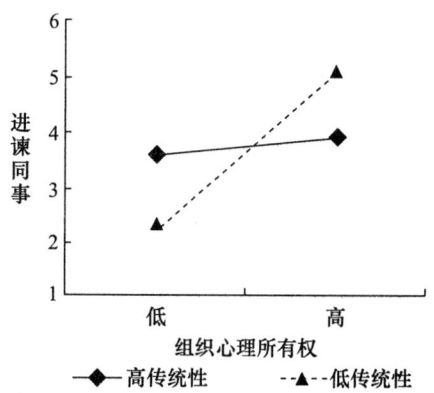

图4 传统性对组织心理所有权与进谏同事的调节效应

本研究的总体结果如图5所示：变革型领导通过组织心理所有权的中介效应对下属进谏上司、进谏同事产生积极影响；下属的传统性对组织心理所有权与进谏上司、进谏同事之间的关系具有调节效应：传统性越强，组织心理所有权对进谏上司、进谏同事的影响就越小。

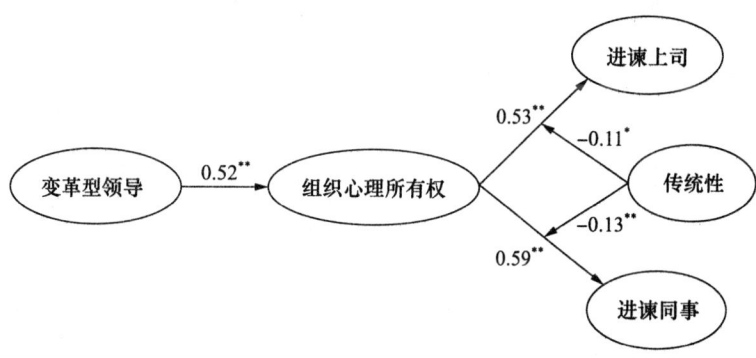

图5 总体研究结果

五、讨论

1. 理论意义

在激烈的市场竞争中，为了保持和提升竞争力，组织希望员工更多地进谏。就进谏行为的影响因素，国内外学者进行了大量的研究，目前则越来越多地关注上级领导方式的影响。变革型领导作为领导研究的新范式（李超平、田宝和时勘，2006），其是否影响以及如何影响下属的进谏行为尚缺乏中国文化背景下的深入探讨。因此，本研究聚焦于上级变革型领导对下属进谏行为的影响以及中国组织情境下的内在发生机制。

首先，本研究发现变革型领导对下属进谏上司和进谏同事均有积极的影响，更重要的则是发现了组织心理所有权的中介效应。关于变革型领导的作用机制，宋继文等（2009）总结了三类中介变量：心理认知的重新定位，比如心理授权、认同感、效能感；对社会关系的重新评价，比如 LMX、社会交换；对工作环境的重新诠释，比如信任、心理安全感。其次，在涉及进谏行为的研究中，Detert 和 Burris（2007）发现心理安全感在变革型领导与进谏行为之间起部分中介作用，Liu 等（2010）则发现认同感在变革型领导与进谏行为之间起部分中介作用。与以往的研究不同，本研究从组织心理所有权的视角分析变革型领导对下属进谏行为的影响，为解释变革型领导的作用机制提供了新的理论视角。

变革型领导之所以能够使员工产生组织心理所有权是因为给了员工"家"的感觉，使员工获得自我效能感和自我认同，而组织心理所有权使得员工把组织作为自己的一部分，对组织产生积极情感和责任感。对组织有"家"的感觉，意味着组织是安全的，能够为员工进谏提供心理上的安全保障。同时，对组织的心理所有权意味着员工对组织的认同，把组织作为自己的一部分。另外，组织心理所有权使得员工对组织产生责任感，想组织所想，急组织所急，不再把进谏当作分外的事情。可见，从组织心理所有权的视角解释变革型领导对下属进谏行为的影响具有更强的综合性，同时也为解释变革型领导的作用机制提供了新的视角。

本研究的第二个重要发现是传统性的调节效应。传统性之所以能够起调节作用，原因在于低传统性的员工依据诱因—贡献平衡的原则行事，而高传统性的员工依据传统的社会角色义务行事。传统性对于中国组织员工究竟意味着什么？中国传统文化重视秩序与服从，强调遵从权威，所以高传统性的员工即使组织心理所有权高也较少进谏上司，但对于上级的辱虐管理有更高的耐受性，也较少因上级的辱虐管理降低对上级的信任（吴隆增等，2009）。受儒家思想的长期影响，中国是一个以和为贵的社会，特别重视人际关系，尽量避免人际冲突和关系破裂（黄囇莉，2007），所以高传统性的员工即使组织心理所有权高也较少进谏同事，但在分配时会更倾向平均分配（Pillutla 等，2007）。可见，对于中国组织员工而言，传统性所扮演的角色并非一定是积极的或者消极的，关键看所考察的行为是否与中国人传统的社会角色义务相符。简而言之，对中国组织员工而言，传统性是一把"双刃剑"，能够使那些符合中国传统文化的行为得以稳定表现，不符合中国传统文化的行为则被抑制。

2. 实践启示

本研究发现上级的变革型领导方式对下属进谏上司和进谏同事均有积极的影响，这提示组织可以通过塑造管理人员的变革型领导风格来激发下属的进谏行为。仔细分析中西变革型领导的内涵，可以发现最大的差别来自中国式的变革型领导强调道德的成分。在中国文化背景下，领导者的德行非常重要，凌文辁、陈龙和王登（1987）所提出的领导行为 CPM 模型中就有品德维度，郑伯埙、周丽芳和樊景立（2000）提出的家长式领导中也有德行领导维度。对于中国的组织员工而言,一方面,领导者的高德行为进谏提供了安全保障,不用担心因为直言受到打击报复;另一方面,高德行的领导者为下属做出表率,获得下属的认同和效法,下属因而会更多进言献策。这提示在中国文化背景下,领导者要想下属更多进谏,首先要做出道德的表率,以身作则。

本研究还发现了组织心理所有权的中介效应,这提示管理者,员工之所以要进谏,直接而重要的原因是员工感到"这个组织是我的"。以往的研究发现工作自主性、决策参与权、知情权、组织公平都会对员工的组织心理所有权产生积极的影响(O'Driscoll、Pierce和Coghlan,2006;Mayhew、Ashkanasy、Bramble和Gardner,2007;Pierce、Jussila和Cummings,2009;Han、Chiang和Chang,2010),组织管理者可以考虑从这些角度切入,提高员工的组织心理所有权,进而激发员工的进谏行为。

另外,对于进谏上司与进谏同事,传统性产生调节效应的原因并不一致,在实践中应对的方法也应有所差别。高传统性的员工更加遵从权威,因此管理人员在与高传统性的下属互动的过程中要避免强调个人权威,这样可以减少高传统性员工对进谏上司的顾虑。高传统性的员工更加重视人际关系,在实践中管理人员应着力培养积极的团队和组织氛围,在积极的氛围之下员工对于进谏行为危害同事间人际关系的担忧较少,从而减少高传统性员工对进谏同事的顾虑。总之,对于中国组织员工的传统性,完全消除其影响是不现实的,更合理的是通过改进领导方式、改善团队和组织氛围来减少其影响。

3. 未来研究方向

首先,按照进谏对象的差异,员工进谏行为可以区分为进谏上司和进谏同事,本研究初步探讨了传统性对组织心理所有权与两种进谏行为之间关系的调节效应,以后的研究可以针对这两种进谏行为分别进行深入探讨,分析各自的形成机制和组织干预策略。其次,本研究属于横断研究,为了得到变革型领导与进谏行为之间更可靠的因果关系结论,未来的研究可以考虑尝试纵向跟踪研究。最后,本研究分析了组织心理所有权在变革型领导与进谏行为之间的中介效应,为解释变革型领导的影响机制提供了新的理论视角,未来的研究可以考虑从组织心理所有权的视角分析变革型领导对员工心理与行为的影响,比如知识共享、创新等。

六、结 论

变革型领导对下属进谏上司、进谏同事均有积极的影响;变革型领导通过组织心理所有权的中介效应影响下属进谏上司、进谏同事;下属的传统性对组织心理所有权与进谏上司、进谏同事之间的关系具有调节效应,传统性越强,组织心理所有权对进谏上司、进谏同事的影响就越小。

参考文献

［1］Baron R. M., Kenny D. A. Themoderator - mediator variable distinction in socialpsychological research: Conceptual, strategic, and statistical considerations ［J］. Journal of Personality and Social Psychology, 1986 (51), 1173 -1182.

［2］Bass B. M. Theory of transformational leadership redux ［J］. Leadership Quarterly, 1995 (6), 463 -478.

［3］Bass B. M., Avolio B. J. Developing transformational leadership: 1992 and beyond ［J］. Journal of European Industrial Training, 1990 (14): 21 -27.

［4］Bass B. M., Avolio B. J. Multifactor leadership questionnaire ［M］. Palo Alto, CA: Consulting Psychologists Press, 1996.

［5］Brockner J., Higgins E. T. Regulatory focus theory: Implications for the study of emotions at work ［J］. Organizational Behavior and Human Decision Processes, 2001 (86): 35 -66.

［6］Burris E. R. Detert J. R., Chiaburu D. S. Quitting before leaving: The mediating effects of psychological attachment and detachment on voice ［J］. Journal of Applied Psychology, 2008 (93): 912 -922.

［7］Cheng B. S., Chou L. F., Farh J. L. Paternalistic leadership scale: Construction and measurement of triad model ［J］. Indigenous Psychological Research in Chinese Societies, 2000 (14), 3 -64.

［8］郑伯埙，周丽芳，樊景立. 家长式领导量表：三元模式的建构与测量 ［J］. 本土心理学研究，2000 (14): 3 -64.

［9］Chi N. W., Han T. S. Exploring the linkages between formal ownership and psychological ownership for the organization: The mediating role of organizational justice ［J］. Journal of Occupational and Organizational Psychology, 2008 (81): 691 -711.

［10］Detert J., Burris E. Leadership behavior and employee voice: Is the door really open? ［J］. Academy of Management Journal, 2007 (50): 869 -884.

［11］Edmondson A. C. Speaking up in the operating room: How team leaders promote learning in interdisciplinary action teams ［J］. Journal of Management Studies, 2003 (40): 1419 -1452.

［12］Farh J. L., Earley P. C., Lin S. C. Impetus foraction: A cultural analysis of justice and organizational citizenship behavior in Chinese society ［J］. Administrative Science Quarterly, 1997 (42): 421 -444.

［13］Farh J. L., Hackett R. D., Liang J. Individual - level cultural values as moderators of perceived organizational support - employee outcome relationships in China: Comparing the effects of power distance and traditionality ［J］. Academy of Management Journal, 2007 (50): 715 -729.

［14］Furby L. Understanding the psychology of possession and ownership: A personal memoir and an appraisal of our progress ［J］. Journal of Social Behavior and Personality, 1991 (6): 457 -463.

［15］Gong Y. P., Huang J. C., Farh J. L. Employee learning orientation, transformational leadership, and employee creativity: The mediating role of employee creative self - efficacy ［J］. Academy of Management Journal, 2009 (52): 765 -778.

［16］Han T. S., Chiang H. H., Chang A. Employee participation in decision making, psychological ownership and knowledge sharing: Mediating role of organizational commitment in Taiwanese high - tech organizations ［J］. International Journal of Human Resource Management, 2010 (21): 2218 -2233.

［17］Huang L. L. Interpersonal harmony and conflict in Chinese society: Indigenous theory and research

[M]. Chongqing, China: Chongqing University Press, 2007.

[18] 黄曬莉. 华人人际和谐与冲突: 本土化的理论与研究 [M]. 重庆: 重庆大学出版社, 2007.

[19] Hui C., Lee C., Rousseau D. M. Employment relationships in China: Do workers relate to the organization or to people? [J]. Organization Science, 2004 (15): 232 – 240.

[20] Kark R., Shamir B., Chen G. The two faces of transformational leadership: Empowerment and dependency [J]. Journal of Applied Psychology, 2003 (88): 246 – 255.

[21] Kark R., Van Dijk D. Motivation to lead, motivation to follow: The role of the self – regulatory focus in leadership processes [J]. Academy of Management Review, 2007 (32): 500 – 528.

[22] Kwan H. K. Liu J., Yim F. H. Effects of mentoring functions on receivers' organizational citizenship behavior in a Chinese context: A two – study investigation [J]. Journal of Business Research, 2011 (64): 363 – 370.

[23] Li C. P., Shi K. The structure and measurement of transformational leadership in China [J]. Acta Psychologica Sinica, 2005 (37): 803 – 811.

[24] 李超平, 时勘. 变革型领导的结构与测量 [J]. 心理学报, 2005 (37): 803 – 811.

[25] Li C. P., Tian B., Shi K. Transformational leadership and employee work attitudes: The mediating effects of multidimensional psychological empowerment [J]. Acta Psychologica Sinica, 2006 (38): 297 – 307.

[26] 李超平, 田宝, 时勘. 变革型领导与员工工作态度: 心理授权的中介作用 [J]. 心理学报, 2006 (38): 297 – 307.

[27] Li R., Ling W. Q., Fang L. L. The mechanisms about how perceived supervisor support impacts on subordinates' voice behavior [J]. China Soft Science, 2010 (4): 106 – 115.

[28] 李锐, 凌文辁, 方俐洛. 上司支持感知对下属建言行为的影响及其作用机制 [J]. 中国软科学, 2010 (4): 106 – 115.

[29] Li R. Ling W. Q., Liu, S. S. The mechanisms of how abusive supervision impacts on subordinates' voice behavior [J]. Acta Psychologica Sinica, 2009 (41): 1189 – 1202.

[30] 李锐, 凌文辁, 柳士顺. 上司不当督导对下属建言行为的影响及其作用机制 [J]. 心理学报, 2009 (41): 1189 – 1202.

[31] Liang J., Tang J. A multi – level study of employee voice: Evidence from a chain of retail stores in China [J]. Nankai Business Review, 2009 (12): 125 – 134.

[32] 梁建, 唐京. 员工合理化建议的多层次分析: 来自本土连锁超市的证据 [J]. 南开管理评论, 2009 (12): 125 – 134.

[33] Ling W. Q., Chen L., Wang D. Construction of CPM scale for leadership behavior assessment [J]. Acta Psychologica Sinica, 1987 (20): 199 – 207.

[34] 凌文辁, 陈龙, 王登. CPM领导行为评价量表的建构 [J]. 心理学报, 1987 (20): 199 – 207.

[35] Liu J. Fu P. P., Zhang H. N. Effects of employee authority orientation on the process of confident leadership: Evidence from insurance industry [J]. Management Review, 2008 (19): 26 – 31.

[36] 刘军, 富萍萍, 张海娜. 下属权威崇拜观念对信心领导过程的影响: 来自保险业的证据 [J]. 管理评论, 2008 (19): 26 – 31.

[37] Liu W., Zhu R. H., Yang Y. K. I warn you because I like you: Voice behavior, employee identifications, and transformational leadership [J]. Leadership Quarterly, 2010 (21): 189 – 202.

[38] Lu F. X., Gu S. S. An correlation analysis of psychological ownership and organizational citizenship behavior [J]. Management World, 2007 (5): 94-103.

[39] 吕福新,顾姗姗. 心理所有权与组织公民行为的相关性分析 [J]. 管理世界,2007 (5): 94-103.

[40] Mayhew M. G., Ashkanasy N. M., Bramble T., Gardner J. A study of the antecedents and consequences of psychological ownership in organizational settings [J]. Journal of Social Psychology, 2007 (147): 477-500.

[41] Milliken F. J., Morrison E. W. Shades of silence: Emerging themes and future directions for research on silence in organizations [J]. Journal of Management Studies, 2003 (40): 1563-1568.

[42] Milliken F. J., Morrison E. W., Hewlin P. F. An exploratory study of employee silence: Issues that employees don't communicate upward and why [J]. Journal of Management Studies, 2003 (40): 1453-1476.

[43] Morrison E. W., Phelps C. C. Taking charge at work: Extra-role efforts to initiate workplace change [J]. Academy of Management Journal, 1999 (42): 403-419.

[44] O'Driscoll M. P., Pierce J. L., Coghlan A. The psychology of ownership: Work environment structure, organizational commitment, and citizenship behaviors [J]. Group Organization Management, 2006 (31): 388-416.

[45] Piccolo R. F., Colquitt J. A. Transformational leadership and job behaviors: The mediating role of core job characteristics [J]. Academy of Management Journal, 2006 (49): 327-340.

[46] Piderit S. K., Ashford S. J. Breaking silence: Tactical choices women managers make in speaking up about gender-equity issues [J]. Journal of Management Studies, 2003 (40): 1477-1502.

[47] Pierce J. L., Jussila I., Cummings A. Psychological ownership within the job design context: Revision of the job characteristics model [J]. Journal of Organizational Behavior, 2009 (30): 477-496.

[48] Pierce J. L., Kostova T., Dirks K. T. Toward at heory of psychological ownership in organizations [J]. Academy of Management Review, 2001 (26): 298-310.

[49] Pierce J. L., Kostova T., Dirks K. T. The state of psychological ownership: Integrating and extending acentury of research [J]. Review of General Psychology, 2003 (7): 84-107.

[50] Pierce J. L., Rubenfeld S. A., Morgan S. Employee ownership: A conceptual model of process and effects [J]. Academy of Management Review, 1991 (16): 121-144.

[51] Pillutla M. M., Farh J. L. Lee C., Lin Z. An investigation of traditionality as a moderator of reward allocation [J]. Group & Organization Management, 2007 (32): 233-253.

[52] Premeaux S. F., Bedeian A. G. Breaking the silence: The moderating effects of self-monitoring in predicting speaking up in the workplace [J]. Journal of Management Studies, 2003 (40): 1527-1562.

[53] Shamir B., House R. J., Arthur M. B. The motivational effects of charismatic leadership: Aself-concept based theory [J]. Organization Science, 1993 (4): 577-594.

[54] Shin S. J., Zhou J. Transformational leadership, conservation, and creativity: Evidence from Korea [J]. Academy of Management Journal, 2003 (46): 703-714.

[55] Song J. W., Sun Z. Q., Meng H. Transformational leadership style and its mediators: An integrative perspective [J]. Advances in Psychological Science, 2009 (17): 147-157.

[56] 宋继文,孙志强,孟慧. 变革型领导的中介变量:一个整合的视角 [J]. 心理科学进展,2009

(17): 147-157.

[57] Stern Z., Katz-Navon T., Naveh E. The influence of situational learning orientation, autonomy, and voice on error making: The case of resident physicians [J]. Management Science, 2008 (54): 1553-1564.

[58] van de Walle D., Van Dyne L., Kostova T. Psychological ownership: An empirical examination of its consequences [J]. Group & Organization Management, 1995 (20): 210-226.

[59] van Dyne L., Ang S., Botero I. C. Conceptualizing employee silence and employee voice asmultidimensional constructs [J]. Journal of Management Studies, 2003 (40): 1359-1392.

[60] van Dyne L., Le Pine J. A. Helping and voice extra-role behaviors: Evidence of construct and predictive validity [J]. Academy of Management Journal, 1998 (41): 108-119.

[61] van Dyne L., Pierce J. L. Psychological ownership and feelings of possession: Three field studies predicting employee attitudes and organizational citizenship behavior [J]. Journal of Organizational Behavior, 2004 (25): 439-459.

[62] Walumbwa F. O., Schaubroeck J. Leader personality traits and employee voice behavior: Mediatingroles of ethical leadership and work group psychological safety [J]. Journal of Applied Psychology (94): 1275-1286.

[63] Wang H., Law K. S., Hackett R. D., Wang D. X., Chen Z. X. Leader-member exchange as a mediator of the relationship between transformational leadership and followers' performance and organizational citizenship behavior [J]. Academy of Management Journal, 2005 (48): 420-432.

[64] Wang L., Chu X. P. Huang J. X., Chen G. The influence mechanism of guanxi with the top manager on manager voice: Empirical evidence from the local family business [J]. Management World, 2010 (5): 108-117.

[65] 汪林, 储小平, 黄嘉欣, 陈戈. 与高层领导的关系对经理人"谏言"的影响机制——来自本土家族企业的经验证据 [J]. 管理世界, 2010 (5): 108-117.

[66] Wei X., Zhang Z. X. The mechanism of reluctance to express prohibitive voices in organizations [J]. Management World, 2010 (10): 99-109.

[67] 魏昕, 张志学. 组织中为什么缺乏抑制性进言? [J]. 管理世界, 2010 (10): 99-109.

[68] Wen Z. L., Hau K. T., Marsh H. W. Structural equation model testing: Cutoff criteria for goodness of fit indices and chi-square test [J]. Acta Psychologica Sinica, 2004 (36): 186-194.

[69] 温忠麟, 侯杰泰, 马什赫伯特. 结构方程模型检验: 拟合指数与卡方准则 [J]. 心理学报, 2004 (36): 86-194.

[70] Wen Z. L., Wu Y. Evolution and simplification of the approaches to estimating structural equation models with latent interaction [J]. Advances in Psychological Science, 2010 (18): 1306-1313.

[71] 温忠麟, 吴艳. 潜变量交互效应建模方法演变与简化 [J]. 心理科学进展, 2010 (18): 1306-1313.

[72] Whiting S. W., Podsakoff P. M., Pierce J. R. Effects of task performance, helping, voice, and organizational loyalty on performance appraisal ratings [J]. Journal of Applied Psychology, 2008 (93): 125-139.

[73] Wu L. Z., Liu J., Liu G. Abusive supervision and employee performance: Mechanisms of traditionality and trust [J]. Acta Psychologica Sinica, 2009 (41): 510-518.

[74] 吴隆增, 刘军, 刘刚. 辱虐管理与员工表现: 传统性与信任的作用 [J]. 心理学报, 2009

(41): 510-518.

[75] Wu Y., Wen Z. L., Lin G. C. Structural equation modeling of latent interactions without using the mean structure [J]. Acta Psychologica Sinica, 2009 (41): 1252-1259.

[76] 吴艳, 温忠麟, 林冠群. 潜变量交互效应建模: 告别均值结构 [J]. 心理学报, 2009 (41): 1252-1259.

[77] Yang K. S., Yu A. B., Yeh M. H. Chinese individual modernity and traditionality: Construct definition and measurement [C]. In K. S. Yang, A. B. Yu (Eds.), Chinese Psychology and Behavior [A]. Taipei: Laureat, 1989: 241-306.

[78] 杨国枢, 余安邦, 叶明华. 中国人的传统性与现代性概念与测量 [C]//杨国枢, 余安邦 (主编). 中国人的心理与行为 [A]. 台北: 桂冠图书公司, 1989: 241-306.

[79] Zhou H., Long L. R. Review on work alienation [J]. Advances in Psychological Science, 2011 (19): 117-123.

[80] 周浩, 龙立荣. 工作疏离感研究述评 [J]. 心理科学进展, 2011 (19): 117-123.

[81] Zhou J., George J. M. When job dissatisfaction leads to creativity: Encouraging the expression of voice [J]. Academy of Management Journal, 2001 (44): 682-696.

The Influence of Transformational Leadership on Voice Behavior: Mediating Effect of Psychological Ownership for the Organization and Moderating Effect of Traditionality

Zhou Hao   Long Lirong

Abstract: Voice behavior, which refers to the expression of challenging but constructive opinions, concerns, or ideas about work-related issues, plays a critical role in organizations since organizations become increasingly rely on innovation and quick responses to survive in the rapidly changing markets and severe competitions. Although recent studies on voice behavior have started to recognize the importance of leaders, few empirical efforts have been made to explore the role and mechanism of leadership in shaping employees' voice behavior. In the present study, we tried to examine the influence of transformational leadership on voice behavior dimensions of speaking up (voice to supervisor) and speaking out (voice to colleagues). Based on the theory of psychological ownership, we expected that psychological ownership for the organization (POO) would mediate the effect of transformational leadership on voice behavior. With the consideration of Chinese traditional value, we also hypothesized that traditionality would moderate the relation between POO and voice behavior. Specifically, the effect of POO would be stronger for employees with low traditionality.

Data were collected from 373 dyads of employees and their immediate supervisors. The employees were asked to complete a questionnaire package assessing transformational leadership, POO and traditionality and their immediate supervisors were asked to rate employees' speaking up and speaking out. Theoretical hypotheses were tested by structural equation model (SEM).

Results of SEM analysis revealed that transformational leadership had a significant positive influence on both speaking up and speaking out. POO mediated the relation between transformational leadership and voice behavior. As a moderator, traditionality weakened the positive relation between POO and voice behavior.

The present study, with dyadic design, provided robust evidence for the role of supervisors' transformational leadership in facilitating subordinates' speaking up and speaking out. Furthermore, the present study highlighted the mediating effect of POO and the moderating effect of traditionality. In terms of practical implications, given the importance of transformational leadership for employees' voice behavior, more training efforts should be made to develop managers' transformational leadership. Meanwhile, organizations should strengthen employees' POO in order to promote voice behavior. Considering Chinese traditional value, it should be worthy trying for managers to control their authoritarianism and inspire positive team climate for the purpose of encouraging employees' voice behavior.

Key Words: Transformational Leadership; Speaking Up; Speaking Out; Psychological Ownership for the Organization; Traditionality

核心自我评价、组织支持对主客观职业成功的影响：人—情境互动的视角

王 震 孙健敏

【摘 要】以212名企业员工为研究对象，考察了核心自我评价、组织支持以及两者的交互作用对主客观职业成功的影响。研究结果表明：主观职业成功（工作、职业和生活满意度）和客观职业成功（收入、晋升次数和晋升速度）是两种相关但不同的职业成功类型；核心自我评价和组织支持对主客观职业成功均有一定的影响，但它们对客观职业成功的影响效果弱于社会—人口和人力资本特征；与特质激发理论相一致，核心自我评价和组织支持在对职业成功的影响上存在一定的交互效应，表现为组织支持会强化核心自我评价对职业成功的正向影响，且高核心自我评价的员工在得到高组织支持时有最高的职业成功水平。

【关键词】核心自我评价；组织支持；主观职业成功；客观职业成功；人—情境交互作用

一、研究背景

职业成功在组织管理研究领域一直是一个重要课题。随着"无边界职业生涯"时代的到来，员工对自身职业成功的关注不断向组织提出新的问题和挑战，而在组织情境下，员工职业成功与组织成功紧密相连，因此，西方研究者围绕此课题进行了广泛探讨。在国内，尽管实践界也提出了理论指导的需求，但学术界还未给予足够的重视。已有研究考察了职业生涯管理、职业承诺、社会网络等因素与部分职业成功指标的关系，在一定程度上揭示了职业成功的影响因素及其作用机制。然而，这些研究仍有可完善之处，具体如下：

---

* 本文选自《管理学报》2012年第9期。

（1）职业成功的衡量指标在测量上，以往研究主要使用职业满意度、晋升次数和收入水平等指标衡量职业成功。实际上，职业成功是一个非常宽泛的概念，很长一段时间以来，学术界对它的测量缺乏统一的指标。近年来，一些研究者将工作满意度、生活满意度也纳入职业成功体系，并根据这些指标的性质将职业成功划分为主观和客观两种类型。本研究综合使用6种指标同时考察主观职业成功和客观职业成功，在厘清两者关系的基础上探讨它们与个体和情境特征的关系。

（2）职业成功的影响因素新近的一项元分析将职业成功的影响因素归纳为社会—人口、人力资本、个体差异和组织支持4种类型，并指出早期研究者主要关注前两种特征，当前研究通常持个体差异和组织支持取向。实际上，从个体差异角度进行考察能帮助人们了解具备何种个人特征的员工更有可能取得职业成功，对组织支持的关注则能为组织管理实践提供启示和现实意义。为较全面地考察职业成功，本研究将同时关注这4种特征，在控制社会—人口和人力资本特征后，重点考察国内研究还较少涉及的个体方面的核心自我评价以及组织方面的组织支持与职业成功的关系。

（3）人—情境交互作用。根据人—情境互动理论，职业成功是员工个人特征（如人格、价值观、技能）和情境特征（组织支持、领导行为）共同作用的结果，因此，仅从个人或情境方面进行考察往往缺乏系统性。本研究在考察核心自我评价和组织支持的基础上，进一步探讨两者的交互作用与职业成功的关系。对交互作用的关注能发现个体和情境特征影响职业成功的作用机制，也能帮助组织采取更有效的干预措施促进员工取得职业成功。

鉴于此，本研究以互动心理学为视角，在区分主观和客观两种类型的基础上从个人和情境两个方面对职业成功进行探讨，旨在加深研究者对职业成功影响因素及其作用机制的认识，并在一定程度上丰富了职业成功领域的人—情境交互取向研究。

二、理论基础与研究假设

1. 主观职业成功与客观职业成功

目前，学者们普遍将职业成功定义为个体在其职业经历中累积起来的与工作有关的积极成果或心理成就感。这一定义上揭示了职业成功包含两个方面：心理上的主观成果（如自我实现感、满意度）和工作上的客观成果（如收入、地位），它们被称为主观职业成功和客观职业成功。在两者关系问题上，许多研究者认为它们有中低程度的正相关关系，受不同因素影响，互为因果。然而，一些研究者认为学术界在主观成功和客观成功的边界及区分标准上仍有争议，表现为缺乏统一的、被广泛认可的标准，以至于不同研究采用的测量指标有较大差异。例如，在以往研究中，收入水平、晋升状况、雇佣能力、职业威望等都被作为客观职业成功的测量指标；工作满意度、职业满意度、工作—家庭关系通常被用来考察主观职业成功。鉴于此，在考察核心自我评价、组织支持与职业成功的关系之前，首先综合使用多种指标进一步验证两者的关系。由此，提出以下假设：

假设1 员工主观职业成功（工作、职业和生活满意度）和客观职业成功（收入水平、晋升次数和晋升速度）有中低程度的正相关关系。

2. 核心自我评价与职业成功

核心自我评价是最近出现的新型人格理论，它将情绪稳定性、自尊、自我效能感和控制点4种重要的特质整合在一起，是对人格的潜在的深层次描述，其外在表现是个体对自身能力和价值所持有的最基本的评价。目前的研究已表明核心自我评价包含了"大五人格"框架未能充分描述的人格倾向，在预测个体态度和行为上有额外解释力。核心自我评价高的个体更有可能获得职业成功，原因在于这类员工通常受内部动机驱使，具有良好的工作表现且乐于接受富有挑战性的工作任务，因此，更有可能获得高的组织回报，如反映在客观职业成功方面的提高收入和晋升机会。在主观职业成功方面，高核心自我评价的员工乐观、自信、富有激情，这种对自我的积极性评价会给他们带来对外部事物，如工作、职业和生活的积极看法。

核心自我评价对职业成功的正向影响得到了以往研究的部分支持。例如，有研究发现情绪稳定性差的员工往往对自己的工作、职业和生活不满意，且在组织中仅有较少的提高收入和晋升机会。高自尊的员工则有较高的职业威望和收入，以及较高的工作和生活满意度。Day等发现，职业自我效能感同主观职业成功感和收入水平有正相关关系。Judge等证实了一般自我效能感对工作和生活满意度的正向影响。在控制点方面，已有研究证实内控型人格能显著预测个体的收入以及对工作、职业和生活的满意程度。虽然这些研究表明了核心自我评价体系中各成分与职业成功的关系，但这些成分的简单累加并不能反映核心自我评价的本质，因此总体核心自我评价与职业成功的关系应得到更多的关注。此类研究直到最近才开始出现。例如，Judge等的研究表明，个体在童年和青年时代的自我评价既能有效预测中年时代的收入水平，也能帮助个体在职业发展过程中以更快的速度提升职业威望和收入，从而填补了核心自我评价与职业成功关系研究的空白。在该研究的基础上，本研究将核心自我评价与更多的职业成功指标（如职业满意度、生活满意度、晋升次数和晋升速度）相联系，以期更全面地考察核心自我评价与职业成功的关系。由此提出以下假设：

假设2a 核心自我评价对员工主观职业成功有正向影响。

假设2b 核心自我评价对员工客观职业成功有正向影响。

3. 组织支持与职业成功

组织支持是组织重视员工贡献、关心员工福祉的程度。学术界一般使用员工知觉到的组织支持来衡量这一概念。现有研究已证实组织支持对员工工作态度和行为有积极影响。首先，高组织支持意味着组织能为员工提供必要的物质资源（如理想的收入和晋升机会）和精神支持（如认可、尊重），这种物质和精神支持本身就是职业成功的一种体现。其次，根据社会交换理论，员工在得到组织的支持后会产生回馈组织的义务感，这种义务感通常以提升对组织的承诺、认同和满意程度，以及做出有利于组织目标的行为来体现，员工的这些积极性态度和行为会提升他们获得职业成功的可能性。在职业成功研究领域。一些研究者认为组织支持同员工职业满意度、晋升状况和收入水平存在正相关关系。由此，提出以下假设：

假设3a　组织支持对员工主观职业成功有正向影响。

假设3b　组织支持对员工客观职业成功有正向影响。

4. 核心自我评价与组织支持的交互作用与职业成功

特质激发理论认为，个体拥有的某种类型的人格特质并不总是能影响个体态度和行为，只有在外部情境使个体意识到应该或适宜表现出这种特质时，它才能发挥作用，这种情境通常被认为是积极情境。例如，有研究表明，员工知觉到的领导有效性作为一种积极情境能增强核心自我评价与工作绩效的关系，即核心自我评价高的员工在积极的情境下工作会有较高的绩效水平。员工知觉的组织支持也是一种积极情境因素，对员工有内在激发性。高自我评价者在高组织支持的情境中会有更好的情感体验（工作、职业和生活满意度）和工作表现（个人绩效），这是因为他们喜欢并且渴望在这种情境下工作。另外，提供支持的组织通常被员工认为是优秀的组织，高自我评价的员工认为自己富有能力，也希望他们的组织同样优秀。因此，他们在优秀的组织中工作，会更多地表现出尊重、认同和敬业，从而更有可能在满意度等主观职业成功方面以及收入、晋升等客观职业成功方面有好的结果。核心自我评价较高的员工在得到较多的组织支持时，自身的积极型人格能发挥更大的作用，使得他们对工作、职业和生活有更高的满意程度，在行为上受内部动机驱使努力工作，从而更有可能得到理想的收入和晋升状况。由此，提出以下假设：

假设4　核心自我评价和组织支持对员工主观职业成功和客观职业成功有交互影响，表现为组织支持会强化核心自我评价对职业成功的正向影响，且高核心自我评价的员工在得到高组织支持时有最高的职业成功水平。

三、研究方法

1. 研究程序和样本

本研究的调查样本来自北京某大型国有企业集团下属的3家公司。通过各家公司的人力资源部门发放了250份调查问卷，在收回230份问卷后进行废卷处理工作，将反应倾向过于明显、数据缺失过多的问卷剔除，最后得到有效问卷212份，问卷有效回收率为85%。其中，男性占63.2%，拥有本科或以上学历的员工占61.3%，平均年龄为35岁，平均工作年限为11年。

2. 变量测量

（1）核心自我评价采用Judge等编制的CSES量表（如我有信心取得此生应当取得的成就）。有关研究表明，该量表的各项指标均达到了测量学要求，也具有跨文化适用性。

（2）组织支持采用 Cheng 等在中国组织情境下修订的 SPOS 简版量表（如公司能很好地考虑到我个人的目标和价值观）。

（3）主观职业成功使用工作、职业和生活满意度 3 个指标，分别采用 Tsui 等设计的工作满意度量表（如总体上讲，我对一起工作的同事很满意）、Greenhaus 等设计的职业满意度量表（如就整个职业生涯来看，我对自己在获得新技能目标上的成绩感到满意），以及 Diener 等设计的生活满意度量表（如我的人生基本上符合我的理想）。

核心自我评价、组织支持和主观职业成功均由员工根据实际情况填写，用"1～5"表示从"非常不同意"到"非常同意"。

（4）客观职业成功使用收入水平、晋升次数和晋升速度 3 个指标。研究者将收入设计成不同区间，由员工根据实际情况进行选择。晋升次数由员工填写自加入此公司后获得提升的总次数。晋升速度由员工根据实际情况选择，用"1～3"表示从"相对较慢"到"相对较快"，其参照物是公司其他与自己有可比性的员工。

（5）社会—人口和人力资本特征包括员工性别、年龄、教育程度和工作年限。这些变量已被证实对职业成功有一定影响，因此，本研究将它们作为控制变量。此外，考虑到员工的职位等级与收入和晋升状况密切相关，也将其列为控制变量。

3. 量表信度和共同方法偏差问题检验

信度分析结果表明，核心自我评价、组织支持、工作满意度、生活满意度和职业满意度量表的内部一致性系数分别为 0.71、0.76、0.79、0.81 和 0.85，均大于 0.70 的水平，表明量表具有良好的信度。

考虑到核心自我评价、组织支持和主观职业成功均由员工自己报告，可能存在共同方差偏差问题，因此，本研究使用 Harman 单因子检验方法对此进行考察。针对样本量偏少问题，先对数据进行了随机打包处理，然后进行模型比较。研究结果表明，五因素模型与数据有很好的拟合度（$\chi^2/df = 2.44$，NFI = 0.95，GFI = 0.95，CFI = 0.97，RMSEA = 0.083，RMR = 0.040），且拟合效果远远好于单因素模型（$\chi^2/df = 20.41$，NFI = 0.25，GFI = 0.56，CFI = 0.26，RMSEA = 0.30，RMR = 0.35）。由此，本研究使用的自陈测量未导致明显的共同方法偏差问题。

四、研究结果

控制变量、核心自我评价、组织支持与职业成功的相关关系见表 1。由表 1 可知，主观和客观职业成功各指标之间均有显著的正相关关系，相关系数为 0.12～0.25，这与 NG 等的元分析结果（r = 0.18～0.30）一致。进一步地，主客观职业成功指标之间的相关程度明显小于同一类成功指标间的相关程度（主观职业成功 3 个指标的相关系数为 0.49～0.65，客观职业成功 3 个指标的相关系数为 0.69～0.71）。这一结果与以往研究相一致，证实了主客观职业成功确实是两类相关但不同的职业成功指标，两者共同构成了职业成功体系。由此，假设 1 得到支持。

表 1   研究变量的相关系数矩阵

类别	1	2	3	4	5	6	7	8	9	10	11	12	13
性别													
年龄	−0.08												
教育程度	0.06	−0.33											
工作年限	−0.07	0.84	−0.36										
职位等级	−0.13	0.20	0.30	0.15									
核心自我评价	−0.07	0.07	0.04	0.03	0.07								
组织支持	−0.14	−0.21	−0.06	−0.24	0.06	0.22							
工作满意度	−0.06	−0.06	0.06	−0.09	0.10	0.30	0.52						
生活满意度	0.07	0.04	−0.03	−0.02	0.06	0.26	0.46	0.49					
职业满意度	−0.14	0.02	−0.11	−0.06	0.06	0.33	0.57	0.65	0.55				
收入水平	−0.18	0.16	0.25	0.13	0.85	0.14	0.12	0.17	0.12	0.13			
晋升次数	−0.14	0.24	0.18	0.22	0.73	0.03	0.11			0.21	0.71		
晋升速度	−0.09	0.01	0.26	0.00	0.66	0.15	0.20	0.25	0.22	0.21	0.70	0.69	

注：$\gamma \geq 0.12$ 在 $p<0.10$ 下显著，$\gamma \geq 0.14$ 在 $p<0.05$ 下显著，$\gamma \geq 0.18$ 在 $p<0.01$ 下显著，双尾检验

由表 2 的回归分析结果可知，在控制了社会—人口、人力资本特征和职位等级后，核心自我评价和组织支持对 3 种主观成功指标均有显著的额外解释力，这与假设 2a 和假设 3a 是一致的。然而在对客观成功指标的影响上，核心自我评价和组织支持的作用不大，仅在个别指标上有临界影响。由此，假设 2b 和假设 3b 仅得到部分支持。进一步地，本研究考察了两者的交互作用与职业成功的关系。结果表明，在控制了其他变量后，核心自我评价与组织支持的交互效应对两个主观指标和一个客观指标有显著影响（如图 1 所示）。具体地，在组织支持程度较高时，核心自我评价对工作满意度、生活满意度和晋升次数的正向影响更强，且高核心自我评价的员工在组织支持较高的情境下对工作和生活的满意度最高，晋升次数也最多。由此，假设 4a 和假设 4b 得到了部分支持。

表 2   核心自我评价、组织支持以及交互作用对职业成功的影响

主观职业成功	工作满意度			职业满意度			生活满意度		
	R^2	ΔR^2	β	R^2	ΔR^2	β	R^2	ΔR^2	β
控制变量	0.02	0.02	—	0.07*	0.07*	—	0.02	0.02	—
核心自我评价	0.11**	0.09**	0.31**	0.17**	0.11**	0.33**	0.10**	0.07**	0.27**
组织支持	0.31**	0.19**	0.48**	0.38**	0.21**	0.50**	0.28**	0.18**	0.47**
核心自我评价×组织支持	0.32**	0.02*	0.14*	0.38**	0.00	0.03	0.30*	0.02*	0.14*

续表

客观职业成功	收入水平			晋升次数			晋升速度		
	R^2	ΔR^2	β	R^2	ΔR^2	β	R^2	ΔR^2	β
控制变量	0.73**	0.73**	—	0.55**	0.55**	—	0.46**	0.46**	—
核心自我评价	0.74**	0.01+	0.06+	0.55**	0.00	-0.01	0.47**	0.01+	0.10+
组织支持	0.74**	0.00	0.06	0.56**	0.01+	0.09+	0.48**	0.01+	0.13*
核心自我评价×组织支持	0.74**	0.00	-0.03	0.57**	0.01*	0.12*	0.48**	0.00	0.05

注：**、*、+ 分别表示 $p<0.01$、$p<0.05$、$p<0.10$，双尾检验，控制变量的回归系数未列出

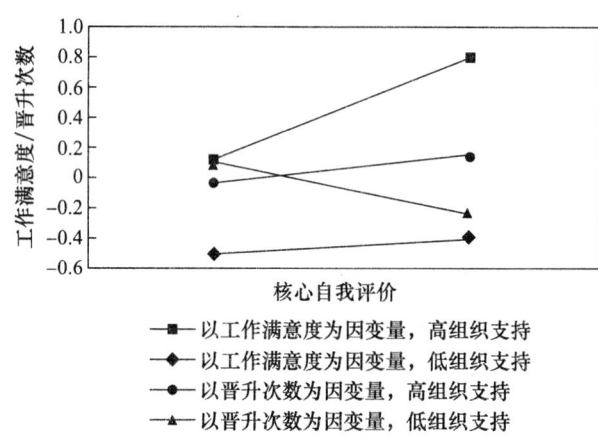

图1 核心自我评价与组织支持的交互作用对工作满意度和晋升次数的影响

注：工作满意度和生活满意度趋势一致，故仅画出了工作满意度

五、结果与分析

本研究在中国组织情境中证实了职业成功中的主观成分和客观成分是两种相关但不同的类型，即有良好收入水平和晋升状况的员工并不总是对工作、生活和职业状况感到满意；反之亦然。一方面，根据归因理论和社会比较理论，员工的客观职业成功会让他们对工作、职业和生活有较高的满意度，因此，主客观职业成功存在一定的相关性；另一方面，受内部动机影响，个体主观职业成功并不完全取决于所取得的客观职业成功，因此，它们又是两种截然不同的职业成功类型。

核心自我评价和组织支持对主观职业成功（工作、职业和生活满意度）均有显著影响。作为评价体系的核心，自我评价的高低直接影响着个体对情境的感受和对外部事物的评价。Judge 等引入目标自我一致性理论对核心自我评价与工作、生活满意度的关系进行

了考察。总体来看,高核心自我评价的个体对工作充满激情、对职业和生活充满希望。组织支持作为一种体现组织和员工互惠的交换关系,当员工知觉到他们被组织重视和支持时,他们对组织的承诺和认同感以及对工作和职业生涯的满意度会有所增加,这种积极的态度还会延伸到他们对生活状况的情感体验和评价。

相比主观职业成功,客观职业成功受核心自我评价和组织支持的影响相对较弱,其作用远远小于社会—人口和人力资本特征,这与NG等的元分析结果相吻合。他们认为在职业成功的4类影响因素中,个体特征和组织支持更多地与主观职业成功指标相关,而社会—人口和人力资本特征在一定程度上与客观职业成功指标联系相对密切。本研究认为其主要原因在于:①与主观职业成功相比,晋升、收入等客观职业成功与个人绩效的联系更紧密,而已有大量研究表明核心自我评价和组织支持对个体绩效的影响要弱于其对个人态度(如满意度)的影响。因此,核心自我评价和组织支持对主观职业成功的影响较强,对客观职业成功的影响相对较弱。②尽管工作绩效是决定客观职业成功的因素之一,但两者在本质上有所不同。工作绩效反映的是一个人完成某项特定任务的质量和水平,而客观职业成功反映的是组织对个体工作成效和贡献的物质性回报。除了工作绩效以外,这种物质性回报还取决于很多其他不可控因素,尤其是存在政治化现象的组织中,组织回报机制通常难以客观、公平地将工作绩效与收入和晋升等客观职业成功指标相联系。由此,尽管有证据表明核心自我评价和组织支持与工作绩效有一定的关联,但它们对客观职业成功仅有微弱影响。

有趣的是,核心自我评价和组织支持在影响晋升次数上存在的交互作用($\beta = 0.12$,$p < 0.05$)支持了本研究给出的解释。由图1可知,当员工得到较多的组织支持时,自我评价对晋升次数有积极影响,而当组织支持程度较低时,自我评价反而会阻碍晋升。组织支持反映了组织对员工工作方面的支持与帮助程度,它包括资源的分配、工作的协助和贡献的评估。当员工得到较多的组织支持(如组织对个人绩效进行客观评估并将其与晋升机会等组织回报相联系)时,员工自信、乐观的自我评价得到了发挥的空间和平台,从而更能帮助他们获得职业成功。然而过高的核心自我评价有可能使员工不顾一切地追求个人成功,有时会被他人认为是自以为是、自负和咄咄逼人的,尤其是在推崇中庸思想的中国组织中,当这类员工得不到组织支持时,他们的高自我评价反而会阻碍其晋升。与客观职业成功不同,员工对工作、生活的情感和评价是他们的自我感受,因此,不管是否得到组织支持,他们的自我评价都能提升他们对工作和生活的满意程度,只不过这种提升作用在得到组织支持时更加明显。

本研究对组织管理实践的启示意义在于:①针对主观职业成功和客观职业成功的不同,组织应分别采取相应的干预措施使员工在两个方面取得职业成功,而不应顾此失彼;②组织在开展招募甄选、继任规划和人员晋升等人力资源管理活动时应有意识地关注员工对自我的评价;③组织应向员工提供其在职业生涯发展过程中所需要的各种物质性和精神性支持,以加速员工的职业发展和职业成功。

本研究的不足之处在于:①职业成功是一项长期系统性工程,因此横截面研究难以准确考察核心自我评价和组织支持影响职业成功的动态过程;②样本来自国有企业,其研究结果能否推广到其他类型的组织,需要进一步探讨。

本研究也指出了今后两个亟待探讨的问题:①核心自我评价和组织支持不仅与主客观职业成功的关系不同,它们与同一类成功体系中不同指标(如收入和晋升、职业满意度和工作/生活满意度)的关系也有一定差异,因此未来研究应在区分主客观职业成功的基础上,有针对性地考察某一成功指标的影响因素;②在职业成功影响因素的考察中继续关注交互效应,以进一步加深学术界对职业成功理论的认识,从而更好地帮助实践界围绕员工职业成功开展组织管理活动。

参考文献

[1] N. G. T. W. H., Feldman D. C. Human Capital and Objective Indicators of Career Success: The Mediating Effects of Cognitive Ability and Conscientiousness [J]. Journal of Occupational and Organizational Psychology, 2010, 83 (1): 207 – 235.

[2] 龙立荣,毛忞歆. 自我职业生涯管理与职业生涯成功的关系研究 [J]. 管理学报, 2007, 4 (3): 312 – 317.

[3] 周小虎,刘冰洁,吴雪娜等. 员工导师网络对员工职业生涯成功的影响研究 [J]. 管理学报, 2009, 6 (11): 1486 – 1491.

[4] Heslin P. A. Conceptualizing and Evaluating Career Success [J]. Journal of Organizational Behavior, 2005 (2): 113 – 136.

[5] N. G. T. W. H., Eby L. T., Sorensen K. L., et al. Predictors of Objective and Subjective Career Success: A Meta – Analysis [J]. Personnel Psychology, 2005, 58 (2): 367 – 408.

[6] Seibert S. E., Kraimer M. L. The Five – Factor Model of Personality and Career Success [J]. Journal of Vocational Behavior, 2001, 58 (1): 1 – 21.

[7] Eby L. T., Butts M., Lockwood A. Predictors of Success in the Era of Boundaryless Careers [J]. Journal of Organizational Behavior, 2003, 24 (6): 689 – 708.

[8] Judge T. A., Locke E. A., Durham C. C. The Dispositional Causes of Job Satisfaction: A Core Evaluations Approach [J]. Research in Organizational Behavior, 1997, 19: 151 – 188.

[9] Judge T. A., Erez A., Bono J. E., et al. The Core Self – Evaluations Scale: Development of a Measure [J]. Personnel Psychology, 2003, 56 (2): 303 – 331.

[10] Boudreau J. W., Boswell W. R., Judge T. A. Effects of Personality on Executive Career Success in the United States and Europe [J]. Journal of Vocational Behavior, 2001, 58 (1): 53 – 81.

[11] Kammeyer – mueller J. D., Judge T. A., Piccolor F. Self – Esteem and Extrinsic Career Success: Test of A Dynamic Model [J]. Applied Psychology: An International Review, 2008, 57 (2): 204 – 224.

[12] Judge T. A., Bono J. E., Erez A., et al. Core Self – Evaluations and Job and Life Satisfaction: The Role of Self – Concordance and Goal Attainment [J]. Journal of Applied Psychology, 2005, 90 (2): 257 – 268.

[13] Day R., Allen T. D. The Relationship between Career Motivation and Self – Efficacy with Protege Career Success [J]. Journal of Vocational Behavior, 2004, 61 (1): 72 – 91.

[14] Judge T. A., Hurst C. Capitalizing on One's Advantages: Role of Core Self – Evaluations [J]. Journal of Applied Psychology, 2007, 92 (5): 1212 – 2227.

[15] Judge T. A., Hurst C. How the Rich (and Happy) Get Richer (and Happier): Relationship of

Core Self - Evaluations to Trajectories in Attaining Work Success [J]. Journal of Applied Psychology, 2008, 93 (4): 849-863.

[16] Judge T. A., Hurst C., Simon L. S. Does It Pay to Be Smart, Attractive, or Confident (or All-Three)? Relationships among General Mental Ability, Physical Attractiveness, Core Self - Evaluations, and Income [J]. Journal of Applied Psychology, 2009, 94 (3): 742-755.

[17] Rhoades L., Eisenberger R. Perceived Organizational Support: A Review of the Literature [J]. Journal of Applied Psychology, 2002, 87 (4): 698-714.

[18] Nabi G. R. The Relationship between HRM, Social Support, and Subjective Career Success among Men and Women [J]. International Journal of Manpower, 2001, 22 (5): 457-474.

[19] Tett R. P., Burnett D. D. A Personality Trait - Based Interactionist Model of Performance [J]. Journal of Applied Psychology, 2003, 88 (3): 500-517.

[20] Kacmar K. M., Collins B. J., Harris K. J., et al. Core Self - Evaluations and Job Performance: The Role of Perceived Work Environment [J]. Journal of Applied Psychology, 2009, 94 (6): 1572-1580.

[21] Cheng B. S., Jiang D. Y., Riley J. H. Organizational Commitment, Supervisory Commitment, and Employee Outcomes in Chinese Context: Proximal Hypothesis or Global Hypothesis [J]. Journal of Organizational Behavior, 2003, 24 (3): 313-334.

[22] Tsui A. S., Egan T. D., O'reilly C. A. Being Different: Relational Demography and Organizational Attachment [J]. Administrative Science Quarterly, 1992, 37 (4): 549-580.

[23] Greenhaus J. H., Parasuraman S., Wormleyw M. Effects of Race on Organizational Experiences, Job Performance Evaluations and Career Outcomes [J]. Academy of Management Journal, 1990, 33 (1): 64-86.

[24] Diener E., Emmons R. A., Larsen R. J., et al. The Satisfaction with Life Scale [J]. Journal of Personality Assessment, 1985, 49 (1): 71-75.

[25] Colvin C. R., Block J., Funder D. C. Overly Positive Self - Evaluations and Personality: Negative Implications for Mental Health [J]. Journal of Personality and Social Psychology, 1995, 68 (6): 1152-1162.

The Influence of Core Self - Evaluation, and Organizational Support on Subjective/Objective Career Success: An Interactionist Perspective

Wang Zhen Sun Jianmin

Abstract: The influences of core self - evaluation, organizational support, and their interaction on Subjective/objective career success are examined in this study by using a sample of 212 employees from 3 organizations. The results indicate that subjective (job, career and life satisfaction) and spectacular career Success (income level, the number and speed of promotions) are two related but separated types within career success system. Both are positively correlated with core self – evaluation and organizational Support, but the objective career success is more strongly related to socio – demographic and human Capital variables. Consistent with trait activation theory, organizational support strengthens the Positive effect of core self – evaluation on career success in such a way that career success would be Highest for employees higher in both core self – evaluation and perceived organizational support.

Key Words: Core Self – evaluation; Organizational Support; Subjective Career Success; Objective Career Success; Individual – situational Interactional Effect

变革型领导与下属工作绩效及组织承诺：心理资本的中介作用*

李 磊　尚玉钒　席酉民　王亚刚

【摘　要】 探讨变革型领导影响下属的深层心理作用机制，即变革型领导是否会通过下属心理资本的中介作用对下属工作绩效和组织承诺产生影响。以230位MBA学员为样本，采用结构方程模型的方法分析了变革型领导行为、下属工作绩效、组织承诺以及下属心理资本各维度间的关系。研究结果表明，下属心理资本中的自我效能、希望和恢复力对变革型领导行为与下属工作绩效的关系起中介作用；下属心理资本中的自我效能和恢复力对变革型领导行为与下属组织承诺的关系起中介作用。

【关键词】 变革型领导；下属心理资本；工作绩效；组织承诺

变革型领导理论的发展已经有20多年的历史，关于变革型领导风格结构维度的研究目前已比较清晰，但总体来说，关于变革型领导作用机制的研究还比较少，其中关于领导影响下属的深层心理作用过程和机理的研究则更加有限。变革型领导究竟如何（通过何种路径和机理）影响其下属一直是学者们关注的热点之一。作为个人积极心理状态的综合体，心理资本对个体的认知过程、工作满意度和绩效都会产生显著的影响。随着社会经济的快速发展以及全球化竞争时代的到来，越来越多的管理者认识到，员工心理资本是组织获取竞争优势的又一个重要来源。作为个体在成长和发展过程中表现出来的一种积极心理状态，心理资本可以从心理学的视角揭示下属对领导行为的反应，能够使人们更好地理解领导行为对下属反应的影响机制。

一、研究背景

1. 变革型领导对下属工作绩效和组织承诺的影响

所谓变革型领导，是指"领导和下属之间彼此相互提升成熟度和动机水平的过程"。

---

* 本文选自《管理学报》2012年第5期。

Bass 认为,变革型领导通过让员工意识到所承担任务的重要意义,激发下属的高层次需要,建立相互信任的氛围,促使下属为了组织的利益牺牲自己的利益,并达到超过原来期望的结果。变革型领导理论已经成为领导理论研究的新范式,是当前最受关注和最前沿的领导理论之一。

Bass 认为,员工的努力程度,部分地取决于他们对领导的承诺、内部工作动机、发展水平或使命感等因素。而变革型领导通过激发员工的自我意识和自我价值感,激励下属工作中的额外努力,鼓励下属在面对问题时的创造性思维,为下属提供建设性的反馈意见,最终促使下属表现出高的工作绩效水平。国外已有大量的研究验证了变革型领导行为同下属绩效和组织承诺间存在正相关关系;同时,也有些学者对中国情境下变革型领导同下属工作绩效和组织承诺间的关系进行了探讨,其间的正向关系也同样得到了验证。例如,Barling 等的研究表明,变革型领导行为同下属的工作绩效和组织承诺显著正相关。李超平等的研究表明,变革型领导中的愿景激励与德行垂范对下属组织承诺有显著的正向影响。

学者们在研究变革型领导对下属工作绩效和组织承诺的影响机理时主要探讨了领导下属成员交换(LMX)的感知、社会交换的感知、组织公民行为、核心工作特征感知和心理授权等变量的中介作用。例如,Wang 的研究表明,LMX 对变革型领导同工作绩效和组织公民行为间的关系起到完全中介作用。Boerner 等的研究表明,员工的组织公民行为对变革型领导行为与员工绩效之间的关系起到部分中介作用。

综上所述,变革型领导对下属工作绩效和组织承诺作用机理的研究主要关注下属对社会关系的认知(如员工 LMX 的感知、社会交换的感知等)和对工作环境的认知(如核心工作特征)两个方面的中介作用,而从领导影响下属自我心理认知的角度来探讨变革型领导作用机理的研究却十分缺乏,仅发现在一些研究中将下属自我效能视为心理授权的一个维度,探讨其在变革型领导同下属工作绩效和组织承诺关系间的中介作用。鉴于此,继续从领导影响下属自我心理认知角度深入揭示变革型领导的深层心理作用过程和机制,挖掘更为丰富的心理认知视角方面的中介变量是十分必要的。基于这一思路,本研究拟从心理资本的角度剖析变革型领导与下属工作绩效和组织承诺间的关系。

2. 心理资本及其相关研究

(1)心理资本。心理资本这个概念最早出现在经济学、投资学和社会学等研究领域,是指个体在早年生活中形成的相对稳定的心理倾向或特征,主要包括个体的自我知觉、工作态度、价值取向和对生活的一般看法。Luthans 等首先将"心理资本"应用到管理学领域中,强调了人们积极的心理状态。与先前的特质论观点不同,Luthans 等认为,心理资本是一种可引导和开发的个人积极心理能力,是个体在特定的情景下对待任务、绩效和成功的一种积极状态,对个体的认知过程、工作满意感和绩效都产生显著的影响。工作中的积极心理资本包含自我效能/自信、希望、乐观、恢复力 4 个方面的内容。

(2)变革型领导与下属心理资本。目前,也有一些研究讨论或验证了变革型领导与下属心理资本某一维度间的关系。例如,已有一些实证研究验证了变革型领导与下属自我效能间的正相关关系。Ashkanasy 等发现,变革型领导运用自己的情感交流去劝说下属,使得他们在开发积极的愿景和新的观念时保持一种积极的思维,并支持他们产生乐观的情绪。

(3)心理资本与工作绩效和组织承诺。管理领域的许多研究都表明,心理资本及其所包含的自我效能、希望、乐观和恢复力等维度能够对员工的工作绩效和工作态度产生积极影响。自我效能同工作绩效和组织承诺的正相关关系已经得到了充分的证明。同样,也有学者探讨了希望、乐观和恢复力这些维度与工作绩效及组织承诺的关系。例如,Youssef 认为,管理者和员工的希望水平与他们的绩效、工作满意度、工作幸福感和组织承诺之间有正向关系;Seligman 的研究证明了乐观对员工工作绩效和留职率有着正向的影响;Luthans 发现,恢复力与工作场所的绩效结果之间存在显著正相关关系。此外,仲理峰的研究表明,在控制了性别和年龄两个人口统计学变量的效应后,员工的希望、乐观和恢复力3种积极心理状态以及由三者合并而成的心理资本都对他们的工作绩效、组织承诺和组织公民行为有正向影响。

通过对现有相关研究的回顾,本研究发现:①变革型领导对下属工作绩效和组织承诺的影响机理的探讨虽然较为丰富,但基于下属自我心理认知的角度来进行的研究却并不多,更未发现把下属心理资本作为中介来分析变革型领导对下属工作绩效和组织承诺影响机理方面的研究;②关于变革型领导行为与下属积极心理资本之间关系,以及员工心理资本与其工作结果之间关系的探讨已经比较丰富,这实质为"下属心理资本在变革型领导与下属工作结果关系间起中介作用"这一研究设想提供了逻辑和理论上的支持。心理资本作为个体在成长和发展过程中表现出来的一种积极心理状态,无疑将有助于更好地理解变革型领导行为对下属反应的影响机制。基于这一考虑并针对该领域的研究现状,本研究试图从领导影响下属心理资本的角度来探讨变革型领导对下属工作绩效和组织承诺的作用机理。

二、假设模型

目前,尽管已有研究从理论和实证两个方面剖析了变革型领导对下属工作绩效和组织承诺的影响过程和机理,但研究仍不够深入,在心理资本方面更是如此。根据文献检索,笔者尚未发现有系统、深入地探讨下属心理资本对"变革型领导—下属行为和态度"关系的中介作用的相关研究。由此,本研究提出,变革型领导可以通过对下属一系列的积极心理状态,即心理资本的引导和提升来实施其对下属工作行为及态度的影响。

(1)自我效能。自我效能是指"人们对自身能否利用所拥有的技能去完成某项工作行为的自信程度"。变革型领导的个性化考虑提高了对下属的理解以及对他们不同需要及观点的重视程度,而这些都可以促进下属的自我效能和信心,进而提升下属的工作动机和成就感，最终使得下属在工作中付出额外的努力。

（2）希望。Snyder等把希望定义为基于对成功中介（实现目标的意志力）和成功路径（实现目标的途径）两个方面认知交互作用下的一种积极的心理状态。变革型领导使用精神呼吁和情感交流来激发下属的工作动机和信念，其对下属的授权行为，增强了下属独立思考和解决问题的积极性。这种智力支持行为可以增强下属归纳、理解和分析问题的能力，促使下属去探索和发展解决问题的途径。由此，变革型领导对下属希望的引导实质上促进了下属工作的积极性和创新性，因而利于下属达到更好的工作状态，最终促进绩效的提升。

（3）乐观。Seligman把乐观定义为一种认知过程，包括对积极结果的期望，解释坏的或消极的事件时外部、暂时和特殊的归因，以及解释好的或积极的事件时内部、稳定及普遍的归因。变革型领导对下属乐观情绪的积极影响势必会导致下属对于积极结果的强烈渴望及其积极的工作心态。

（4）恢复力。恢复力是指"一种可开发的能力，它能使人从逆境、冲突和失败中，甚至是从积极事件、进步以及与日俱增的责任中快速回弹或恢复过来"。由此，本研究认为变革型领导可以通过提升下属的恢复力来缓解其工作压力及消除其工作倦怠，从而使其维持良好的工作行为和态度。

基于已有的关于变革型领导同下属心理资本间关系的研究，以及心理资本同工作行为和态度结果间关系的相关研究，本研究提出以下假设思考：变革型领导对下属工作动机和组织认同程度的正向影响可通过增强下属一系列积极的心理状态（心理资本）而实现。换言之，下属心理资本的各个维度对变革型领导同工作绩效和组织承诺之间的关系起到中介作用。由此，本研究建立以下属心理资本作为中介变量的"变革型领导—下属心理资本—下属结果变量"关系模型（如图1所示）。由图1可知，本文的研究主体内容由以下假设构成。

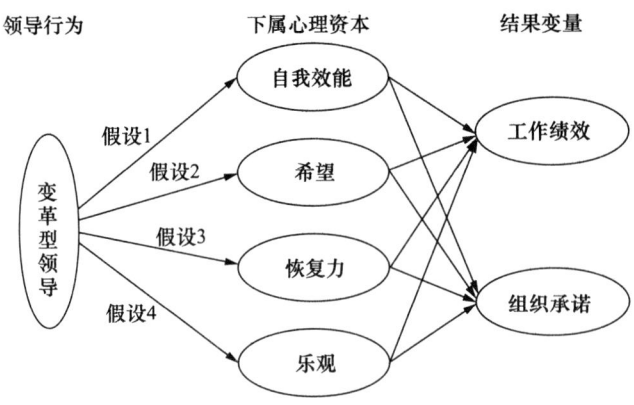

图1 心理资本的完全中介模型

假设1a 下属自我效能对变革型领导与下属工作绩效的关系起到中介作用。
假设1b 下属自我效能对变革型领导与下属组织承诺的关系起到中介作用。
假设2a 下属希望对变革型领导与下属工作绩效的关系起到中介作用。
假设2b 下属希望对变革型领导与下属组织承诺的关系起到中介作用。
假设3a 下属恢复力对变革型领导与下属工作绩效的关系起到中介作用。
假设3b 下属恢复力对变革型领导与下属组织承诺的关系起到中介作用。
假设4a 下属乐观对变革型领导与下属工作绩效的关系起到中介作用。
假设4b 下属乐观对变革型领导与下属组织承诺的关系起到中介作用。

三、研究方法

1. 样本选取与数据收集

本研究立足于员工个体层面,鉴于企业中层管理者的心理资本、工作行为及态度同其感知的上级领导行为之间有更好的关联性,本研究选取中层管理者作为调查对象。研究样本来自西安和深圳两地的 MBA 学员,共发放问卷 300 份,回收 256 份,问卷回收率为 85%。在剔除信息不全和填写明显不符的问卷后,得到有效问卷 230 份,有效回收率为 77%。230 份样本的基本特征如下:男性占 67%;40 岁以下者占 72%;教育程度以本科和研究生为主,两者合计占 77%;专业背景以理工类为主,占 50%;公司服务年限基本在 10 年以下,占 83%。

2. 变量的测量

(1) 变革型领导。采用 Podsakoff 等编制,由 Chen 等翻译的量表进行测量。该量表由 23 个题项组成,包括 6 个维度:提出愿景、才智激励、高绩效期望、鼓励合作、示范作用和提供个人支持。考虑到变革型领导行为各维度的高度相关性,现有研究大多使用总量表而不是用分量表进行分析和检验,本研究同样采用变革型领导行为总量表进行相应的数据分析和假设检验。采用 Lisrel 8.70 软件中的高阶验证性因素分析(HCFA)验证了由 6 个维度合并成的变革型领导二阶因素的可行性($\chi^2/df = 2.13$,RMSEA = 0.070,GFI = 0.87,NFI = 0.96,NNFI = 0.98,CFI = 0.98),其中 6 个维度的内部一致性信度系数分别为 0.88、0.83、0.77、0.91、0.87 和 0.91。

(2) 心理资本。采用 Luthans 等编制,由李超平翻译和修订的量表进行测量。该量表包括自我效能、希望、恢复力和乐观 4 个维度,每个维度包含 6 个题项。采用 Lisrel 8.70 软件中的高阶验证性因素分析(HCFA)验证了心理资本 4 个维度的结构模型,结果表明该模型具有很好的拟合度($\chi^2/df = 1.96$,RMSEA = 0.067,GFI = 0.85,NFI = 0.89,NNFI = 0.93,CFI = 0.93),4 个维度的内部一致性信度系数分别为 0.81、0.79、0.77 和 0.68。

（3）组织承诺。采用 Meyer 等和 Chen 等编制，由陈永霞翻译和修订的量表测量。该量表测量了员工对组织的认同（3个题项，如"我喜欢和外人谈论我们公司"）、参与（3个题项，如"在公司里我觉得自己是'大家庭里的一分子'"）和忠诚（2个题项，如"我很乐意以后一直在这个公司"）。组织承诺量表的内部一致性信度系数为0.87。

（4）工作绩效。采用 Motowidlo 等编制，由唐强修订和改进的工作绩效量表测量。该量表包括9个题项（如"我总是能够顺利达到计划的工作目标"），量表的内部一致性信度系数为0.86。

四、研究结果与分析

1. 假设验证

在运用结构方程模型对模型数据进行分析前，先进行共同方法偏差的检验。根据 Harman 的研究，对研究数据进行单因子测试，无旋转的因子分析结果显示，一共萃取出了14个因子，其中第一因子也仅解释了整个数据变异的23.0%，这说明共同方法偏差问题对本研究的数据分析并不存在太大影响。

运用结构方程模型的方法对假设模型（如图1所示）进行验证。由于有些变量所包含的测量题项较多，而样本数量相对较少，因此，在统计分析时进行了数据打包处理。变革型领导按照测量提出愿景等6种行为的题项内容打成6个数据包；测量组织承诺和工作绩效的题目按照项目构念平衡的方法分别打成3个数据包。由于自我效能、希望、恢复力和乐观各自都只有6个测量题项，因此，直接采用这6个题项作为观测变量，没有进行数据打包处理。结果表明，本研究的完全中介模型各项拟合指标为 $\chi^2 = 1292.04$，$df = 582$，$\chi^2/df = 2.22$，$RMSEA = 0.073$，$GFI = 0.77$，$NFI = 0.88$，$NNFI = 0.92$，$CFI = 0.93$，显示了比较好的拟合度。尽管如此，该模型仍有修正空间。

数据分析的结果显示，心理资本中的下属乐观同变革型领导行为和工作绩效的关系均不显著，希望和乐观与组织承诺的关系也不显著，所以在修正模型中删除了乐观这一维度，取消了由希望到组织承诺这条路径。从变革型领导的理论来讲，变革型领导的效应之一在于成功地向自己的下属灌输自信的思想，让他们能更好地完成任务，这一点主要是通过心理资本中的"自我效能"维度得以体现。此外，变革型领导通过精神呼吁和情感交流来唤醒下属的工作动机和信念，对下属的授权行为和智力支持行为增强了下属独立思考以及解决问题的能力和积极性，并促使下属采用新的路径来思考和解决所遇到的问题，这一点主要是通过心理资本中的"希望"维度来体现。同时，变革型领导能够帮助下属将危机转化成发展中的挑战，其智力支持行为能够促使下属选择一种积极的方法来解除危机和压力，能够及时从危机和逆境中振作起来，这一点主要是通过心理资本中的"恢复力"维度来体现。由此，心理资本的中介作用主要通过自我效能、希望和恢复力这3个维度体现出来。可见，本研究的修正模型不仅是一个数据驱动的结果，更重要的是同样具有强有力的理论和逻辑上的支持。

修正模型的各项拟合指标分别为 $\chi^2 = 1066.52$，$df = 586$，$\chi^2/df = 1.82$，RMSEA = 0.060，GFI = 0.81，NFI = 0.90，NNFI = 0.95，CFI = 0.95。很显然，修正后的模型拟合度指标得分较原始假设模型有了明显改善，模型拟合度更好。修正后的模型及路径系数如图 2 所示，修正模型中外源变量与内生变量的效应分析见表 1。

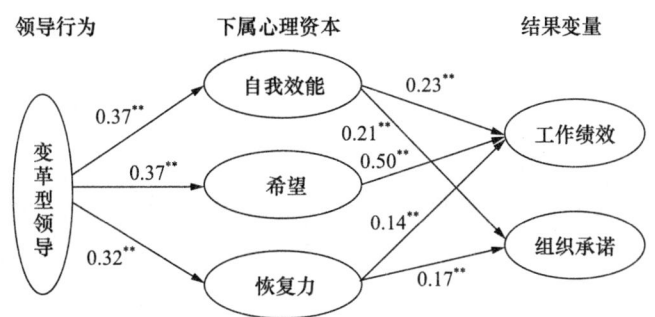

图 2　心理资本中介作用的修正模型

注：*、** 分别表示 $p < 0.05$、$p < 0.01$，下同。

表 1　路径分析中各项效应分解说明

自变量		内生变量				
		自我效能	希望	恢复力	工作绩效	组织承诺
变革型领导	直接效应	0.37** (4.35)	0.37** (4.42)	0.32** (3.76)		
	间接效应				0.31** (5.00)	0.13** (3.23)
	整体效应	0.37** (4.35)	0.37** (4.42)	0.32** (3.76)	0.31** (5.00)	0.13** (3.23)
自我效能	直接效应				0.23** (2.96)	0.21** (2.71)
	间接效应					
	整体效应				0.23** (2.96)	0.21** (2.71)
希望	直接效应				0.50** (3.95)	
	间接效应					
	整体效应				0.50** (3.95)	
恢复力	直接效应				0.14** (2.68)	0.17** (2.73)
	间接效应					
	整体效应				0.14** (2.68)	0.17** (2.73)

注：括号中为 t 值，t > 1.96 时，$p < 0.05$；t > 2.58 时，$p < 0.01$

从图 2 和表 1 可知，一方面，变革型领导行为对下属的自我效能、希望和恢复力有着显著的正向促进作用，其标准化路径系数分别为 0.37、0.37 和 0.32，说明变革型领导行为的得分越高，下属自我效能、希望和恢复力的得分越高。另一方面下属的自我效能、希望和恢复力对其工作绩效有着正向的促进作用，标准化路径系数分别为 0.23、0.50 和 0.14，说明下属自我效能、希望和恢复力的得分越高，他们的工作绩效得分越高。同时，下属的自我效能和恢复力对其组织承诺亦有着积极的促进作用，标准化路径系数分别为 0.21 和 0.17，说明下属自我效能和恢复力的得分越高，他们的工作绩效得分越高。从以上结果可以看出，变革型领导行为通过提升下属心理资本中的自我效能、希望和恢复力来实现其对下属工作绩效的正向影响，因此，假设1a、假设2a 和假设3a 得到了支持。变革型领导行为通过提升下属心理资本中的自我效能和恢复力来实现其对下属组织承诺的正向影响，因此，假设1b 和假设3b 得到了支持。总体来看，变革型领导通过下属心理资本对下属工作绩效、组织承诺的总体效应分别为 0.31 和 0.13。

2. 结果分析

与文献的结果一致，变革型领导行为同下属工作绩效及组织承诺间的显著正向关系在中国情境下再次得到了验证。变革型领导能有效地促进员工绩效水平的提升。这是因为员工工作中的努力在很大程度上取决于他们对领导的承诺、工作动机和工作成就感或使命感等驱使因素，而变革型领导通过关注下属需要、唤醒下属的工作动机和信念，增强了下属独立思考、解决问题的能力和积极性，促使他们达到最高的绩效水平。同时，企业领导者如果表现出变革型领导的行为风格，比如具备一定的个人魅力、为员工描绘美好的愿景、关心员工的发展需要等，员工就会将领导者的价值观内在化，从而超越个人眼前利益，转而追求所在组织的长远利益，这表现为员工对所在组织的承诺水平的增强。

本研究的结果还表明，下属心理资本在变革型领导行为同下属工作绩效及组织承诺关系间具有中介作用。本研究并没有把心理资本作为一个高阶变量，而是将其各维度展开后进行探讨。采用这种分析法本研究发现了心理资本各维度所发挥的作用的差异性——并非所有维度都在变革型领导同下属工作行为和态度之间起到中介作用，只有下属自我效能、希望和恢复力对变革型领导行为与下属工作绩效的关系起到中介作用；下属自我效能和恢复力对变革型领导行为与下属组织承诺的关系起到中介作用。这种将心理资本各维度展开的讨论，将有助于更为清晰和详细地洞悉变革型领导在通过引导下属心理资本来积极影响下属工作结果这一过程中的具体作用路径和作用机理。

五、研究启示与展望

在当前我国强调人力资源对于保持企业竞争优势的战略性作用的背景下，本研究的实践价值在于：能够帮助企业领导者意识到员工心理资本对其领导效能发挥的关键作用，并有意识对下属积极心理状态进行引导，进而提升其工作绩效和组织承诺水平。具体而言，本研究一方面为企业领导者全面地认识员工个体因素中的积极心理力量，进而有效地开发他们的心理潜能提供了理论支撑,从而有助于领导者更为高效地管理、开发和运用企业员工的人力资源优势;另一方面为组织中管理干部领导力的培养提供了理论依据。本研究从理论上证明了组织在通过管理和开发员工心理资本来提升其绩效和组织承诺水平时,领导行为尤其是变革型领导行为具有非常重要的作用。由此,本研究为组织提供了以下启示,即可以从变革型领导各维度方面来培养管理干部的领导力,从而达到对员工工作行为和态度产生积极影响的目的。

本研究的具体发现具有很强的扩展性,由此衍生出的很多理论和实践问题具有进一步探索的价值。此外,在探讨领导对下属心理资本的引导时,还应重视现实情境的作用。这是因为组织中除了领导行为对下属的心理资本有影响外,组织环境因素(如组织发展现状、文化氛围、领导下属关系等)也能影响到下属的心理资本。鉴于此,未来研究可以把现实情境因素纳入分析框架,检验在领导通过引导下属心理资本来影响下属的过程中,组织发展现状、文化氛围、领导下属关系等情境因素的调节作用。

本研究的局限性在于:①虽然共同方法偏差问题对数据分析的影响甚微,但在以后的研究中,应通过使用更为客观和科学的测量策略(如让领导和下属互相评价,在某些变量的测量上尽可能地选取客观数据等),尽可能地避免共同方法偏差问题;②本文没有进行跨时间的数据收集,只是一个横截面式的研究,所以还不能真正确定变量之间的因果关系。未来研究可收集具有时间跨度的数据,并基于此考察变革型领导行为对员工工作绩效和组织承诺的跨时间影响效果,从而使研究结果具有更大的理论贡献和更为显著的现实指导意义。

参考文献

[1] 宋继文,孙志强,孟慧. 变革型领导的中介变量:一个整合的视角 [J]. 心理科学进展, 2009, 17 (1): 147–157.

[2] Kark R., Dijk D. V. Motivation to Lead, Motivation to Follow: The Role of the Self–regulatory Focus In Leadership Processes [J]. Academy of Management Review, 2007, 32 (2): 500–528.

[3] Luthans F., Avolio B. J., Walumbwa F. O., et al. The Psychological Capital of Chinese Workers: Exploring the Relationship with Performance [J]. Management and Organization Review, 2005, 1 (2): 247–269.

[4] Luthans F., Luthans K. W., Luthans B. C. Positive Psychological Capital: Beyond Human and Social Capital [J]. Business Horizon, 2004, 47 (1): 45–50.

[5] Bass B. M. Leadership and Performance beyond Expectations [M]. New York: The Free Press, 1985.

[6] Piccolo R. F., Colquitt J. A. Transformational Leadership and Job Behaviors: The Mediating Role of Core Job Characteristics [J]. Academy of Management Journal, 2006, 49 (2): 327–340.

[7] Barling J., Weber T., Kelloway E. K. Effects of Transformational Leadership Training on Attitudinal and financial Outcomes: A field Experiment [J]. Journal of Applied Psychology, 1996, 81 (6): 827–832.

[8] Chen X. P., Farh J. L. The Effectiveness of Transactional and Transformational Leader Behaviors Chi-

nese Organizations: Evidence from Taiwan [C]. The Academy of Management, Chicago, 1999.

[9] 李超平, 田宝, 时勘. 变革型领导与员工工作态度: 心理授权的中介作用 [J]. 心理学报, 2006, 38 (2): 297-307.

[10] Wang H. Leader-Member Exchange as a Mediator of the Relationship between Transformational Leadership and followers' Performance and Organizational Citizenship Behavior [J]. Academy of Management Journal, 2005, 48 (3): 420-423.

[11] Boerner S., Eisenbeiss S. A., Griesser D. Follower Behavior and Organizational Performance: The Impact of Transformational Leaders [J]. Journal of Leadership and Organizational Studies, 2007, 13 (3): 15-26.

[12] Goldsmith A. H., Darity W., Veum J. R. Race, Cognitive Skills, Psychological Capital and Wage [J]. Review of Black Political Economy, 1998, 26 (2): 13-22.

[13] Bandura A. Determinants and Structural Relation of Personal Efficacy to Collective Efficacy [J]. Applied Psychology: An International Review, 2002, 51 (1): 107-125.

[14] Ashkanasy N. M., Tse B. Transformational Leadership as Management of Emotion: A Conceptual Review [M] // Ashkanasy N., Hartelc, Zerbe W. Emotions in the Workplace: Developments In the Study of the Managed Heart. Westpor: Quorum Books, 2000: 221-235.

[15] Stajkovic A., Luthans F. Self-efficacy and Work-related Performance: A Meta-analysis [J]. Psychological Bulletin, 1998, 124 (2): 240-261.

[16] Youssef C. M. Resiliency Development of Organizations, Leaders and Employees: Multilevel Theory Building and Individual-level, Path-chromatography Empirical Testing [R]. University of Nebraska-Lincoln, 2004.

[17] Seligman M. Learned Optimism [M]. NewYork: Pocket Books, 1998.

[18] Luthans F. The Need for and Meaning of Positive Organizational Behavior [J]. Journal of Organizational Behavior, 2002, 23 (6): 695-706.

[19] 仲理峰. 心理资本对员工的工作绩效、组织承诺及组织公民行为的影响 [J]. 心理学报, 2007, 39 (2): 328-334.

[20] Snyder C. R., Irving L., Anderson J. R. Hope and Health: Measuring the Will and the Ways [M] // Snyder C. R., Forsyth D. R. Handbook of Social and Clinical Psychology. Elms ford: Pergamon, 1991: 285-305.

[21] Podsakoff P. M., Mackenzie S. B., Moormanr H, et al. Transformational Leader Behaviors and their Effects on Followers' Trust in leader, Satisfaction and Organizational Citizenship Behaviors [J]. Leadership Quarterly, 1990, 1 (2): 107-142.

[22] Meyer J. P., Allen N. J. Commitment in the Workplace: Theory, Research and Application [M]. Thousand Oaks: Sage, 1997.

[23] Chen Z. X., Francesco A. M. The Relationship Between the Three Components of Commitment and Employee Performance in China [J]. Journal of Vocational Behavior, 2003, 62 (3): 490-510.

[24] 陈永霞. 变革型领导、心理授权与员工的组织承诺: 中国情景下的实证研究 [J]. 管理世界, 2006 (1): 96-105.

[25] Motowidlo S. J., Van Scotter J. R. Evidence That Task Performance Should Be Distinguished from

Contextual Performance [J]. Journal of Applied Psychology, 1994, 79 (4): 475-480.

[26] 唐强. 企业员工心理资本结构维度及其因果关系的初步验证 [D]. 杭州：浙江大学硕士学位论文, 2008.

[27] Harman H. H. Modern Factor Analysis [M]. Chicago: University of Chicago Press, 1967.

[28] 邱皓政, 林碧芳. 结构方程的原理与应用 [M]. 北京：中国轻工业出版社, 2009.

Psychological Capital as a Mediator of the Relationship between Transformational Leadership and followers' Task Performance and Organizational Commitment

Li Lei   Shang Yufan   Xi Youmin   Wang Yagang

Abstract: This paper develops a model in which psychological capital mediates the relationship between Transformational leadership behavior and followers' task performance and organizational commitment. Based on a sample of 230 MBA students in China and by using structural equation modeling, this paper examines the specific relations among different dimensions of transformational leadership, Followers' task performance, organizational commitment and psychological capital. This results show that three dimensions of psychological capital, self-efficacy, hope and resilience mediate the relationship between transformational leadership and task performance; and that self-efficacy and resilience mediate the relationship between transformational leadership and organizational commitment. Implications for the theory and practice of leadership are discussed, and future research directions are offered.

Key Words: Transformational Leadership; Follower's Psychological Capital; Task Performance; Organizational Commitment

第二节 英文期刊论文精选

Title: Predicting the Form and Direction of Work Role Performance from the Big 5 Model of Personality Traits

Author: Andrew Neal, Gillian Yeo, Annette Koy, Tania Xiao

Periodical: Journal of Organizational Behavior

Date: February, 2012

Abstract: This research examined the prediction of the form and direction of work role performance from the Big 5 model of personality traits. Nine dimensions of work role performance are created by cross – classifying the form of work role behavior (proficient, adaptive, and proactive) with the level at which that behavior contributes to effectiveness (individual, team, and organizational). The authors collected self – report measurements of personality from 1447 government employees and supervisor ratings of performance. Openness to experience and agreeableness had opposing effects on individual proactivity – openness was positively related, whereas agreeableness was negatively related to this dimension. Openness to experience also had opposing effects on the form of work role performance it was positively related to individual and organizational proactivity but negatively related to team and organizational proficiency. Conscientiousness was a stronger predictor of individual task proficiency than the remaining eight dimensions, whereas the reverse was true for neuroticism. Extraversion was negatively related to individual proficiency. Using a broad taxonomy of performance that incorporates a theoretical framework for distinguishing between constructs shows promise for identifying which personality traits are important for which aspects of work role performance.

文章名称：从大五人格特征预测工作角色绩效的方式和方向

作者：安德烈·尼尔，吉莉安·杨，安妮特·科，塔尼娅·肖

期刊名称：组织行为学期刊

日期：2012年2月

内容简介：本文检验大五人格特征对工作角色绩效的形式和方向的预测。通过交叉分析工作角色行为（熟练、适应性、主动地）的方式以及行为对效能（个体、团队、组织）的贡献水平，得到工作角色绩效的九个维度。作者收集了1447名政府雇员的关于人格特质的测量自我报告和管理人员的绩效评价。经验开放性和宜人性对个体的主动性起相反的作用，开放性的作用为积极的，而宜人性是消极的。经验开放性对工作角色绩效同样有相反的作用，它对个体和组织主动性的作用是积极的，但是对团队和组织效能是消极的。尽责性是九个维度中对个体任务效能影响最强的变量，而神经质是最弱的。外倾性与个体效能负相关。使用广泛的分类性能，建立一个理论框架，区分不同的构念，确定哪些人格特质对工作角色绩效最为重要。

Title: On the Value of Aiming High: The Causes and Consequences of Ambition
Author: Timothy A. Judge, John D. Kammeyer-Muelle
Periodical: Journal of Applied Psychology
Date: July, 2012
Abstract: Ambition is a commonly mentioned but poorly understood concept in social science research. We sought to contribute to understanding of the concept by developing and testing a model in which ambition is a middle-level trait (Cantor, 1990) —predicted by more distal characteristics but, due to its teleological nature, more proximally situated to predict career success. A 7-decade longitudinal sample of 717 high-ability individuals from the Terman life-cycle study (Terman, Sears, Cronbach & Sears, 1989) was used in the current study. Results indicated that ambition was predicted by individual differences—conscientiousness, extraversion, neuroticism, and general mental ability—and a socioeconomic background variable: parents' occupational prestige. Ambition, in turn, was positively related to educational attainment, occupation prestige, and income. Ambition had significant total effects with all of the endogenous variables except mortality. Overall, the results support the thesis that ambition is a middle-level trait—related to but distinct from more distal individual difference variables—that has meaningful effects on career success.

文章名称：论高目标的价值：抱负的原因和后果
作者：蒂莫西·A. 贾奇，约翰·D. 卡默—米勒
期刊名称：应用心理学杂志
日期：2012年7月
内容简介：在社会科学领域，抱负是一个常被提及但很少人了解的概念。我们试图通过开发和测试一个模型，帮助理解这一概念，模型中抱负是一个中层特质，被更远端的特征所预测，但是由于它的目的性，其更有可能预测事业的成功。本研究使用Terma生命周期研究中的，来自717个高能力个体的7层次纵向样本。结果表明，抱负会受到个体差异——负责人、外向性、神经质和一般的心理能力——以及一个社会经济背景变量：父母的职业声望的影响。反之，抱负与教育程度、职业声望、收入正相关。抱负对除死亡率之外的所有内生变量都有显著的总效应。总体来说，这一结果支持了抱负是一个中层特征，与远端个体差异变量有联系但相区别，并且对职业成功有明显的作用。

Title: Creative Self-Efficacy and Individual Creativity in Team Contexts: Cross-Level Interactions with Team Informational Resources.

Author: Andreas W. Richter, Daan van Knippenberg, Giles Hirst, Markus Baer

Periodical: Journal of Applied Psychology

Date: November, 2012

Abstract: We propose a cross-level perspective on the relation between creative self-efficacy and individual creativity in which team informational resources, comprising both shared "knowledge of who knows what" (KWKW) and functional background diversity, benefit the creativity of individuals more with higher creative self-efficacy. To test our hypotheses, we conducted a multi-level study with 176 employees working in 34 research and development teams of a multinational company in 4 countries. In support of our hypotheses, the link between creative self-efficacy and individual creativity was more positive with greater shared KWKW, and this interactive effect was pronounced for teams of high rather than low functional background diversity. We discuss implications for the study of creative self-efficacy in team contexts.

文章名称：创新自我效能与个体在团队中的创造力：与团队信息资源的交叉互动

作者：安德烈亚斯·W. 李希特，大安·范·克尼彭贝格，吉尔斯·赫斯特，马库斯·贝尔

期刊名称：应用心理学杂志

日期：2012年11月

内容简介：针对创新自我效能与个体在团队信息资源中的创造力的关系，我们提出一个交互的观点，包括分享知识以及功能背景多样性，认为创新自我效能越高，越有利于个体的创造力。为了检验假设，我们选取一个在4个国家经营的跨国公司，对其34个研究发展团队中的176个员工进行多层面研究。结果发现，在更高的知识分享中，创新自我效能与个体的创造力之间有正向关系，这一交互作用在高功能背景多样性的团队中更为明显。我们还讨论了本文对团队层面创新自我效能相关研究的启示。

Title: Fostering Team Creativity: Perspective Taking as Key to Unlocking Diversity's Potential

Author: Inga J. Hoever, Daan van Knippenberg, Wendy P. van Ginkel, Harry G. Barkema

Periodical: Journal of Applied Psychology

Date: September, 2012

Abstract: Despite the clear importance of team creativity for organizations, the conditions that foster it are not very well understood. Even though diversity, especially diversity of perspectives and knowledge, is frequently argued to stimulate higher creativity in teams, empirical findings on this relationship remain inconsistent. We have developed a theoretical model in which the effect of a team's diversity on its creativity is moderated by the degree to which team members engage in perspective taking. We propose that perspective taking helps realize the creative benefits of diversity of perspectives by fostering information elaboration. Results of a laboratory experiment support the hypothesized interaction between diversity and perspective taking on team creativity. Diverse teams performed more creatively than homogeneous teams when they engaged in perspective taking, but not when they were not instructed to take their team members' perspectives. Team information elaboration was found to mediate this moderated effect and was associated with a stronger indirect effect than mere information sharing or task conflict. Our results point to perspective taking as an important mechanism to unlock diversity's potential for team creativity.

文章名称：团队创新能力的培养：以换位思考开启多样性的潜能

作者：伊嘉·J. 霍夫，大安·范·克尼彭贝格，温迪·P. 范金克尔，哈利·G. 巴克马

期刊名称：应用心理学杂志

日期：2012 年 9 月

内容简介：尽管创新对组织的重要性已经十分清晰，但培养创新的环境仍待研究。即使多样性，特别是视角和知识的多样性，已经被认为能够激发团队的高创新水平，但对这一关系的实证研究尚未达成一致。本文对团队多样性对创新作用的理论模型进行发展，认为这一关系会受到团队成员换位思考程度的影响。我们认为，通过促进信息的阐述，换位思考能够帮助理解视角多样性对创新的益处。实验所得结论支持了多样性与换位思考对团队创新的交互关系。当他们能够换位思考的时候，多样的团队比起同质性团队，表现得更有创新性；当他们不去考虑其他成员的观点时，多样的团队并没有与同质团队表现不同。团队信息描述也能间接调节这一中介作用，并且比单纯的信息分享或任务冲突的作用更强烈。我们的结论表明，换位思考是一个重要的激发多样性对团队绩效作用的机制。

Title: The Dark Side of Leadership: A Three-level Investigation of the Cascading Effect of Abusive Supervision on Employee Creativity

Author: Liu Dong, Liao Hui, Raymond Loi

Periodical: Academy of Management Journal

Date: October, 2012

Abstract: This research sheds light on the role of the dark side of leadership in employee creativity by examining how and when department leader abusive supervision may flow down organizational levels to undermine team member creativity. Analyses of multiphase, multisource, and multilevel data show that team leader abusive supervision mediates the negative relationship between department leader abusive supervision and team member creativity. Team leaders' and members' attributions for the motives behind their own supervisors' abusive supervision, which we classify as performance-promotion and injury-initiation motives, determine the extent to which team leader abusive supervision accounts for the effect of department leader abusive supervision on team member creativity.

文章名称：领导力的黑暗一面：辱虐管理对员工创新的三层次层叠效应调查

作者：刘东，廖辉，雷蒙德·洛

期刊名称：美国管理协会学报

日期：2012年10月

内容简介：本文通过检验部门领导的辱虐管理，何时以及怎样从组织层面影响到团队成员的创新力，来揭露领导力的黑暗面对员工创新的作用。多阶段、多资源以及多层面数据分析表明，部门领导的辱虐管理与团队成员的创新力呈消极关系，而团队领导的辱虐管理会调节这一关系。部门领导的辱虐管理有一定的激励性，我们将其分为绩效促进和损坏激发，而团队领导和成员对这一激励所做的贡献，决定了团队领导的辱虐管理能在多大程度上，解释部门领导的辱虐管理对团队成员创新的作用。

Title: How to Identify Leadership Potential: Development and Testing of a Consensus Model
Author: Nicky Dries, Roland Pepermans
Periodical: Human Resource Management
Date: May/June, 2012
Abstract: Building on two studies, the current article responds to urgent calls in the literature for more empirical research on how to identify leadership potential. Based on an extensive review of the 1986 – 2010 literature, and applying a combination of qualitative and quantitative techniques, we developed a model of leadership potential consisting of four quadrants: Analytical skills (containing the factors Intellectual curiosity, Strategic insight, Decision making, and Problem solving); Learning agility (containing the factors Willingness to learn, Emotional intelligence, and Adaptability); Drive (containing the factors Results orientation, Perseverance, and Dedication); and Emergent leadership (containing the factors Motivation to lead, Self-promotion, and Stakeholder sensitivity). Notably, the developed model steers clear from some of the typical issues that tend to hinder valid assessments of leadership potential (i.e., the confound between performance and potential, as well as that between leadership potential and successful, mature leadership). Furthermore, high consensus was found between top managers, line managers, and HR managers about the practical relevance of the proposed model. The article concludes with some specific future avenues for research and practice.

文章名称：怎样识别领导潜能：一个公认模型的发展与检验
作者：妮基·德赖斯，罗兰·佩帕曼斯
期刊名称：人力资源管理
日期：2012年5/6月
内容简介：根据研究，当前文献迫切需要对领导潜力的识别进行实证研究。基于1986~2010年的文献回顾，综合运用质性技术和定量技术，我们发展得到一个领导潜力模型，包括四个部分：分析技能（包括知识的好奇心，战略眼光，决策和解决问题）；学习敏捷性（包含学习意愿、情绪智力和适应性的因素）；驱动（包含因素结果导向、毅力和奉献精神）；紧急领导（包含动机、领导、自我提升和利益相关者的敏感度）。特别地，该模型避免了一些会阻碍有效的领导潜能评估的典型问题（如绩效与潜能的混淆，领导效能与成功的、成熟的领导的混淆）。同时，在高管、直线管理者、人力资源经理等对这一模型的实践意义达成了共识。本文还为未来的实践和研究提出了具体展望。

Title: A Multilevel Study of Transformational Leadership, Identification, and Follower Outcomes

Author: Wang Xiaohua, Jane M. Howell

Periodical: The Leadership Quarterly

Date: October, 2012

Abstract: Using a sample from a large diversified company, this study examines the influence processes of transformational leadership (TFL) at both the individual and group levels concurrently and explores cross-level relationships. Results showed that, at the individual level, followers' personal identification with the leader mediated the effects of individual-focused TFL behavior on individual performance and empowerment. At the group level, group identification mediated the effect of group-focused TFL behavior on collective efficacy. Results also supported two cross-level effects from the group level to the individual level. The paper addresses the implications for leaders of motivating individuals and teams, at the same time.

文章名称：变革型领导、认同和下属绩效的多层次研究

作者：王晓华，简·M. 豪厄尔

期刊名称：领导季刊

日期：2012年10月

内容简介：以一家大型多样化公司为样本，本文检验了变革型领导在个体和群体层面的影响过程，并且对跨层次的关系进行探索。结果表明，在个体层面，下属对领导的员工认同，会中介关注个体的变革型领导行为对个体绩效和授权的作用；在群体层面，群体认同会中介关注群体的变革型领导行为对群体效能的作用。结果同样支持了从群体层面对个体层面的两个跨层次影响。本文同时还对激励个体和团队的领导提出相关启示。

Title: Understanding Indigenous Leadership Research: Explication and Chinese Examples

Author: Zhang Xiaojun, Fu Pingping, Xi Youmin, Li Lei, Xu Liguo, Cao Chunhui, Li Guiquan, Ma Li, Ge Jing

Periodical: The Leadership Quarterly

Date: December, 2012

Abstract: Integrating the constructivist and positivist research traditions, we propose a three-step methodological framework and use a study of Chinese indigenous leadership practices as an example to illustrate how to utilize the framework to study indigenous leadership practices. We argue that indigenous leadership research is an ideal way to examine and interpret leadership practices in a specific social context because not all leadership practices are captured in dominant Western perspectives that utilize Western-built instruments, which often fail to account for perspectives and practices of leadership in non-Western contexts. Finally, we discuss implications of the proposed methodology on leadership research and offer suggestions on how to deal with challenges when conducting indigenous leadership research in various cultures.

文章名称：了解本土领导研究：阐述以及中国的例子

作者：张晓军，富萍萍，席酉民，李磊，徐立国，曹春辉，李圭泉，马莉，葛京

期刊名称：领导季刊

日期：2012年12月

内容简介：借鉴建构主义和实证主义的研究传统，我们提出了三步骤的方法框架，并使用中国本土领导实践的研究为例，说明如何利用框架来研究本土的领导实践。我们认为，本土领导研究是在特定社会背景下的解释领导实践的理想方式，因为不是所有的领导实践都符合西方的主流观点，这往往不能解释一些非西方背景下的领导观点和做法。最后，我们对领导研究的方法论所带来的启示进行讨论，并对如何应对多样文化下实行本土领导的挑战提出建议。

Title: Forgotten but Not Gone: An Examination of Fit Between Leader Consideration and Initiating Structure Needed and Received

Author: Lisa Schurer Lambert, Bennett J. Teppe, Jon C. Carr, Daniel T. Holt, Alex J. Barelka

Periodical: Journal of Applied Psychology

Date: September, 2012

Abstract: We examined the effects of fit between leader consideration and initiating structure needed and received on employees' work-related attitudes (i.e., trust in the supervisor, job satisfaction, and affective commitment to the organization). Consistent with predictions that derive from the person-environment fit research tradition, results from Study 1 suggested that deficient amounts of both leadership behaviors were associated with unfavorable attitudinal outcomes. However, while excess levels of consideration were associated with favorable attitudinal outcomes, excess levels of initiating structure were associated with unfavorable attitudes, and for both forms of leadership, higher levels of absolute fit were associated with more favorable outcomes. Results from Study 2 suggested that attitudes generated by the fit between leadership needed and received influence employees' organizational citizenship behavior as reported by their supervisors. The relationship between consideration needed and received and subordinates' organizational citizenship behavior relating to individuals (OCBI) and organizational citizenship behavior relating to the organization itself (OCBO) was partially mediated by employees' trust in the supervisor, while the relationship between initiating structure needed and received and OCBI was fully mediated by trust in the supervisor, and for OCBO was partially mediated.

文章名称：遗忘，但没有消失：需要的与实际的领导思考与主动型结构的匹配检验

作者：丽莎·席尔·兰伯特，班尼特·J. 太普，乔恩·C. 卡尔，丹尼尔·T. 霍尔特，亚历克斯·J. 巴雷卡

期刊名称：应用心理学杂志

日期：2012年9月

内容简介：领导思考与需要的主动性结构之间能够匹配，我们对这一匹配性与员工的工作态度（如对上级的信任、工作满意度、对组织的情感承诺）的关系进行检验。与以前人—环境匹配的研究结论相同，研究一的结果表明，领导行为的不足与不积极的态度结果相关。但是，尽管过量的思考与积极的态度结果有限，过量水平的主动型结构与不利的态度相关，并且对于领导力的形式，高水平的匹配能够带来更有利的结果。研究二表明，因需要的领导力与实际的领导力之间的匹配而产生的态度，会影响上级评估的员工组织公民行为。组织公民行为又分为针对个体的行为和针对组织的行为，而需要的和实际的领导思考与这两者的关系，都部分地被员工对上级的信任所调节，但是所需要的主动型结构与针对个体的组织公民行为的关系完全被对上级的信任所调节，而与针对组织的组织公民行为的关系部分地被调节。

经济管理学科前沿研究报告

Title: At What Level (and in Whom) We Trust: Trust Across Multiple Organizational Levels

Author: Ashley Fulmer, Michele J. Gelfand

Periodical: Journal of Management

Date: July, 2012

Abstract: Despite the importance of trust across multiple levels in organizations, extant reviews have focused predominantly on trust at the individual level. A systematic review of trust research across levels and trust referents is sorely needed to synthesize the growing number of both micro and macro studies on this topic. Moreover, as trust is a linchpin for divergent areas, such as negotiation, leadership, team processes, human resource management, organizational change, entrepreneurship, and strategic alliances, a multilevel – multireferent review of trust can facilitate integration in the field of organizational sciences. In this review, the authors adopt a levels – of – analysis approach to organize the research on trust between 2000 and 2011 in multiple referents that include interpersonal, team, and organization at the individual, team, and organizational levels and analyze the similarities and differences in antecedents, consequences, and theoretical perspectives dominant at each level. Building on this foundation, the authors identify current strengths, weaknesses, and research gaps; offer recommendations for integration across levels and referents; and discuss lingering questions that research so far has overlooked. In doing so, the review offers a systematic and comprehensive view of the current state of the trust literature in organizational sciences and provides a blueprint for future research.

文章名称：我们相信谁：多组织层面的信任

作者：艾希礼·富尔默，米歇尔·J. 盖尔芬德

期刊名称：管理学报

日期：2012年7月

内容简介：尽管信任在组织的很多层面上都很重要，但是现有研究都将重点聚焦于个体层面的信任，需要对不同层面和不同信任对象的信任研究进行系统回归，从而将这一话题的微观和宏观研究进行整合。同时，由于信任是很多分歧领域的关键，比如谈判、领导力、团队过程、人力资源管理、组织变革、企业以及战略联盟，有关信任的多层面和多对象回顾能够加快组织科学领域的整合。在这一回顾中，作者采取层次分析方法来整理2000~2011年有关信任的研究，包括个体的、团队和组织层面的多种参照对象，每个层面都从前因、结果以及理论视角的相同和区别方面进行分析。在此基础上，作者阐述了现有研究的优点、缺陷和研究缺口，对整合跨层次和对象的研究提出建议，并且讨论了现有研究一直所忽视的问题。最后，本文针对组织中现有的信任状态，提出一个系统的、完整的观点，并提出了有关未来研究的蓝图。

Title: Different Hats, Different Obligations: Plural Occupational Identities and Situated Moral Judgments

Author: Keith Leavitt, Scott Reynolds, Christopher M. Barnes, Pauline Schlipzand, Sean Hannah

Periodical: Academy of Management Journal

Date: December, 2012

Abstract: It is well understood that moral identity substantially influences moral judgments. However, occupational identities are also replete with moral content, and individuals may have multiple occupational identities within a given work role (e.g., engineer and manager). Consequently, we apply the lenses of moral universalism and moral particularism to categorize occupational identities and explore their moral prescriptions. We present and test a model of occupational identities as implicitly held and dynamically activated knowledge structures, cued by context and containing associated content about the absolute and/or relationship-dependent moral obligations owed by an actor to stakeholders. Results from one field study and two situated experiments with dual-occupation individuals indicate that moral obligations embedded in occupational identities influence actors' work role moral judgments in a predictable and meaningful manner.

文章名称：不同的职位，不同的责任：双重职业身份以及相应道德判断

作者：基思·莱维特，斯科特·雷诺兹，克里斯托弗·M. 巴尼斯，波琳·施利茨，肖恩·汉娜

期刊名称：美国管理协会学报

日期：2012年12月

内容简介：众所周知，道德认同会影响道德判断，但职业身份也同样与道德的内容相关。同时，在固定的工作角色下，个体可能具有多种职业身份（如工程师或管理者）。因此，本文从道德普遍主义和道德特殊主义的角度对职业身份进行分类，探讨他们的道德观点。我们提出职业身份模型，它是潜在的、动态的、需激活的知识结构，以情境为线索，包括与绝对有关的内容和（或）股东角色的道德责任关系。通过一个田野研究和两个情境实验，本文以拥有两个职业身份的个体为对象，得到以下结论：道德责任与职业身份相关，并且以一种可预测的、有意义的方式，影响角色的道德判断。

Title: Transfer of Training: Written Self – guidance to Increase Self – efficacy and Interviewing Performance of Job Seekers

Author: Amanda Shantz, Gary P. Latham

Periodical: Human Resource Management

Date: September/October, 2012

Abstract: Subsequent to training IT professionals (n = 35) in skills for performing effectively in a selection interview, 16 were randomly assigned to a transfer of training intervention, written self – guidance (WSG). This methodology is based on social cognitive and self – persuasion theories. The results showed that WSG resulted in significantly higher ratings from an interviewer than did those in the control group. Self – efficacy for interviewing skill mediated the relationship between WSG and performance. A content analysis of the WSG letters showed that the use of self – affirming and self – relevant statements was positively related to performance in the selection interview.

文章名称：培训迁移：书面自我管理能够增加自我效能和求职者面试成绩

作者：阿曼达·尚茨，加里·P. 莱瑟姆

期刊名称：人力资源管理

日期：2012 年 9/10 月

内容简介：在对 35 名 IT 人员进行面试技巧的培训后，有 16 名被随机分配到一个培训迁移干预活动，书写自我指导（WSG）。这一方法基于社会认知和自我追求理论。结果表明，经历自我指导的员工比未经历的控制组得到更高的面试成绩。面试绩效的自我效能能够调节 WSG 与成就的关系。对 WSG 的内容分析表明，自我肯定和自我相关陈述与选拔面试的绩效呈正相关关系。

Title: Individualism – collectivism and Team Member Performance: Another Look

Author: John A. Wagner, Stephen E. Humphre, Christopher J. Meyer, John R. Hollenbeck

Periodical: Journal of Organizational Behavior

Date: October, 2012

Abstract: This study revisits the commonplace research conclusion that greater team member collectivism, as opposed to individualism, is associated with higher levels of individual – level performance in teams. Whereas this conclusion is based on the assumption that work in teams consists exclusively of tasks that are shared, typical teamwork also includes tasks that are individualized. Results of a laboratory study of 206 participants performing a mix of individualized and shared tasks in four – person teams indicate that heterogeneous combinations of individualism and collectivism are associated with higher levels of team member performance, measured as quantity of output, when loose structural interdependence enables individual differences in individualism – collectivism to exert meaningful effects. These results support the modified conclusion that a combination of individualism and collectivism is associated with higher levels of member performance in teams under typical work conditions; that is, conditions in which the tasks of individual members are both individualized and shared.

文章名称：个人主义—集体主义以及成员绩效：另一种视角

作者：约翰·A. 瓦格纳，史蒂芬·E. 亨弗瑞，克里斯托弗·J. 迈耶，约翰·R. 霍伦贝克

期刊名称：组织行为学期刊

日期：2012 年 10 月

内容简介：已有研究结论认为，团队集体主义越强，而不是个体主义，团队中的个体绩效水平越高。本文对这一结论进行重新检验。这一结论建立工作在团队有专门的共享任务，典型的团队合作是个性化的基础之上。206 个参与者分为有个体和共享任务的四人小组，对其进行实验研究，以输出的数量为衡量，表明当松散的结构依赖使得个体差异表有异议时，异质性的个人主义和集体主义的组合与更高水平的成员绩效相关。这些结果支持了在特定的工作情景下，个体主义与集体主义的结合与高水平的成员绩效有关的结论，即个体的任务同时也是与其他个体所共享的情景。

Title: Strength in Adversity: The Influence of Psychological Capital on Job Search
Author: Chen Dong J. Q. , Vivien K. G. Lim
Periodical: Journal of Organizational Behavior
Date: August, 2012
Abstract: This study examined the influence of psychological capital on job search among displaced employees. On the basis of a sample of 179 retrenched professionals, managers, executives, and technicians, we found that psychological capital (self – efficacy, hope, optimism, and resilience) was positively related with displaced employees' level of perceived employability, a coping resource. Perceived employability was positively related with problem – focused and symptom – focused coping strategies. Whereas problem – focused coping was positively related with preparatory and active job search, symptom – focused coping strategy was not. The relationship between psychological capital and preparatory and active job search was mediated by perceived employability and problem – focused coping. Implications of our findings are discussed.

文章名称：逆境中的力量：心理资本对求职的影响
作者：陈东·J. Q. , 维维恩·K. G. 利姆
期刊名称：组织行为学期刊
日期：2012年8月
内容简介：本研究探讨了心理资本对失业员工工作搜索的影响。基于179位被裁人员、管理者、执行者以及技术人员的样本，我们发现心理资本（自我效能感、希望、乐观和韧性）与员工感知的就业水平正相关，这一水平为应对资源。所感知的就业能力与问题聚焦和症状聚焦的合作战略正相关。然而，聚焦问题的合作与准备和主动的工作搜索正相关，而症状聚焦的合作战略则不是。心理资本与准备、主动求职的关系被感知的就业水平和问题聚焦的应对方式所调节。我们对研究结果的影响进行了讨论。

Title: Competencies for HR Professionals
Author: Dave Ulrich, Younger Jon, Wayne Brockbank, Mike Ulrich
Periodical: Human Resources Magazine
Date: August/September, 2012
Abstract: The article provides new set of competencies required for human resource (HR) professionals given prolonged recession and organizational debt crisis. It is suggested that high performing HR professionals think and act from outside/in which means that HR must turn outside business trends and stakeholder expectations into internal actions. Effective HR professionals are reportedly credible activists which involve doing what they promise, building personal trust relationships and being relied on.

文章名称：HR 专业人员的胜任力
作者：戴维·尤里奇，乔恩·杨格，韦恩·布罗克班克，迈克·尤里奇
期刊名称：人力资源杂志
日期：2012 年 8/9 月
内容简介：文章提供了在长期的经济衰退和组织债务危机的情况下，人力资源专业人士所需要的一组新的胜任力。有研究认为，高水平的人力资源专业人士从外部进行思考和行动，这就意味着，人力资源必须把外部业务趋势和利益相关者的期望转化为内部行动。本文认为，高效的人力资源专业人士对他们所承诺要做的事情十分积极，有很强的个人信任和依赖。

第三章 人力资源管理学学科 2012 年出版图书精选

第一节

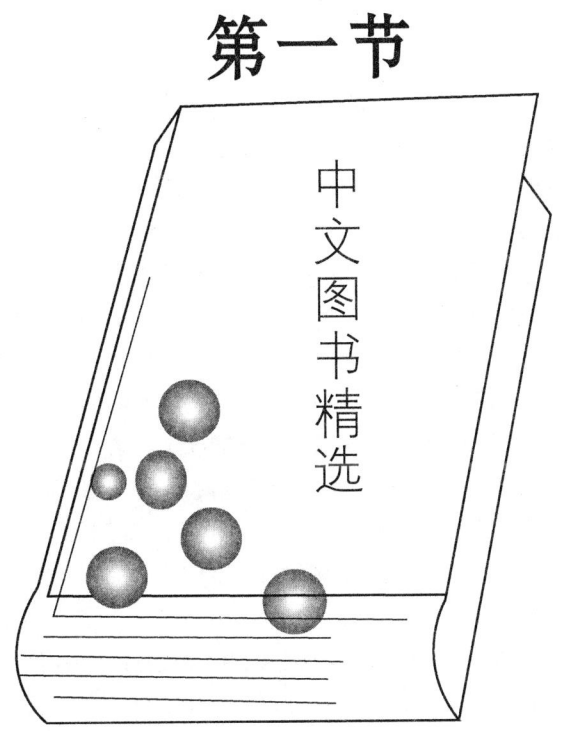

中文图书精选

书名：国际人力资源管理（第5版）
作者：赵曙明等
出版社：中国人民大学出版社
出版时间：2012-01-01

书籍简介：

《国际人力资源管理（第5版）》是由中外人力资源管理专家共同编写的一本国际人力资源管理教材。中文版2001年首次推出，对我国国际人力资源管理的教学起到了很好的推动作用。第5版是最新版。本书全面系统地分析了跨国公司的国际人力资源开发与管理，并构建了国际化的战略性人力资源管理体系。书中特别收入了近十年来国内外的最新研究成果和国际企业的最新实践，并增加了中国企业开展国际化经营的典型案例。

本书共12章。第1章描述了国际人力资源管理及其与国内人力资源管理的区别；第2章介绍了企业国际化的成长给人力资源管理部门带来的挑战，以及如何应对这些挑战；第3章阐述了跨国并购中的跨文化管理问题；第4章分析了国际经营背景下的人力资源配备问题；第5章阐述了跨国公司员工的招聘与甄选问题；第6章讨论了国际培训与开发问题；第7章讨论了国际薪酬问题；第8章讨论了国际绩效管理问题；第9章阐述了驻外人员的归国安置问题；第10章探讨了国际产业关系问题；第11章探讨了国际人力资源管理的标准化和当地化之间的相互影响及平衡措施；第12章着眼于国际人力资源管理的发展趋势，探讨了将面临的挑战和选择。

本书适合用作经济管理类本科生、研究生教材，也适合企事业单位从事相关工作的管理人员培训和自学使用。

书名：中国人力资源服务业白皮书（2011）
作者：萧鸣政　郭丽娟等
出版社：人民出版社
出版时间：2012-02-01

书籍简介：

当今正是大发展、大变革、大调整时期。多极化、经济全球化深入发展，综合国力竞争和各种力量较量更趋激烈。特别是创新成为经济社会发展的主要驱动力，知识创新成为国家竞争力的核心要素。在这种大背景下，各国为掌握国际竞争主动权，纷纷把深度开发人力资源、实现创新驱动发展作为战略选择。人力资源服务业担负着为人才效能的充分发挥提供保证的重任，在人才强国战略中起着重要的作用。

《中国人力资源服务业白皮书（2011）》向本行业及社会各界人士充分展示了我国人力资源服务业2011年度的发展全貌，总体上划分为年度报告篇与专题报告篇。年度报告篇全面介绍了2011年我国人力资源服务业所面临的政策法规环境以及新的变化，关注我国人力资源服务业的内外部市场需求、人力资源服务机构和从业人员的新变化，总结了我国人力资源服务业的总体发展状况；专题报告篇包括对人力资源服务产业的发展思考、国内外人力资源服务企业商业模式的比较研究、人力资源服务业对于大学生就业的促进作用、对薪酬状况的调查与分析、对人力资源服务业中的新兴服务业务——企业人力资源审计服务的介绍以及2007~2011年促进人力资源服务业发展的六部分共十大事件。

书名：民生为本 人才优先——人力资源社会保障事业十年发展（2002～2012）
作者：尹蔚民
出版社：人民出版社
出版时间：2012-10-01

书籍简介：

中共十六大以来的十年，是我国人力资源和社会保障事业发展最快的一个时期。在党中央、国务院的坚强领导下，在有关部门和社会各方面的大力支持下，人力资源和社会保障事业取得显著成绩，对于保障和改善民生、促进经济社会发展发挥了重要作用。《民生为本 人才优先——人力资源社会保障事业十年发展（2002～2012）》详细介绍了中共十六大以来的十年中，人力资源社会保障事业所取得的成果。

本书在全面梳理2002～2012年人力资源社会保障事业十年发展的基础上，对我国以"民生为本、人才优先"的战略进行了全方位、多视角的分析和阐述。全书由六大部分内容组成，分别从就业、社会保障、人才队伍建设、人事制度改革、工资收入分配、劳动关系方面，对我国人力资源社会保障事业的制度构建、实践探索、理论发展等角度进行了论述，揭示了十年来我国人才工作取得的巨大成就、面临的挑战和需进一步调整优化的方向，具有重要的现实启示意义和明显的出版价值。

书名：平衡计分卡与薪酬管理经典案例解析
作者：秦杨勇
出版社：中国经济出版社
出版时间：2012 - 10 - 01

书籍简介：

国务院国有资产监督管理委员会向全国的中央企业和民营企业发出通告指出，各中央企业要积极借鉴国内外先进的考核方法和理念，鼓励使用经济增加值（EVA）、平衡计分卡（BSC）的360度反馈评价、关键绩效指标（KPI）等先进的考核方法，解放思想，开拓创新，积极应对企业改革发展和经营管理中出现的新问题和新挑战，不断探索符合本企业实际的全员业绩考核方法和途径。平衡计分卡系列管理丛书正是从这些管理方法和管理理念出发，针对企业一系列的管理漏洞和要害问题而给出的解决问题的方法和思路。

《平衡计分卡与薪酬管理经典案例解析》主要阐述了如何以平衡计分卡为核心工具来开展公司全方位的管理变革；如何以平衡计分卡为核心平台来规划公司战略、设计管控模式、优化管控流程与组织架构、加强风险内控、提升人力资源管理与企业文化等。本书可以帮助读者掌握平衡计分卡是如何从战略高度来统率公司及其他管理系统的建设与运行的。

书名：人力资源管理（亚洲版·第 2 版）
作者：[美] 加里·德斯勒
出版社：机械工业出版社
出版时间：2012 - 11 - 01

书籍简介：

《人力资源管理（亚洲版·第 2 版）》是德斯勒《人力资源管理》经典教材的亚洲版，内容包括人力资源管理的战略者角色，战略人力资源管理与人力资源计分卡，工作分析，就业计划与招聘，员工测试与甄选，面试技术，员工培训与开发，绩效管理与评估，职业生涯管理，战略性薪酬，人力资源管理中的道德、公正与公平待遇，人力资源管理趋势与展望等。

本书中配有大量中外人力资源管理案例，内容丰富，叙述生动，密切联系实际，适用于工商管理、人力资源管理、公共事业管理、劳动和社会保障、劳动关系等专业和 MBA/EMBA 及 MPA 教学使用，也可供企业人力资源管理实践工作者以及政府和非营利组织中的组织与人事管理人员学习参考。

书名：中国薪酬发展报告（2011年）
作者：刘学民
出版社：中国劳动社会保障出版社
出版时间：2012-08-01

书籍简介：

《中国薪酬发展报告（2011年）》是在总结2010年版的基础上撰写完成的。为了全面展示2011年薪酬工作的全貌，我们对薪酬发展报告从体例、结构到内容进行了调整，使体例更加合理，结构更加完整，内容更加全面。本书重点对2011年国内薪酬工作进行了全面总结和系统展示，对未来一个时期薪酬发展趋势及前景进行了初步展望和预测。全书共分5篇27章，几乎涵盖了我国工资收入分配的全部内容。本书可以方便读者全面了解目前我国工资收入分配制度改革、发展以及探索、实践等相关情况。

书名：绩效管理：技术与应用
作者：林新奇
出版社：中国人民大学出版社
出版时间：2012-12-01

书籍简介：

教育部经济管理类主干课程教材·人力资源管理系列《绩效管理：技术与应用》是作者在长期从事人力资源管理特别是绩效管理的教学、研究与实践基础上编写而成的，系统梳理了绩效考核与管理的相关内容，既从理论上解析绩效考核与管理的逻辑结构，又从实践上把握绩效考核与管理的操作要领。

全书共分四个部分——理论基础篇、指标设定篇、考核主体篇和程序执行篇，涵盖了绩效管理的基本概念、绩效考核与管理的各种指标和工具、绩效管理机构及其职责、绩效考核与管理的方法与程序、企业各类人员的绩效管理实践等内容。本书融汇了作者多年从事人力资源管理咨询与培训的宝贵经验和心得体会，介绍了多种绩效管理技术与工具，并精选了大量企业绩效管理的实际案例。

本书适合用作高校人力资源管理及相关专业的教材，也可供企业实务人员阅读参考。

书名：人力资源管理心理学
作者：张杉杉　罗震雷　徐晓峰
出版社：首都经济贸易大学出版社
出版时间：2012－07－01

书籍简介：

《人力资源管理心理学》是一本跨学科取向的、基于人力资源管理研究的学术著作，它的基本目的就是要把心理学的研究和理论应用到组织的人力资源管理中。作为心理学的应用领域，人力资源管理心理学立足于寻求有效途径提高组织的效率，从而使工作场所最有效率、最令人满意。人力资源管理心理学是心理学与人力资源管理的交叉学科，一方面，它是工业与组织心理学的一个分支，随着工业与组织心理学在多个方向上迅速发展，人力资源管理已经越来越成为工业与组织心理学关注的重要领域；另一方面，作为人力资源管理的一个分支，人力资源管理的前身是人事管理，当人在组织中越来越被看作"人力资源"的时候，"人事管理"也就开始逐步被"人力资源管理"所取代。本书是为大学本科应用心理学专业的学生编写的，也可以作为相关实际工作者的参考用书。

书名：国际商务与经贸人才培养新模式：创新与实践
作者：陈继勇　李卓
出版社：社会科学文献出版社
出版时间：2012－09－01

书籍简介：

自 2001 年加入 WTO 以来，中国的对外经济与贸易加速发展。目前，中国对外贸易额全球第二，累计吸收外商直接投资居发展中国家首位，对外直接投资居世界第五位，中国已经成为全球制造和贸易的中心。在此背景下，中国对国际化、复合型、创新型与应用型的高层次国际经贸人才的需求呈现出"大、高、急"的特点。新形势要求我们革新培养理念、更新培养模式、创新培养手段。武汉大学世界经济系结合新的经贸和商务形势，从培养模式、教学实践以及经济学人才培养三个方面，对国际商务和经贸人才培养模式、课程体系建设、实践和实验教学手段、师资队伍建设等问题进行了探索。陈继勇、李卓主编的《国际商务与经贸人才培养新模式：创新与实践》将相关教学改革研究成果结集出版，总结了我国国际商务和经贸人才培养的经验，以更好地推动我国商务和经贸人才培养的实践。

书名：2012 中国劳动力市场报告——高等教育扩展背景下的劳动力市场变革
作者：赖德胜　孟大虎　李长安
出版社：北京师范大学出版社
出版时间：2012-11-01

书籍简介：

劳动力市场是配置劳动力和人力资本的基础。改革开放以来中国经济的高速增长，在很大程度上要归因于劳动力市场转型和人力资源市场配置作用的发挥。20 世纪末开始实施的高校扩招迅速积累起巨大存量规模的人力资本，在为经济增长注入新活力的同时，也引领了劳动力市场的变革。高素质劳动力进入市场，一方面要受到既有市场制度的约束，另一方面对制约人力资本配置效率提高的体制机制带来强烈的冲击，并内生出劳动力市场的变革要求。《2012 中国劳动力市场报告——高等教育扩展背景下的劳动力市场变革》从劳动力市场的供需数量、质量、结构、配置、收入、制度等角度，概括了高等教育扩展背景下劳动力市场的十大变革特征。此外，本报告还关注了教育、劳动力市场与经济发展的问题，教育与劳动力市场的衔接与互动问题，以及现代化趋势下劳动力市场的变化与相应的经济影响。

经济管理学科前沿研究报告

书名：人力价值管理计量研究
作者：张国初等
出版社：社会科学文献出版社
出版时间：2012-10-01

书籍简介：

《人力价值管理计量研究》从理论上阐述了21世纪企业人力资源管理的理念及其定位，从价值理论、企业的人力资源价值理论、企业和企业人力资源工作的价值驱动因素等方面来研究组织变革中人力资源工作理念的变化和企业价值及企业人力价值取向等方面的问题，提出了评估企业个体和群体人力资本价值的一般性数学模型，结合现代财务会计和管理会计理论，研究了在企业的经营和管理活动中如何确认、计量和披露人力资本价值贡献，探讨了如何根据人力资本价值贡献设计相应的激励分配机制，分析了企业人力资源活动对于企业价值创造的作用机制，研究了如何计量评价人力价值管理的价值创造效果。在已有理论和方法论的基础上，本书进行了两个案例研究和两个实证研究。本书适合从事相关研究工作的人员参考阅读。

书名：劳资协商制——中国劳动关系改善的路径选择
作者：姚文胜　翟玉娟等
出版社：中国法制出版社
出版时间：2012-10-01

书籍简介：

《劳资协商制——中国劳动关系改善的路径选择》参照历史经验与国际经验，并结合深圳特区的实践，提出"劳资协商制"这一通过劳资沟通实现预防劳动争议并促进生产的制度，希望政府能够扩大试点，并进一步在试点的基础上提炼、推广，使劳资协商制成为我国企业加强劳资沟通、预防劳动争议尤其是集体争议和恶性劳动关系事件的有效机制。基于历史经验和国际经验，并结合课题组近几年在深圳进行的劳资协商的实验结果，明确了劳资协商制的功能定位，进行了初步的制度构建。

本书像一本劳动行政部门、企业、人力资源管理人员拿起来就可据之进行操作的"指引"，但这本"指引"的不同之处还在于告诉读者为什么这样做、这样做的效果是什么。本书的案例和数据来源于第一手的调查，利用集体的智慧进行了梳理和升华，针对中国企业实际、中国劳动关系现状提出了理论创新——建立劳资协商制。

书名： 衡量公平　生存工资与最低工资经济学：美国的经验
作者： [美] 波林著，孙劲悦译
出版社： 东北财经大学出版社
出版时间： 2012-11-01

书籍简介：

《衡量公平　生存工资与最低工资经济学：美国的经验》主要探讨了有关生存工资和最低工资方面的问题。作者从生存工资和最低工资的经济学层面提及了公平问题，发人深思。首先以新奥尔良市和圣非市的案例阐述了生存工资法对宏观经济的影响；其次以加利福尼亚、圣莫尼卡市、亚利桑那州的案例来剖析生存工资和最低工资对工人和家庭生活的影响；再次探讨了生存工资法在波士顿、哈特福德及纽黑文三个城市的实践情况；最后对生存工资和最低工资的理论争论进行了合理评论。本书是依据美国经验数据的最新研究作品，从宏观和微观的角度探讨了工资对经济的影响，适合中国经济政策的相关制定人士阅读。

书名：三三制薪酬设计方案与典型应用
作者：胡八一
出版社：北京大学出版社
出版时间：2012-01-01

书籍简介：

"三三制薪酬设计方案"不拘行业，全面覆盖多种计酬形式，由胡八一博士十余年实战咨询经验凝聚而成，经上百家企业实践检验。本书精选了绩效型、技能型、职务型、计件型、销售佣金型、年薪制和股权激励七种薪酬设计方案，涵盖了加工制造、贸易流通、工程建设、资源能源、公共服务、科研单位和事业机关等各种行业和性质的机构，配以丰富的执行图表，方便企业直接引入、快速落地。

《三三制薪酬设计方案与典型应用》适合人力资源从业者、企业中高层管理者、相关财务人员及人力资源研究者等阅读。

书名：Game storming：创新、变革 & 非凡思维训练
作者：［美］格雷著，方敏译
出版社：清华大学出版社
出版时间：2012 - 01 - 01

书籍简介：
本书取材于孕育着硅谷神话和传奇的"硅谷鸡汤",从游戏方法和技巧的角度介绍了80多个促进商业沟通、激发创意和定位突破点的游戏,力图从游戏风暴的角度帮助企业乃至个人找到创新点、突破点和变革点,从而扩宽思维,洞察商机和先机,最终从容地应对复杂多变的知识和信息时代。

书名：转型时期中国家族企业人力资源管理研究
作者：李宁琪
出版社：经济科学出版社
出版时间：2012－04－01

书籍简介：

《转型时期中国家族企业人力资源管理研究》以转型时期的中国家族企业为对象，以人力资源管理与开发为突破口，以企业生命周期理论、人力资本理论、激励与约束理论、企业文化理论等为指导，对家族企业目前比较关注的几个人力资源管理突出问题进行了深入研究。为此，本研究主要进行了以下几个方面的工作：

第一，总结和评述了国内外关于家族企业（特别是人力资源管理方面）研究的新成果，分析了中国家族企业蓬勃发展的社会文化原因。

第二，运用社会学的调查分析方法，剖析了中国家族企业的构成类型，家族企业人力资源（人力资本）的来源、结构及分布状况。

第三，对比分析了美、日、德等国家家族企业的经营特点及对中国家族企业经营的启示与借鉴。这种比较主要目的是为了开阔视野，"借他山之石，成我美玉"。

第四，系统分析了中国家族企业人力资源管理与开发中存在的问题，并就其中几个主要问题深入分析了原因，提出了切实可行的解决方案。

本书可作为全国各商学院的创业管理、领导力提升、人力资源管理及其他相关专业教师，EMBA/MBA学员和研究生的参考读物，还适用于所有中小企业管理者、人力资源管理专业人士以及对创业及家族企业管理感兴趣的广大读者。

书名： 公益科研机构员工激励——基于工作价值观的思考
作者： 冯绍红
出版社： 科学出版社
出版时间： 2012-05-01

书籍简介：

《公益科研机构员工激励——基于工作价值观的思考》立足于提高员工士气、组织效率和国家科技创新实力，论述了公益科研机构员工工作价值观的维度结构和基本要素，探讨了知识文明时代公益科研机构员工激励系统建设的目标模式，设计了公益科研机构员工激励系统的总体结构。该系统包括由工作报酬、知识进取、职务晋升、工作环境和人际关系五大要素构成的动力机制，由工作报酬约束、伦理道德约束和制度规范约束三种方式构成的约束机制，以及由动力机制和约束机制有机结合构成的博弈机制。本书深入论述了员工激励系统三大机制的有效运用，并分别从不同角度进行了量化研究。

书名： 职业能力决定因素及影响效果研究
作者： 孔海燕
出版社： 经济科学出版社
出版时间： 2012－05－01

书籍简介：

《职业能力决定因素及影响效果研究》一书考察了职业能力、职业生涯管理、职业承诺、职业满意度、职业成功的国际前沿理论和学术动态，在此基础上，建立了职业生涯管理理论模型，并从组织和个人两个方面检验了职业能力的影响因素和效果。研究结果表明，组织职业生涯管理、个人职业承诺对职业能力有显著正向影响。在两者之间，组织因素对职业能力的影响要大于个人因素。职业能力不仅与职业成功有正相关关系，而且在职业生涯管理与职业成功之间起中介作用。此外，该研究运用深度访谈、因子分析、结构方程等多种方法建立数据，开发出适合中国国情的职业能力和组织职业生涯管理测量问卷，详细探讨了提高职业能力、实现职业成功的途径，以及企业留住和发展人才的方法，为提高企业核心竞争力、提升个人职业能力提供理论依据和科学指导。

书名： 中国人力资源发展报告（2011~2012）
作者： 吴江　田小宝等
出版社： 社会科学文献出版社
出版时间： 2012-06-01

书籍简介：

中国的人力资源丰富。人力资源开发既是民生之本，又是强国之策。改革开放以来，我国就十分重视人力资源开发，政府制定并实施了一系列人力资源开发政策和措施，在人力资源开发各个领域取得了令世界瞩目的成就。为更全面、更深刻地反映我国人力资源开发的状况，展示中国实施就业优先和人才强国战略的重点研究成果，中国人事科学研究院组织编写了首部人力资源蓝皮书《中国人力资源发展报告（2011~2012）》。吴江等的《中国人力资源发展报告（2011~2012）》由总报告、发展篇、就业篇、队伍篇和综合篇等部分组成。有关内容从各个层面对中国的人力资源开发状况进行了全方位的总结，对近年来中国人力资源开发的重点领域问题开展了专题研究。

书名: 培训审判:再造职工学习 保持与时俱进
作者: [美]詹姆斯·唐纳德·柯克帕特里克 温迪·凯赛·柯克帕特里克著,崔连斌 胡丽译
出版社: 江苏人民出版社
出版时间: 2012-04-01

书籍简介:

培训专业人士的角色需要被重新定义,其影响力也要从培训项目的开发和实施延展到业务本身。培训本身并不是问题所在,也不是解决方案,培训项目实施后所采取的后续强化措施是决定培训效果的关键因素。了解陪审团成员的基本情况,和他们一起协商并确认期望达成的结果,在此基础上寻找最具说服力的方式向其展示你的证据。如果被判无罪,就痛快地庆祝;如果被判有罪,唯有吸取教训。

本书提供了一个非常有效的工具:柯氏业务合作伙伴模型(KBPM)。这个模型是全球应用最广泛的柯氏四级培训效果评估的最新进展和研究成果。该模型将如何实施柯氏四级评估浓缩成七个具体的步骤,并在每个步骤中提供大量方法、技巧、工具和案例以帮助读者应用柯氏四级评估去衡量培训效果和促进培训效果的转化。KBPM这一系统方法中的相关步骤将帮助读者创造并展示培训为组织带来的价值。

第二节 英文图书精选

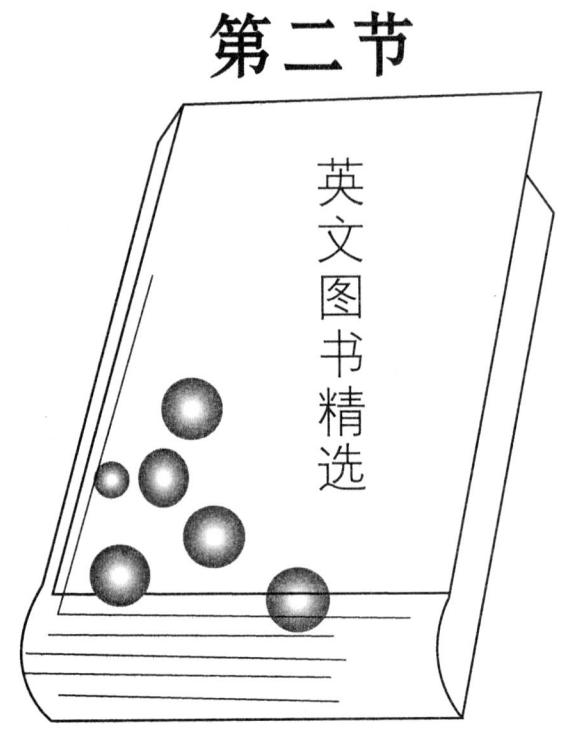

Title: Global HR Competencies: Mastering Competitive Value from the OutsideIn

Author: Dave Ulrich, Wayne Brockbank, Jon Younger, Mike Ulrich

Publisher: McGraw–Hill Education

Publication Date: November 12, 2012

书名：国际化的 HR：用国际化的视野提升企业竞争力

作者：戴维·尤里奇，韦恩·布罗克班克，乔恩·杨格，迈克·尤里奇

出版社：麦格劳—希尔教育出版公司

出版日期：2012-11-12

作者简介：

戴维·尤里奇被誉为人力资源管理的开创者，是密歇根大学罗斯商学院教授、RBL集团合伙人和RBL研究所执行董事。2001年被美国《商业周刊》评为首席管理教育专家，名列福布斯世界最佳商业培训师前五强。他借助人力资源研究组织如何构建领导力、速度、学习、责任和才能的能力。他在评估策略与人力资源实践方面做出了突出贡献。他发表和出版了超过200篇文章、书章和24本书。欲知更多信息，可在 daveulrich.com 在线访问。

韦恩·布罗克班克是密歇根大学罗斯商学院临床教授和RBL集团的荣誉合伙人。在罗斯商学院，他是联合主任和高级人力资源执行计划的核心教师。他还是中国香港、印度、新加坡和阿拉伯联合酋长国人力资源高管计划的主任。在过去的20年里，这些计划被《华尔街日报》、《商业周刊》、《财富》和《领导力卓越》评选为美国和欧洲最佳人力资源管理计划。他还在印度担任密歇根州高级管理执行计划的核心教师。他曾在阿根廷、澳大利亚、中国内地、中国香港、印度、荷兰、科威特和沙特阿拉伯进行过学术访问。

乔恩·杨格是RBL集团的合伙人，领导该企业的战略人力资源实践，是RBL研究所的董事。杨格的职业生涯结合了咨询、执行管理和人力资源领导的经验。他还研究高管薪酬和人力资源战略。他是许多文章和书籍章节及两本书的合著者：《人力资源变革》和《人力资源能力》。他在《人力资源管理杂志》、《人力资源规划杂志》、《哈佛商业评论》、《战略人力资源审查》等杂志上发表了多篇文章。

迈克·尤里奇是南卡罗来纳大学摩尔商学院的博士生，有研究方法和统计分析方面的背景。在返回大学之前，他是RBL集团的研究助理，负责RBL/密歇根全球HRCS的数据收集和分析。迈克与RBL集团的合作聚焦于企业管理的许多研究（包括HRCS、领导力规范和人才管理研究）。

书籍简介：

本书着眼于每个洲的公司的人力资源最佳实践，进行了一项关于通用的以及各地区的人力资源应该做的和不应该做的专家调查，展现了全球与各地区企业在人力资源方面的差异。书中给出了关于如何造就有效的人力资源专家的国际标准。这个国际标准来源于跨区域的研究，但是标准中的基本原则和对人力资源专家的期望则是以全球环境为背景的，并且全球有着共同的特征。中东地区的人力资源工作与拉丁美洲或欧洲肯定存在差异，但在看待人力资源国际标准的时候，也会考虑地区差异，因此才需要准确描绘：在进行全球竞争的时候，如何才能在一个地区有效开展人力资源工作。本书将教给下一代人力资源专业人士不可或缺的指导原则，包括人力资源专业人士如何在世界各个主要地区、所有层面的商业活动中对短期个人和业务绩效的影响进行整合，以及如何对客户和整个社会产生可持续的影响；如何最好地雇用、发展和充分利用人力资源专业人士，为您和您的组织提供最大的优势。

本书共分为三个部分。第一部分讨论正在发生变化的全球商业环境，以及不同的人力资源需求。第1章回顾了人力资源专家是如何创造并传递价值的，描绘了全球人力资源胜任力25年的发展历程，并且展示了人力资源胜任力是如何提高人力资源专家个人绩效及其企业绩效的；第2章提出了一个有关人力资源胜任力的全球视角，报告了六轮全球人力资源胜任力调查的总体发现。

第二部分（第3~11章）包括了世界上九大区域：非洲、澳大利亚和新西兰、中国、欧洲、印度、拉丁美洲、中东、北美、土耳其，每一章对应一个区域，描述其面临的商业挑战和人力资源期望。大概思路如下：

（1）区域内社会、经济、政治、环境、技术和人口统计趋势；
（2）区域商业发展趋势；
（3）区域组织发展趋势；
（4）区域人力资源发展趋势；
（5）以第六轮全球人力资源胜任力调查为基础的区域人力资源专家的竞争力。

每一章节由在该区域具有广泛经验的人力资源专家完成，其中包含一些关于人力资源如何在该区域传递价值的例子。同时，运用基于全球人力资源胜任力调查的人力资源胜任力框架，每个章节还从全球性视角揭示人力资源的发展。

第三部分总结并整合了这些不同区域的差异，并且展望未来。其中，第12章将每个区域的人力资源实践进行比较，从而找出各个地区的差异和全球共同之处；第13章则提供了一种关于未来人力资源将会是什么的观点。

人力资源管理学学科前沿研究报告（2012）

Title：HR from the Outside In：Six Competencies for the Future of Human Resources
Author：Dave Ulrich，Jon Younger，Wayne Brockbank，Mike Ulrich
Publisher：McGraw–Hill Education
Publication Date：July 17，2012

书名：高绩效的 HR：未来 HR 的六项修炼
作者：戴维·尤里奇，乔恩·杨格，韦恩·布罗克班克，迈克·尤里奇
出版社：麦格劳—希尔教育出版公司
出版日期：2012–07–17
作者简介：

戴维·尤里奇被誉为人力资源管理的开创者，是密歇根大学罗斯商学院教授、RBL集团合伙人和RBL研究所执行董事。2001年被美国《商业周刊》评为首席管理教育专家。名列福布斯世界最佳商业培训师前五强。他借助人力资源研究组织如何构建领导力、速度、学习、责任和才能的能力。他在评估策略与人力资源实践方面做出了突出贡献。他发表和出版了超过200篇文章、书章和24本书。欲知更多信息，可在daveulrich.com在线访问。

乔恩·杨格是RBL集团的合伙人，领导该企业的战略人力资源实践，是RBL研究所的董事。杨格的职业生涯结合了咨询、执行管理和人力资源领导的经验。他还研究高管薪酬和人力资源战略。他是许多文章和书籍章节和两本书的合著者：《人力资源变革》和《人力资源能力》。他在《人力资源管理杂志》、《人力资源规划杂志》、《哈佛商业评论》、《战略人力资源审查》等杂志上发表了多篇文章。

韦恩·布罗克班克是密歇根大学罗斯商学院临床教授和RBL集团的荣誉合伙人。在罗斯商学院，他是联合主任和高级人力资源执行计划的核心教师。他还是中国香港、印度、新加坡和阿拉伯联合酋长国人力资源高管计划的主任。在过去的20年里，这些计划被《华尔街日报》、《商业周刊》、《财富》和《领导力卓越》评选为美国和欧洲最佳人力资源管理计划。他还在印度担任密歇根州高级管理执行计划的核心教师。他曾在阿根廷、澳大利亚、中国、中国香港、印度、荷兰、科威特和沙特阿拉伯进行过学术访问。

迈克·尤里奇是南卡罗来纳大学摩尔商学院的博士生，有研究方法和统计分析方面的背景。在返回大学之前，他是RBL集团的研究助理，负责RBL/密歇根全球HRCS的数据收集和分析。迈克与RBL集团的合作聚焦于企业管理的许多研究（包括HRCS、领导力规范和人才管理研究）。

书籍简介：

自 1987 年起，本书的作者们持续、系统地研究了人力资源从业者在提高自身素质和组织成功方面所需具备的能力，总结了他们在过去 25 年里的六轮研究的成果，还在很多研究数据的基础上提出了未来人力资源的发展趋势。本书旨在通过理论和实践研究帮助人力资源从业者和部门解决以下三个问题：

（1）人力资源从业者应当担任何种角色，了解哪些知识并采取哪些行动？
（2）人力资源从业者应该通过怎样的方式提高组织的成功率？
（3）为提高企业绩效，人力资源部门的关注点是什么？

在主要内容方面，本书解释了人力资源从业者和人力资源部门该知道什么和该做什么。开篇回顾了作者之前的研究，并说明该研究对人力资源从业者和整个人力资源部门的意义，然后在提高人力资源从业者和人力资源部门能力水平的方法上提出了自己的建议。

第 1 章阐述了人力资源所处的环境。书中对历史上人力资源管理工作进行了划分，并提出下一次改变，即"由外及内的人力资源"。一旦人力资源从业者和部门意识到并能够对外部趋势及困境有所反应，那么他们就能够将内部行为和外部期望联结起来，进而创造价值。

第 2 章建立在 25 年的研究基础上，阐述了人力资源从业者胜任力的发展过程。这一章展示了在鉴定人力资源从业者胜任力上采用的与以往不同的方法。人力资源从业者需要具备一定的能力来提高个体的绩效水平并协助企业成功。

第 3 章从人力资源胜任力的六个方面挑选了八种独特方式来定义该专业的有效性和帮助企业获得成功的驱动作用。对每种主要能力，首先回顾了研究发现，举例说明每种能力的要求，最后提出评估和提高能力的途径。

第 4~8 章分别阐述了战略定位者、可信赖的活动家、能力构建者、变革拥护者、人力资源创新者与整合者、技术支持者这六个角色的含义、能力要素和相关结论。具体而言：①战略定位者需要将人力资源从业者的视角从内部转到外部，将外部期望转化成内部的创新和人力资源实践，通过这种方式为组织的发展做出有效贡献；②可信赖的活动家需要在经营活动中与人们建立信任、稳固、积极的关系；③能力构建者需要定义、审核在当前环境中，他们应当如何进行投资来增强组织竞争力；④变革需要人力资源从业者开始和保持变革，使企业在多变的环境中游刃有余，获得优势；⑤人力资源创新者与整合者需要将初始的人力资源行为转变为有影响力、标准、持续的过程；⑥技术支持者需要通过对信息的使用和应对新的变化，实现行政和战略上的目标。

第 9 章讨论了如何成为一个更有价值的人力资源专业人士，在对上百家组织和上千位人力资源从业者的研究的基础上，总结出使人力资源从业者向更专业的方向发展的方法。

第 10 章主要介绍了在建立和管理一个有效的人力资源部门的研究时的发现。这些发现强调：为确保人力资源部门能够为整个经营活动贡献价值，领导者们该如何分配稀缺资源。

第 11 章基于之前的发现和结论，为当前和未来的人力资源管理领域提供了总体概括和一些启示。

Title: The Truth About Managing People (Third Edition)
Author: Stephen P. Robbins
Publisher: FT Press
Publication Date: October 26, 2012

书名：管人的真理（第三版）
作者：斯蒂芬·P. 罗宾斯
出版社：金融时报出版社
出版日期：2012-10-26

作者简介：

斯蒂芬·P. 罗宾斯博士是圣地亚哥州立大学管理学荣誉教授，他是世界上最畅销的管理和组织行为教科书作者。他的书已卖出超过600万本，在美国超过1500个学院和大学使用，在加拿大、拉丁美洲、澳大利亚、新西兰、亚洲、中东和欧洲的数百所学校使用，并已被翻译成20多种语言。罗宾斯还曾在壳牌石油和雷诺金属公司担任过管理职务。此外，罗宾斯作为美国大师田径名人堂的成员，他赢得了20多场室内外美国冠军，世界大师赛冠军赛共获得14枚金牌，创造了许多美国和世界年龄组的纪录。

书籍简介：

在第三版的《管人的真理》中，畅销书作者斯蒂芬·P. 罗宾斯分享了更为成熟的、用于处理几乎每一个管理挑战的原则。本书对任何想改善他们在当前职位（工作、家庭、社区等）的管理技能或想进入管理岗位的人来说，都是一本好读物。作者为每个管理者面临的问题提供了真正的解决方案：读者将学习如何克服团队合作中的障碍，为什么过多或过少的沟通都很危险；如何提高您的招聘和员工评价，如何治愈"裁员幸存者病"，如何管理多样化文化，以及在数字世界中有效引导的方法等。新的真理包括：如何培养友好的员工，忘记年龄刻板印象、第一印象，成为一个好公民，管理不同年龄组的技巧，以及道德领导等。

本书分为九篇，共59章，主题包括：①招聘的真理；②激励的真理；③领导的真理；④沟通的真理；⑤团队建设的真理；⑥管理冲突的真理；⑦工作设计的真理；⑧绩效评估的真理；⑨应对变革的真理。

Title: Riding the Waves of Culture: Understanding Diversity in Global Business
Author: Fons Trompenaars, Charles Hampden–Turner
Publisher: McGraw–Hill Education
Publication Date: January 10, 2012

书名：文化浪潮：了解全球商业的多样性
作者：弗恩斯·特朗皮纳斯，查尔斯·汉普登—特纳
出版社：麦格劳—希尔教育出版公司
出版日期：2012-01-10

作者简介：

弗恩斯·特朗皮纳斯是一位世界知名的国际管理专家，是全球畅销书《文化浪潮：了解全球商业的多样性》的作者，该书已售出数十万册，并已翻译成10多种语言。他是查尔斯·汉普登—特纳公司的共同创办人和主任，还是11本关于文化和商业、创新和领导力畅销书的作者或合著者。弗恩斯·特朗皮纳斯最近被《50位思想家》提名为最有影响力的管理思想家之一。

查尔斯·汉普登—特纳是阿姆斯特丹查尔斯·汉普登·特纳公司的研究员。他是一位关键的商业思想家，曾担任过壳牌、英国石油公司、数字设备、英国广播公司、日产和许多其他公司的顾问。

书籍简介：

自从出版以来，本书被认为是21世纪最迫切的跨文化管理问题的畅销指南。本书第三版超越跨文化意识和"问题"，帮助读者在商业环境中获得文化差异的战略优势。利用他们广泛的文化数据库以及全新的研究结果，作者解释如何建立跨文化有效管理所需的技能、敏感性和文化意识，并抓住机构多元化带来的所有机会。本书呈现了一个由政治、社会、经济和技术发生根本性变化而转变的世界，保留了影响日常业务的潜在文化框架的详细描述，提供了新的、基于证据的信息和洞察力，例如：

企业并购——如何处理（国家和企业）文化差异可以增强和提高处理风险的成功率。

越来越多样化的商业世界——包括改进和扩大能力测量、处理困境、雇员领导力、创新和远程团队有效性。

文化融合——分析过去25年中，使世界越发接近一个"全球村"的变化。

在全球商业环境中，有效领导的能力可能是最宝贵的技能。本书不仅能帮助读者在当今多元化的工作环境中保持活力，还提供了读者需要掌握的保持长期优势和竞争的知识。

Title: Ideas are Free: How the Idea Revolution is Liberating People and Transforming Organizations (16th ed. Edition)
Author: Alan G. Robinson
Publisher: Read How You Want
Publication Date: December 28, 2012

书名：免费创意：创意革命如何解放人和变革组织（第 16 版）
作者：艾伦·G. 罗宾逊
出版社：读你所想出版社
出版日期：2012 - 12 - 28

作者简介：

艾伦·G. 罗宾逊拥有约翰霍普金斯大学怀廷工程学院的应用数学博士学位，以及剑桥大学数学学士及硕士学位。他是马萨诸塞大学伊森伯格管理学院的教授，还曾在俄罗斯圣彼得堡技术大学、希腊工商管理雅典实验室（隶属于欧洲工商管理学院）、波兰雅格隆大学、葡萄牙波尔图大学、河内商学院和中国天津大学任过教。他专注于精益生产、管理持续改进、创造力、创意和创新研究领域，是六本书的共同作者，这些书已被翻译成 20 多种语言。

罗宾逊已向 15 个国家的 200 多家公司提供了如何提高他们业绩的建议。他最近的一些客户包括联邦储备银行、朗讯科技、英特布鲁、通用电气、宜家、美国万通、瑞银、加拿大铝业、大众、标准普尔、华盛顿邮报、丹纳赫、惠氏、美敦力、丰田、加州蓝盾、美国东北公用事业、墨西哥化学、日本机器人、法国施耐德电气、日本工业训练协会、布鲁克海文国家实验室、库尔服务管理等公司。他还曾在美国马尔科姆·巴尔德里克国家质量奖审查委员会和制造业卓越奖新加坡考试委员会任职。

书籍简介：

过去管理理论倡导的管理层负责"思考"，而员工负责"执行"的理念在当今的商业环境中越发受到挑战，因为如今的工作场所中，前线员工处于最佳领地，可以第一时间注意到问题并提出建议。罗宾逊的《免费创意：创意革命如何解放人和变革组织（第 16 版）》基于对 17 个国家 150 多个组织的深入研究，描述了世界上最好的公司如何从他们的前线员工身上获得大量的创意，以及从中获得的竞争优势。本书被《快乐公司》杂志评为"读者选择"，并于 2004 年被《好观点管理书摘》评为 30 本最佳商业书籍之一，在 ABC 世界新闻和 CNN 头条新闻上刊登。

在本书的案例中，作者展示了鼓励整个员工队伍发挥创意的公司是如何实现最具创新和成功的战略的。这些公司的实践清楚地表明，货币奖励不是激发创意的最佳方式，而强调小创意是更有效的策略。本书所述的方法还展示了如何创建一个鼓励创意、帮助员工发展知识和提高解决问题能力的环境，以及正确管理员工产生的创意，包括管理这些创意更大的影响力。

Title：The Soul of the Organization：How to Ignite Employee Engagement and Productivity at Every Level

Author：David B. Zenoff

Publisher：Apress

Publication Date：December 9，2012

书名：组织灵魂：如何点燃各层级员工的参与度和生产力
作者：戴维·B. 泽诺夫
出版社：艾普瑞思出版社
出版日期：2012 - 12 - 09

作者简介：

戴维·B. 泽诺夫是向首席执行官、高级管理人员和董事会就组织更新、领导和一般管理实践、高层管理团队运作、实施重要的组织变革和战略制定提供建议的。在过去的43年中，他曾在超过31个国家咨询超过90个组织，从大型、复杂的跨国公司到许多不同行业的年轻初创公司。他的客户还包括在几个不同领域工作的非营利组织。他还为公共和私营公司以及非营利组织提供各种咨询。在大多数情况下，当组织领导者受到重要变化和转换、低水平的员工敬业度和整体组织绩效的挑战时，会向泽诺夫寻求帮助。在他的职业生涯早期，泽诺夫曾在斯坦福商业研究生院、哥伦比亚大学商学院和瑞士国际管理发展学院执教。他也曾是菲律宾的哈佛商学院研究助理。他持有斯坦福大学文学学士、哈佛大学商学院的工商管理硕士和工商管理博士学位。

书籍简介：

鉴于大多数组织面临员工敬业度低和组织绩效低迷的问题，高绩效组织应该如何做？他们如何点燃和维持员工的参与度，提高个人和整体组织生产力？这正是组织专家戴维·B. 泽诺夫在《组织灵魂：如何点燃各层级员工的参与度和生产力》中提出的问题。作者基于对世界上一些知名组织的咨询和观察的丰富经验，走进了包括营利性和非营利性的11个高绩效组织，以确定组织灵魂的基本要素，促进各级员工的参与度。这些组织拥有可分享的故事，激励业主、员工和董事会成员共同努力维系客户的利益，关注发展的可能性是什么样的，并具有自驱力。泽诺夫在他的调查中发现，不同的组织都共享灵魂的五个关键要素，这些要素一起发挥作用，能够产生提高员工参与度、满意度和意义感的强大力量。作者确定了组织灵魂的五个关键要素后，继续提供了一个概念框架和一个实用的基础，运用这些关键要素来创建、维持和滋养组织的灵魂。

由于各行各业的各类组织都难以激发员工在职场中承诺做到倾囊相助，致使这些组织的总体生产力和增长受到损害，而且员工在他们的工作中找不到意义或满意。如果您的组织也受到员工忠诚度、承诺度和驱动力等问题的困扰，本书中有您需要的指导，能为您的工作场所注入"特殊的东西"，引导员工，提高他们的生产力，并挖掘他们的集体潜力，使您的组织在世界上具有识别度。

Title: How to Hire a Champion: Insider Secrets To Find, Select, and Keep Great Employees
Author: David Snyder
Publisher: Read How You Want
Publication Date: December 28, 2012

书名：如何聘请冠军：寻找、选择和保留优秀员工的内部人秘密
作者：戴维·斯奈德
出版社：读你所想出版社
出版日期：2012 - 12 - 28
作者简介：

戴维·斯奈德拥有哈佛大学心理学硕士学位，在北卡罗来纳州罗利有他自己的咨询公司，他还是前进资源公司（Headway Corporate Resources）的执行董事，该公司是人力资本解决方案的领先创新者，在全美国设有办事处。斯奈德的客户包括美国的医疗保健、通信、时尚、教育和制造行业的领导者。他的第一本书《如何理解读你的客户》是《销售和营销管理》杂志评选的"年度最佳书籍"的第一名。

书籍简介：

本书基于作者戴维·斯奈德对全国最佳绩效和招聘专家的采访写作而成。作者将独特的洞察力、心理学专业知识与易于使用的分析技术相结合，将人力资源的艺术和科学相结合，运用在对组织有影响力的人员阶层。本书为人力资源管理者提供了一种结构化的招聘方法，帮助评估高绩效水平的员工、关键职位的候选人。

本书的主要内容涉及帮助所有领导者建立更好的模式和过程，选择和保留高绩效的个人，创建更强大的团队，构建以客户为中心、以结果为导向的文化，引导一个自主自觉的"伟大的文化"等，这些部门的顶级执行者和高层管理者都会帮助和激励对方。

Title:Transferring Learning to Behavior:Using the Four Levels to Improve Performance
Author:Donald L. Kirkpatrick
Publisher:Read How You Want
Publication Date:December 28,2012

书名:将学习转化为行动:使用四个层次来提高绩效
作者:唐纳德·L. 柯克帕特里克
出版社:读你所想出版社
出版日期:2012 - 12 - 28

作者简介:

唐纳德·L. 柯克帕特里克在麦迪逊的威斯康星大学获得了学士、硕士和博士学位。他的博士论文是《评估主管的人际关系培训计划》。在威斯康星大学管理学院,他为各级管理者教授的许多科目提供了原则和技术,包括教练、沟通、时间管理、管理变革、团队建设和领导力等。他是美国培训与发展协会(ASTD)和国际质量与竞争力中心(IQPC)的国家会议以及其他专业和公司会议的定期发言人。作为顾问,他为美国许多组织和包括新加坡、韩国、阿根廷、巴西、沙特阿拉伯、马来西亚、希腊、荷兰、西班牙、澳大利亚和印度在内的许多国家提供过项目服务。他是南亚事务委员会主席,吉迪恩国际的积极会员,以及威斯康星州布鲁克菲尔德茵布克教堂的高级长老。

书籍简介:

在20世纪的大部分时间里,培训项目倾向于两个阵营:课堂教学,主要侧重于传授知识;在职培训,重点是传授技能。前者强调了在课堂上学习和测试的概念、原则、规则和程序;后者强调了在工作场所显示和评估的行为。最近,培训师和顾问意识到他们的工作主要不是传递信息,而是通过改变行为来提高绩效。这就是《将学习转化为行动:使用四个层次来提高绩效》一书的重点。与大多数主要面向培训专家和人力资源经理撰写的书籍不同,本书对于负责他人绩效的任何人,包括小组领导、技术支持人员、小型公司企业家、管理者和企业高管,都有很多有用的提示。

本书展示了如何使培训成为实现组织改进和业务成功的关键角色。它实施了作者以前的出版物《评估培训项目》(由布瑞德—克勒出版社提供的新版本)中提出的培训效果评估四级模型。该模型包括的四个层级如下:①学员的反应;②学习的程度;③作为项目的结果——行为变化的程度;④组织绩效结果如质量、生产力、保留、效率、增长和盈利能力的提高等方面有效的程度。

建议培训专业人员从现在开始，站在战略角度思考，先从第四级开始，与直线经理合作，确定所需的业务和组织结果；然后定义实现目标（第三级）所需的行为；再确定员工需要相应地运用的知识、执行的技能和采取的态度（第二级）；最后（第一级）让员工来接受变化。本书重塑了培训在改善、成长和使企业更成功方面承担的战略组织/业务角色。本书充满了点到点的原则、指导方针、想法和见解，解决了大量的问题，例如建立学习型文化和强化奖励。

Title: The Gamification of Learning and Instruction: Game-based Methods and Strategies for Training and Education
Author: Karl M. Kapp
Publisher: Pfeiffer
Publication Date: May 1, 2012

书名：学习和教学的游戏化：培训和教育的游戏方法和策略
作者：卡尔·M. 卡普
出版社：法伊弗出版社
出版日期：2012-05-01

作者简介：

卡尔·M. 卡普在宾夕法尼亚州匹兹堡大学获得教育学博士学位，取得了库存管理职业认证证书（CFPIM）和综合资源管理认证证书（CIRM）。目前他是布鲁姆斯堡大学教学技术的全职教授。作为教学技术的教授，卡普在形成布鲁姆斯堡的在线电子学习开发人员证书方面发挥了重要作用，该教程为那些想要转向开发在线教学的教学设计师提供在线教育。他向来自世界各地的学生教授在线学习课程。作为布鲁姆斯堡大学备受赞誉的互动技术学院（IIT）助理主任，卡普帮助政府、企业和非营利组织利用有效学习技术，积极影响员工的生产力和组织的盈利能力。例如，他曾为阿斯利康、宾夕法尼亚州公共福利部、玩具反斗城公司、凯洛格、永丰银行和联邦政府机构等公司或组织，提供了电子学习设计、学习基础设施和电子学习技术方面的建议。2007年，卡普被评为"20名最具影响力培训专业人员"之一。

书籍简介：

游戏创造了参与积极学习体验的基石。随着数字游戏的日益普及，游戏化培训成为每个学习专家的工具箱中至关重要的一部分。在《学习和教学的游戏化：培训和教育的游戏方法和策略》中，国际学习专家卡尔·M. 卡普揭示了基于游戏力创造有意义的学习经验的价值，并展示了如何创建和设计在线教学，利用网络游戏中最好的元素，以增加学习效果。本书还解释了如何将不同的游戏策略与不同的学习内容类型相匹配，并讨论如何在各种环境中使用游戏化技术来改善知识的学习效果。

卡普将有关游戏化和教学的大量信息组织成14个章节，解释了多个主题内容。首先，作者建立了"游戏元素"这一定义、理论和相关概念的基础。在此基础上，他再进入研究的视角，分析游戏的有效性和学习中使用的特定游戏元素。其次，作者提出了一个有效的游戏设计框架，并讨论了考虑学习领域和选择最佳设计内容的重要性，也许这是对学习实践者最有帮助的部分。读者还可阅读第 9 章中包含的逐步设计方法和项目管理工具。在本书的最后一部分，几位从业者分享了他们的观点和案例，卡普提供了两个学习游戏化的实践案例。

经济管理学科前沿研究报告

Title：Fundamentals of Performance Improvement：Optimizing Results through People，Process，and Organizations（3rd Edition）
Author：Darlene Van Tiem，James L. Moseley，Joan C. Dessinger
Publisher：Pfeiffer
Publication Date：May 1，2012

书名：绩效改进基础：人员、流程和组织的优化（第3版）
作者：达琳·范·提姆，詹姆斯·L. 莫斯利，琼·C. 迪辛格
出版社：法伊弗出版社
出版日期：2012-05-01

作者简介：

达琳·范·提姆，哲学博士，国际注册绩效改进顾问（CPT），学习及绩效认证专家（CPLP），密歇根大学迪尔本分校荣誉副教授，卡佩拉大学教员。达琳·范·提姆曾担任美国科技（现美国电话电报公司）黄页和通用汽车技术课程的人力资源培训总监。

詹姆斯·L. 莫斯利，教育学博士，执业专业咨询师（LPC）、认证健康教育专家（CHES）、国际注册绩效改进顾问（CPT），在韦恩州立大学教育学院的教学技术项目中任副教授。除了教学之外，他还担任项目评估、绩效改善和健康教育的内部和外部顾问。

琼·C. 迪辛格，教育学博士，国际注册绩效改进顾问（CPT），雷克集团（The Lake Group）的创始人。该集团是一家绩效改进咨询公司，1985年后与多家国内及国际的商业、教育、制造、医疗保健和服务组织进行合作。她还是国际绩效改进协会（ISPI）《绩效改进杂志》的编辑，以及供人员绩效技术/绩效改进专业人士阅读的六本书的合著者。

书籍简介：

本书被业界称为绩效改进的《圣经》，是目前绩效领域可以找到的最为完整、最为全面的信息资源。

在社会转型充满挑战的环境中，所有机构建设的一个关键问题是找到促进企业绩效可持续改进的方法，尤其是中国企业的人力资源正在从传统功能向新型管理者绩效改进的方向转变，而绩效改进是基础。本书是一本少有的实用性和专业性都很强的工具书，为提高公司绩效的从业者提供了一个极佳的参考。

本书涵盖了绩效改进领域的所有范畴，在系统化的实践基础上，分析了构成绩效体系的元素，将绩效改进的原则和技术在组织中的运用建立了一个全面的框架。本书不仅对绩效技术的概念和模型进行了清晰的阐释，还提供了有用的绩效工具、方法以及绩效改进的最佳案例，为找到促进绩效可持续改进的方法以及如何构建绩效改进基础提供帮助和指导。

Title: Compensation and Benefit Design: Applying Finance and Accounting Principles to Global Human Resource Management Systems
Author: Bashker D. Biswas
Publisher: Pearson FT Press
Publication Date: December 21, 2012

书名：薪酬和福利设计：将财务和会计原则应用于全球人力资源管理系统
作者：巴史克·D. 比斯瓦斯
出版社：皮尔森金融时报出版社
出版日期：2012 - 12 - 21

作者简介：

巴史克·D. 比斯瓦斯，拥有文学学士、工业关系硕士、工商管理硕士和博士学位，是全球管理咨询公司比斯瓦斯集团公司总裁。自 1984 年以来，他一直在各大学教学作为辅助教师，目前兼任加利福尼亚州萨克拉门托的德福瑞大学凯勒管理学院客座教授。自 1972 年以来，他一直是美国薪酬协会的成员。

他在全面薪酬管理、金融、会计、高管薪酬、股权激励、人力资源战略、人力资源信息系统、国际人力资源和国际赔偿方面有超过 40 年的经验。他工作过的公司包括数据控制、贝克特尔、梅莫雷克斯、迈拓、日立信息系统、拜耳基因以及扎因（手机运营商）。在迈拓和拜耳基因公司，他担任了副总裁。在梅莫雷克斯和扎因公司，他分别在伦敦和中东/非洲工作，是扎因公司人力资源管理学院的领先教练。他已经访问了 30 多个国家的各种补偿和福利相关项目。此外，他还在目的公司（Skopos）担任咨询职位，该公司是一家风险投资支持的人力资源系统创业公司。他是永道会计师事务所旧金山办事处人力资源咨询总监和国家高科技人力资源咨询负责人。他还负责过公司的国家软件行业补偿调查项目。他总共向 40 多家公司提供过薪酬咨询。

书籍简介：

在《薪酬和福利设计：将财务和会计原则应用于全球人力资源管理系统》一书中，巴史克·D. 比斯瓦斯阐述了如何为与薪酬和福利计划发展相关的关键人员决策提供财务严谨性。本书覆盖的内容很广泛，首先介绍了一个有价值的人力资源生命周期模型，用于补偿和福利计划。作者彻底解决了补偿的收购部分，以及与一般补偿、股权补偿和养老金会计有关的问题。本书还评估了高管薪酬计划和员工福利计划的全部财务影响，并讨论了与国际人力资源系统和计划相关的独特问题。本书也包含了关于人力资源关键指标报告的完整章节。最后详细介绍了人力资源会计趋势以及财务和人力资源规划之间日益密切的联系。作者揭示了现代薪酬和福利计划的每一个要素,从基本工资到股票激励,从销售补偿到医疗成本控制的财务影响。

本书对于广泛的人力资源和金融专业人士是有价值的,包括薪酬和福利分析师、经理、董事和顾问、人力资源专家、会计专家、财务分析师、总薪酬董事、控制者、财务总监、福利精算师、高管薪酬顾问、公司监管者和劳动法律师。本书各章节结束后还设计了练习和问题,供读者在人力资源和财务计划中使用。

Title: Financial Analysis for HR Managers: Tools for Linking HR Strategy to Business Strategy
Author: Steven Director
Publisher: Pearson FT Press
Publication Date: December 29, 2012

书名：人力资源经理的财务分析：人力资源战略与业务战略连接的工具
作者：史蒂文·迪雷克托
出版社：皮尔森金融时报出版社
出版日期：2012-12-29

作者简介：

史蒂文·迪雷克托是罗格斯大学管理与劳资关系学院的教授。他在罗格斯大学担任过多个领导职位，包括副院长、人力资源管理部主席、工业关系和人力资源博士课程主任，教授劳动经济学、统计学、金融学、财务分析等课程。在加入罗格斯大学之前，他是布鲁金斯学会的就业政策研究员和密歇根州立大学的教授。他获得了博士学位和西北大学凯洛格管理学院的MBA学位。

迪雷克托的研究兴趣包括人力资源，薪酬和福利政策的财务方面，以及国家和企业就业政策之间的相互作用。2003年1月，他与人力资源管理协会合作，制定了"国家就业领先指标"（LINE），现已发布了连续超过100个月的LINE报告。

书籍简介：

《人力资源经理的财务分析：人力资源战略与业务战略连接的工具》一书涵盖了所有中高层人力资源专业人员需要从财务角度制定、建模和评估人力资源计划的内容。根据作者与人力资源高管合作的专业知识，本书介绍了每个与战略人才管理相关的重要财务议题，包括劳动力和业务价值之间的量化关系、人力资源和战略财务计划的成本效益分析以及全面薪酬计划的具体问题，包括股票、股票期权和养老金。与其他非财务经理的财务书籍不同的是，本书完全侧重于核心人力资源问题。迪雷克托可以帮助您回答诸如以下问题：如何在人力资源的企业战略计划（如引入新产品线）中建立财务角色？如何选择奖励驱动程序向管理者发送正确的信号？如何设计与目标完全一致的薪酬包？如何识别和管理可能严重影响企业长期财务健康的养老金融资成本和风险？本书能够为面临这些问题的人力资源领导者和有抱负的领导者提供可信的、量化的答案。本书还可以使人力资源专业人员更有效地使用他们的优先事项，使用财务和会计语言来实现总体业务战略的目标。

本书涵盖了以下关键内容：①业务战略、财务战略和人力资源战略如何相互影响；②解释利润表；③了解资产负债表和它的各种比率；④计算 PV 和使用 DCF；⑤人力资源举措与其他举措的财务分析；⑥适当补偿；⑦基于权益的薪酬（以及如何计算/价值）；⑧退休金和退休计划；⑨创造价值（调整薪酬与绩效，管理 EPS 预期等）；⑩财务比率和指标（EVA、NOPAT、WACC、ROIC、EBIT、债务成本、股权成本、NPV 与 IRR）。

Title: Emotional Intelligence in Action: Training and Coaching Activities for Leaders, Managers, and Teams (2rd Edition)
Author: Marcia Hughes, James Bradford Terrell
Publisher: Pfeiffer
Publication Date: February 14, 2012

书名：情商实践：领导、经理和团队的培训和教练活动（第二版）
作者：玛希雅·休斯，詹姆斯·布拉德福德·特勒尔
出版社：法伊弗出版社
出版日期：2012-02-14

作者简介：

玛希雅·休斯，合作成长公司总裁，担任组织和培训师的战略沟通合作伙伴，是一位专业演讲者。她提供情商训练和辅导，是 EQi 2.0 和 EQ360 以及团队情商和社交商调查（TESI）的认证培训师。

詹姆斯·布拉德福德·特勒尔，合作成长公司副总裁，为个人、转型团队和高级领导者提供情感和沟通能力的培养，以及组织能力发展方面的指导。他教领导者和团队使用 EQi 2.0、EQ360 和 TESI。

书籍简介：

情商作为个人和商业成功的关键因素，其重要性已不言而喻。《情商实践：领导、经理和团队的培训和教练活动（第二版）》展示了如何挖掘情商潜力，用以建立有效的情感技能，并为领导者和团队创造真正的改变。第二版回应了 EQi-2.0 的重大变化，并增加了 TESI 和 EISA 两个新的工具，还提供了涵盖情绪表达这样的新兴主题，以及 20 个新练习，并为学习者随附上可再生手册。

本书提供了一个互相参照模型，将 65 个训练活动融入四个领先的情绪智力模型中——EQi 2.0、EQ360、TESI 和简洁版 TESI，梅耶—沙洛维—库索情绪智力测验（MSCEIT），情商能力评测（EISA），使其易于使用所有模型。通过这些训练活动，学习者不但可以深入理解每种情商能力，而且可以挖掘和创造自身潜能，从而培养高效的情商能力。这些训练活动可以单独使用，也可以作为领导和管理培训方案中的一部分。这些训练活动提供了供学习者亲身实践的体验式学习方案，已经被证明能够充分提升学习者的情商。

Title：Credit and Blame at Work：How Better Assessment Can Improve Individual, Team and Organizational Success
Author：Ben Dattner, Darren Dahl
Publisher：Free Press
Publication Date：February 7, 2012

书名：工作中的信任和责备：如何更好地评估可以提高个人、团队和组织的成功
作者：本·达特纳，达伦·达尔
出版社：自由出版社
出版日期：2012-02-07

作者简介：

本·达特纳获得了哈佛大学心理学学士、硕士和博士学位，是一名组织心理学家，他通过人心理学和群体动力，更好地了解了工作场所中人们的表现的影响，并帮助各类公司和非营利组织变得更加成功。在成立达特纳咨询公司之前，本·达特纳在闪烁在线公司（Blink.com）担任人力资源总监。目前，他是达特纳咨询公司的创始人，该公司是一家涉及工作场所的咨询公司，其客户包括辉瑞、诺华、万事达和固特异公司。他的咨询服务使组织能够做出更好的招聘和人员配置决策，提高管理人员和员工的专业能力，更有效地配置团队，减少人际和群体间冲突的次数。此外，他还是美国国家公共电台早间版的工作场所顾问，为《今日心理学》撰写"工作思维"博客，担任纽约大学的兼职教授，创意领导中心的辅导教练，工业和组织心理学学会、咨询心理学学会和纽约应用心理学协会的会员。

达伦·达尔是一位合作编辑和作家。他在公司杂志工作了四年，在那里他仍然是一个颇具贡献力的编辑。

书籍简介：

信任和责备是工作场所关系的核心，对于确定团队如何发展和相互交流至关重要。信任和责备很少以客观或公平的方式分配，个人心理学、团队动力学和企业文化都会影响及被影响到信任和责备如何给予和接受。员工和组织经常陷入"责备游戏"，错误的人在错误的时间被错误的原因指责。结果可能导致员工倍感挫败，更多地关注组织政治而不是完成工作，并且太害怕说话或试验新的方法。

本书曾以《责备游戏》为名出版，这本广受好评的指南提供了如何在工作中取得成功的基本建议，避免了常见的信用透支和相互指责的陷阱。本书通过大量的心理研究，结合相关理论和作者自己作为组织心理学家的咨询经验，解释了信用和责任的起源（从进化论、家庭影响和人的个性的角度），介绍个人如何应用实际策略来处理组织中信任和责备的问题。在生动的行文中，达特纳还讲述了与他合作过的个人和团队的一系列真实故事，分析了11种人格类型，他们特别容易遭遇信任和责备问题，并采用简单的方法来处理同每一个人的关系。达特纳提供的丰富的洞察力和强大的实用性建议，使读者能够掌握必要的技能，避免责备游戏的陷阱，消除紧张局势，取得更大的成功。

Title：Preventive Stress Management in Organizations（Second Edition）
Author：James Campbell Quick, Thomas A. Wright, Joyce A. Adkins, Debra L. Nelson, Jonathan D. Quick
Publisher：American Psychological Association（APA）
Publication Date：August 13, 2012

书名：组织中预防性压力管理（第2版）
作者：詹姆斯·坎贝尔·奎克，托马斯·A. 赖特，乔伊斯·A. 阿迪金斯，黛布拉·L. 纳尔逊，乔纳森·D. 奎克
出版社：美国心理学协会
出版日期：2012-08-13
作者简介：

詹姆斯·坎贝尔·奎克获得了工商管理学硕士和博士学位，是得克萨斯大学阿灵顿分校古尔斯比—福斯资助的古尔斯比领导学院的组织行为学教授，还是英国兰卡斯特大学管理学院荣誉教授和纳尔逊·奎克集团有限责任公司的合伙人。

托马斯·A. 赖特博士是TKW咨询公司的研究人员、创始人兼首席执行官，致力于为员工压力管理、健康、幸福和性格发展寻找创新、积极的解决方案。

乔伊斯·A. 阿迪金斯获得了公共卫生学硕士和博士学位，是一名职业健康心理学家，在美国国防部的临床、政策、人为因素和行政职位上服务了28年。她在临床和社区心理学、职业健康和安全、健康管理、自杀预防和健康风险沟通方面建立了具有里程碑意义的计划。

黛布拉·L. 纳尔逊博士是俄克拉荷马州立大学斯皮尔斯联合学院杰出的管理学教授，发表了100多篇关于工作压力、工作场所性别问题和领导力的研究文章，还是纳尔逊·奎克集团有限责任公司的总裁。

乔纳森·D. 奎克获得了公共卫生学硕士和医学博士学位，是家庭医生和健康管理专家，还是健康管理科学（MSH）的总裁兼首席执行官。MSH是一家全球卫生顾问的非营利组织，致力于发展地方卫生领导力和可持续卫生系统，在非洲、亚洲、拉丁美洲和中东等60多个国家开展活动。

书籍简介：

《组织中预防性压力管理（第2版）》为创建健康的工作场所提供了一个全面的框架。各个章节的内容主要包括：检查个人和组织压力来源及其后果；用于诊断组织和个体压力的方法和仪器；重新设计工作和改善专业关系的方法；管理需求和压力的方法。本书从积极心理学的视角来看，又有一些新发现。例如，从健康组织中提炼出既能积极地提高健康和工作绩效，又能减少成本和避免开发不适的方法。预防性压力管理是一种基于公共卫生的哲学和一套原则，组织领导和顾问可以使用这些原则来帮助其组织充分发挥其潜能。本书中概述的方法可供任何组织的领导使用。

Title: The Completely Revised Handbook of Coaching: A Developmental Approach
Author: Pamela McLean
Publisher: Jossey – Bass
Publication Date: September 4, 2012

书名：完全修订的教练手册：一种发展方法
作者：帕梅拉·麦克莱恩
出版社：巴斯出版社
出版日期：2012-09-04

作者简介：

帕梅拉·麦克莱恩博士是圣巴巴拉哈德森研究所的共同创始人和首席执行官，该研究所是最早、最杰出的教练学校。她有超过35年的临床心理学家、执行教练和领导的教练领域的经验，她负责哈德森研究所所有的教练计划和服务，并致力于发展高技能教练，重点研究教练理论、热点问题和最佳实践。

麦克莱恩的研究围绕着在工作和生活系统内如何成长和变化的议题，她最初研究了意向性的概念，调查了500名妇女的生活。她曾在安提俄克大学、哈佛女性领导委员会、肯尼迪公共政策学院任职，目前是旧金山赛布鲁克大学的兼职教授、美国心理学协会咨询心理学13分部的成员、美国小组心理治疗协会的研究员和国际杂志的编辑委员会成员组织教练（IJCO）。麦克莱恩也热衷于妇女议题和公民参与，目前是加利福尼亚中央海岸计划生育委员会的主席，并在旧金山的志同道合在线组织（likeminded.org）的董事会任职，这是一个培养非营利和政府组织最佳实践的社交媒体工具。

书籍简介：

本书初次出版于1999年，是第一本提供关于成人教练领域的基本信息的资源书籍，是指导个人和组织以最有效和最具创造性的水平发挥作用的艺术。本书是基于哈德森研究所的突破性工作，介绍了一个整体的发展和改变的教练模式。该手册针对经验丰富和有抱负的教练，以及对这一迅速发展的行业感兴趣的高管和人力资源专业人员，描述了成为成功教练的基本要素和途径，并提供了对教练透彻的理解、实用和有效的教练方法，概述了十个成熟的教练成熟的策略，并回顾了理论和概念。该手册还列出了相关书籍、文章和其他资源。麦克莱恩博士指出的教练方法，以及注重自我作为教练的重要性，是对教练理论和实践的主要贡献。

Title: Manager as Coach: The New Way To Get Results
Author: Jenny Rogers, Karen Whittleworth, Andrew Gilbert
Publisher: McGraw – Hill Professional
Publication Date: October 26, 2012

书名：教练式经理：取得成果的新方式
作者：珍妮·罗杰斯，凯伦·惠特尔沃思，安德鲁·吉尔伯特
出版社：麦格劳—希尔专业出版社
出版日期：2012 - 10 - 26

作者简介：

珍妮·罗杰斯是英国领先的执行教练之一，拥有超过20年的经验。她的客户通常是大型组织的首席执行官和董事。她广泛地撰写了关于教练和领导力的文章，并培训了数百名经理的教练技能。

凯伦·惠特尔沃思是一位备受好评的训练员、教练和教练主管，她还是沃思咨询有限公司的创始董事。

安德鲁·吉尔伯特是国际知名的演讲者、教练和执行教练，他还是沃思咨询有限公司的联席董事。

书籍简介：

经理的工作是艰难的，如果指令和控制不起作用，还有什么其他办法吗？只是告诉人们"授权"并不是最好答案。分享责任似乎是当老板仍然承担责任时解决下述问题最明显的解决方案，这个问题就是如何让人们心甘情愿地做一些他们可能避免做的事情。教练其实是一个非常有效的解决方法。

"员工敬业度"成为当今组织面临的难题，组织想在培养员工的同时也让员工在他们的领域表现成功。敬业度是使员工愿意竭尽全力工作的神奇要素：实现真正的承诺，与公司的战略目标一致，并产生良好的工作结果。但很少有组织真正实现员工敬业度，而教练则是一种生产员工敬业度的方式。应用本书的指导原则进行规范管理会取得很多好处，它有助于发展员工，使组织需要他们掌握的技能获得成长，培育忠诚的员工，减少管理压力，提高组织绩效。

本书特别提出了三个教练方法的主要原则：①直接下属绩效的年终判断并不能确保交付团队的预期结果；②提供建议是富有成效的——在明确的流程中利用直接下属的资源，可以提供更好的业务结果，同时提高员工参与度；③管理教练的GROW模型不够有效，使用OSCAR模型的教练能够确保直接下属达成团队及其领导者预期的结果。

Title: The NLP Master Practitioner Manual
Author: Peter Freeth
Publisher: CGW Publishing
Publication Date: October 25, 2012

书名：神经语言学大师级从业者手册
作者：彼得·弗里斯
出版社：CGW 出版社
出版日期：2012-10-25

作者简介：

彼得·弗里斯拥有近30年的商业经验，涵盖技术、销售、管理和团队开发方面的一手经验。他曾与包括惠普、英国电信、派克汉尼芬、巴高克、瑞穗银行、大众奥迪、巴克莱银行、桑坦德银行、美世和谷歌在内的全球性公司合作，取得了令人瞩目的成果，包括销售额翻倍、提高700%的盈利能力和加快83%的巴高克未来领导者的职业发展。

彼得于1993年在电信行业工作时遇到神经语言学，自那以后一直在学习、开发和教学。在过去20年里，彼得的经验和工作已扩展到教练领域，以及销售和领导力等更广泛的公共和企业培训领域。彼得曾在世界各地教 NLP 和教练，并成为英国一些知名培训公司的客座教练。如今，彼得关注于通过他的公司进行执行教练和业务绩效的咨询工作。

彼得写了九本关于各种商业和管理主题的书籍以及无数的杂志文章。他在乌克兰、波兰、丹麦、美国、加拿大、南非、爱尔兰和英国的国际会议上发表了演讲，他还是发展高绩效企业文化领域的专家。

书籍简介：

《神经语言学大师级从业者手册》是一本关于神经语言学建模的书籍，介绍了卓越人才的神经语言基本结构。彼得·弗里斯将先进的神经语言学指令转化为词汇和概念，打开精通神经语言学幕后的秘密。成为神经语言学的大师级从业者意味着放弃你已经学习过的技术，并且认真处理神经语言学的基础——为卓越建模。建模是每个神经语言学技术背后的方法，通过理解如何提取和复制卓越的心理过程，读者将超越在一般从业者层面学到的一切。

Title: Career Information, Career Counseling, and Career Development (10th Edition)
Author: Duane Brown
Publisher: Pearson
Publication Date: August 11, 2012

书名：职业信息、职业生涯辅导和职业发展（第10版）
作者：杜安·布朗
出版社：皮尔森出版社
出版日期：2012-08-11

作者简介：

杜安·布朗担任咨询专家已有30多年，并曾在北卡罗来纳大学教堂山分校任教超过25年。他在普渡大学获得了博士学位，主修咨询，辅修心理学。在北卡罗来纳大学期间，他一直担任咨询和咨询心理学项目和学院咨询项目的协调员，并担任人类发展和心理服务部门的主席。他已经与阿林和培根、麦格劳—希尔、霍顿米夫林、巴斯出版社和美国咨询协会合作撰写了一些文章。

书籍简介：

《职业信息、职业生涯辅导和职业发展（第10版）》涵盖了私营和公共部门职业生涯辅导和职业发展的所有内容。本书已经成为该领域的标准，符合所有咨询和相关教育计划认证委员会（CACREP）的标准。本书旨在帮助那些以促进职业发展为工作的团体或个人。

随着技术的出现，离岸运作的日益普及以及经济的不确定性，职业生涯辅导和职业发展领域正在迅速改变。《职业信息、职业生涯辅导和职业发展（第10版）》不仅解释、分析和面对以上问题，而且还强调多元文化因素，立足于全球视角，为读者提供了成功导航新的、多样化的职业信息世界所需的信息、工具和实践策略。本书重点关注了职业发展中的技术、免费和低成本的职业发展战略、经济衰退对就业市场的影响；扩展了职业生涯的概念，基于混沌理论，特定的职业随时以不可预测的方式发生改变；强调了全球经济如何影响美国和其他地区的就业机会，帮助读者了解工作转移到其他国家以及离岸外包对美国就业市场的影响。第10版还更新了一些学习工具，包括章节目标、学生学习练习和章末结束测验都有助于进一步促进学生学习。

Title: Human Resource Management in Public Service: Paradoxes, Processes, and Problems (4th Edition)
Author: Evan M. Berman, James S. Bowman, Jonathan P. West, Montgomery R. Van Wart
Publisher: SAGE Publications
Publication Date: March 28, 2012

书名：公共服务中的人力资源管理：悖论、过程和问题（第4版）
作者：埃文·M. 伯曼，詹姆斯·S. 鲍曼，乔纳森·P. 韦斯特，蒙哥马利·R. 范·德沃特
出版社：塞奇出版社
出版日期：2012-03-28
作者简介：

埃文·M. 伯曼担任威灵顿维多利亚大学政府学院的公共管理教授和国际化主任。在此之前，他曾担任路易斯安那州立大学的杰出教授。他的专业领域涵盖人力资源管理、公共绩效、地方政府和亚洲的公共治理。他是美国公共管理学会人事和劳资关系科的上一任主席。他发表了超过125篇论文，出版了12本书，包括《工作中的技能》（CRC出版社，2011）、《公共管理者和政策分析师基本统计》（第3版）（CQ出版社，2012）、《亚洲公共行政》三部曲（CRC出版社，2010、2011、2013）。他在该学科的所有主要期刊上发表过论文，是《公共绩效与管理评论》的高级编辑，还是一位杰出的富布赖特学者，曾担任政治大学（中国台湾）的首席教授，以及国家科学基金会前政策分析师。

詹姆斯·S. 鲍曼是佛罗里达州立大学公共管理与政策学院公共行政学教授。鲍曼博士因伦理和人力资源管理方面的工作而闻名，他撰写了超过100篇期刊文章和书籍章节，还编辑了六本选集。他是《专业边缘：公共服务能力》（第2版）（Sharpe出版社，2010年）和《公共服务伦理：个人和机构责任》（CQ出版社，2015年）的合著者。近20年来，他担任《公共廉政》期刊的总主编，该期刊是美国公共管理学会旗下的杂志。他还曾是国家公共事务和行政学校协会的研究员，以及凯洛格基金会会员，在军事、公务员和商业方面均有经验。

乔纳森·P. 韦斯特是迈阿密大学政治学教授和系主任，并担任研究生公共管理项目主任。他的研究兴趣包括伦理、公共行政和人力资源管理，发表了超过100篇经同行评审的文章和书籍章节，出版了9本书。他是《公共服务伦理：个体和制度的观点》（CQ出版社，2015）、《美国政治与环境》（第2版）（SUNY出版社，2015）和《专业边缘：公共服务能力》（第2版）（Sharpe出版社，2010）的合著者。近20年来，他一直担任《公共廉政》期刊的编辑。他还曾以外科医生办公室的管理分析员身份担任过美国陆军上校。

蒙哥马利·R. 范·德沃特是加州州立大学圣伯纳迪诺分校的教授和中国香港大学的客座教授。他出版了9本书物，还在其研究领域的主要期刊上发表了大量文章。他最近的一本书是与翁德盖姆和史瓦拉合著的《领导与文化：顶级公务员培训的比较模式》（帕尔格雷夫·麦克米伦出版社，2015）。他的研究领域是行政管理领导力、人力资源管理、培训和发展、行政管理价值观和伦理，组织行为学和综合管理。他还担任多个编辑委员会委员及《公共生产力和管理评论》的副主编。作为教员，他为教授公共机构的主管、管理者和教授研究生花费了相当多的精力。他的培训项目的对象是美国各级政府的个人以及来自外国的主管和民选官员。

书籍简介：

《公共服务中的人力资源管理：悖论、过程和问题》（第4版）同时从员工和管理者的角度对公共部门管理中遇到的复杂问题、挑战进行了全面解读。本书讨论了这些复杂问题和挑战，解释了它们为什么出现，并建议了如何处理这些问题，还继续提供了关于公共部门管理的内在挑战以及它们所处的独特政治和法律背景的矛盾观点。本书内容涵盖了就业过程的所有阶段，包括招聘、选拔、培训、法律权利和责任、薪酬和评估。本书以真实的公共服务经验为基础，强调实践技能建设和问题解决。

第4版在许多关键问题上更新了部分内容，包括员工选择、社交媒体和招聘、职位管理和削减、动机、大问题辩论、培训和公共服务。此版增加了土耳其和巴基斯坦的相关内容。将劳动管理章节分为两章，以便扩大工会活力、雇员福利和养老金、医疗改革和谈判技能的内容。本书还提供了额外的技能练习，以帮助学生在理解复杂的管理难题后进行练习和应用材料。

第四章 人力资源管理学学科 2012年大事记

第一节 人力资源管理学学科国内会议

会议名称：2012（第五届）中国人力资源管理年会

会议时间：2012年11月24~25日

会议地点：北京

会议纪要：2012年11月24~25日，由中国人民大学商学院和中国人力资源理论与实践联盟联合主办的"2012（第五届）中国人力资源管理年会"在中国人民大学隆重召开。年会致力于站在战略的高度以全球化视角聚焦当前热点、展望未来发展，邀请了政府主管、权威学者和行业翘楚会聚一堂，通过开幕致辞、四场主题演讲、两场主题论坛和四场平行分论坛切磋经验、激荡思想，共同探求中国人力资源管理的新模式和新理念。本届年会还重磅推出"2012（第二届）中国人力资源管理学院奖颁奖典礼"和《2012中国企业人力资源管理最佳实践白皮书》，为业界树立标杆和典范。

中国人民大学时任党委书记程天权教授首先致欢迎词。他介绍了中国人民大学的办学特色和办学成就，强调了中国人民大学在人力资源管理领域的学科优势和深厚积淀，殷切希望由中国人民大学商学院发起成立的"中国人力资源理论与实践联盟"与社会各界加强交流、紧密合作，共同为中国人力资源管理水平的整体提升做出更大的贡献。

中国社会科学院蔡昉教授以"人口红利消失后的人力资源开发模式"为主题发表第一场演讲。中国人民大学劳动人事学院教授、中国人力资源理论与实践联盟学术委员会联席主席彭剑锋以"2012年中国人力资源十大观察——现状与趋势"为主题发表第二场演讲。中国人民大学商学院教授、中国人力资源理论与实践联盟学术委员会主席杨杜以"人力资源管理的新视野与新境界"为主题发表第三场演讲。新加坡国立大学商学院教授徐香香以"亚洲企业全球化运营的人才挑战及应对"为主题发表第四场演讲。

主题论坛一"在不确定性中成长——人力资源管理的创新与变革"由杨杜教授主持，京东商城首席人力资源官和首席法律总顾问隆雨、浙江吉利控股集团副总裁魏梅、加多宝集团人力资源及行政总经理夏楠、北京万通地产股份有限公司副总经理杨毅清作为对话嘉宾与现场观众展开了热烈交流,中国人民大学劳动人事学院副教授、中国人力资源理论与实践联盟学术委员会副主席文跃然进行精彩点评。

主题论坛二"从中国到世界——全球化运营的人才战略与跨文化管理"由徐香香教授主持,对话嘉宾包括中兴通讯股份有限公司高级副总裁陈健洲、联想集团亚太拉美及中国区副总裁高岚、壳牌(中国)有限公司人力资源副总裁王晶、西门子(中国)有限公司人力资源部战略及传播负责人吴俊彦,围绕全球化企业的经营定位、人才战略和管理、全球化与本地化的平衡等话题展开深入探讨。中国人民大学商学院副教授、中国人力资源理论与实践联盟学术委员会秘书长周禹分别介绍了"2012中国企业人力资源管理最佳实践白皮书"10家入选企业的典型案例。

平行分论坛一"雇主品牌建设与员工敬业度提升";平行分论坛二"重新定义'学习'——经济紧缩期的人才培养与发展之道";平行分论坛三"信息化和网络化时代的管理模式变革——海尔'自主经营体'实践";平行分论坛四"HR的未来之路——如何做好HR自己的职业规划和职能跨越"。

第二届中国人力资源管理学院奖颁奖典礼由中国人民大学商学院组织,中国人民大学时任人力资源系主任、中国人力资源理论与实践联盟学术委员会副主席章凯主持。他介绍了评选的标准和程序,强调中国人力资源管理学院奖是中国唯一一个兼容了学术性意义和专业化导向的人力资源权威奖项,充分结合学术与实践双重视角,对中国人力资源管理的实践模式进行研究评估与评选,为业界树立标杆和典范,向世界推介中国人力资源管理的最佳实践。

入选《2012中国企业人力资源管理最佳实践白皮书》的10家企业同时获得"2012年中国人力资源管理十大最佳实践奖"。彭剑锋教授、杨杜教授、文跃然副教授为10家企业代表颁奖,并共同启动"中国企业人力资源管理最佳实践学习项目",周禹老师对部分代表进行现场采访。

会议名称:中国人力资源开发教学与实践研究会第十三届年会暨学术研究会
会议时间:2012年7月21~22日
会议地点:河北承德
会议纪要:由中国人力资源开发教学与实践研究会主办、河北师范大学商学院承办、河北民族师范学院协办的中国人力资源开发教学与实践研究会第十三届年会暨学术研讨会,于2012年7月21~22日在承德隆重召开。来自全国高等院校、出版界及部分企业的260余名代表出席了此次盛会。这次会议主题是"使命与挑战:转型期的人力资源开发与管理",与会代表就转型期的人力资源开发与管理前沿理论创新、人力资源开发与管理实务创新、人力资源管理课程教学与实践、人力资源管理学科建设及热点问题进行了热烈讨论。

中国人力资源开发研究会会长刘福垣从发展战略的高度探讨了我国在人力资源开发方

面存在的主要问题，指出我们目前最缺的是企业家人才，中国人力资源开发的重点是人才开发，并提出了实施人才开发战略、通过城市化拉动内需、实施农民工社会身份转化的观点。中国人民大学公共管理学院吴春波认为，危机下中国人力资源管理面临各种挑战，应当以内部确定性的规则应对外部的不确定性，以内部活力与机制应对外部市场增长的乏力，以内部管理及效率提升应对外部增长空间的压缩，以内部人力资源潜力开发应对外部规模成长的衰减。苏州大学商学院刘进才认为，经济转型期加强我国公共人力资源政策的创新是关键，从重视高龄科技人才、实行弹性退休制度、加大高等教育投入、加大研发投入四个方面提出了加强公共人力资源政策创新的思路。

中国人民大学公共管理学院董克用指出目前中国处于转型期，包括经济转型、社会转型、体制转型和观念转型四个方面。人力资源专业教师要转变观念，在人力资源开发与管理方面开拓创新。吉林大学商学院罗青兰、于桂兰、孙乃纪探讨了高层次人才职业发展阶段与成长路径。

江西财经大学卢福财和陈云川梳理了工作嵌入的三个理论渊源，指出工作嵌入进一步研究的四个方向，即界定社区概念的内涵外延、探讨工作嵌入的前因因素、吸纳其他理论成果以及对特定人群的研究。辽宁大学商学院王海光对领导下属性别组合研究进行了综述，指出领导与下属性别组合对工作有重要影响。南开大学商学院李媛和杨斌认为，认知性组织学习对战略适应性具有重要作用。南开大学商学院丛龙峰探讨了专业化与协同化共存的组织管理模式，阐述了专业化的历史起源及其三种主要形式，即劳动专业化、部门专业化和决策专业化。

南京理工大学朱必祥基于人力资本投资视角对员工健康管理问题进行了探讨，指出员工健康管理问题是人力资源管理面临的迫切的实践问题。企业实施员工健康管理计划是人力资本健康投资的重要方面，其意义在于减少医疗费用，提高员工健康时间和产出效率，从而提高员工的企业归属感和工作热情。

厦门大学管理学院何燕珍和王玉梅认为，跨国并购中信任危机的处理直接影响着并购的成败，建立企业跨国并购信任关系是实现成功并购的关键。她们通过探索中国企业跨国并购信任关系建立的关键因素，提出了构建信任关系的思路。

吉林大学商学院于桂兰和尹喆指出知识管理创造价值，受到管理者以及研究者越来越多的重视。他们认为不仅社会网络对于知识分享行为具有正向影响，同时知识分享动机与社会网络对于知识分享行为也产生影响。

会议重点围绕人力资源管理与开发前沿理论问题、人力资源开发与管理实务创新、人力资源管理课程教学与实践、人力资源管理学科建设及热点问题展开了热烈的讨论，展示了国内外人力资源开发与管理领域的最新研究进展和教学与实践方面的最新成果。

会议名称：2012 中国人力资本公益论坛
会议时间：2012 年 11 月 10 日
会议地点：北京

会议纪要:"2012中国人力资本公益论坛"于2012年11月10日在北京举行。来自世界500强企业、中外管理商学院、中国企业家联合会等国内外知名机构的负责人、企业人力高管、专家学者等近500人齐聚一堂,围绕全球化背景下的企业人力资源管理问题展开热烈讨论。

中国劳动保障科学研究院时任院长、中国劳动学会劳动关系专业委员会时任会长田小宝出席会议并致辞。田小宝表示,人力资源从业者应该珍惜机会,发挥人力资源管理工作者的积极作用,在提升企业绩效、打造高效团队的同时建设和谐融洽的企业文化氛围,巩固和谐社会建设的积极成果。

此次论坛的主题为"如何有效实施绩效管理",论坛以主题演讲、高端对话、微电影、微博互动等多种形式展开。与会高管和人力资源专家做了"从CEO的角度看人力资源管理"、"如何有效实施绩效管理"等主题发言。与会专家围绕绩效管理等企业关心的热点难点问题进行了广泛热烈的讨论和互动交流,各位嘉宾通过主题演讲和高端对话,与参会人员分享了前沿的绩效管理理念、有效的绩效管理方法和实战经验。

本次论坛一大亮点就是以主论坛和分论坛的形式举办,分论坛作为主论坛的延伸和扩展,于11月24日起每个周末举办。分论坛上将再次邀请各位嘉宾就绩效管理中的焦点、难点、热点问题进行深入的分享和讨论。

论坛由人力葵花同学会主办,人力葵花同学会现有5000多家北京企事业单位的实名制会员,是以人力资源管理和企业高管为主体的大型学习型、公益组织。

会议名称:2012中国人力资本论坛
会议时间:2012年9月13~14日
会议地点:上海
会议纪要:2012年9月13~14日,由专业人力资源互联网传媒HRoot主办、中智公司首席赞助的"2012中国人力资本论坛"(China Human Capital Forum 2012)在上海环球金融中心盛大召开。约1500名政府机构决策者、商学院及协会权威学者以及世界500强企业的人力资源管理精英人士齐聚一堂,针对新经济形势下的人力资源管理展开深入分析和探讨。

中智上海经济技术合作公司党委书记、总经理石磊为本届论坛致开幕词。中智公司是中国人力资源行业领军企业,荣登"2012全球人力资源服务机构50强"榜单第七位,是唯一入选全球前十的亚洲企业;在"2012年中国企业500强"榜单中列第318位,同时在"2012年中国服务业500强"榜单中列第102位,2006~2012年连续7年荣居中国人力资源企业排名第一位。

论坛邀请到了来自中智、陶氏化学、GE中国研发中心、赛诺菲、IBM、安利、麦当劳、博世、强生、喜利得、蒂森克虏伯电梯、诺华、沃尔沃建筑设备、德勤、沃尔玛电子商务、埃森哲、星巴克、eBay、博思格巴特勒、西卡、瓦锡兰、美敦力、阿尔卡特朗讯、舍弗勒、捷普科技、大金、TNT、英格索兰工业技术、科德宝集团、安富利电子、美国卡莱集团、洲际酒店集团、科勒、杜邦、万豪国际集团、腾讯（上海）、任仕达、DDI、Towers Watson、北森咨询、SHL 等诸多《财富》500 强及全球知名企业的人力资源负责人及人力资源行业专家，在为期两天的论坛中展开 30 场关于当前人力资源领域热门话题的探讨，与参会者分享了宝贵的实践经验与见解。

"2012 中国人力资本论坛"现场隆重发布《中国人力资源发展蓝皮书》（2011～2012），该书由时任中国人事科学研究院、中国劳动保障科学研究院的院长、权威专家、顶尖研究员组织编纂。蓝皮书从各个层面对中国的人力资源开发状况进行了全方位的总结，通过大量数据和事实全面展示了中国人力资源发展的现状、法制化建设、促进就业、人才队伍建设、人力资源市场建设、人力资源权益保护以及国际交流合作等方面的情况。同时，蓝皮书对当前人力资源开发的十个热点问题展开了专题研究，其中包括创新科技人才开发、博士培养发展、大学毕业生就业、高技能人才队伍、回国创业留学人员发展、人口与就业问题、农民工就业问题、老年人力资源开发、社会保障体系建设以及职业教育发展等。

"2012 中国人力资本论坛"是中国地区人力资源行业最高规格的领袖级会议，此前已成功举办四届，共有超过 120 场主题演讲及圆桌论坛，逾 200 位全球领先人力资源咨询机构负责人、500 强企业人力资源总监及负责人参与精彩分享。本次论坛通过对人力资源领域的研究成果发布和连续两天的业界精英实践分享，为中国人力资源交流发展搭建了一个平台，对促进企业洞悉未来发展之路、实现卓越管理、可持续发展做出了卓越的贡献。

会议名称：中国人力资源开发研究会劳动关系分会第 5 届年会暨学术研讨会
会议时间：2012 年 11 月 24～25 日
会议地点：重庆
会议纪要：2012 年 11 月 24 日下午，"中国人力资源开发研究会劳动关系分会第 5 届年会暨学术研讨会"分论坛分别在西南政法大学敬业楼 2025 会议室、2031 会议室、3025 会议室、3031 会议室同时举行。四场论坛分别以"劳动关系理论与实践"、"工会与劳动者权益保护"、"企业劳动关系管理"、"劳动关系与劳动法制"为主题，吸引了国内外来自经济学、管理学、法学、社会学、政治学等领域的上百名专家、学者参会，共就 58 篇论文在会议上进行了交流与讨论。

在第一分论坛上，与会专家就非农化经济增长与就业、就业质量的内涵与测量、集体谈判的宏观经济绩效研究与启示等专题展开学术探讨。来自中南财经政法的陈天学通过回顾日本军国主义对华劳工的历史，指出"国家主权是跨国企业中劳动权利的保障"。西南政法大学管理学院淦未宇立足于新生代农民工的社会偏好，从微观管理学的角度论证了雇佣关系的稳定性对农民工治理的重要意义。会上，共 12 位学者展示了自己的论文成果，并就其中"集体谈判"和"医疗改革"等学术问题进行了深刻广泛的讨论。

在第二分论坛上，11 位与会嘉宾结合自己的论文向全体参会人员阐述自己的观点。论文内容涵盖了中国工会如何直面产业行动、女职工的权益保护、工资集体协商、区域职代会、体面劳动等问题,并围绕"罢工"事件展开"策略性政治空间与变化的自发性、合作性劳动关系"的研究。中国劳动关系学院的许晓军教授指出,中国特色社会主义劳动关系正向集体劳权转型,中国特色工会发展的正确道路是建设党政支持下的官方工会,实行由上到下的制度设计。面对大家提出的有关职代会的问题,中国劳动关系学院的专家刘元文教授做出了详细的解答。他向与会代表阐述了工会与职代会的关系,并说明职工民主管理与集体协商在企业管理中的重要作用。交流环节,大家还就群体性事件有无集体的概念展开广泛讨论,对工会运动进行了剖析,指出应该从立法的角度来维护工会的作用。

在第三分论坛上,来自国内多所著名高校的30余位领导和专家就职工文化与劳动关系、企业—员工间依存关系、派遣员工组织认同动态发展研究、新型劳动关系下的人力资源管理发展、我国企业年金劳动关系管理效应的实证研究等专题进行了深入探讨和交流。代表们在会议上提出,"要树立正确的人力资源观念,将组织与人的同步成长和发展作为人力资源管理的核心目标,以多元化的全面薪酬体系对员工进行有效激励,制定与劳动关系管理目标相适应的年金计划"。

在第四分论坛上,与会领导和嘉宾围绕"劳动关系与劳动法制"这一主题,分别就《认定劳动关系标准》、《论我国服务业劳动关系的认定问题》、《武汉餐饮行业工资集体协商效果实证分析》、《劳动合同法修改若干问题讨论》等多个课题展开了广泛的探讨。大家各抒己见,畅所欲言,并最终达成多方面共识。西南政法大学经济法学院陈步雷教授援引温州五家大型私企的"党建"案例,对中国私企外部政治关系与工厂政体建设进行了详细阐述,同与会嘉宾就其中存在的人力资源热点问题展开讨论。

会议名称:2012中国人力资源发展与管理论坛暨第三届浙江大学——正略钧策人力资源论坛

会议时间:2012年11月29日

会议地点:浙江杭州

会议纪要:"2012中国人力资源发展与管理论坛暨第三届浙江大学——正略钧策人力资源论坛"于2012年11月29日在浙江大学邵逸夫科技馆隆重举行。本届论坛权威的薪酬数据、前沿的管理智慧为与会者缔造了一届与众不同的人力资源管理思想盛宴。

本届论坛以"创新变革寄语"为主题,探讨当前人力资源管理领域的热点话题。如何通过良好的员工发展和员工关怀来提升员工的企业归属感?企业文化对提升员工的企业归属感是否可以评估?如何通过有效的中长期激励机制来提升员工的企业归属感?员工创新的激励关键点和难点在哪里?从机制构建和文化的角度,如何构建一种机制和文化实现员工创新的激励?从具体的激励方式看,良好的福利、员工关怀、个性化激励等在激励员工创新上的作用如何?如何更好地操作并发挥作用?在企业赚钱不像以前那么多的情况下如何稳住团队、提高人工效能?

论坛旨在探寻转型期的人力资源管理之道,构建中国人力资源管理领域精英交流的优质平台,帮助中国企业洞察机遇与难题,在全新环境下寻找科学管理方法,实现企业稳健发展,提升企业人力资源管理水平。

正略钧策管理咨询公司商业数据中心在会上发布了《2012中国薪酬白皮书》浙江区域调研数据,这无疑是本届论坛的最大亮点。报告显示,由于2012年经济放缓,应届毕业生起薪水平和各行业的平均薪酬也有下调的趋势,同时给出了杭州地区的应届专科、本科、硕士、博士应届生数据。据了解,该薪酬报告以长三角地区纵向数据为对比,回顾2011年、2012年中国薪酬体系状况,同时展望2013年中国薪酬新愿景。内容涵盖全国应届毕业生起薪水平、各行业平均薪酬等关键数据,为企业制定薪酬策略提供权威参考。

本次论坛组委会发起了"2012MBA眼中的最佳雇主"评选活动,共有10家企业获奖,它们分别是阿里巴巴集团、浙江省电力公司、传化集团有限公司、浙江省物产集团公司、中国工商银行浙江省分行、杭州娃哈哈集团有限公司、绿城房地产集团有限公司、浙江吉利控股集团有限公司、西子联合控股有限公司、万向集团公司。

面对中国当前的发展现状,论坛发言嘉宾提出了从核心型人才、企业员工归属感、基于文化的竞争力、如何实现员工的创新激励四个方面来启发企业人力资源管理创新的管理思想,给现场企业来宾和MBA校友带来启示。

会议名称:第七届新人力高峰论坛
会议时间:2012年9月6日、14日、21日
会议地点:上海、北京、广州
会议纪要:第七届新人力高峰论坛由《新人力》杂志社、易才集团企业与社会发展研究院主办,中国劳动学会、中国人力资源和社会保障部劳动工资研究所、易才集团(CTG)协办,中国劳动学会劳务经济与(境内)劳务派遣专业委员会提供学术支持,此次论坛的主题是"直面严峻经济形势人力资源管理创新与变革"。此次论坛,主办方评选出"最佳劳动和谐企业"及"HR管理最佳实践奖",并邀请近千名来自人力资源和社会保障部门的政府领导、国内外知名经济学家和知名人力资源管理专家、学者、知名企业CEO、人力资源总监,以及来自各行各业的HR精英齐聚一堂,洞悉宏观经济形势,剖析行业热点事件,分享知名企业案例,全方位解读人力政策与企业人才战略,共同探讨人力资源管理的创新与变革。

上海市人力资源和社会保障局应雪云、上海市闸北区政协倪盛进、上海人才服务行业协会朱庆阳、中国劳动保障科学研究院张新民、人力资源和社会保障部劳动工资研究所刘学民、易才集团创始人李浩、著名职业规划顾问专家姜博仁、SAP中国商务解决方案事业部总经理曹学深、SAP中国HCM业务拓展总监孟盛、CHINA HRKEY研究中心林毅章、北京易才博普奥管理顾问有限公司王立刚等相关政府、企业领导及学术界权威专家出席上海的新人力论坛。原劳动和社会保障部副部长华福周和中共中央党校经济学教授田应奎到会北京的论坛现场。广东省人力资源和社会保障厅张凤岐与国家发展和改革委员会学术委员会张燕生出席广州的新人力论坛,共同关注中国经济形势、人力资源领域的最新动态和深度分析,重新评估人力资源管理在企业战略发展中的地位与价值。

此次论坛的举办，正值全球经济相对低迷的时期，虽然中国经济发展速度放缓，但仍然是世界经济增长的主要驱动因素。2012年，"稳增长"成为中国经济的主旋律，中国企业面临增长难题，人力资源管理成为企业竞争中的核心资本，这也使得中国本土企业进行结构调整和产业转型升级的任务更加迫切。而在这个过程中，人口红利正在逐渐丧失，从而导致劳动力成本持续攀升。面对这种情况，企业只能通过技术、产品、经营等方面的创新来抵消人力资源优势消失带来的负面影响。在这种大背景下，中国企业如何在创新中让人才战略与整体战略达到一种动态的平衡，如何在变革中优化自身的人才结构并保留优势，从而实现增长和竞争力的共同提升，就成为当今我国企业经营管理中最具挑战的课题。因此，本届论坛的相关专家也提出：在以人才作为企业发展第一资源的时期，企业在未来一段时间内应将"人力资源管理的创新与变革"作为最核心也是最基础的工作。同时，本届新人力论坛还隆重举行了"最佳劳动和谐企业"及"HR管理最佳实践奖"的颁奖典礼，以及《中国薪酬指数报告》发布仪式。

易才集团相关负责人表示，从目前的经济发展环境和趋势来看，企业正在从"成本逐利"向"人才逐利"的方式转变，伴随着逐利方式的转变，人才问题势必会对企业的发展造成巨大阻挠，而要突破阻挠，就要从企业内部人力资源管理入手，寻找新的方式方法来破局。所以，希望通过本届新人力论坛独特、权威的视角，为到场来宾诠释当下企业人力资源管理创新与变革所面临的机遇与挑战，为企事业单位提供更多的人力资源管理良策。

会议名称：HRA 2012第十六届年度大会暨展览会
会议时间：2012年7月6日
会议地点：北京
会议纪要：本次大会的主题是"峰回路转新经济　持续发展促转型"。大会由摩根士丹利亚洲有限公司中国区人力资源副总裁白文杰女士代表理事会致开幕词，并特邀人力资源和社会保障部人力资源市场司张文淼先生为大会致祝贺词。出席大会的来宾包括著名经济学家、政府顾问、企业家、咨询专家、HR管理专家等各界人士及HRA理事、顾问团队等700余位。本次大会秉承HRA的传统，邀请多位著名HR管理专家、经济学家和学者前来演讲。

美国密歇根大学罗斯商学院教授、被誉为"人力资源开拓者"的Dave Ulrich（戴维·尤里奇）先生通过视频发表了演讲，分享了人力资源的未来趋势"The future of HR：HR from the outside in"（人力资源的未来——自外而内）。值得一提的是，这个环节还邀请到联想集团高级副总裁乔健女士主持，并参与到互动中。专注于企业战略与领导力、阳明与稻盛哲学研究与实践的独立学者白立新博士，在会上发表了主题演讲——《良知的力量》。经济评论家、央视财经频道特约评论员、解放日报经济评论员、每日经济新闻主笔叶檀女士为大家解读了当前中国宏观经济形势。一场场精彩演讲获得了一致好评。

此外，本次大会为HRA与会员、会员与会员提供了充分的交流机会。大家共聚一堂，分析经济时局，把握经济命脉，为企业创新和人力资源转型升级建言献策。

最后，本次大会的另一亮点是 30 余家 HR 服务机构和优秀供应商参展，为参会代表提供最新信息、最前沿的工具和方法，与 HR 同行们共谋发展。同时，与会嘉宾在每个展台都可以集一个"签到章"，每集满 6 个"签到章"就参加一次抽奖，百分百中奖。

会议名称：人才源动　全球智胜——2012 人力资源管理转型新模式高峰论坛

会议时间：2012 年 6 月 15 日

会议地点：哈尔滨

会议纪要："人才源动　全球智胜——2012 人力资源管理转型新模式高峰论坛"在哈尔滨天鹅饭店成功举行。本次活动由人力资源开发研究会主办，用友软件股份有限公司协办，中国人力资源开发研究会企业信息化专业服务中心、用友软件股份有限公司黑龙江分公司承办。中国人力资源开发研究会李直，用友公司苏华、毕思建、张杰、许越男、孙昊，葵花药业集团信息中心王云龙等出席论坛，近百位来自各行各业的企业人力资源管理者到场参会。

本次高峰论坛围绕"人力资源管理转型新模式"这一主题，从 2012 年内外经济政策环境的变化及趋势、领导力与人力资本价值提升、企业对人才的选育用留、精细化管理实现人力成本控制及信息化解决方案等多维度共同探讨和分享人力资源管理与价值提升的新思维。

中国人力资源开发研究会李直总结人力资源管理的整体趋势，提出深化基于绩效的人力资源管理治理系统、转型基于产业升级的人才管理系统、突破基于社会文化的企业文化系统的观点。信息技术的飞速发展使得过去一些被动反应的要素能够整合起来，人员的选、育、用、留等环节可以实现资源共享。

行业专家、专业信息化领导厂商、企业应用实践者与各位人力资源管理者共同探讨分享人力资源管理与价值提升的新思维，通过对创新模式的研究与实践，一定可以帮助企业成功实现转型升级。相信此次"人才源动　全球智胜——2012 人力资源管理转型新模式高峰论坛"也必将助推用友人力资源高端品牌形象的树立，为进一步拓展黑龙江的 HR 市场奠定坚实的基础。

会议名称：第九届 21 世纪经理人研讨会暨清华经管学院校友会人力资源分会 2012 年会

会议时间：2012 年 10 月 19～20 日

会议地点：北京

会议纪要："第九届 21 世纪经理人研讨会暨清华经管学院校友会人力资源分会 2012 年会"于 2012 年 10 月 19～20 日在北京首农香山国际会议中心隆重召开。本次会议的主题是"企业国际化进程中的人力资源管理"。来自全国各地的清华经管学院历届人力资源系校友 140 余人，人力资源与组织行为系张德、杨百寅、陈国权、张进、曲庆、张勉、吴志明、陈昊、陈晓、杨灵等多位教授，北京大学光华管理学院马力教授（经硕1996）等一同参加了本次活动。

19日下午，活动以主题交流的形式拉开序幕，吴志明、陈国权、陈昊、陈晓、杨灵、余玲艳、杨百寅等老师分别就"外派管理：现状与挑战"、"组织学习的多层次转换机制"、"创业企业股权分配设计与创业团队心理所有权动态关系"、"员工激励：目标设定理论新动态"、"中小企业合同关系中的风险分配"、"员工援助计划（EAP）核心技术理论与实践研究"、"谋略领导"等主题，与校友们分享了各自最新的研究成果，阐述了自己的观点。校友们纷纷表示通过交流开阔了思路，对人力资源领域的发展近况有了最新的了解。

20日上午大会正式开始，张德教授首先致开幕词。他回顾了大会的历史以及过去几届大会的组织情况，预祝本届大会圆满成功，希望人力资源校友分会的活动在未来越办越精彩，成为校友彼此学习交流、共叙友谊、促进合作的终身平台。

随后中钢集团邵殿祥校友（MBA1999）进行了"全球化浪潮中'融入'与'超越'"的主题发言，阐述了自己对于全球化背景下的中国企业发展之路的理解与思考。

在曲庆老师的主持下，不同行业和领域的八位校友和嘉宾围绕大会主题，理论联系实际，与大家分享了自己的经验与心得。

杨百寅教授最后进行总结时，生动地阐述了当前的国际形势，并强调中国企业在发展过程中需要注意国际化、中国化和科学化三个维度。

会后，校友们一致认为第九届年会对于人力资源分会的发展具有重大意义，其中不仅凝聚了张德老师等多年来亲力亲为开展组织工作的心血，也离不开本次活动的赞助人邵殿祥校友的慷慨支持，希望人力资源分会在未来继续蓬勃发展，成为凝聚校友、推进院系建设以及学科发展的永续平台。

会议名称：第二届公共人力资源管理国际会议
会议时间：2012年10月27~28日
会议地点：浙江杭州
会议纪要：2012年10月27~28日，由浙江工商大学社科联和工商管理学院共同主办，浙江大学心理与行为科学系、武汉大学哲学院心理系协办的"第二届公共人力资源管理国际会议"在浙江工商大学国际会议中心召开，主题为"探讨转型时期的人力资源管理"。来自中国和美国的40余位公共人力资源管理领域的顶尖专家、学者参加了会议。美国国际人力资源管理协会Neil Reichenberg先生、美国南佛罗里达大学Kathleen P. King教授、浙江工商大学张仁寿教授、浙江工商大学工商管理学院郝云宏教授等出席了开幕式。

大会共有四场主题报告。Kathleen P. King教授做了题为"An International Study: Successful Leadership Development through Self Direct and Transformative Learning"的报告，分析了通过自我指导以及转型领导实现成功领导力发展的问题。Neil Reichenberg先生报告了

该协会目前在进行的研究项目以及中国学者的参与情况。浙江大学郑全全教授和武汉大学张掌然教授分别做了以"经济体中的农民工——公共管理视野下的思考"和"中国公共人力资源管理的合作创新——从问题解决和管理的广义视野出发"为题的报告。此外，大会还举行了两场主题分别为全球化背景下的人力资源管理和管理学研究热点与前沿的专题讨论会，来自浙江工商大学管理学院的100多名师生和与会专家学者进行了热烈深入的交流讨论。

本次公共人力资源管理国际会议是2012年度该领域的一次高端盛会，总结了我国学者在公共人力资源领域的研究成果和最新进展，在与国际学者交流中建立了国际合作研究的平台，同时促进了人力资源管理与不同管理学科的融合及知识传播，进一步扩大了浙江工商大学在上述领域的影响力。

会议名称：2012中国人力资源管理夏季高峰论坛
会议时间：2012年8月4日
会议地点：山东青岛
会议纪要：2012年8月4日，由中国人民大学商学院和中国人力资源理论与实践联盟主办、中国人民大学山东教学中心（文泰在职研究生）承办的"2012中国人力资源管理夏季高峰论坛"在青岛海尔洲际酒店三层阶梯礼堂隆重召开。在中国人民大学山东教学中心李梁梁老师的主持下，500多名来自山东及全国领先企业的中高层管理人员会聚一堂，通过七场主题演讲和一场巅峰对话，切磋经验、激荡思想，共同探求中国人力资源管理的新模式和新理念。前沿热点的议题设置、强大权威的嘉宾阵容、规范有序的现场服务得到全体参会人员的高度好评，活动取得圆满成功。

中国人民大学商学院刘向东教授发表了热情洋溢的开幕词。他认为，受益于过去几十年中国经济的蓬勃发展和中国企业的高速成长，中国人力资源管理的水平有了长足的进步和提高，中国悠久的历史传统、深厚的儒家文化、富有特色的社会主义制度、转型及快速增长中竞争与和谐的冲突、信仰与价值观的代沟等诸多元素都为中国企业的人力资源管理实践增添了多彩的魅力。

中国人民大学劳动人事学院彭剑锋教授以"质变转型与不确定时代的人力资源管理"为题发表第一场主题演讲。彭剑锋教授结合他对丰田模式的深入研究和独到见解，提出当前中国企业的人力资源管理需要回归到两个基本点：①对人的尊重与重视，由简单的用人到经营人才，将人力资源管理真正上升到战略高度；②回归科学管理基本面，在实现最优化、简单化、规范化、标准化的基础上追求数字化、流程化、系统化、智能化。

中国人力资源理论与实践联盟实践委员会、阿里巴巴集团邓康明先生以"组织发展与领导力"为题发表第二场主题演讲。

中国人力资源理论与实践联盟实践委员会、诺华中国总部洪朝阳以"企业社会责任与员工激励"为题发表第三场主题演讲。

中国人力资源理论与实践联盟实践委员会、大唐电信科技产业控股有限公司周德生先生以"企业转型与人力资源管理模式创新"为题发表第四场主题演讲。

海信集团人力资源部贾少谦先生以"海信的经营哲学与人力资源管理体系"为题发表第五场主题演讲。

烟台万华聚氨酯股份有限公司人力资源部赵继德先生以"万华人才培养实践"为题发表第六场主题演讲。

惠普商学院吕楷之女士以"创新人才培养,助力企业发展"为题发表第七场主题演讲。

在巅峰对话环节,邓康明先生、洪朝阳女士、贾少谦先生、赵继德先生和吕楷之女士分别围绕"直面'80后'、'90后'——如何管理和发展新生代员工"以及"HR的未来之路——如何做好HR自己的职业规划和能力提升"等话题与现场观众进行热烈讨论,随后现场观众还纷纷就自己在工作中碰到的疑惑和困扰踊跃提问。

会议名称:2012中国人力资本管理峰会——探索活资本之路
会议时间:2012年5月17日
会议地点:北京
会议纪要:2012年5月17日,由国内领先的人力资源领域综合服务机构CHINA HRKEY主办的"2012中国人力资本管理峰会——探索活资本之路"在北京亮马河会议中心成功召开。CHINA HRKEY聚集领域内优质资源,携手近400位海内外知名企业高管、人力资源专家及学者相聚一堂,交流真知灼见,分享经验心得,共话中国人力资本管理新蓝图。

峰会首先由中小企业协会副会长马钧先生致开幕词,就中国人力资源市场发展进行回顾与展望。随后,CHINA HRKEY公司申立鸣先生就本次峰会"活资本"话题与嘉宾们做了分享。申立鸣表示,本次峰会将为企业人力资源管理者建立一个新的平台,促进企业间人力资本管理的交流与分享。

峰会上,众多海内外知名企业高管、人力资源专家带来了精辟独到的演讲。强生集团Cathy Zhang、IBM渠道大学李岚、安永咨询大中华区乔良、联想控股化工事业部刘海琳、亚信联创集团李捷、特艺集团亚太区古京丽等嘉宾参加了此次峰会,业界精英们就企业HR的BP角色转换、领导力建设与发展、激发员工敬业度、白热化人才争夺战中雇主品牌策略等问题展开热烈的讨论。

同时,峰会受到众多来自海内外知名媒体及商学院的关注与支持。特别邀请到知名媒体"当家花旦"《中国企业家》杂志社杜亮、《经理人》杂志社周建华、《新领军》杂志社吕传明作为对话专场主席,借助媒体人敏锐的洞察力聚焦中国人力资本管理现状,共话业界新蓝图。

会议名称:第二届中国女性HR经理人成功论坛暨2012北京秋季人力资源高峰会
会议时间:2012年9月22日

会议地点： 北京

会议纪要： 2012年9月22日，HR Bar作为支持媒体派出精英团队大力支持由"三人行——中国人力资源公益学习论坛"与"北京众行国际教育"联合发起主办的"第二届中国女性HR经理人成功论坛暨2012北京秋季人力资源高峰会"。来自北京及全国各地的500余位企业女性HR经理人、知名女性HR管理专家参加了一年一度的女性HR经理人盛会。大会执行主席、"三人行——中国人力资源公益学习论坛"创始人惠鹏先生出席大会并代表主办方致辞，大会秘书长、"三人行——中国人力资源公益学习论坛"首席顾问王艳锋先生出席大会并做激情演讲，女性人力资源开发与创业研究中心主任张丽莉到会祝贺并发表精彩演讲。

本届大会邀请数位HR管理领域优秀的女性管理专家作为主讲嘉宾，分享智慧，点播知识，利用一天的时间，围绕"职业定位发展、事业家庭平衡、女性魅力气质力修炼、人才柔性管理智慧"四个方面对女性的情感、生活和事业进行剖析和解读。最后论坛圆桌对话围绕"女性HR如何平衡家庭与事业全方位成功"展开激烈的互动交流，整场对话围绕"时间管理、婚姻关系、孩子教育和女性HR全面成功"方法和经验，以"高品位、高水准、新思维、新角度"的内容和形式，赢得了广大参会女性HR同仁的阵阵掌声。

HR Bar大力支持"三人行——中国人力资源公益学习论坛"这一中国人力资源管理领域的公益平台，并将全力支持三人行专注中国女性HR的事业家庭、个人身心全面成长，聚焦时尚女性魅力提升、个人影响力塑造，关注女性HR幸福成功，诠释和交流成功女性HR的管理智慧、幸福人生，为女性HR经理人的职业发展与家庭幸福点亮指路明灯。

会议名称： 2012中国人力资源服务发展论坛
会议时间： 2012年12月12日
会议地点： 北京

会议纪要： 2012年12月12日，由CHINA HRKEY（创智中国）主办的中国HR顶级盛会——"2012中国人力资源服务发展论坛"在北京隆重举行。700余位企业人力资源高管在严寒且交通不便的情况下毅然参加了本次论坛。

论坛首先由CHINA HRKEY（创智中国）研究中心负责人林毅章先生致开幕词，就2012年中国人力资源市场需求与服务发展进行回顾与展望。林毅章表示，本次论坛将为企业人力资源管理者建立一个新的平台，促进企业人力资源官与人力资源服务供应商之间的交流与分享。

论坛上，海内外众多知名企业高管、人力资源专家、学者带来了精辟独到的"干货"分享。微软亚太研发集团人力资源总监林磊，ADP中国总经理Amer，路劲地产集团联席董事刁露，SilkRoad大中华区董事总经理王奕，原中国传媒大学培训学院院长张洪生，完美世界人力资源总经理杨海，联泓控股有限公司人力资源总经理刘海琳，普天研究院人力资源部总经理史举锋，易才博普奥总经理王力刚，凯里森（中国）人力资源总监李建波等嘉宾为大家分享了多年来积攒的实战经验,业界精英们就新时代下的企业人力资源服务外包、高新科技下的最新招聘方式、"云"应用对企业人力管理的影响等问题展开思想碰撞。

第二节 人力资源管理学学科国内重大事件

事件名称:《中国人力资源服务业白皮书 2011》发布会
事件时间:2012 年 3 月 23 日
事件简介:"中国人力资源服务产业发展论坛暨《中国人力资源服务业白皮书 2011》发布会"于 2012 年 3 月 23 日在北京召开。这是北京大学与上海外服自 2007 年以来连续五次联合发布白皮书。

白皮书梳理了自 2007 年以来中国人力资源服务行业的发展脉络,对中国人力资源服务行业的总体概况、服务产品、服务机构、法律法规等发展现状进行了梳理和分析,对整个行业的发展趋势和愿景进行了预测和建议。该书同时评选出"2007~2011 年促进人力资源服务业发展的十大事件"。

事件名称:人力资源蓝皮书:中国人力资源市场服务体系逐步建立
事件时间:2012 年 7 月 19 日
事件简介:我国首部人力资源蓝皮书《中国人力资源发展报告(2011~2012)》于 2012 年 7 月 19 日发布。报告指出,改革开放以来,中国改革计划经济条件下的劳动人事管理制度,转变由政府"统包统配"的人力资源配置方式,赋予单位用人自主权和劳动者自由择业权,大力培育和发展人力资源市场,逐步实现人力资源从计划配置到市场配置的根本转变,市场机制在人力资源配置中发挥了基础性作用。

人力资源蓝皮书指出,目前全国人力资源服务机构的总量不断增加,结构不断优化,已经形成以政府公共就业和人才服务机构为基础,国有服务企业、民营服务企业和中外合资服务企业共同发展的格局。同时,为了满足人力资源市场日益增长的服务需求,各类人力资源服务机构不断拓宽服务领域、扩展服务规模、完善服务手段。人力资源服务的内容日益丰富,包括政策咨询、求职招聘、劳动人事代理、就业指导、职业培训、创业指导、社会保障、劳务派遣、人才测评、人才搜寻、管理咨询和服务外包等多种业务,形成较为完善的服务产业链。

事件名称:人力资源和社会保障部:延迟退休拟对不同群体考虑差别政策
事件时间:2012 年 7 月 26 日
事件简介:延迟退休方面,尹成基介绍,养老保险制度涉及面广,矛盾错综复杂,需要解决的问题很多。人力资源和社会保障部目前进行系统的规划研究，"已触及的重大问题有十几个，退休（或领取养老金）年龄问题是其中之一"。

2012年6月5日，针对一些网民提问，人力资源和社会保障部的答复强调了延迟退休的复杂性，表明了加强研究的态度，并认为延迟退休年龄是大势所趋。这一表态引发公众讨论。

尹成基表示，讨论中反映的观点表达了不同群体的多样性诉求，使人力资源和社会保障部更充分地认识到这一政策的"复杂性和敏感性"。人力资源和社会保障部继续深入研究这一问题时，将以适当形式充分听取各方面意见。

研究弹性延迟申领养老金列入社会保障"十二五"规划，对于这一政策怎样设计，尹成基介绍，研究材料表明，许多国家在调整退休年龄时都要预先若干年向社会公告，对不同群体采取差别政策，并以"小步慢走"的方式实施，以减少负面影响，这对人力资源和社会保障部研究这一问题是个借鉴和参考。

事件名称：人力资源和社会保障部：全力做职业培训

事件时间：2012年2月23日

事件简介：2012年2月23日，人力资源和社会保障部下发通知，要求各地人力资源社会保障部门从促进经济长期平稳较快发展和社会和谐稳定的高度，进一步增强责任感和使命感，全力以赴做好就业工作。

通知要求：各地人力资源和社会保障部门要把扩大就业作为经济社会发展和经济结构调整的重要目标，积极协调有关部门，实行更加有利于促进就业的产业、贸易、财政、税收、金融等政策措施，发挥好政府投资和重大项目带动就业的作用，开发更多就业岗位。

同时，进一步完善支持自主创业、自谋职业政策体系，全面落实鼓励企业吸纳就业、稳定灵活就业等方面的政策措施，支持劳动者多渠道、多形式就业。

各地人力资源和社会保障部门要以高校毕业生为重点，统筹做好农业富余劳动力、就业困难人员等人群就业工作；要继续将高校毕业生就业放在就业工作的首位；要强化就业困难人员就业援助，切实解决好就业困难人员、零就业家庭的就业问题。

要进一步加大职业培训投入，健全面向全体劳动者的职业培训制度，不断提升劳动者就业能力；要充分调动技工院校等职业院校、职业培训机构和用人单位的积极性，大规模开展就业技能培训、岗位技能提升培训和创业培训，强化实际操作技能训练和职业素质培养。

各地人力资源和社会保障部门要完善覆盖城乡的公共就业和人才服务体系，加强基层就业工作平台建设，完善服务功能，明确服务标准，规范服务流程，进一步提高公共就业和人才服务能力。

同时，健全协调劳动关系三方机制，努力形成企业和职工利益共享机制，建立规范有序、公正合理、互利共赢、和谐稳定的劳动关系，促进提高就业质量。

各地要把促进就业摆在重要议程，建立健全目标责任制，将就业重点指标完成情况纳入政府考核体系。

事件名称：人力资源和社会保障部关于认定首批全国创业孵化示范基地的通知
事件时间：2012年10月30日
事件简介：各省、自治区、直辖市及新疆生产建设兵团人力资源和社会保障厅（局），各副省级市人力资源和社会保障局：

根据《国务院办公厅转发人力资源和社会保障部等部门关于促进以创业带动就业工作指导意见的通知》（国办发〔2008〕111号）和《国务院关于批转促进就业规划（2011~2015年）的通知》（国发〔2012〕6号）精神，各地积极推进创业孵化基地建设，取得明显成效。按照人力资源和社会保障部《关于推进创业孵化基地建设进一步落实创业帮扶政策的通知》（人社部函〔2012〕108号）的安排，在各地认定省级创业孵化示范基地基础上，人力资源和社会保障部按照优中选优原则认定了首批全国创业孵化示范基地。名单如下：

中关村科技园区海淀区创业服务中心
山西运城金海岸名优特产创业孵化基地
大连市创业公共实训（孵化）中心
吉林省东北袜业大学生创业孵化示范基地
佳木斯市创业孵化基地
中国（上海）创业者公共实训基地大学生创业示范园
徐州市大学生创业园
赛博（杭州）创业工场
合肥市庐阳区百帮创业园
青岛市大学生创业孵化中心
武汉东湖新技术创业中心
湖南（湘潭）大学生科技创业园
广州市华南理工大学国家大学科技园创业基地
重庆渝中创业孵化基地
陕西动漫产业创业孵化基地

事件名称：《劳动合同法》修改通过　直指规范劳务派遣
事件时间：2012年12月29日
事件简介：2012年12月29日在京闭幕的十一届全国人大常委会第三十次会议，表决通过了《关于修改劳动合同法的决定》。修改后的《劳动合同法》将于2013年7月1日起实施。实施近五年的《劳动合同法》做出的首次修改，直指规范劳务派遣用工，保障被派遣劳动者的合法权益。

据介绍，此次修改，就是要使劳务派遣回归其作为劳动用工补充形式的定位，把派遣用工数量控制在合理范围内，积极引导企业直接用工，切实落实和维护劳动者的合法权益。

值得注意的是，进一步明确"三性"要求是此次修法的一项重要内容，因为在实际中有人认为"三性"规定难以操作，如派遣单位和用工单位可以利用"临时性"的规定，用多个短期合同进行规避。

事件名称：全国城乡居民社会养老保险制度研讨会在重庆召开
事件时间：2012 年 9 月 5 日
事件简介：2012 年 9 月 5 日，全国城乡居民社会养老保险制度研讨会在重庆召开。原人力资源和社会保障部副部长胡晓义、原重庆市副市长吴刚出席并讲话。

胡晓义表示，实现城乡居民社会养老保险制度全覆盖是我国社会保障体系建设的重大成就。实现城乡居民养老保险制度全覆盖，标志着我国覆盖城乡居民社会保障体系的主要制度都建立起来了，全面建设小康社会取得重大进展。2008 年，中共十七届三中全会决定，建立新型农村社会养老保险制度。2009 年，国务院启动新型农村社会养老保险试点。2011 年，国务院启动城镇居民社会养老保险试点。2012 年 7 月 1 日，全国所有县级行政区全部开展新型农村和城镇居民社会养老保险工作，基本实现了制度全覆盖，比原计划提前了八年。截至 2012 年 8 月底，全国城乡居民参保人数达到 4.32 亿人，加上职工养老保险，总计覆盖超过 7 亿人，其中领取基本养老金的超过 1.8 亿人（城乡居民 1.18 亿人，离退休人员 0.7 亿人）。我国建立起世界上最大的基本养老保险制度，几千年来中国人老有所养的愿望初步实现。

人力资源和社会保障部相关部门负责人，相关省、直辖市、自治区负责人，部分专家学者参加此次会议，对城乡居民养老保险制度全覆盖给予了积极评价，对促进城乡居民养老保险制度可持续发展提出了重要意见和建议。

事件名称：就业率成为政绩硬性指标　纳入政府考核体系
事件时间：2016 年 8 月 28 日
事件简介：在外需疲软、经济增速下滑的背景下，就业问题开始受到重视。中央政府再次强调就业的重要性，要求各地把就业指标纳入政绩考核中。温家宝同志强调，在制定国民经济发展规划、调整产业结构和产业布局时，优先考虑扩大就业规模、改善就业结构、创造良好就业环境的需要，探索建立经济政策对就业影响的评价机制，把就业完成情况纳入政府综合考核体系。

事件名称：我国拟将"鼠标手"与颈椎病纳入职业病
事件时间：2012 年 1 月 10 日
事件简介：备受关注的《全国人民代表大会常务委员会关于修改〈中华人民共和国职业病防治法〉的决定》（以下简称《防治法》）经全国人大常委会通过并开始实施。

"2011 版《防治法》的突破比较多，其中最为关键的一环就是对职业病定义的修改，并将随之带来职业病目录的'扩容'。诸如过劳死,长期视频作业导致的眼部损伤,职业性腰背痛、颈椎病、'鼠标手'等白领易患疾病都有望纳入职业病目录"。职业病防治法主要起草人之一、广东省职业病防治院院长黄汉林表示。

事件名称:《女职工劳动保护特别规定》公布施行
事件时间:2012年5月9日
事件简介:《女职工劳动保护特别规定》指出,女职工生育享受98天产假,其中产前可以休假15天;难产的,增加产假15天;生育多胞胎的,每多生育1个婴儿,增加产假15天。女职工怀孕未满4个月流产的,享受15天产假;怀孕满4个月流产的,享受42天产假。据中国政府网消息,《女职工劳动保护特别规定》(以下简称《规定》)公布施行。《规定》明确,用人单位不得因女职工怀孕、生育、哺乳降低其工资、予以辞退、与其解除劳动或者聘用合同。

事件名称:人才战略需要转型升级 人力管理要创新
事件时间:2012年12月5日
事件简介:企业要推行从人力成本到人力资本的转变。通俗来讲,就是企业要练内功,盘活现有的人力资源。同样一个人,原来只能贡献一块钱,危机来了不能增加那么多投入,那这个人必须要贡献两块钱,要么创新,要么人员素质更高,这不是砍成本的问题,而是产出要高。

2012年,面临人口红利消失、人力成本上扬,企业该如何面对挑战?又该如何充分发挥人力资源的主观能动性,实现转型升级?日前,由《新人力》杂志社、易才集团企业与社会发展研究院主办的"2012第七届新人力高峰论坛"召开。易才集团创始人、集团董事长兼总裁李浩认为,中国人力资源由"粗放时代"进入"变革时代",企业正在进行由"成本逐利"向"人才逐利"的方式转变,不仅人才战略要转型升级,人力管理也要创新。

事件名称:人力资源和社会保障部召开视频会议 部署开展人力资源服务机构诚信体系建设工作
事件时间:2012年9月5日
事件简介:2012年8月31日,人力资源和社会保障部在北京召开加强人力资源服务机构诚信体系建设视频会议,贯彻落实《关于加强人力资源服务机构诚信体系建设的通知》精神,部署加强人力资源服务机构诚信体系建设工作。原人力资源和社会保障部副部长信长星出席并讲话。

信长星指出,诚信是市场经济的基础,是社会主义核心价值体系建设的重要内容。经过30多年的培育和发展,我国人力资源服务机构数量稳步增长,截至2011年底,全国共有各类人力资源服务机构5.6万家,其中经营性服务机构1.6万家。在市场管理方面,我们每年开展清理整顿市场秩序专项行动，严厉打击不法行为，不断净化市场环境。实践证明，专项行动的作用明显。但还应当从制度、监管、正面引导三个层面抓好市场管理，特别是要抓好诚信建设，树立诚信典型，弘扬正气，发挥示范引领作用。人力资源和社会保障部提出加强人力资源服务机构诚信体系建设，其出发点和落脚点就是要规范人力资源市场秩序，推进人力资源服务业健康发展，更好地服务于经济社会发展需要。

信长星要求，做好人力资源服务机构诚信体系建设工作，一要抓好诚信教育，培育诚信文化。要拓宽培训渠道，丰富培训内容，积极培育诚信文化，增强服务机构法制意识、责任意识、诚信意识、品牌意识。二要健全诚信制度，完善诚信机制。目前重点要在完善诚信评估制度和标准，建立诚信信息采集制度，推行服务公示、服务承诺、服务反馈等制度方面下功夫。三要开展诚信主题活动，打造优质服务品牌。要围绕"诚信服务树品牌、规范管理促发展"主题，定期开展诚信主题活动。四要建立诚信档案，严格奖惩管理。要做到赏罚分明，让诚信经营的机构得到社会和市场的认可，让违规经营的机构受到惩戒。五要抓好舆论宣传，营造良好氛围。要及时推广典型经验，发挥引领带动作用。六要加强组织领导，抓好工作落实。要健全工作机制，明确工作责任，以诚信建设为契机，提高依法管理市场的能力和水平。

信长星强调，诚信事关劳动者和用人单位切身利益，事关行业形象，事关长远发展。抓好人力资源服务机构诚信体系建设，是推动人力资源服务业健康的一件大事，也是加强人力资源市场管理的一件大事，是一项长期任务。要提高认识，坚定信心，切实履行职责，推动这项工作深入开展，确保取得实效。

事件名称：人力资源和社会保障部、财政部、卫生部关于开展基本医疗保险付费总额控制的意见

事件时间：2012年12月4日

事件简介：各省、自治区、直辖市及新疆生产建设兵团人力资源社会保障厅（局）、财政厅（局）、卫生厅（局）：

当前，我国覆盖城乡居民的基本医疗保障制度初步建立，参保人数不断增加，保障水平逐步提高，按照国务院《"十二五"期间深化医药卫生体制改革规划暨实施方案》（国发〔2012〕11号）关于充分发挥全民基本医保基础性作用、重点由扩大范围转向提升质量的要求，应进一步深化医疗保险付费方式改革，结合基本医疗保险基金预算管理的全面施行，开展基本医疗保险付费总额控制。

本意见适用于人力资源和社会保障部门负责的基本医疗保险。

事件名称：六部委发布《关于开展城乡居民大病保险工作的指导意见》

事件时间：2012年8月30日

事件简介：2012年8月30日，国家发改委、卫生部、财政部、人力资源和社会保障部等六部委正式公布《关于开展城乡居民大病保险工作的指导意见》（以下简称《意

见》)。《意见》指出,开展城乡居民大病保险工作,是在基本医疗保障的基础上,对大病患者发生的高额医疗费用给予进一步保障的一项制度性安排,目的是要切实解决人民群众因病致贫、因病返贫的突出问题。

在城乡居民大病保险的筹资机制方面,《意见》指出,各地可结合当地经济社会发展水平、医疗保险筹资能力、患大病发生高额医疗费用的情况、基本医疗保险补偿水平以及大病保险保障水平等因素,科学合理确定筹资标准。同时,从城镇居民医保基金、新农合基金中划出一定比例或额度作为大病保险资金。城镇居民医保和新农合基金有结余的地区,利用结余筹集大病保险资金;结余不足或没有结余的地区,在城镇居民医保、新农合年度提高筹资时统筹解决资金来源,逐步完善城镇居民医保、新农合多渠道筹资机制。

在城乡居民大病保险的保障内容方面,《意见》指出,大病保险保障对象为城镇居民医保、新农合的参保(合)人,保障范围要与城镇居民医保、新农合相衔接。城镇居民医保、新农合应按政策规定提供基本医疗保障。在此基础上,大病保险主要在参保(合)人患大病发生高额医疗费用的情况下,对城镇居民医保、新农合补偿后需个人负担的合规医疗费用给予保障。此外,大病保险保障水平以力争避免城乡居民发生家庭灾难性医疗支出为目标,合理确定大病保险补偿政策,实际支付比例不低于50%;按医疗费用高低分段制定支付比例,原则上医疗费用越高支付比例越高。

在城乡居民大病保险的承办方式方面,《意见》指出,地方政府卫生、人社、财政等部门制定大病保险的筹资、报销范围、最低补偿比例以及就医、结算管理等基本政策要求,并通过政府招标选定承办大病保险的商业保险机构。符合基本准入条件的商业保险机构自愿参加投标,中标后以保险合同形式承办大病保险,承担经营风险,自负盈亏。商业保险机构承办大病保险的保费收入,按现行规定免征营业税。

事件名称:我国首部人力资源蓝皮书指出大学生就业质量亟待提高
事件时间:2012 年 7 月 23 日
事件简介:2012 年 7 月 23 日,由中国人事科学研究院、社会科学文献出版社主办的我国首部人力资源蓝皮书《中国人力资源发展报告(2011～2012)》发布会在京举行。蓝皮书指出,"十二五"期间,大学生就业质量亟待提高。

蓝皮书指出,当前我国劳动力市场主要面临两方面问题。一方面,就业结构性矛盾突出,大学生就业更加困难;另一方面,劳动力市场保护不平等,非正规就业现象仍然严重。今后应重点解决大学生就业难的问题,建立促进大学生就业的长效机制;更加关注民生,构建灵活安全的劳动力市场;完善劳动力市场制度体系建设,加强对劳动者的基本保护。

蓝皮书同时指出,我国高等教育已进入生源危机时代,今后我国大学生的就业难将从数量提高难转向质量提高难。"十二五"期间,随着大学生源的不断减少与产业结构升级对大学毕业生需求的增加,大学生毕业半年后的就业率将会稳定在 90% 左右的一个相对较高的水平上。大学毕业生就业的质量改进,将是"十二五"期间最明显的特征。

事件名称： 人力资源和社会保障部要求事业单位全面推行公开招聘制度

事件时间： 2012年1月12日

事件简介： 记者2012年1月12日从人力资源和社会保障部获悉，人力资源和社会保障部近日下发通知，要求各地人力资源和社会保障部门做好事业单位人事制度、收入分配制度、养老保险制度改革工作。

健全岗位管理制度。人力资源和社会保障部要求，在人事制度改革方面，要以健全聘用制度和岗位管理制度为重点，逐步建立和完善事业单位人事管理制度。在收入分配制度改革方面，要以完善工资分配激励约束机制为核心，健全符合事业单位特点、体现岗位绩效和分级分类管理要求的收入分配制度。在社会保险制度改革方面，要进一步完善事业单位及其工作人员参加基本养老、基本医疗、失业、工伤等社会保险政策，建立起独立于单位之外、资金来源多渠道、保障方式多层次、管理服务社会化的社会保障体系。

推进实行绩效工资。人力资源和社会保障部同时要求各地扎实推进事业单位改革的重点工作。一要深化人事制度改革，全面推行聘用制度，抓紧完善聘后管理。全面实施岗位管理制度，尽快实现岗位设置管理制度的入轨运行。全面推行公开招聘制度，尽快实现公开招聘全覆盖。会同有关部门开展事业单位公开招聘检查，遏制和防范进人上的不正之风，规范用人行为。二要深化收入分配制度改革，全面推进事业单位绩效工资实施工作。加强事业单位特殊岗位津贴补贴的规范管理，研究拟订事业单位高层次人才激励机制、工作人员兼职兼薪管理指导意见和主要领导激励约束机制等政策。三要加快社会保险制度改革，山西、上海、浙江、广东、重庆五个事业单位养老保险改革试点省市，要在确保社会稳定的前提下，以事业单位分类、人事制度、收入分配制度改革为基础，开展计发办法测算论证和试行职业年金的准备工作，抓紧拟订试点方案。

事件名称： 北京新规：上下班途中交通事故可申请工伤

事件时间： 2012年1月6日

事件简介： 2012年1月6日，北京发布条例指出，从2012年开始，职工上下班途中发生非本人主要责任的交通事故或铁路、地铁事故等，均可申请工伤认定，但需附相关法律文书。

早前，关于职工上下班途中遇到的机动车事故伤害可否算作"工伤"曾引起争议。2008年，北京相关部门就《工伤保险条例》做补充说明：职工上下班途中因机动车事故受伤认定为工伤，不包括酒后驾车、无照驾驶致伤。

之后，又有人提出质疑，骑自行车上下班，或者乘坐公交车、地铁遭遇事故，是否也算"工伤"？原北京市人力资源和社会保障局工伤保险处处长李红于2012年1月5日表示，根据《北京市实施〈工伤保险条例〉若干规定》，职工上下班途中发生非本人主要责任的交通事故或铁路、地铁事故等，申请工伤认定需附司法机关、公安机关、交通管理、交通运输、铁道等部门出具的相关法律文书。

除以上改变外，原北京市人力资源和社会保障局副局长孙彦还表示，此次规定明确了跨统筹地区就医的具体程序，即工伤职工在工伤医疗机构住院治疗受伤部位或职业病时，因病情治疗需到北京以外的工伤医疗机构治疗的，由所在工伤医疗机构出具转至医院的建议和诊断证明。工伤职工跨统筹地区就医所发生的费用，按北京市有关规定结算。

针对有人故意骗保的现象，孙彦透露，此次工伤政策的调整，对用人单位及骗保行为增加了相应的法律责任。

按规定，用人单位或者医疗机构拒绝或者未如实提供相关情况和证明材料的，可处 2000 元以上、2 万元以下罚款。对于骗取工伤保险待遇或者工伤保险基金支出，造成工伤保险基金损失的，由社会保险行政部门责令退还，并处基金损失金额 2 倍以上 5 倍以下罚款。

她表示，用人单位克扣工伤保险基金支付给工伤职工或者其供养亲属工伤保险待遇的，由社会保险行政部门责令限期改正。逾期不改的，处以 3000 元以上 3 万元以下罚款。

孙彦表示，新规定还扩大了工伤保险的适用范围，从 2012 年 1 月 1 日起，北京市国家机关、参公管理的事业单位和社会团体也将与北京一类行业的其他用人单位一样，按照本单位职工工资总额的 0.5% 缴纳工伤保险费。

事件名称：卫生部拟规定对职业病诊断机构进行定期考核
事件时间：2012 年 2 月 7 日
事件简介：据国务院法制办网站消息，2012 年 2 月初，《职业病诊断与鉴定管理办法（修订征求意见稿）》公布，并向社会公开征求意见。修订征求意见稿规定，按照属地化管理和分级管理原则，省级卫生行政部门负责对职业病诊断机构进行定期考核。

为进一步加强职业病诊断与鉴定工作的管理，根据《中华人民共和国职业病防治法》，卫生部组织对《职业病诊断与鉴定管理办法》进行修订，起草了《职业病诊断与鉴定管理办法（修订征求意见稿）》（以下简称《修订征求意见稿》），并向社会公开征求意见。

《修订征求意见稿》规定，县级以上地方卫生行政部门应加强对本辖区职业病诊断与鉴定工作的监督管理，制定年度监督检查计划，检查的主要内容包括：法律、法规、规章、标准的执行情况，规章制度建立情况，人员、岗位职责落实和培训情况，职业病报告情况等。

《修订征求意见稿》规定，按照属地化管理和分级管理原则，省级卫生行政部门每年至少组织一次监督检查；设区的市级卫生行政部门每年至少组织一次监督检查和不定期抽查；县级卫生行政部门根据实际情况进行日常监督检查。

此外，省级卫生行政部门负责对职业病诊断机构进行定期考核。对考核不合格的，责令其暂停职业病诊断活动 3~6 个月并进行整改；暂停执业活动期满，再次进行考核，对考核合格的，准予延续；对考核仍不合格的，注销其职业病诊断批准证书。

事件名称：构建和谐劳动关系国际研讨会在皖举行

事件时间：2012 年 10 月 17 日

事件简介：国际金融危机深层次影响远未消除，各国劳动者工作生活条件面临挑战。在此背景下，如何构建和谐劳动关系，实现体面劳动？2012 年 10 月 17 日在安徽黄山召开的构建和谐劳动关系国际研讨会，就着重探讨这一重大课题。据悉，这是中华全国总工会与国际劳工组织首次围绕和谐劳动关系的主题进行交流合作。

原中华全国总工会书记处书记李滨生在会上指出，当前中国的劳动关系总体保持和谐稳定，职工的就业、收入和社保等核心权益得到进一步实现。同时也要看到，劳动关系领域和职工队伍出现了一些新情况、新变化。要充分认识构建和谐劳动关系是应对国际国内形势变化的迫切要求，是坚持走中国特色社会主义工会发展道路的应有之义，是工会参与加强和创新社会管理的重要抓手，是工会密切联系职工群众的有效载体，要积极探索新形势下劳动关系的新变化、新特点，从理论和实践的结合上提出新思路新对策。

李滨生强调，构建和谐劳动关系是一项复杂的社会工程，中国工会将注重把握国际工运发展新趋势、国际范围内劳动关系变化新特点，以开放的姿态、战略的视野和宽广的胸怀加强与各国工会，特别是和国际劳工组织的沟通合作，学习借鉴国际上在构建和谐劳动关系方面取得的有效经验和有益做法，取得新成效。

构建和谐劳动关系，既是当前世界各国面临的重大课题，也是中国社会各界共同关注的热点话题。近年来，中国工会为推动构建和谐劳动关系做出了积极贡献。仅以"两个普遍"工作为例，已在全国组建了 232 万个基层工会，覆盖近 530 万家单位，突破了在沃尔玛等世界 500 强在华企业组建工会的世界性难题；签订集体合同 179.3 万份，覆盖企业 360.9 万个、职工 2.23 亿人，此外，筹集资金数百亿元，慰问困难职工家庭 9757 万户（次），有力地推动了和谐社会建设。

第三节　人力资源管理学学科国际会议

会议名称：美国人力资源管理协会（SHRM）第 64 届年会暨展览会

会议时间：2012 年 6 月 24 ~ 27 日

会议地点：美国亚特兰大

英文名称：SHRM 2012 Annual Conference & Exposition

会议纪要：美国人力资源管理协会（SHRM）第 64 届年会暨展览会在美国亚特兰大举办，于 2012 年 6 月 24 日正式拉开帷幕。它聚焦了全球人力资源、经济、社会发展的大趋势，着眼于"人力资源的领导力发展"、"创新力发展"、"可持续发展"、"对企业的经营贡献作用"等主题。《基业长青》作者、管理大师吉姆柯林斯表示，在企业通往成功的征程中，人才是第一位的，而战略是第二位的。他在其主旨演讲中说："人才是任何伟大企业里唯一最重要的战略支柱。"在此次全球人力资源管理者的盛会上，人力资源对于企业经营成功和可持续发展的重要性得到了与会世界著名商业、经济界领袖和 HR 管理大师的一致性强调。SHRM 年会期间高潮迭起，1300 多名参会者获得了赖斯博士现场亲笔签名的著作。来自全球 81 个国家的近 2 万名人力资源管理者、学者、咨询师、培训师和服务商出席了此届 SHRM 年会。中国大陆和港澳台的众多知名企业如英特尔、华为、微软、台积电、世纪互联、新东方、ATA、华夏国际信用、香格里拉集团的上百名人力资源管理者，以及北京大学王垒教授、亿万豪剑桥的李佑颐先生等国内知名学者和专家出席了年会。本届年会所有的议题紧扣全球人力资源管理者最为关注的议题和人力资源管理的趋势，所以参加者有着极高的参与度。SHRM 年会期间全球成功企业最佳实践得到广泛分享，将对今后人力资源事业的发展起到巨大推动作用。

会议名称：2012 年 ASTD 国际会议全展
会议时间：2012 年 5 月 6~9 日
会议地点：美国丹佛
英文名称：American Society for Training & Development
会议纪要：ASTD（American Society for Training & Development）国际会议会展是世界范围内最重要的培训与发展盛会，由美国培训与管理协会（ASTD）主办，每年一届，连续 60 多年不间断召开，会议涵盖 300 多场专家的精彩演讲，并囊括了顶级培训供应商参与展示。2012 年国际会议会展在美国著名城市丹佛举行，吸引了来自全世界 70 多个国家的 8000 多名代表参加，帮助参会者了解培训与发展的最新趋势、企业最佳实践、业界专家的精彩演讲以及世界一流培训供应商的最新产品和服务。

此次 ASTD 年会引入了"行业实践社区"这个概念，改变了对学习与发展行业的服务支持模式。这一新模式可能是迄今为止 ASTD 年会的最大变革。在这一新模式下，为了与 ASTD 下属的 10 个社区的功能结合得更加紧密，ASTD 将会议期间的培训内容整合为 8 个内容模块（职业发展、培训设计与实施、全球化的人力资源开发、领导力开发、培训技术、培训评估与投资回报率、组织有效性、行业发展趋势）和 3 个行业重点（高等教育、政府培训、销售支持）。来自全球的人力资源管理者、培训经理、培训师等进行了广泛的交流与互动，大家相互学习了解世界级企业大学、国际培训机构的最佳实践和经验。

会议名称：2012 全球化人力资本高峰会议
会议时间：2012 年 10 月 4~5 日
会议地点：中国台北
英文名称：Summit on Globalization of Human Capital（SGHG）
会议纪要：2012 全球化人力资本高峰会议于 2012 年 10 月 4 日在中国台湾举行，为期两天。此次会议专注于人力资本议题，邀请了英国、美国、新加坡、马来西亚、韩国等国际知名大师、学者亲临现场分享实战经验，全程英文演说，吸引超过 400 人次出席该盛会。

本次会议主题定为"Mobility, Innovation, Talent"(MIT)。大会特别邀请到林三贵先生担任演讲贵宾,大师讲座主讲人为英国兰卡斯特大学国际人力资源管理系教授保罗·斯派罗与美商宏智国际顾问有限公司董事长威廉·白翰姆。另安排主题演讲及HR与CEO论坛,并有多场主题演讲,通过大师级的精辟见解,增进专家学者和现场交流者的互动,并达到了集思广益、深入研讨的目标。SGHC整合自强基金会成立40多年来在人才培训专业的经验和产业资源,为中国台湾规模最大的人才资本高峰会议。此次会议的宗旨及目标为,在媒合国际优质的产、官、学界人才,齐聚共享全球化人才资本的产业趋势,使其成为撷取新知识技术的研习平台,同时拓展新思维、新方案的交流空间,启动成长动能。

会议名称:亚太员工帮助圆桌会议2012年会
会议时间:2012年4月18~20日
会议地点:中国北京
英文名称:Asia Pacific Staff Help Roundtable Conference 2012

会议纪要:作为国际最具影响力、最权威的学术盛会,亚太员工帮助圆桌会议(APEAR)于2012年4月18日在北京举办,致力于领导者和员工的幸福,分享全球500强企业最新的职业趋势、研究成果以及亚太区员工帮助专业实践的发展状况。由政府、企业界和学术界联手打造,以其权威性、前瞻性和国际化引领EAP行业的最新潮流,引起各界的强烈反响,吸引众多国际专家和重视员工价值优秀企业的参与。

本届年会的会议主题是"EAP——商业新时代的管理工具"。会议主要内容是在国际与国内、企业与企业间、企业与政府间进行企业战略人力资源管理、绩效优化与提升、员工激励的沟通与交流。其主要目的是:借助员工帮助计划(EAP),培养人力资本雄厚的组织体系推动企业健康发展,全面构建和谐社会。届时,来自国际和国内近百家企业代表参加会议,探讨了国际上EAP的热点话题,国内外专家就员工心理研究的最新成果进行交流;探索国内使用心理服务、创造更大价值的新模式,为组织高效运行以及稳步发展奠定坚实基础;介绍了企业使用心理服务的经验与趋势,探讨了心理服务对组织的积极作用,论述EAP对中国保持稳定的可持续发展的重要意义;加强我国企业管理者、决策者、人力资源工作者和相关的专业人士对企业心理服务的深入认识,增强对EAP的运用能力;帮助专业人员扩充专业领域人脉,促进自身专业成长。此次会议搭建了一个共同的平台进一步推进EAP在中国的发展和推广,通过联合国内外专家、企业和EAP供应商共同助力企业面临的各项危机和问题,携手开创EAP行业的共同发展之路。

会议名称:2012年国际人力资源管理博览会
会议时间:2012年9月25~27日
会议地点:德国科隆
英文名称:International Human Resource Management Exposition

会议纪要：2012年国际人力资源管理博览会作为欧洲最大的人力资源管理展，于9月25~27日在科隆国际会展中心举办，超过500家参展商在同行内是最新的或者创新的人力资源管理者，其中有很多新产品发布会在展会上首次看到，展品涉及人力资源软件和硬件、人力资源服务以及专业培训与学习。其中人力资源软件和硬件包括应用软件、招聘、工资核算、护肩中心、人事管理、内部通信和门禁系统等；人力资源服务产品展示包括工商及人力资源咨询、管理咨询、外包、劳动法、评价中心、养老金计划、健康保险、员工晋升等；专业培训与学习包括机会培训与团队建设、基于网络的培训、计算机培训、网上研讨会、知识管理、学习管理系统、ASP等。通过多样化的展示，参与者讨论将其应用到自己的工作环境中。博览会还提供了人力资源管理的小代表大会、讨论会和研讨会，以涵盖更多的主题。

会议名称：2012香港人力资源管理学会周年会议暨展览会
会议时间：2012年11月27~28日
会议地点：中国香港
英文名称：Hong Kong Institute of Human Resource Management Annual Conference
会议纪要：作为人力资源业界一年一度的盛事，2012香港人力资源管理学会周年会议暨展览会于11月27日在香港会议展览中心正式拉开帷幕。年会主题为"环球营商大趋势——人力资源显智慧"，吸引了来自全球的1600多名精英参加，多数为人力资源负责人及行业顶尖专家，涉及各个行业。大会邀请了来自世界各地的知名企业行政总裁、管理大师、商界领袖、学者和顾问担任演讲嘉宾，分享真知灼见，探讨与人力资源管理、策略及实务相关的重要课题。大会邀请了香港特别行政区邓国威先生做开幕演讲嘉宾。著名的环球讲者、管理权威专家瑞姆·夏蓝博士与超过1600名来自中国及世界各地的与会者参与此次大会，在为期两天的会议中，包括了近30个会议涵盖学习与发展、人才与领导力、员工投入、商业伙伴、组织发展、人力资源等热门话题。另外还有近40家知名服务机构展示了产品与服务。

会议名称：亚太农村卫生人力资源管理与发展国际研讨会
会议时间：2012年9月8~9日
会议地点：中国四川
英文名称：Asia Pacific International Symposium on Rural Health Human Resource Management and Development
会议纪要：本次会议于2012年9月8~9日在中国四川举行，得到了亚太经济合作组织（APEC）、卫生部办公厅、人事司和国际司的大力支持，来自全国21个省市和APEC 11个经济体的代表共90余人参会。研讨会旨在推动并加强亚太地区农村卫生人才队伍建设和发展；促进中国与亚太经合组织各经济体交流和分享农村卫生人才队伍建设领域的成功经验，寻求共识，协调行动；希望以此会为契机，推动我国各级政府更加重视和关注农村卫生人才队伍问题，为基层医疗卫生机构推广适宜技术和培养适宜卫生人才营造良好的政策环境。此次会议有助于加强亚太地区各个国家（地区）在农村卫生人才队伍建设领域的合作，推动农村医疗卫生信息化建设与发展。全球与会人员充分交流和分享了卫生人力资源管理方面的经验，促进了国内外专家在农村卫生人力资源管理领域的研究合作，提高各经济体研究、制定和实施卫生人力资源管理政策的能力，努力为亚太地区甚至是全球农村卫生人才队伍建设，提高卫生公平性做出贡献。

会议名称： 2012 人力资源开发会议暨展览会

会议时间： 2012 年 4 月 25 ~ 26 日

会议地点： 英国伦敦

英文名称： HRD Conference and Exhibition 2012

会议纪要： HRD 会议邀请了来自世界各地的研究者、学者及组织决策者。本次大会提供了一个密集的互动论坛展示。它还提供了国际接触到当地人力资源专业人士和铺路联网方式，旨在帮助解决人力资源管理面临的任何问题。会议主题覆盖的五个主要领域包括学习和人才开发，组织发展，教练、领导和管理的 L 和 D 的功能，领导发展。

第五章 人力资源管理学学科 2012年文献索引

第一节 中文期刊索引

[1] 李绍龙,龙立荣,贺伟. 高管团队薪酬差异与企业绩效关系研究:行业特征的跨层调节作用 [J]. 南开管理评论,2012 (4):55-65.

[2] 卫武,张鹏程,刘明霞. 不同主体层次中组织的知识转化二维结构:前因变量与企业绩效的影响 [J]. 南开管理评论,2012 (2):108-120.

[3] 郭玮,李燕萍,杜旌,陶厚永. 多层次导向的真实型领导对员工与团队创新的影响机制研究 [J]. 南开管理评论,2012 (3):51-60.

[4] 张力. 孵化互动、专用性人力资本和在孵企业成功毕业 [J]. 南开管理评论,2012 (1):93-101.

[5] 王锟,李伟. 高管政治背景对其离职—业绩敏感性的影响 [J]. 南开管理评论,2012 (6):104-110.

[6] 王庆娟,张金成. 工作场所的儒家传统价值观:理论、测量与效度检验 [J]. 南开管理评论,2012 (4):66-79.

[7] 邱玮,白长虹. 基于员工视角的服务品牌内化过程及其实证研究 [J]. 南开管理评论,2012 (6):93-103.

[8] 傅晓,李忆,司有和. 家长式领导对创新的影响:一个整合模型 [J]. 南开管理评论,2012 (2):121-127.

[9] 于斌斌. 家族企业接班人的胜任—绩效建模——基于越商代际传承的实证分析 [J]. 南开管理评论,2012 (3):61-71.

[10] 刘军,王未,吴隆增,许浚,李锦堃. 拒绝职场边缘化:模型与检验 [J]. 南开管理评论,2012 (1):84-92.

[11] 汪金爱,章凯,赵三英. 为什么CEO解职如此罕见?一种基于前景理论的解释 [J]. 南开管理评论,2012 (1):54-66.

[12] 刘宁,贾俊生. 研发团队多元性、知识分享与创新绩效关系的实证研究 [J].

南开管理评论，2012（6）：85-92.

［13］段锦云．员工建言和沉默之间的关系研究：诺莫网络视角［J］．南开管理评论，2012（4）：80-88.

［14］李晓曼，曾湘泉．新人力资本理论——基于能力的人力资本理论研究动态［J］．经济学动态，2012（11）：120-126.

［15］孙锐，陈国权．企业跨部门心理安全、知识分享与组织绩效间关系的实证研究［J］．南开管理评论，2012（1）：67-74.

［16］付悦，陈国权．组织性格决定组织命运？——以组织学习能力作为中介的模型［J］．经济管理，2012（8）：97-104.

［17］陈国权，王晓辉，李倩，雷家骕．组织授权对组织学习能力和战略柔性影响研究［J］．科研管理，2012（6）：128-136.

［18］陈国权，王晓辉．组织学习与组织绩效：环境动态性的调节作用［J］．研究与发展管理，2012（1）：52-59.

［19］段兴民，闫淑敏．关于领导人才人力资本价值增值审计问题研究［J］．中国会议，2012：232-239.

［20］段兴民．基于领导人才人力资本价值提升的审计探究［J］．中国会议，2012：34-37.

［21］樊耘，张旭，颜静．对组织承诺三因素模型被质疑问题的思考［J］．西安交通大学学报（社会科学版），2012（4）：50-56.

［22］樊耘，纪晓鹏，邹艺．中层管理者多重角色行为对企业绩效影响的实证研究［J］．管理工程学报，2012（2）：1-11.

［23］吕政宝，凌文辁．CPM领导行为对群体公民行为的影响——程序公正氛围和人际信任的中介作用［J］．现代管理科学，2012（6）：98-100，110.

［24］李明，凌文辁，柳士顺．CPM领导行为模式对和谐组织的影响作用研究［J］．暨南大学学报（哲学社会科学版），2012（2）：63-72，79.

［25］李明，凌文辁．CPM领导行为模式对员工利他行为及工作投入的作用机制［J］．心理科学，2012（6）：1459-1465.

［26］符纯洁，凌文辁．"特质"与"状态"：内涵、联系与启示——基于积极组织视角［J］．外国经济与管理，2012（10）：39-47.

［27］李锐，凌文辁，柳士顺．组织心理所有权的前因与后果：基于"人—境互动"的视角［J］．心理学报，2012（9）：1202-1216.

［28］柳士顺，凌文辁．群体组织公民行为对工作奉献与离职意向的影响［J］．软科学，2012（4）：96-100.

［29］陈京水，凌文辁．组织情境中权力距离研究述评［J］．中国人力资源开发，2012（11）：5-8，16.

［30］何立，凌文辁．领导风格对员工工作投入的作用：组织文化和组织认同的影响

[J]. 战略决策研究, 2012 (5): 78-83.

[31] 时光磊, 凌文辁, 李明, 张军成. 组织情境下自恋问题研究 [J]. 中国人力资源开发, 2012 (6): 10-14, 80.

[32] 汤超颖, 邹会菊. 绩效评价公平感: 结构、影响因素及管理启示 [J]. 管理评论, 2012 (4): 94-100.

[33] 周浩, 龙立荣. 变革型领导对下属进谏行为的影响: 组织心理所有权与传统性的作用 [J]. 心理学报, 2012 (3): 388-399.

[34] 龙立荣, 张海涛. 绩效薪酬与科研人员突破性创新关系及管理策略 [J]. 湖北大学学报 (哲学社会科学版), 2012 (6): 81-86.

[35] 王宇清, 龙立荣, 周浩. 消极情绪在程序和互动不公正感与员工偏离行为间的中介作用: 传统性的调节机制 [J]. 心理学报, 2012 (12): 1663-1676.

[36] 孟慧, 杨铮, 徐琳, 唐晨. 大学生社会自我效能感与学业成绩的关系: 适应的中介作用 [J]. 中国临床心理学杂志, 2012 (4): 552-555.

[37] 苗仁涛, 孙健敏, 刘军. 基于工作态度的组织支持感与组织公平对组织公民行为的影响研究 [J]. 商业经济与管理, 2012 (9): 29-40.

[38] 赵简, 孙健敏, 张西超. 情绪调节策略对工作家庭关系的影响: 情绪的中介作用 [J]. 中国临床心理学杂志, 2012 (6): 861-864.

[39] 颜爱民, 胡斌, 齐兰. 中国组织情境下的领导有效性: 对变革型领导、领导—部属交换和破坏型领导的元分析 [J]. 心理科学进展, 2012 (2): 174-190.

[40] 隋杨, 陈云云, 王辉. 创新氛围、创新效能感与团队创新: 团队领导的调节作用 [J]. 心理学报, 2012 (2): 237-248.

[41] 尹俊, 王辉, 黄鸣鹏. 授权赋能领导行为对员工内部人身份感知的影响: 基于组织的自尊的调节作用 [J]. 心理学报, 2012 (10): 1371-1382.

[42] 张文慧, 雷晓鸣, 王晓钧. 职业自我效能感研究综述 [J]. 社会心理科学, 2012 (3): 13-17.

[43] 王辉, 张翠莲. 中国企业环境下领导行为的研究述评: 高管领导行为, 领导授权赋能及领导—部属交换 [J]. 心理科学进展, 2012 (10): 1519-1530.

[44] 李悦, 王重鸣. 程序公正对创新行为的影响: 积极情绪的中介效应研究 [J]. 软科学, 2012 (2): 79-83.

[45] 金冬梅, 温志毅. 员工离职倾向影响因素研究——以"80后"离职员工为例 [J]. 技术经济与管理研究, 2012 (3): 69-72.

[46] 李磊, 尚玉钒, 席酉民, 雷小红. 领导反馈效价、反馈风格及下属调节焦点: 对下属创造力交互式影响的探讨 [J]. 科学学与科学技术管理, 2012 (5): 150-159.

[47] 李磊, 尚玉钒, 席酉民, 王亚刚. 变革型领导与下属工作绩效及组织承诺: 心理资本的中介作用 [J]. 管理学报, 2012 (5): 685-691.

[48] 韩巍, 席酉民. 机会型领导、幻觉型领导: 两个中国本土领导研究的关键构念

[J]. 管理学报, 2012 (12): 1725-1734.

[49] 李磊, 尚玉钒, 席酉民. 基于调节焦点理论的领导语言框架对下属创造力的影响研究 [J]. 科研管理, 2012 (1): 127-137.

[50] 曹春辉, 席酉民, 张晓军, 韩巍. 社会化经历与本土文化对领导特质形成的影响研究 [J]. 管理学报, 2012 (8): 1118-1125, 1153.

[51] 徐立国, 席酉民, 葛京, 宋合义. 中国本土领导研究的一种框架及操作: 基于张瑞敏个案的研究过程示例 [J]. 管理学报, 2012 (10): 1430-1438.

[52] 萧鸣政. 当前人才评价实践中亟待解决的几个问题 [J]. 行政论坛, 2012 (2): 1-5.

[53] 萧鸣政, 吴新辉. 领导干部的OSL品德测评模式及其运行机制——基于部分省市党政干部品德测评实践的思考 [J]. 中国行政管理, 2012 (6): 63-66.

[54] 吴新辉, 萧鸣政. 试论变革时代领导力开发的若干问题 [J]. 中国会议, 2012: 189-196.

[55] 邢凯旋, 萧鸣政. 战略视角下成长期民营企业的人力资源管理 [J]. 技术经济与管理研究, 2012 (6): 53-56.

[56] 萧鸣政. 领导干部品德测评与领导力提升 [J]. 中国会议, 2012: 18-21.

[57] 谢俊, 储小平, 汪林. 效忠主管与员工工作绩效的关系: 反馈寻求行为和权力距离的影响 [J]. 南开管理评论, 2012 (2): 31-38.

[58] 赵曙明, 李乾文, 张戌凡. 创新型核心科技人才培养与政策环境研究——基于江苏省625份问卷的实证分析 [J]. 南京大学学报 (哲学·人文科学·社会科学), 2012 (3): 49-57.

[59] 王国猛, 赵曙明, 郑全全. 团队气氛与团队心理授权: 团队信任的中介作用 [J]. 心理与行为研究, 2012 (3): 202-208.

[60] 王国猛, 郑全全, 赵曙明. 团队心理授权的维度结构与测量研究 [J]. 南开管理评论, 2012 (2): 48-58.

[61] 王国猛, 赵曙明, 郑全全. 团队信任与团队水平组织公民行为——团队心理授权的中介作用研究 [J]. 大连理工大学学报 (社会科学版), 2012 (2): 71-75.

[62] 杜娟, 赵曙明. 心理资本与个人绩效的关系研究——基于管理者心理契约的调节效应分析 [J]. 经济与管理研究, 2012 (10): 105-112.

[63] 李锐, 凌文辁, 柳士顺. 传统价值观、上下属关系与员工沉默行为——一项本土文化情境下的实证探索 [J]. 管理世界, 2012 (3): 127-140, 150.

[64] 韩翼, 杨百寅. 师徒关系开启徒弟职业成功之门: 政治技能视角 [J]. 管理世界, 2012 (6): 124-132.

[65] 谢德仁, 林乐, 陈运森. 薪酬委员会独立性与更高的经理人报酬—业绩敏感度——基于薪酬辩护假说的分析和检验 [J]. 管理世界, 2012 (1): 121-140.

[66] 杨付, 王桢, 张丽华. 员工职业发展过程中的"边界困境": 是机制的原因,

还是人的原因？[J]. 管理世界, 2012 (11): 89-109, 155.

[67] 王雁飞, 朱瑜. 组织社会化与员工行为绩效——基于个人—组织匹配视角的纵向实证研究 [J]. 管理世界, 2012 (5): 109-124.

[68] 于天远, 吴能全. 组织文化变革路径与政商关系——基于珠三角民营高科技企业的多案例研究 [J]. 管理世界, 2012 (8): 129-146.

[69] 王永伟, 马洁, 吴湘繁, 刘胜春. 变革型领导行为、组织学习倾向与组织惯例更新的关系研究 [J]. 管理世界, 2012 (9): 110-119.

[70] 许志伟, 吴化斌. 企业组织资本对中国宏观经济波动的影响 [J]. 管理世界, 2012 (3): 23-33.

[71] Raymond van Wijk Justin J. P. Jansen Marjorie A. Lyles. 组织间和组织内知识转移: 对其前因后果的元分析及评估 [J]. 毕克贵译. 管理世界, 2012 (4): 159-168, 185.

[72] 耿嘉川, 王杰. "新劳动法"对行业工资差异的影响——新劳动法七省微观数据 [J]. 管理评论, 2012 (12): 100-106.

[73] 邢雷, 时勘, 刘晓倩. 不同层次的领导行为对健康型组织建设影响的比较研究 [J]. 管理评论, 2012 (12): 93-99.

[74] 张勇, 龙立荣, 巩天雷, 马跃峰. 冲突处理风格量表ROCI-Ⅱ在中国背景下的有效性研究 [J]. 管理评论, 2012 (1): 108-115.

[75] 徐宏忠, 万小勇, 连玉君. 高管薪酬行业差异的实证分析 [J]. 管理评论, 2012 (4): 85-93.

[76] 邢周凌. 高绩效人力资源管理系统与企业绩效研究——以中国创业板上市公司为例 [J]. 管理评论, 2012 (7): 91-98.

[77] 高遐, 井润田, 万媛媛. 管理决断权、高管薪酬与企业绩效的实证研究 [J]. 管理评论, 2012 (4): 107-114.

[78] 张永军, 廖建桥, 赵君. 国外反生产行为研究回顾与展望 [J]. 管理评论, 2012 (7): 82-90.

[79] 陈家田. 国外上市公司高管社会资本对其薪酬的影响效应研究述评 [J]. 管理评论, 2012 (10): 102-108.

[80] 朱其权, 龙立荣. 互动公平研究评述 [J]. 管理评论, 2012 (4): 101-106.

[81] 徐江南, 黄健柏. 基于参照依赖实验的公平偏好性质探究——来自中国情境下的实验证据 [J]. 管理评论, 2012 (4): 115-123, 149.

[82] 王晓文, 张玉利, 杨俊. 基于能力视角的创业者人力资本与新创企业绩效作用机制研究 [J]. 管理评论, 2012 (4): 76-84, 93.

[83] 汤超颖, 邹会菊. 基于人际交流的知识网络对研发团队创造力的影响 [J]. 管理评论, 2012 (4): 94-100.

[84] 文鹏, 包玲玲, 陈诚. 基于社会交换理论的绩效评估导向对知识共享影响研究 [J]. 管理评论, 2012 (5): 127-136.

［85］赵红丹，彭正龙．基于扎根理论的强制性公民行为影响因素研究［J］．管理评论，2012（3）：132-139.

［86］段锦云．家长式领导对员工建言行为的影响：心理安全感的中介机制［J］．管理评论，2012（10）：109-116，142.

［87］江旭．联盟信任与伙伴机会主义的关系研究——来自我国医院间联盟的证据［J］．管理评论，2012（8）：51-57，87.

［88］曲如杰，孙军保，杨中，司国栋，时勘．领导对员工创新影响的综述［J］．管理评论，2012（2）：146-153.

［89］时勘，高利苹，黄旭，沙跃家．领导授权行为对员工沉默的影响：信任的调节作用分析［J］．管理评论，2012（10）：94-101.

［90］颜爱民，胡斌，齐兰．企业核心员工生态位构建行为的探索性研究［J］．管理评论，2012（3）：124-131.

［91］殷雄，吴泗宗，Philippe L. E.，顾明毅．企业执行力的概念模型及其度量方法——基于中国核电企业的实证研究［J］．管理评论，2012（2）：154-162.

［92］曾垂凯．情感承诺对LMX与员工离职意向关系的影响［J］．管理评论，2012（11）：106-113，157.

［93］高维和，黄沛，江晓东．人际沟通与企业间关系：心理契约的中介作用［J］．管理评论，2012（4）：124-132，167.

［94］张敬伟，王迎军．双重视角下的竞争优势：内涵、代表性研究与基本分析单位［J］．管理评论，2012（2）：163-170.

［95］张燕，怀明云．威权式领导行为对下属组织公民行为的影响研究——下属权力距离的调节作用［J］．管理评论，2012（11）：97-105.

［96］张剑，张微，Edward L. Deci．心理需要的满足与工作满意度：哪一个能够更好地预测工作绩效？［J］．管理评论，2012（6）：98-104，132.

［97］谢延浩，孙剑平，申瑜．薪酬参照体的效应研究：基于多表征的路径模型与相对重要性［J］．管理评论，2012（9）：130-142.

［98］王洪．有关军队军事人员胜任特征的研究综述［J］．管理评论，2012（11）：120-128.

［99］胡君辰，杨林锋．员工情绪表现结构维度及对感知服务质量影响初探［J］．管理评论，2012（1）：116-126.

［100］高素英，赵曙明，张艳丽．战略人力资本与企业竞争优势关系研究［J］．管理评论，2012（5）：118-126.

［101］邢周凌．中国创业板上市公司高绩效人力资源管理系统实证研究［J］．管理评论，2012（11）：114-119.

［102］谭政，吴锋，朱静．基于时间压力的数据录入员录入绩效实验研究［J］．工业工程与管理，2012（6）：117-121，127.

[103] 周箴, 杨柳青. 基于员工需求的全面薪酬方案优化研究 [J]. 工业工程与管理, 2012 (3): 108-112, 116.

[104] 陈希, 樊治平. 考虑满意度交互的 IT 服务外包匹配决策方法 [J]. 工业工程与管理, 2012 (2): 90-96, 122.

[105] 刘文兴, 廖建桥, 张鹏程. 辱虐管理对员工创造力的影响机制 [J]. 工业工程与管理, 2012 (5): 112-118.

[106] 杨卫忠, 葛玉辉, 王祥兵. 团队任务反思行为对决策绩效影响的实验研究 [J]. 工业工程与管理, 2012 (2): 79-84.

[107] 叶飞, 张嘉玲. 信任关系对 IT 匹配及信息共享的作用机理研究 [J]. 工业工程与管理, 2012 (4): 71-78.

[108] 陈志霞, 祝丽怜, 陈颖. 组织性别偏见对女性职业发展的影响 [J]. 工业工程与管理, 2012 (3): 135-140.

[109] 赵鑫, 马钦海. 基于心理契约违背的顾客行为 [J]. 技术经济, 2012 (9): 104-108.

[110] 肖阳, 刘彦. 领先顾客知识管理对产品不连续创新绩效的影响 [J]. 技术经济, 2012 (6): 9-15.

[111] 谢洪明, 赵华锋, 张霞蓉. 网络关系嵌入与管理创新绩效之间的关系——基于知识流入的视角 [J]. 技术经济, 2012 (5): 18-23.

[112] 谢延浩, 孙剑平, 申瑜. 薪酬满意的前因研究: 基于多维度本质下的效应相对性 [J]. 技术经济, 2012 (1): 107-120.

[113] 刘波, 孙剑平. 员工胜任力成熟度模型及胜任力成熟度空间测度模型 [J]. 技术经济, 2012 (9): 120-126.

[114] 潘静洲, 韩仁生, 周文霞. 把脉员工行为背后的原因: 工作归因风格问卷的开发——基于不同产权主体的研究 [J]. 经济管理, 2012 (1): 104-113.

[115] 丁琳, 郎淳刚. 不同工作任务下领导行为与员工创造力的权变关系——基于不同产权主体的研究 [J]. 经济管理, 2012 (1): 94-103.

[116] 孙彦玲, 杨付, 张丽华. 创造力自我效能感与员工创新行为的关系: 一个跨层分析 [J]. 经济管理, 2012 (11): 84-92.

[117] 林澜. 反应式回报与前瞻式回报: 心理契约对组织公民行为的影响机制 [J]. 经济管理, 2012 (6): 65-74.

[118] 赵睿. 高管—员工薪酬差距与企业绩效——基于中国制造业上市公司面板数据的实证研究 [J]. 经济管理, 2012 (5): 96-104.

[119] 黄辉. 高管薪酬的外部不公平、内部差距与企业绩效 [J]. 经济管理, 2012 (7): 81-92.

[120] 徐燕, 周路路. 雇佣关系对员工职业成长的影响机制研究: 组织支持感的中介作用 [J]. 经济管理, 2012 (11): 93-102.

[121] 刘福成, 胡敏华. 基于"工作—下属"二维模型的领导授权模式及其选择 [J]. 经济管理, 2012 (5): 87-95.

[122] 于海波, 郑晓明. 家长式领导推动组织学习的中介机制研究 [J]. 经济管理, 2012 (10): 107-115.

[123] 朱天一. 领导风格与员工工作满意的关系——组织公平认知为中介效果的研究 [J]. 经济管理, 2012 (6): 54-64.

[124] 张行. 企业高管薪酬支付水平的不合理性效用评估——经验、数据检验与启示 [J]. 经济管理, 2012 (2): 76-88.

[125] 胡三嫚. 企业员工工作不安全感与组织承诺的关系研究——以心理契约破坏感为中介变量 [J]. 经济管理, 2012 (8): 105-113.

[126] 张正堂, 王亚蓓, 刘宁. 团队薪酬计划的设计要素与模式 [J]. 经济管理, 2012 (8): 89-96.

[127] 柏培文. 效率工资、股权特征与代理成本 [J]. 经济管理, 2012 (4): 84-94.

[128] 李燕萍, 侯烜方. 新生代员工工作价值观结构及其对工作行为的影响机理 [J]. 经济管理, 2012 (5): 77-86.

[129] 卢福财, 陈小锋. 知识员工心理契约、组织信任与知识共享意愿 [J]. 经济管理, 2012 (4): 76-83.

[130] 王鑫, 张再生. 制度因素与高管胜任素质——基于招聘广告的内容分析 [J]. 管理评论, 2012 (7): 71-80.

[131] 胡恩华. 中国情景下劳资关系氛围与双组织承诺关系研究 [J]. 经济管理, 2012 (2): 66-75.

[132] 胡玲, 黄速建. 中美上市公司高管薪酬差距与公司绩效的比较研究 [J]. 经济管理, 2012 (7): 93-102.

[133] 赵晶, 陆佳芳, 于鉴夫, 时勘. 管理行为策略对员工变革态度的影响: LMX 的调节作用 [J]. 科技进步与对策, 2012 (4): 143-146.

[134] 朱苏丽, 谢科范. 创业团队风险决策的修正效应与影响因素 [J]. 科技进步与对策, 2012 (3): 141-145.

[135] 王红军, 陈劲. 高层次高技术创新型人才培养模式研究 [J]. 科技进步与对策, 2012 (7): 152-155.

[136] 王浩, 韩志兴. 高管团队长期薪酬差距影响因素——基于上市公司的实证分析 [J]. 科技进步与对策, 2012 (8): 132-135.

[137] 赵书松. 高级知识员工薪酬解决方案——基于薪酬目的、依据与维度的视角 [J]. 科技进步与对策, 2012 (14): 138-144.

[138] 韩平, 张雷雅, 曹洁琼. 高新技术企业人力资源管理实践与企业绩效关系研究 [J]. 科技进步与对策, 2012 (4): 12-155.

[139] 孟令熙. 高新技术企业研发人才择业影响因素研究 [J]. 科技进步与对策, 2012 (14): 133-137.

[140] 江红艳, 孙配贞, 何浏. 工作资源对企业研发人员工作投入影响的实证研究——心理资本的中介作用 [J]. 科技进步与对策, 2012 (6): 137-141.

[141] 李云梅, 朱永成. 国有企业核心科技创新型人才甄别模型研究 [J]. 科技进步与对策, 2012 (14): 126-128.

[142] 袁凌, 李健, 郑丽芳. 国有企业知识型员工敬业度结构模型及其实证研究 [J]. 科技进步与对策, 2012 (3): 150-154.

[143] 曹云飞, 蔡翔. 基于科研团队生命周期的"个体—团队"动态功能匹配研究 [J]. 科技进步与对策, 2012 (4): 129-132.

[144] 张娴初, 王迎春. 科技创新人才薪酬体系与激励效应关系研究 [J]. 科技进步与对策, 2012 (1): 152-155.

[145] 王聪, 牛冲槐, 李乾坤. 科技环境与科技型人才聚集效应及其作用机理研究 [J]. 科技进步与对策, 2012 (4): 139-142.

[146] 刘清华, 徐枞巍. 科技型中小企业人力资源管理外包价值网研究 [J]. 科技进步与对策, 2012 (4): 147-151.

[147] 向欣, 徐梅鑫, 欧结敏. 人力资源管理与企业战略的契合研究 [J]. 科技进步与对策, 2012 (10): 127-131.

[148] 徐玲. 人力资源数量柔性与功能柔性: 替代或互补 [J]. 科技进步与对策, 2012 (12): 141-145.

[149] 王进, 王珏. 团队创新动机、成员创造力与时间压力涉入关系实证研究 [J]. 科技进步与对策, 2012 (21): 141-144.

[150] 彭灿, 臧静静. 团队领导风格与团队学习能力关系实证研究 [J]. 科技进步与对策, 2012 (15): 142-145.

[151] 马建龙, 刘兵, 张培. 新兴工业区人才聚集关键影响因素实证研究——以曹妃甸工业区为例 [J]. 科技进步与对策, 2012 (7): 147-151.

[152] 杨晶照, 陈勇星, 马洪旗. 组织结构对员工创新行为的影响: 基于角色认同理论的视角 [J]. 科技进步与对策, 2012 (9): 129-134.

[153] 杨晶, 刘春林, 崔玮. "池鱼之殃"还是"渔翁得利"? ——组织危机溢出效应的实证分析 [J]. 科学学与科学技术管理, 2012 (12): 167-173.

[154] 樊耘, 阎亮, 张克勤. 组织文化、人力资源管理实践与组织承诺 [J]. 科学学与科学技术管理, 2012 (9): 171-180.

[155] 陈晓红, 王思颖, 杨立. 变革型领导行为对企业绩效的影响机制研究——基于我国中小企业领导人的问卷调查 [J]. 科学学与科学技术管理, 2012 (11): 160-171.

[156] 李新建, 苏磊. 创新情境下员工前摄行为研究脉络与综述 [J]. 科学学与科学技术管理, 2012 (12): 144-152.

［157］廖飞，施丽芳．创业投资人公平感知与合作行为研究——基于公平启发理论与不确定管理理论［J］．科学学与科学技术管理，2012（9）：145-150.

［158］梁巧转，孟瑶，刘炬，袁博．创业团队成员人格特质和工作价值观与创业绩效——基于创业导向的中介作用［J］．科学学与科学技术管理，2012（7）：171-180.

［159］仲伟伫，王亚平，王丽平．创业文化对创业者创业动机影响的实证研究［J］．科学学与科学技术管理，2012（9）：160-170.

［160］邓志华，陈维政．服务型领导对员工工作行为的影响——以工作满意感为中介变量［J］．科学学与科学技术管理，2012（11）：172-180.

［161］佟爱琴，邵鑫，杜旦．高管特征与公司绩效相关性研究——基于国有与非国有控股上市公司的对比［J］．科学学与科学技术管理，2012（1）：166-172.

［162］肖丁丁，朱桂龙．高校科研团队核心能力构建研究——以团队心智模型为中介变量［J］．科学学与科学技术管理，2012（1）：173-180.

［163］贺立军，赵钊，陈晓春．高校领导团队行为整合影响因素的实证研究：社会认知的视角［J］．科学学与科学技术管理，2012（3）：165-173.

［164］张伶，聂婷，连智华．高新技术企业员工职业特征对满意度影响的实证研究——以家庭亲善文化与员工工作—家庭促进为视角［J］．科学学与科学技术管理，2012（12）：136-143.

［165］王济干，樊传浩．工作价值观异质性作用与高科技创业团队效能内部关系研究——基于社会认同视角［J］．科学学与科学技术管理，2012（9）：151-159.

［166］李平，张玉．国际智力回流对中国产业结构升级影响的实证研究［J］．科学学与科学技术管理，2012（12）：160-166.

［167］于海波，郑晓明，李永瑞．家长式领导对利用式与开发式学习的平衡作用［J］．科学学与科学技术管理，2012（10）：163-169.

［168］陈曦，宋合义，薛贤．价值认同对程序公平与组织公民行为之间关系的作用研究［J］．科学学与科学技术管理，2012（9）：135-144.

［169］赵斌，付庆凤，李新建．科技人员心理资本对创新行为的影响研究：以知识作业难度为调节变量［J］．科学学与科学技术管理，2012（3）：174-180.

［170］潘朝晖，刘和福．科技与管理人才流动因素的认知冲突研究——基于两个群体的比较分析［J］．科学学与科学技术管理，2012（2）：146-152.

［171］汤超颖，刘洋，王天辉．科研团队魅力型领导、团队认同和创造性绩效的关系研究［J］．科学学与科学技术管理，2012（10）：155-162.

［172］吴杨，苏竣．科研团队知识创新系统的复杂特性及其协同机制作用机理研究［J］．科学学与科学技术管理，2012（1）：156-165.

［173］于海云．内外资企业间员工流动与内资企业的知识整合机制研究——基于外资企业衍生内资企业的视角［J］．科学学与科学技术管理，2012（7）：160-170.

［174］于斌，王勃琳．企业高层次技术人才理念型心理契约对其行为的影响机理研

究［J］. 科学学与科学技术管理, 2012（2）: 176 – 180.

［175］田喜洲, 谢晋宇. 人力资本、社会资本及心理资本对员工绩效和工作态度的影响差异［J］. 科学学与科学技术管理, 2012（8）: 174 – 180.

［176］刘善仕, 彭娟, 段丽娜. 人力资源实践、组织吸引力与工作绩效的关系研究［J］. 科学学与科学技术管理, 2012（6）: 172 – 180.

［177］戚振江. 人力资源实践与组织绩效关系综述: 基于过程和多层次分析范式［J］. 科学学与科学技术管理, 2012（5）: 169 – 180.

［178］王耀德, 李俊华. 双元性组织创新平衡机制"四力五维"模型的构建［J］. 科学学与科学技术管理, 2012（4）: 173 – 180.

［179］李树祥, 梁巧转, 杨柳青. 团队认知多样性和团队沟通对团队创造力的影响研究［J］. 科学学与科学技术管理, 2012（12）: 153 – 159.

［180］王剑, 孙锐, 陈立新, 潘陆山, 孙一平. 我国高层次创新型科技人才培养的若干问题研究［J］. 科学学与科学技术管理, 2012（8）: 165 – 173.

［181］杨卫忠, 葛玉辉. 研发团队任务与情感自反性对产品创新绩效的影响——基于长三角地区的实证研究［J］. 科学学与科学技术管理, 2012（6）: 138 – 148.

［182］张伟, 张庆普, 单伟. 整体网视角下高校科研团队知识共享能力测量研究——以某高校系统工程科研团队为例［J］. 科学学与科学技术管理, 2012（10）: 170 – 180.

［183］侯二秀, 陈树文, 长青. 知识员工心理资本对创新绩效的影响: 心理契约的中介［J］. 科学学与科学技术管理, 2012（6）: 149 – 155.

［184］朱敏, 高越. 智力外流对中国技术创新的影响——基于地区差异的实证研究［J］. 科学学与科学技术管理, 2012（10）: 147 – 154.

［185］陈业华, 田子州. 组织"力场"对 AMT 环境下员工行为的影响［J］. 科学学与科学技术管理, 2012（2）: 159 – 166.

［186］陈德辉, 王续琨. 组织创造力的模型建构与实证分析［J］. 科学学与科学技术管理, 2012（9）: 128 – 134.

［187］张莉, 林与川, 迟冬梅. 组织沟通方式对沟通满意度的影响: 沟通认知与沟通倾向的调节作用［J］. 科学学与科学技术管理, 2012（2）: 167 – 175.

［188］戴维奇. 组织冗余、公司创业与成长: 解析不同冗余的异质影响［J］. 科学学与科学技术管理, 2012（6）: 156 – 164.

［189］黄勋敬. "新四化"视角下的三角形人力资源管理体系［J］. 中国人力资源开发, 2012（1）: 19 – 25.

［190］时宝金. 90 后新生代员工激励机制的构建——基于心理契约视角［J］. 中国人力资源开发, 2012（12）: 33 – 36.

［191］陈建武, 张向前. 90 后一线员工工作生活质量的需求特征——一个多维度的实证模型［J］. 中国人力资源开发, 2012（12）: 37 – 41.

[192] 李锡元，李泓锦. 90 后员工管理体系的构建——基于组织社会化策略视角 [J]. 中国人力资源开发，2012（12）：23－27.

[193] 李丽林，鲍晓鸣. 高绩效工作系统与雇员工作满意度的关系研究——基于 Meta 分析的探讨 [J]. 中国人力资源开发，2012（8）：10－14.

[194] 彭剑锋，童汝根. 世界级饮料企业最佳人力资源实践质性研究——以可口可乐公司为例 [J]. 中国人力资源开发，2012（9）：5－10.

[195] 朱飞，王震. 员工角色外行为的管理：组织文化的视角 [J]. 中国人力资源开发，2012（11）：33－36，60.

[196] 陈京水，凌文辁. 组织情境中权力距离研究述评 [J]. 中国人力资源开发，2012（11）：5－8，16.

[197] 李燕萍，杨婷，潘亚娟，徐嘉. 包容性领导的构建与实施——基于新生代员工管理视角 [J]. 中国人力资源开发，2012（3）：31－35.

[198] 王成城，杜鹏，程李敏. 扁平化管理下优化中层管理人员与组织交换关系的挑战及对策 [J]. 中国人力资源开发，2012（2）：24－29.

[199] 宋志强，葛玉辉，陈悦明. 扁平化组织结构对员工职业生涯通道的影响及应对策略 [J]. 中国人力资源开发，2012（2）：40－48.

[200] 吴小云，杨国庆. 代际冲突视野下 90 后员工管理初探 [J]. 中国人力资源开发，2012（12）：28－32.

[201] 张传庆，田旭. 高绩效工作系统对员工工作行为的影响研究——基于直线经理参与调节效应的分析 [J]. 中国人力资源开发，2012（7）：5－10.

[202] 叶晓倩，谭学军. 高效率团队对微型企业人力资源管理的启示 [J]. 中国人力资源开发，2012（5）：22－26.

[203] 戴颖达. 基于企业满意度模型的高职管理专业培养模式实证研究 [J]. 中国人力资源开发，2012（6）：98－101.

[204] 黄爱华，陆娟. 基于权变理论的战略人力资源管理体系 [J]. 中国人力资源开发，2012（1）：31－35.

[205] 韦慧民，潘清泉. 家庭友好人力资源实践的问题与应对策略 [J]. 中国人力资源开发，2012（1）：26－30，48.

[206] 肖鹏，齐菲，杜鹏程. 民营企业研发人员的柔性管理策略 [J]. 中国人力资源开发，2012（3）：36－40.

[207] 戈黎华. 企业开放型知识创造组织模式探析——立足内敛型模式与开放型模式的比较 [J]. 中国人力资源开发，2012（7）：11－14.

[208] 乐国，林毛淑珍，李凤兰. 嵌入心理资本的企业人力资源管理体系——以海底捞火锅店员工管理为例 [J]. 中国人力资源开发，2012（1）：41－44.

[209] 瞿皎姣，张义明. 人力资源管理人性化与规范化的实现——基于合法性的分析视角 [J]. 中国人力资源开发，2012（9）：20－24.

[210] 邓汉慧，童丽珍，黎金荣. 适应组织扁平化的三维动态平衡管理策略 [J]. 中国人力资源开发，2012（2）：30-34，142.

[211] 张丽琍，李乐旋. 性别隔离对女性专业技术人员职业发展的影响 [J]. 中国人力资源开发，2012（12）：17-22.

[212] 杨旭华. 员工规范外行为的属性、缘由和影响因素研究 [J]. 中国人力资源开发，2012（11）：29-32.

[213] 荣鹏飞，葛玉辉，王菁，彭勃. 员工幸福度的管理现状、影响因素及对策研究 [J]. 中国人力资源开发，2012（8）：15-20.

[214] 于鉴夫，赵晶，时勘. 针对管理人员开发的PBL培训模式研究 [J]. 中国人力资源开发，2012（3）：45-47.

[215] 刘生生. 职工心理预期变化及其对企业绩效管理的影响 [J]. 中国人力资源开发，2012（12）：76-78.

[216] 黎金荣，邓汉慧. 组织名片：异质性人力资源管理体系耦合式创建 [J]. 中国人力资源开发，2012（1）：36-40.

[217] 龚会，时勘，卢嘉辉. 电信服务业员工的情绪劳动与生活满意度——心理解脱的调节作用 [J]. 软科学，2012（8）：98-103.

[218] 樊耘，张克勤，费菲. 晋升标准对员工角色外行为影响机制的实证研究[J]. 软科学，2012（1）：62-67.

[219] 邓今朝，王重鸣. 团队目标取向对适应性的影响：突变情景下的阶段特征 [J]. 软科学，2012（5）：86-90.

[220] 黄亮. 高管团队支持对中小民营企业战略执行绩效的影响：环境不确定性的调节作用 [J]. 软科学，2012（5）：91-93，99.

[221] 纪晓丽，周兴驰. 高新企业的战略人力资源管理契合、人力资源管理效能与企业组织绩效的关系研究 [J]. 软科学，2012（11）：99-104.

[222] 李敏，黄翠龙，徐泽盛. 关系型求职对农民工工作不安全感的影响：社会资本的调节作用 [J]. 软科学，2012（1）：76-82.

[223] 吴兴海，马俊，张玉利. 基于雇佣合约视角的员工离职创业研究 [J]. 软科学，2012（10）：113-115.

[224] 罗兴鹏，张向前. 基于和谐管理理论的民营企业职业经理人薪酬管理研究 [J]. 软科学，2012（5）：94-99.

[225] 许科，赵来军. 临时团队成员内群体认同对合作行为的影响——一个被调节的中介模型 [J]. 软科学，2012（10）：116-120.

[226] 吴继红，吴敏，陈维政. 领导—成员关系认知差异对员工情感承诺与绩效关系的影响 [J]. 软科学，2012（7）：96-100.

[227] 王进，王珏. 领导管理能力提升：基于创新导向学习与组织认同的互释效果研究 [J]. 软科学，2012（9）：102-105.

[228] 渠彩霞, 王忠. 企业员工人格特质、一般自我效能感与适应性绩效的关系研究 [J]. 软科学, 2012 (4): 101-105.

[229] 汪曲, 杜紫嫣. 人力资本、制度与区域效率——基于中国省际 1995~2009 年面板数据的实证分析 [J]. 软科学, 2012 (8): 87-92, 117.

[230] 杨肖锋, 储小平, 谢俊. 社会资本的心理来源: 基于合作与竞争理论的分析 [J]. 软科学, 2012 (3): 101-104, 139.

[231] 王璇. 团队创新氛围对团队创新行为的影响——内在动机与团队效能感的中介作用 [J]. 软科学, 2012 (3): 105-109.

[232] 李树祥, 梁巧转, 孟瑶. 团队多样性氛围、团队凝聚力和团队创造能力的关系研究 [J]. 软科学, 2012 (7): 91-95.

[233] 王双龙, 周海华. 团队互动过程对个人创新行为的影响机理研究 [J]. 软科学, 2012 (12): 99-102, 107.

[234] 李颖. 我国西部中小企业人力资源管理问题及政策建议 [J]. 软科学, 2012 (3): 115-117.

[235] 袁凌, 黄剑, 姚记标. 心理所有权对知识型员工忠诚度影响的实证研究 [J]. 软科学, 2012 (9): 110-113.

[236] 雷宏振, 车晓娜. 员工身份差异与组织吸引力及其自愿离职倾向的关系研究 [J]. 软科学, 2012 (3): 110-114.

[237] 秦伟平, 杨东涛. 员工双重身份与工作嵌入的调节性中介效应机制研究 [J]. 软科学, 2012 (8): 93-97.

[238] 李宗波, 王明辉. 员工职业生涯韧性与其不安全感、绩效的关系——上司支持感的调节效应 [J]. 软科学, 2012 (8): 104-108.

[239] 李忠民, 张阳. 知识型员工职涯高原影响因素实证研究——心理控制源的调节作用 [J]. 软科学, 2012 (12): 93-98.

[240] 刘超, 付金梅. 主管赋权使能与下属幸福感: 互动公正的中介作用与"主人翁"角色的调节效应 [J]. 软科学, 2012 (9): 106-109, 119.

[241] 廖冰, 徐家运, 唐松涛. 组织公平感、员工情感与员工成就感的关系研究 [J]. 软科学, 2012 (4): 106-109, 130.

[242] 孙彦玲, 张丽华. 工作不满意时员工的行为选择: 经济承诺和理想承诺的影响 [J]. 首都经济贸易大学学报, 2012 (3): 29-35.

[243] 宗成峰. 社会资本对农民工工资决定的调查分析——以北京市建筑业为例 [J]. 首都经济贸易大学学报, 2012 (3): 36-41.

[244] 谭亚莉, 廖建桥, 王淑红. 工作场所员工非伦理行为研究述评与展望 [J]. 外国经济与管理, 2012 (3): 40-48.

[245] 赵曙明. 国外集体谈判研究现状述评及展望 [J]. 外国经济与管理, 2012 (1): 18-26.

[246] 唐贵瑶, 李鹏程, 李骥. 国外授权型领导研究前沿探析与未来展望 [J]. 外国经济与管理, 2012 (9): 73-80.

[247] 王雁飞. 基于公平感知视角的员工职业健康研究述评与展望 [J]. 外国经济与管理, 2012 (4): 65-72.

[248] 莫申江, 王重鸣. 基于行为认知视角的组织声誉研究前沿探析与展望 [J]. 外国经济与管理, 2012 (3): 65-71.

[249] 罗瑾琏, 肖薇. 女性职业生涯研究共识与现实矛盾梳理及未来研究展望 [J]. 外国经济与管理, 2012 (8): 57-63.

[250] 田喜洲, 谢晋宇, 吴孔珍. 倾听内心的声音: 职业生涯中的呼唤研究进展探析 [J]. 外国经济与管理, 2012 (1): 27-35, 64.

[251] 孙美佳, 李新建. 群体交互记忆系统研究述评 [J]. 外国经济与管理, 2012 (10): 30-38.

[252] 谢小云, 张政晓, 王唯梁. 团队背景下的子群体关系研究进展评析 [J]. 外国经济与管理, 2012 (10): 22-29.

[253] 肖余春, 李伟阳. 团队管理研究新视野——MTS理论研究综述 [J]. 外国经济与管理, 2012 (6): 33-40.

[254] 葛宝山, 刘牧, 董保宝. 团队互动过程模型研究评介与未来展望 [J]. 外国经济与管理, 2012 (12): 39-48.

[255] 杨斌, 陈坤. 组织公民行为概念的发展困境及其突破线索探讨 [J]. 外国经济与管理, 2012 (3): 31-48.

[256] 王宇清, 周浩. 组织公正感研究新趋势——整体公正感研究述评 [J]. 外国经济与管理, 2012 (6): 25-32.

[257] 龚小君. 组织学科的范式论及相关争辩探析 [J]. 外国经济与管理, 2012 (6): 41-48.

[258] 黄俊, 吴隆增, 朱磊. CEO变革型领导行为对中层管理者工作绩效和工作满意度的影响: 组织支持知觉和价值观的作用 [J]. 心理科学, 2012 (6): 1445-1452.

[259] 孔风, 王庭照, 李彩娜, 和娟, 王瑾, 游旭群. 大学生的社会支持、孤独及自尊对主观幸福感的作用机制研究 [J]. 心理科学, 2012 (2): 408-411.

[260] 谭小宏. 个人与组织价值匹配对员工工作投入、组织支持感的影响 [J]. 心理科学, 2012 (4): 973-977.

[261] 张兴贵, 熊懿. 工作与组织情境中的人格研究: 回顾与展望 [J]. 心理科学, 2012 (2): 424-429.

[262] 王桢, 李旭培, 罗正学, 林琳. 情绪劳动工作人员心理授权与离职意向的关系: 工作倦怠的中介作用 [J]. 心理科学, 2012 (1): 186-190.

[263] 张辉华. 情绪智力与工作相关变量关系的元分析: 以中国样本为例 [J]. 心理科学, 2012 (5): 1175-1184.

[264] 卿涛,凌玲,闫燕.团队领导行为与团队心理安全:以信任为中介变量的研究[J].心理科学,2012(1):208-212.

[265] 何琛,解蕴慧,马力.拖延对工作绩效的影响——压力偏好与任务绩效的调节作用[J].心理科学,2012(4):968-972.

[266] 李成彦,王重鸣,蒋强.性别角色认定对领导风格的影响:以女性创业者为例[J].心理科学,2012(5):1169-1174.

[267] 杨安博,任真,陶晓春.性别在企业员工成人依恋与工作绩效关系中的调节作用[J].心理科学,2012(2):418-423.

[268] 田宝,李旭培,滕秀杰,时勘.压力情境认知评价与工作倦怠的关系[J].心理科学,2012(1):165-170.

[269] 毕重增,张萍,朱晓菲.自尊对主观幸福感的影响:有调节的中介效应[J].心理科学,2012(3):683-693.

[270] 潘孝富,秦启文,张永红,谭小宏.组织心理所有权、基于组织的自尊对积极组织行为的影响[J].心理科学,2012(3):718-724.

[271] 顾雪英,胡湜.MBTI人格类型量表:新近发展及应用[J].心理科学进展,2012(10):1700-1708.

[272] 李西营,张莉,芦咏莉,张恒升,张龙萍.创造性自我效能:内涵、影响因素和干预[J].心理科学进展,2012(1):108-114.

[273] 张淑敏.积极组织行为学视角下的双重应激管理模式[J].心理科学进展,2012(12):2061-2068.

[274] 段锦云,张倩.建言行为的认知影响因素、理论基础及发生机制[J].心理科学进展,2012(1):115-126.

[275] 齐琳,刘泽文.心理契约破坏对员工态度与行为的影响[J].心理科学进展,2012(8):1296-1304.

[276] 傅强,段锦云,田晓明.员工建言行为的情绪机制:一个新的探索视角[J].心理科学进展,2012(2):274-282.

[277] 王忠军,刘云娟,袁德勇.职业延迟满足研究述评[J].心理科学进展,2012(5):705-714.

[278] 陈灿锐,高艳红,申荷永.主观幸福感与大三人格特征相关研究的元分析[J].心理科学进展,2012(1):19-26.

[279] 向常春,龙立荣.组织中信息寻求的动机及其影响因素[J].心理科学进展,2012(2):283-291.

[280] 孙建群,段锦云,田晓明.组织中员工的自愿性工作行为[J].心理科学进展,2012(4):561-574.

[281] 王震,孙健敏,张瑞娟.管理者核心自我评价对下属组织公民行为的影响:道德式领导和集体主义导向的作用[J].心理学报,2012(9):1231-1243.

[282] 吴伟炯,刘毅,路红,谢雪贤.本土心理资本与职业幸福感的关系[J].心理学报,2012(10):1349-1370.

[283] 隋杨,王辉,岳旖旎,Fred Luthans.变革型领导对员工绩效和满意度的影响:心理资本的中介作用及程序公平的调节作用[J].心理学报,2012(9):1217-1230.

[284] 王永丽,张智宇,何颖.工作—家庭支持对员工创造力的影响探讨[J].心理学报,2012(12):1651-1662.

[285] 段锦云,魏秋江.建言效能感结构及其在员工建言行为发生中的作用[J].心理学报,2012(7):972-985.

[286] 杨付,张丽华.团队沟通、工作不安全氛围对创新行为的影响:创造力自我效能感的调节作用[J].心理学报,2012(10):1383-1401.

[287] 刘小禹,刘军.团队情绪氛围对团队创新绩效的影响机制[J].心理学报,2012(4):546-557.

[288] 薛宪方,梅胜军,涂辉文,倪旭东.组织变革背景下团队主动性的结构与测量[J].应用心理学,2012(1):67-74.

[289] 姚琦,马华维,乐国安,杨柳.组织信任修复的有效性:兼顾违背类型与修复策略的影响[J].应用心理学,2012(2):99-108.

[290] 刘苹,张运婷,孙宁云.前导性战略导向、人力资本投资与人力资本的关系研究[J].中国软科学,2012(9):135-145.

[291] 马卫华,刘佳,樊霞.产学研合作对学术团队核心能力影响及作用机理研究[J].管理学报,2012(11):1627-1633.

[292] 郁培丽,田海峰,杨雪.产业结构对创业人员活动影响的理论与实证探究[J].管理学报,2012(6):837-842.

[293] 周霞,景保峰,欧凌峰.创新人才胜任力模型实证研究[J].管理学报,2012(7):1065-1070.

[294] 程发新,黄玉娟,梅强.代工模式下的竞争优先权与企业绩效关系研究[J].管理学报,2012(1):45-49.

[295] 蒋建武,戴万稳.非典型雇佣下的员工—组织关系及其对员工绩效的影响研究[J].管理学报,2012(8):1178-1182.

[296] 陈悦明,葛玉辉,宋志强.高层管理团队断层与企业战略决策的关系研究[J].管理学报,2012(11):1643-1642.

[297] 李婧,贺小刚.高层管理团队中家族权威与创新能力研究:以家族上市公司为视角[J].管理学报,2012(9):1314-1322.

[298] 吴粒,袁知柱.管理控制中管理者的行为特征分类及管理业绩的关系研究[J].管理学报,2012(1):64-70.

[299] 王震,孙健敏.核心自我评价、组织支持对主客观职业成功的影响:人—情境互动的视角[J].管理学报,2012(9):1307-1313.

[300] 吕晓俊, 徐向茹, 孙亦沁. 基层公务员的情绪劳动、组织公正和工作压力的关系研究——以上海市若干行政区为例 [J]. 管理学报, 2012 (10): 1464-1469.

[301] 刘效广, 杨乃定, 韦铁. 基于NK模型的组织复杂性情境下管理者认知表征作用的仿真研究 [J]. 管理学报, 2012 (4): 516-521.

[302] 徐世勇, 欧阳侃. 基于参照认知理论视角的领导公平与信息公平对组织报复行为的影响研究 [J]. 管理学报, 2012 (10): 1457-1463.

[303] 李冬伟, 李建良. 基于企业生命周期的智力资本对企业价值影响研究 [J]. 管理学报, 2012 (5): 706-714.

[304] 冯博, 樊治平. 基于协同效应的知识创新团队伙伴选择方法 [J]. 管理学报, 2012 (2): 258-261.

[305] 晁罡, 程鹏, 张水英. 基于员工视角的企业社会责任对工作投入影响的实证研究 [J]. 管理学报, 2012 (6): 831-836.

[306] 周嘉南, 黄登仕. 经理行为偏差与企业绩效激励指标的确定 [J]. 管理学报, 2012 (7): 986-989.

[307] 陈和, 蒲惠荧, 隋广军. 利润分享: 一种协调人力资本的治理手段 [J]. 管理学报, 2012 (4): 529-534.

[308] 李燕萍, 涂乙冬, 高婧. 领导—部属交换对员工工作压力的影响及其中介机制研究 [J]. 管理学报, 2012 (8): 1170-1177.

[309] 孙剑, 李崇光, 程国强. 企业环保导向、环保策略与绩效关系研究——来自武汉城市圈"两型社会"建设试验区的调查 [J]. 管理学报, 2012 (6): 927-935.

[310] 韩平, 闫围, 弓雅琼. 企业内上下级沟通与下属上向信任的关系研究 [J]. 管理学报, 2012 (3): 396-407.

[311] 颜爱民, 魏佳, 黄浩睿. 企业人力资源管理伦理困境结构维度的本土化探索 [J]. 管理学报, 2012 (7): 1058-1064.

[312] 黄曼慧, 谢康. 企业中基层管理人员IT应用能力建模 [J]. 管理学报, 2012 (5): 692-698.

[313] 乔坤, 周悦诚, 王晓云. 人力资源管理实践与组织绩效关系的元分析: 从不同实践内容和文化视角切入 [J]. 管理学报, 2012 (3): 401-407.

[314] 吴维库, 王未, 刘军, 吴隆增. 辱虐管理、心理安全感知与员工建言 [J]. 管理学报, 2012 (1): 57-63.

[315] 陈亮. 上市公司高层管理人员监控的有效性研究 [J]. 管理学报, 2012 (5): 699-705.

[316] 赵海霞, 龙立荣. 团队薪酬对团队绩效的作用机制研究 [J]. 管理学报, 2012 (6): 843-849.

[317] 祝学华, 霍国庆. 我国科技外交人员社会资本与工作绩效的实证研究 [J]. 管理学报, 2012 (10): 1470-1474.

[318] 李敏，黄翠龙. 心理契约对农民工工作绩效影响的实证研究 [J]. 管理学报，2012（4）：522-528.

[319] 谢延浩，孙剑平. 薪酬变动、绩效薪酬知觉与薪酬满意：成就需要与风险厌恶的调节效应 [J]. 管理学报，2012（12）：1792-1799.

[320] 吴瀚，姚小涛. 以基于内部互动的社会资本视角再看高层管理团队 [J]. 管理学报，2012（9）：1300-1306.

[321] 王聪颖，杨东涛. 员工代际差异对其工作场所乐趣与绩效关系的影响 [J]. 管理学报，2012（12）：1772-1778.

[322] 李晓艳，周二华，姚姝慧. 在华留学生文化智力对其跨文化适应的影响研究 [J]. 管理学报，2012（12）：1779-1785.

[323] 赵卫斌，陈志斌. 政府控制与企业高管人员薪酬绩效敏感度 [J]. 管理学报，2012（2）：267-271.

[324] 张莉，林与川，于超跃，刘凤江. 支持资源作用下的工作—家庭促进：情感倾向的调节作用 [J]. 管理学报，2012（3）：388-395.

[325] 万青，陈万明. 知识共享路径选择策略与员工创新绩效关系研究 [J]. 管理学报，2012（12）：1786-1791.

[326] 赵曙明. 中、美、欧企业人力资源管理差异与中国本土企业人力资源管理应用研究 [J]. 管理学报，2012（3）：380-387.

[327] 易朝辉. 组织创业气氛、创业导向与创业企业绩效研究 [J]. 管理学报，2012（10）：1484-1489.

[328] 李海东，林志扬. 组织结构变革中的路径依赖与路径创造机制研究——以联想集团为例 [J]. 管理学报，2012（8）：1135-1146.

[329] 简兆权，郑雪云，占孙福. 组织学习与技术转移绩效的关系研究 [J]. 管理学报，2012（5）：758-766.

[330] 刘小禹，刘军，关浩光. 顾客性骚扰对员工服务绩效影响机制的追踪研究——员工传统性与团队情绪氛围的调节作用 [J]. 管理世界，2012（10）：107-118，188.

[331] 苗仁涛，孙健敏，刘军. 基于工作态度的组织支持感与组织公平对组织公民行为的影响研究 [J]. 商业经济与管理，2012（9）：29-40.

第二节 英文期刊索引

[1] Lambert L. S., Teppe B. J., Carr J. C., et al. Forgotten but not Gone: An Examination of Fit Between Leader Consideration and Initiating Structure Needed and Received [J]. Jour-

nal of Applied Psychology, 2012, 97 (5): 913 – 930.

［2］Colbert A. E., Judge T. A., Choi D., et al. Assessing the Trait Theory of Leadership Using Self and Observer Ratings of Personality: The Mediating Role of Contributions to Group Success [J]. The Leadership Quarterly, 2012, 23 (4): 670 – 685.

［3］Stoker J. I., Grutterink H., Kolk N. J. Do Transformational Ceos Always Make the Difference? the Role of TMT Feedback Seeking Behavior [J]. The Leadership Quarterly, 2012, 23 (3): 582 – 592.

［4］Caughron J. J., Mumford M. D. Embedded Leadership: How Do a Leader's Superiors Impact Middle – Management Performance? [J]. The Leadership Quarterly, 2012, 23 (3): 342 – 353.

［5］Boyatzis R. E., Passarelli A. M., Koenig K., et al. Examination of the Neural Substrates Activated in Memories of Experiences with Resonant and Dissonant Leaders [J]. Leadership Quarterly, 2012, 23 (2): 259 – 272.

［6］Medler – Liraz H., Kark R. It Takes Three to Tango: Leadership and Hostility in the Service Encounter [J]. The Leadership Quarterly, 2012, 23 (1): 81 – 93.

［7］Fairhurst G. T., Uhl – Bien M. Organizational Discourse Analysis (ODA): Examining Leadership as a Relational Process [J]. The Leadership Quarterly, 2012, 23 (6): 1043 – 1062.

［8］Hu J., Wang Z., Liden R. C., et al. the Influence of Leader Core Self – Evaluation on Follower Reports of Transformational Leadership [J]. Leadership Quarterly, 2012, 23 (5): 860 – 868.

［9］Peterson S. J., Walumbwa F. O., Avolio B. J., et al. the Relationship between Authentic Leadership and Follower Job Performance: The Mediating Role of Follower Positivity in Extreme Contexts [J]. Leadership Quarterly, 2012, 23 (3): 502 – 516.

［10］Sosik J. J., Gentry W. A., Chun J. U. the Value of Virtue in the Upper Echelons: A Multisource Examination of Executive Character Strengths and Performance [J]. The Leadership Quarterly, 2012, 23 (3): 367 – 382.

［11］Xu E., Huang X., Lam C. K., et al. Abusive Supervision and Work Behaviors: the Mediating Role of LMX [J]. Journal of Organizational Behavior, 2012, 33 (4): 531 – 543.

［12］Schaubroeck J. M., Hannah S. T., Avolio B. J., et al. Embedding Ethical Leadership within and Across Organization Levels [J]. Academy of Management Journal, 2012, 55 (5): 1053 – 1078.

［13］Dong L., Hui L., Loi R. the Dark Side of Leadership: A Three – level Investigation of the Cascading Effect of Abusive Supervision on Employee Creativity [J]. Academy of Management Journal, 2012, 55 (5): 1187 – 1212.

［14］Greer L. L., Homan A. C., De Hoogh A. H. B., et al. Tainted Visions: The Effect of Visionary Leader Behaviors and Leader Categorization Tendencies on the Financial Performance of Ethnically Diverse Teams [J]. Journal of Applied Psychology, 2012, 97 (1): 203 – 213.

[15] Dries N., Pepermans R. How to Identify Leadership Potential: Development and Testing of a Consensus Model [J]. Human Resource Management, 2012, 51 (3): 361 – 385.

[16] Zhang H., Kwong Kwan H., Everett A. M., et al. Servant Leadership, Organizational Identification, and Work – to – Family Enrichment: The Moderating Role of Work Climate for Sharing Family Concerns [J]. Human Resource Management, 2012, 51 (5): 747 – 767.

[17] Wang X. F., Howell J. M. A Multilevel Study of Transformational Leadership, Identification, and Follower Outcomes [J]. The Leadership Quarterly, 2012, 23 (5): 775 – 790.

[18] Walter F., Cole M. S., Der Vegt G. S. V., et al. Emotion Recognition and Emergent Leadership: Unraveling Mediating Mechanisms and Boundary Conditions [J]. The Leadership Quarterly, 2012, 23 (5): 977 – 991.

[19] Kacmar K. M., Bachrach D. G., Harris K. J., et al. Exploring the Role of Supervisor Trust in the Associations between Multiple Sources of Relationship Conflict and Organizational Citizenship Behavior [J]. The Leadership Quarterly, 2012, 23 (1): 43 – 54.

[20] Volmer J., Spurk D., Niessen C. Leader – Member Exchange (LMX), Job Autonomy, and Creative Work Involvement [J]. The Leadership Quarterly, 2012, 23 (3): 456 – 465.

[21] De Vries R. E. Personality Predictors of Leadership Styles and the Self – other Agreement Problem [J]. Leadership Quarterly, 2012, 23 (5): 809 – 821.

[22] Algera P. M., Lips – wiersma M. Radical Authentic Leadership: Co – creating the Conditions Under Which All Members of the Organization can be Authentic [J]. The Leadership Quarterly, 2012, 23 (1): 118 – 131.

[23] Zhang X., Fu P., Xi Y., et al. Understanding Indigenous Leadership Research: Explication and Chinese Examples [J]. The Leadership Quarterly, 2012, 23 (6): 1063 – 1079.

[24] Bullough A., Kroeck K. G., Newburry W., et al. Women's Political Leadership Participation around the World: An Institutional Analysis [J]. The Leadership Quarterly, 2012, 23 (3): 398 – 411.

[25] Cable D. M., Kay V. S. Striving for Self – verification During Organizational Entry [J]. Academy of Management Journal, 2012, 55 (2): 360 – 380.

[26] Derue D. S., Nahrgan J. D., Hollenbeck J. R., et al. A Quasi – experimental Study of After – event Reviews and Leadership Development [J]. Journal of Applied Psychology, 2012, 97 (5): 997 – 1015.

[27] Leroy H., Anseel F., Halbesleben J. R. B., et al. Behavioral Integrity for Safety, Priority of Safety, Psychological Safety, and Patient Safety: A Team – level Study [J]. Journal

of Applied Psychology, 2012, 97 (6): 1273 – 1281.

［28］Berry C. M. , Carpenter N. C. , Barratt C. L. Do Other – Reports of Counterproductive Work Behavior Provide an Incremental Contribution Over Self – reports? A Meta – analytic Comparison ［J］. Journal of Applied Psychology, 2012, 97 (3): 613 – 636.

［29］Farh C. I. et al. . Emotional Intelligence, Teamwork Effectiveness, and Job Performance: the Moderating Role of Job Context ［J］. Journal of Applied Psychology, 2012, 97 (4): 890 – 900.

［30］Bindl U. K. , Parker S. K. , Totterdell P. , et al. Fuel of the Self – starter: How Mood Relates to Proactive Goal Regulation ［J］. Journal of Applied Psychology, 2012, 97 (1): 134 – 150.

［31］Dunford B. B. , Shipp A. J. , Boss R. W. , et al. Is Burnout Static or Dynamic? A Career Transition Perspective of Employee Burnout Trajectories ［J］. Journal of Applied Psychology, 2012, 97 (3): 637 – 650.

［32］Toker S. , Biron M. Job Burnout and Depression: Unraveling Their Temporal Relationship and Considering the Role of Physical Activity ［J］. Journal of Applied Psychology, 2012, 97 (3): 699 – 710.

［33］Kim E. , Yoon D. J. Why Does Service with A Smile Make Employees Happy? A Social Interaction Model ［J］. Journal of Applied Psychology, 2012, 97 (5): 1059 – 1067.

［34］Kuvaas B. , Buch R. , Dysvik A. Perceived Training Intensity and Knowledge Sharing: Sharing for Intrinsic and Prosocial Reasons ［J］. Human Resource Management, 2012, 51 (2): 167 – 187.

［35］Gardner H. K. Performance Pressure as a Double – edged Sword: Enhancing Team Motivation but Undermining the Use of Team Knowledge ［J］. Administrative Science Quarterly, 2012, 57 (1): 1 – 46.

［36］Petrou P. , Demerouti E. , Peeters M. C. W. , et al. Crafting a Job on A Daily Basis: Contextual Correlates and the Link to Work Engagement ［J］. Journal of Organizational Behavior, 2012, 33 (8): 1120 – 1141.

［37］Collins B. J. , Mossholder K. W. , Taylor S. G. Does Process Fairness Affect Job Performance? It only Matters if They Plan to Stay ［J］. Journal of Organizational Behavior, 2012, 33 (7): 1007 – 1026.

［38］Harms P. D. , Luthans F. Measuring Implicit Psychological Constructs in Organizational Behavior: An Example Using Psychological Capital ［J］. Journal of Organizational Behavior, 2012, 33 (4): 589 – 594.

［39］Schmidt J. A. , Ogunfowora B. , Bourdage J. S. No Person is an Island: The Effects of Group Characteristics on Individual Trait Expression ［J］. Journal of Organizational Behavior, 2012, 33 (7): 925 – 945.

[40] Olsen J. E., Martins L. L. Understanding Organizational Diversity Management Programs: A Theoretical Framework and Directions for Future Research [J]. Journal of Organizational Behavior, 2012, 33 (8): 1168-1187.

[41] Cole M. S., Walter F., Bedeian A. G., et al. Job Burnout and Employee Engagement: A Meta-analytic Examination of Construct Proliferation [J]. Journal of Management, 2012, 38 (5): 1550-1581.

[42] Leavitt K., Reynolds S. J., Barnes C. M., et al. Different Hats, Different Obligations: Plural Occupational Identities and Situated Moral Judgments [J]. Academy of Management Journal, 2012, 55 (6): 1316-1333.

[43] Roberson Q. M., Williamson I. O. Justice in Self-managing Teams: The Role of Social Networks in the Emergence of Procedural Justice Climates [J]. Academy of Management Journal, 2012, 55 (3): 685-701.

[44] O'Boyle Jr. E. H., Forsyth D. R., Banks G. C., et al. A Meta-analysis of the Dark Triad and Work Behavior: A Social Exchange Perspective [J]. Journal of Applied Psychology, 2012, 97 (3): 557-579.

[45] Johnson M. D., Ilies R., Boles T. L. Alternative Reference Points and Outcome Evaluation: The Influence of Affect [J]. Journal of Applied Psychology, 2012, 97 (1): 33-45.

[46] Richter A. W., Van Knippenberg D., Hirst G., et al. Creative Self-efficacy and Individual Creativity in Team Contexts: Cross-level Interactions with Team Informational Resources [J]. Journal of Applied Psychology, 2012, 97 (6): 1282-1290.

[47] Sonnentag S., Mojza E. J., Demerouti E., et al. Reciprocal Relations between Recovery and Work Engagement: The Moderating Role of Job Stressors [J]. Journal of Applied Psychology, 2012, 97 (4): 842-853.

[48] Neal A., Yeo G., Koy A., et al. Predicting the Form and Direction of Work Role Performance from the Big 5 Model of Personality Traits [J]. Journal of Organizational Behavior, 2012, 33 (2): 175-192.

[49] Fulmer C. A., Gelfand M. J. At What Level (and in Whom) We Trust: Trust Across Multiple Organizational Levels [J]. Journal of Management, 2012, 38 (4): 1167-1230.

[50] Lapierre L. M., Allen T. D. Control at Work, Control at Home, and Planning Behavior: Implications for Work-family Conflict [J]. Journal of Management, 2012, 38 (5): 1500-1516.

[51] Lance Ferris D., Spence J. R., Brown D. J., et al. Interpersonal Injustice and Workplace Deviance: The Role of Esteem Threat [J]. Journal of Management, 2012, 38 (6): 1788-1811.

[52] Wayne J. H., Casper W. J. Why Does Firm Reputation in Human Resource Policies Influence College Students? the Mechanisms Underlying Job Pursuit Intentions [J]. Human Resource Management, 2012, 51 (1): 121 - 142.

[53] Fragale A. R., Sumanth J. J., Tiedens L. Z., et al. Appeasing Equals: Lateral Deference in Organizational Communication [J]. Administrative Science Quarterly, 2012, 57 (3): 373 - 406.

[54] Leslie L. M., Tae - youn P., Si A. M., et al. Flexible Work Practices: A Source of Career Premiums or Penalties? [J]. Academy of Management Journal, 2012, 55 (6): 1407 - 1428.

[55] Grant A. M. Leading With Meaning: Beneficiary Contact, Prosocial Impact, and the Performance Effects of Transformational Leadership [J]. Academy of Management Journal, 2012, 55 (2): 458 - 476.

[56] Kraimer M. L., Shaffer M. A., Harrison D. A., et al. No Place Like Home? An Identity Strain Perspective on Repatriate Turnover [J]. Academy of Management Journal, 2012, 55 (2): 399 - 420.

[57] Gunia B. C., Wang L., Huang L. I., et al. Contemplation and Conversation: Subtle Influences on Moral Decision Making [J]. Academy of Management Journal, 2012, 55 (1): 13 - 33.

[58] Walker H. J., Feud H. S., Bernerth J. B., et al. Diversity Cues on Recruitment Websites: Investigating the Effects on Job Seekers' Information Processing [J]. Journal of Applied Psychology, 2012, 97 (1): 214 - 224.

[59] Peretz H., Fried Y. National Cultures, Performance Appraisal Practices, and Organizational Absenteeism and Turnover: A Study Across 21 Countries [J]. Journal of Applied Psychology, 2012, 97 (2): 448 - 459.

[60] Stewart G. L., Courtright S. H., Barrick M. R. Peer - Based Control in Self - managing Teams: Linking Rational and Normative Influence with Individual and Group Performance [J]. Journal of Applied Psychology, 2012, 97 (2): 435 - 447.

[61] Bangerter A., Roulin N., König C. J. Personnel Selection as a Signaling Game [J]. Journal of Applied Psychology, 2012, 97 (4): 719 - 738.

[62] Dimotakis N., Davison R. B., Hollenbeck J. R. Team Structure and Regulatory Focus: The Impact of Regulatory Fit on Team Dynamic [J]. Journal of Applied Psychology, 2012, 97 (2): 421 - 434.

[63] Jinyan F., Dingguo G., Carroll S. A., et al. Testing the Efficacy of a New Procedure for Reducing Faking on Personality Tests within Selection Contexts [J]. Journal of Applied Psychology, 2012, 97 (4): 866 - 880.

[64] Kaifeng J., Dong L., Mckay P. F., et al. When and How is Job Embeddedness

Predictive of Turnover? A Meta – analytic Investigation [J]. Journal of Applied Psychology, 2012, 97 (5): 1077 – 1096.

[65] Claus Wehner M., Giardini A., Kabst R. Graduates' Reactions to Recruitment Process Outsourcing: A Scenario – based Study [J]. Human Resource Management, 2012, 51 (4): 601 – 623.

[66] Kwon K., Chung K., Roh H., et al. the Moderating Effects of Organizational Context on the Relationship between Voluntary Turnover and Organizational Performance: Evidence From Korea [J]. Human Resource Management, 2012, 51 (1): 47 – 70.

[67] Shantz A., Latham G. P. Transfer of Training: Written Self – guidance to Increase Self – efficacy and Interviewing Performance of Job Seekers [J]. Human Resource Management, 2012, 51 (5): 733 – 746.

[68] Briscoe F., Murphy C. Sleight of Hand? Practice Opacity, Third – party Responses, and the Interorganizational Diffusion of Controversial Practices [J]. Administrative Science Quarterly, 2012, 57 (4): 553 – 584.

[69] Willer R., Flynn F. J., Zak S. Structure, Identity, and Solidarity: A Comparative Field Study of Generalized and Direct Exchange [J]. Administrative Science Quarterly, 2012, 57 (1): 119 – 155.

[70] Wright T. A., Huang C. the Many Benefits of Employee Well – being in Organizational Research [J]. Journal of Organizational Behavior, 2012, 33 (8): 1188 – 1192.

[71] Anteby M., Molnánr V. Collective Memory Meets Organizational Identity: Remembering to Forget in A Firm's Rhetorical History [J]. Academy of Management Journal, 2012, 55 (3): 515 – 540.

[72] Gardner H. K., Staats B. R., Gino F. Dynamically Integrating Knowledge in Teams: Transforming Resources into Performance [J]. Academy of Management Journal, 2012, 55 (4): 998 – 1022.

[73] Nag R., Gioia D. A. From Common to Uncommon Knowledge: Foundations of Firm – Specific Use of Knowledge as a Resource [J]. Academy of Management Journal, 2012, 55 (2): 421 – 457.

[74] Zavyalova A., Pfarrer M. D., Reger R. K., et al. Managing the Message: the Effects of Firm Actions and Industry Spillovers on Media Coverage Following Wrongdoing [J]. Academy of Management Journal, 2012, 55 (5): 1079 – 1101.

[75] Heimeriks K. H., Schijven M., Gates S. Manifestations of Higher – order Routines: The Underlying Mechanisms of Deliberate Learning in the Context of Postacquisition Integration [J]. Academy of Management Journal, 2012, 55 (3): 703 – 726.

[76] Sitzmann T., Johnson S. K. the Best Laid Plans: Examining the Conditions Under Which a Planning Intervention Improves Learning and Reduces Attrition [J]. Journal of Applied

Psychology, 2012, 97 (5): 967 – 981.

[77] Marcinkus Murphy W. Reverse Mentoring at Work: Fostering Cross – generational Learning and Developing Millennial Leaders [J]. Human Resource Management, 2012, 51 (4): 549 – 573.

[78] Bernstein E. S. the Transparency Paradox: A Role for Privacy in Organizational Learning and Operational Control [J]. Administrative Science Quarterly, 2012, 57 (2): 181 – 216.

[79] Flores L. G., Zheng W., Rau D., et al. Organizational Learning: Subprocess Identification, Construct Validation, and an Empirical Test of Cultural Antecedents [J]. Journal of Management, 2012, 38 (2): 640 – 667.

[80] Connelly C. E., Zweig D., Webster J., et al. Knowledge Hiding in Organizations [J]. Journal of Organizational Behavior, 2012, 33 (1): 64 – 88.

[81] To M. L., Fisher C. D., Ashkanasy N. M., et al. Within – person relationships Between Mood and Creativity [J]. Journal of Applied Psychology, 2012, 97 (3): 599 – 612.

[82] Olsson L., Hemlin S., Pousette A. A Multi – level Analysis of Leader – member Exchange and Creative Performance in Research Groups [J]. Leadership Quarterly, 2012, 23 (3): 604 – 619.

[83] Baer M. Putting Creativity to Work: The Implementation of Creative Ideas in Organizations [J]. Academy of Management Journal, 2012, 55 (5): 1102 – 1119.

[84] Hoever I. J., Van Knippenberg D., Van Ginkel W. P., et al. Fostering Team Creativity: Perspective Taking as Key to Unlocking Diversity's Potential [J]. Journal of Applied Psychology, 2012, 97 (5): 982 – 996.

[85] Ulrich D., Younger J., Brockbank W., et al. Competencies for HR Professionals [J]. Human Resources Magazine, 2012, 17 (3): 2 – 4.

[86] Wilson Burns E., Smith L., Ulrich D. Competency Models with Impact: Research Findings from the top Companies for Leaders [J]. People & Strategy, 2012, 35 (3): 16 – 60.

[87] Ulrich D., Grochowski J. From Shared Services to Professional Services [J]. Strategic HR Review, 2012, 11 (3): 136 – 142.

[88] Ulrich D., Younger J., Brockbank W. HR Competency [J]. Leadership Excellence Essentials, 2012, 29 (8): 17.

[89] Lawler E. E., Worley C. G. Designing Organizations for Sustainable Effectiveness [J]. Organizational Dynamics, 2012, 41 (4): 265 – 270.

[90] Dierdorff E. C., Rubin R. S., Bachrach D. G. Role Expectations as Antecedents of Citizenship and the Moderating Effects of Work Context [J]. Journal of Management, 2012, 38 (2): 573 – 598.

[91] Shoss M. K., Witt L. A., Vera D. When Does Adaptive Performance Lead to Higher

Task Performance? [J]. Journal of Organizational Behavior, 2012, 33 (7): 910 – 924.

[92] Kaifeng J. , Lepak D. P. , Jia J. U. , et al. How Does Human Resource Management Influence Organizational Outcomes? A Meta – analytic Investigation of Mediating Mechanisms [J]. Academy of Management Journal, 2012, 55 (6): 1264 – 1294.

[93] Burris E. R. The Risks and Rewards of Speaking Up: Managerial Responses to Employee Voice [J]. Academy of Management Journal, 2012, 55 (4): 851 – 875.

[94] Shin S. J. , Kim T. , Lee J. , et al. Cognitive Team Diversity and Individual Team Member Creativity: A Cross – level Interaction [J]. Academy of Management Journal, 2012, 55 (1): 197 – 212.

[95] Biron M. , Bamberger P. Aversive Workplace Conditions and Absenteeism: Taking Referent Group Norms and Supervisor Support into Account [J]. Journal of Applied Psychology, 2012, 97 (4): 901 – 912.

[96] Rico R. , SÁNchez – manzanares M. , Antino M. , et al. Bridging Team Faultlines by Combining Task Role Assignment and Goal Structure Strategies [J]. Journal of Applied Psychology, 2012, 97 (2): 407 – 420.

[97] Horwitz S. K. , Horwitz I. B. Small is Beautiful: Implications of Reliability and Statistical Power for Testing the Efficacy of HR Interventions [J]. Human Resource Management, 2012, 51 (1): 143 – 160.

[98] Williams Van Rooij S. Training Older Workers: Lessons Learned, Unlearned, and Relearned from the Field of Instructional Design [J]. Human Resource Management, 2012, 51 (2): 281 – 298.

[99] Dahl M. S. , Dezsö C. L. , Ross D. G. Fatherhood and Managerial Style: How a Male CEO's Children Affect the Wages of His Employees [J]. Administrative Science Quarterly, 2012, 57 (4): 669 – 693.

[100] Carlson D. , Ferguson M. , Hunter E. , et al. Abusive Supervision and Work – family Conflict: The Path through Emotional Labor and Burnout [J]. The Leadership Quarterly, 2012, 23 (5): 849 – 859.

[101] Troth A. C. , Jordan P. J. , Lawrence S. A. , et al. A Multilevel Model of Emotional Skills, Communication Performance, and Task Performance in Teams [J]. Journal of Organizational Behavior, 2012, 33 (5): 700 – 722.

[102] King E. B. , Dawson J. F. , Kravitz D. A. , et al. A Multilevel Study of the Relationships between Diversity Training, Ethnic Discrimination and Satisfaction in Organizations [J]. Journal of Organizational Behavior, 2012, 33 (1): 5 – 20.

[103] Young G. J. , Beckman H. , Baker E. Financial Incentives, Professional Values and Performance: A Study of Pay – for – performance in a Professional Organization [J]. Journal of Organizational Behavior, 2012, 33 (7): 964 – 983.

[104] Wagner J. A., Humphrey S. E., Meyer C. J., et al. Individualism – Collectivism and Team Member Performance: Another Look [J]. Journal of Organizational Behavior, 2012, 33 (7): 946 – 963.

[105] Konrad A. M., Yang Y. Is Using Work – life Interface Benefits a Career – limiting Move? An Examination of Women, Men, Lone Parents, and Parents with Partners [J]. Journal of Organizational Behavior, 2012, 33 (8): 1095 – 1119.

[106] Taylor S. G., Bedeian A. G., Kluemper D. H. Linking Workplace Incivility to Citizenship Performance: The Combined Effects of Affective Commitment and Conscientiousness [J]. Journal of Organizational Behavior, 2012, 33 (7): 878 – 893.

[107] Maslach C., Leiter M. P., Jackson S. E. Making a Significant Difference with Burnout Interventions: Researcher and Practitioner Collaboration [J]. Journal of Organizational Behavior, 2012, 33 (2): 296 – 300.

[108] Ryan A. M., Wessel J. L. Sexual Orientation Harassment in the Workplace: When Do Observers Intervene? [J]. Journal of Organizational Behavior, 2012, 33 (4): 488 – 509.

[109] Chen D. J. Q., Lim V. K. G. Strength in Adversity: The Influence of Psychological Capital on Job Search [J]. Journal of Organizational Behavior, 2012, 33 (6): 811 – 839.

[110] Demerouti E., Bakker A. B., Sonnentag S., et al. Work – related Flow and Energy at Work and at Home: A Study on the Role of Daily Recovery [J]. Journal of Organizational Behavior, 2012, 33 (2): 276 – 295.

[111] Roth P. L., Purvis K. L., Bobko P. A Meta – analysis of Gender Group Differences for Measures of Job Performance in Field Studies [J]. Journal of Management, 2012, 38 (2): 719 – 739.

[112] Zubac A., Hubbard G., Johnson L. Extending Resource – based Logic: Applying the Resource – investment Concept to the Firm from a Payments Perspective [J]. Journal of Management, 2012, 38 (6): 1867 – 1891.

[113] Priem R. L., Li S., Carr J. C. Insights and New Directions from Demand – Side Approaches to Technology Innovation, Entrepreneurship, and Strategic Management Research [J]. Journal of Management, 2012, 38 (1): 346 – 374.

后 记

　　一部著作的完成需要许多人的默默贡献，闪耀着的是集体的智慧，其中铭刻着许多艰辛的付出，凝结着许多辛勤的劳动和汗水。

　　本书在编写过程中，借鉴和参考了大量的文献和作品，从中得到了不少启悟，也汲取了其中的智慧菁华，谨向各位专家、学者表示崇高的敬意——因为有了大家的努力，才有了本书的诞生。凡被本书选用的材料，我们都将按相关规定向原作者支付稿费，但因为有的作者通信地址不详或者变更，尚未取得联系。敬请您见到本书后及时函告您的详细信息，我们会尽快办理相关事宜。

　　由于编写时间仓促以及编者水平有限，书中不足之处在所难免，诚请广大读者指正，特驰惠意。